jungilbooks

도서출판 정일

jungilbooks

도서출판 정일

HTML과 자바스크립트

H T M L & C S S & J A V A S C R I P T

임형근 저

홈페이지 제작의 가장 기본인 HTML과 CSS의 기본 사용 방법 그리고 사용자와 상호 대화할 수 있는 동적인
홈페이지를 제작하는데 있어서 필수적인 자바스크립트(JavaScript)를 기초에서부터 고급까지 활용할 수 있도록
사용 예를 중심으로 구성하였다.
자바스크립트 편의 각 장은 프로그램 작성의 기본 원리와 함께 자바스크립트 예제 프로그램마다 상세한 해설을 기술하여
초보자들이 손쉽게 클라이언트 측의 웹 프로그래밍 작성 능력이 배양될 수 있도록 구성하였다.

도서출판
정일

인터넷이 지난 몇 년간 폭발적인 성장을 거듭하면서 많은 사용자들이 인터넷상에 자신의 홈페이지를 제작하고 있다.

홈페이지를 제작하는 가장 기본은 HTML을 사용하는 것이나 HTML 자체로만 홈페이지를 만들게 되면 보여주는 정도의 정적인 홈페이지 밖에 제작할 수 없다.
이러한 HTML의 정적인 특성을 보완하여 화려하고 세련된 홈페이지를 제작하려면 CSS를 추가해야 하고, 사용자와 동적으로 상호 대화할 수 있는 동적인 홈페이지를 제작하려면 반드시 스크립트 언어를 사용해야 한다.

본서는 홈페이지를 제작하는 가장 기본인 HTML과 CSS의 기본 사용 방법 그리고 스크립트 언어 중에서 익스플로러나 넷스케이프의 웹 브라우저에서 실행되는 가장 대표적인 자바스크립트 언어를 사용하여 초보자들에게 클라이언트 측의 웹 프로그래밍 작성 능력을 배양시키기 위한 입문서이다.

시중에 훌륭한 HTML과 자바스크립트 책들이 많이 출판되어 있으나 본서의 특징을 동적인 홈페이지를 만드는데 필수적인 요소인 자바스크립트 측면에서 기술해보면 다음과 같은 특징을 가지고 있다.

① 프로그램을 작성한다는 것은 프로그래밍 언어의 문법 지식만 가지고 작성되는 것이 아니라 의미를 이해해야만 프로그램의 논리력이 배양된다. 본서는 웹 프로그램의 기본적인 논리력을 배양시키기 위해 프로그램 작성의 기본 원리와 함께 예제 자바스크립트 프로그램마다 상세한 해설을 기술하였다.

② "백문이 불여 일견"이라는 말이 있듯이 자바스크립트를 입문하는 초보자들에게 자바스크립트로 웹 페이지를 작성할 때 자바스크립트가 무엇을 할 수 있는지를 전반적으로 알려주고 짧은 시간에 전반적인 자바스크립트의 기초 지식을 빠르게 함양시키기 위해 2부의 2장에서 자세한 해설과 더불어 맛보기 프로그램들을 기술하였다.

③ 현재 인기 있는 자바스크립트, Visual C++, JAVA 등의 프로그래밍 언어는 객체지향 또는 객체 기반 언어들이기 때문에 객체 개념에 대한 이해와 기본적인 객체 사용 방법을 알고 있어야 만 수용력 있게 현재의 객체 지향 언어들을 잘 사용할 수 있게 된다. 그래서 본서에서는 2부의 6장에서 조금 많은 페이지를 할애하면서 객체 개념에 대한 이해와 기본적인 객체 사용 방법의 원리를 예제와 더불어 자세한 해설을 기술하려고 노력하였다.

④ 자바스크립트 개발자가 미리 만들어서 제공하는 객체만을 잘 사용하여도 훌륭한 웹 프로그래밍을 할 수 있기 때문에 자바스크립트에서 제공하는 객체들을 잘 사용할 수 있도록 풍부한 예제와 함께 자세한 설명을 기술하였다.

본서를 집필하면서 그 동안의 강의 경험을 토대로 HTML과 자바스크립트를 입문하는 초보자에게 최대한 이해하기 쉽게 웹 프로그래밍 작성 능력을 배양시키려고 나름대로 최선의 노력을 기울였으나 이제 탈고를 앞두고 독자들에게 정말 유익한 한 권의 책이 될 수 있을까? 라는 생각을 하면 미흡한 능력으로 부족함과 걱정이 앞선다.

이는 독자의 질책과 조언으로 추후 계속 보완해 나갈 것을 약속해보며, 항상 따뜻한 배려를 이끼지 않는 이병덕 사장님과 편집을 맡아주신 김정아님 그리고 도서출판 정일 직원들에게 감사를 표한다.

2003년 5월
저자 씀

1부 HTML

1장 HTML 기초 익히기

1. 홈페이지를 제작하려면? … 24
2. HTML이란? … 25
3. HTML 문서 특징 … 27
4. HTML 문서 작성과 실행 방법 … 28
   4.1 일반 텍스트 편집기를 사용하는 방법 … 28
   4.2 HTML 문서 전용 편집기 사용 방법 … 29
5. HTML 문서의 기본 구조 … 30
6. HTML 문서에 제목달기 : 〈TITLE〉 … 〈/TITLE〉 … 31
   6.1 〈TITLE〉 태그 사용 예 … 31
   6.2 〈TITLE〉 태그를 반드시 사용해야 하는 이유 … 32
7. 태그(tag) 기본 문법 형식 이해하기 … 32
   7.1 태그의 기본 문법 형식 … 32
   7.2 〈BODY〉 태그를 통한 태그의 기본 형식 이해하기 … 33

2장 본문 내의 문서 모양 다루는 태그 배우기

1. 머릿글이나 제목 강조하기 : 〈Hn〉 ... 〈/Hn〉 … 40
2. 글자 크기, 색상, 글꼴 지정하기 〈FONT〉 … 〈/FONT〉 … 41
3. 가운데로 정렬하기 : 〈CENTER〉 … 〈/CENTER〉 태그 … 43
4. 줄바꿈과 문단 구분하기 : 〈BR〉과 〈P〉 … 〈/P〉 태그 … 44
5. 수평선 그리기 : 〈HR〉 … 〈/HR〉 태그 … 45
6. 문자 효과 태그들 … 47
7. 〈PRE〉 … 〈/PRE〉 태그 … 48
8. 특수 문자 처리하기 … 50
9. 주석 달기 : 〈!-- ... --〉 … 51
10. 리스트(List) 만들기 … 52
    10.1 순서 없는 리스트(Unordered List) 만들기 … 52
    10.2 순서 리스트(Ordered List) … 53
    10.3 중첩 리스트(Nested List) … 55

3장 HTML 문서에서 이미지 처리하기

1. 이미지 삽입 〈IMG〉 태그 … 58
2. 이미지 크기 및 여백 조정 … 59
3. 이미지 정렬 및 테두리선 조정 … 61
4. 이미지의 위치에 설명나타내기 … 63
5. 〈BODY〉 태그를 사용하여 배경 이미지 삽입하기 … 64

4장 HTML 문서간에 하이퍼링크시키기

1. 하이퍼링크(Hyperlink)란? … 68
2. 하이퍼링크 부분 만들기 : 〈A〉 태그 … 69
   2.1 내 컴퓨터에 있는 HTML 문서와 이미지, 비디오 파일을 하이퍼링크시키는 방법 … 69
   2.2 인터넷상의 다른 컴퓨터에 있는 HTML 문서를 하이퍼링크시키는 방법 … 71
3. HTML 문서 내의 특정 부분으로 하이퍼링크시키기 … 76
   3.1 HTML 문서 내의 특정 부분으로 하이퍼링크시키는 예 … 76
   3.2 다른 HTML 문서의 특정 부분으로 하이퍼링크시키는 예 … 78
4. 전자우편 주소를 하이퍼링크시키기 … 80
5. 작은 이미지에서 큰 이미지로 링크하기 … 81

5장 HTML 문서에서 테이블 만들기

1. 기본 테이블 만들기 … 86
   1.1 2행 2열짜리 테이블 만들기 … 86
   1.2 border 속성을 사용하여 테두리있는 테이블 만들기 … 88
2. 테이블 크기 조정과 정렬 … 89
   2.1 테이블 크기 조정하기 … 91
   2.2 테이블 내의 내용 정렬하기 … 93
3. 줄과 칸의 개수가 다른 다양한 테이블 만들기 … 95
   3.1 colspan 속성을 사용하여 칸을 합친 테이블 만들기 … 96
   3.2 rowspan 속성을 사용하여 줄을 합친 테이블 만들기 … 97
   3.3 colspan과 rowspan 속성을 사용하여 다양한 테이블 만들기 … 98
4. 테이블에 제목과 여백 넣기 … 99
   4.1 테이블에 제목 넣기 … 99
   4.2 테이블에 제목 칸 만들기 … 101
   4.3 테이블에 여백 넣기 … 102
5. 테이블에 배경색과 이미지 넣기 … 104
   5.1 테이블에 배경색 넣기 … 104
   5.2 테이블에 배경 이미지 넣기 … 105
   5.3 테이블에 이미지 넣기 … 106

6장 폼 관련 입력 양식 만들기

1. 〈FORM〉 태그 … 110
   1.1 폼에 다양한 입력 양식 만들기 … 110
   1.2 〈FORM〉 태그의 문법 형식 … 112
   1.3 〈FORM〉 태그 사용 예 … 112
2. 텍스트 입력 양식 만들기 : 〈INPUT type = "text"〉 … 113
   2.1 text 입력 양식을 만드는 문법 형식 … 113
   2.2 text 입력 양식의 사용 예 … 114
3. 버튼 만들기 : 〈INPUT type="button"〉 … 117
   3.1 button을 만드는 문법 형식 … 118
   3.2 버튼 사용 예 … 118
4. reset 버튼 만들기 : 〈INPUT type="reset"〉 … 119
   4.1 reset 버튼을 만드는 문법 형식 … 119
   4.2 텍스트 박스 안에 이름을 지우는 리셋 버튼 사용 예 … 119

5. 암호 입력 양식 만들기 : ⟨INPUT type="password"⟩ … 120
   5.1 password 입력 박스를 만드는 문법 형식 … 121
   5.2 password 사용 예 … 121
6. 라디오 버튼 만들기 : ⟨INPUT type="radio"⟩ … 122
   6.1 라디오 버튼을 만드는 문법 형식 … 123
   6.2 라디오 버튼 사용예 … 123
7. 체크박스 만들기 : ⟨INPUT type="checkbox"⟩ … 125
   7.1 체크박스를 만드는 문법 형식 … 126
   7.2 checkbox 사용 예 … 126
      1) 취미 종류를 체크박스로 구성한 예 … 126
      2) 다양한 취미 내용을 입력할 수 있게 텍스트 박스와 체크박스를 활용하는 예 … 127
8. 리스트 박스 만들기 : ⟨select⟩ .. ⟨/select⟩ … 128
   8.1 리스트 박스를 만드는 문법 형식 … 129
   8.2 리스트 박스 사용 예 … 130
      1) 리스트 박스에 색깔들을 항목으로 나열한 예 … 130
      2) 리스트 박스에서 여러 개를 선택할 수 있게 하는 예 … 131
9. 여러 줄의 텍스트 입력 양식 만들기 : ⟨textarea⟩ … ⟨/textarea⟩ … 132
   9.1 텍스트영역을 만드는 문법 형식 … 132
   9.2 텍스트영역 사용 예 … 133

7장 하나의 윈도우를 여러 개의 프레임으로 나누기

1. 프레임 작성 방법 … 138
   1.1 ⟨FRAMESET⟩....⟨/FRAMESET⟩ 태그 … 139
   1.2 프레임을 나누는 방법 … 139
   1.3 ⟨FRAME⟩....⟨/FRAME⟩ 태그 … 140
2. 프레임 나누기 예 … 141
   2.1 수평으로 프레임 나누기 예 … 141
   2.2 수직으로 프레임 나누기 예 … 143
3. 다중 프레임 나누기 … 144
   3.1 "┯" 형태로 프레임 나누기 예 … 144
   3.2 "┠" 형태로 프레임 나누기 예 … 146

8장 CSS를 이용한 HTML 문서 꾸미기

1. 스타일시트(CSS)란? … 150
2. HTML 문서에 CSS를 사용하는 이유 … 150
3. HTML 문서에 CSS를 적용하는 방식 … 151
   3.1 style 속성을 이용하는 방식 : Inline Style … 151
   3.2 ⟨HEAD⟩부분에서 스타일을 지정하는 방식 : Embedded Style … 152
   3.3 외부 스타일시트 파일을 링크하는 방식 : Linked Style … 154
4. 글꼴 관련 스타일 시트 속성 사용하기 … 157
   4.1 글꼴(font) 속성 … 157
   4.2 글꼴 관련 스타일 시트 속성 사용 예 … 157
5. 글자 장식 관련 속성 사용하기 … 162
   5.1 글자 장식 속성 … 162
   5.2 글자 장식 관련 속성 사용 예 … 162

6. 배경색과 배경 이미지 관련 속성 사용하기 … 166
   6.1 배경색 속성 사용 예 : background-color 속성 … 166
   6.2 배경 이미지 속성 사용 예 … 167
7. CLASS Selector를 사용하여 스타일 적용하기 … 172
   7.1 서로 다른 html 태그에 같은 스타일을 적용하기 … 172
   7.2 동일한 html 태그에 선택적으로 서로 다른 스타일 적용하기 … 174

2부 JAVAScript

1장 자바스크립트란?

1. 자바스크립트란? … 180
   1.1 자바스크립트의 유래 … 180
   1.2 스크립트 언어의 종류 … 180
   1.3 스크립트(Script) 언어란? … 181
2. 자바스크립트가 할 수 있는 기능 … 181
3. 자바스크립트와 자바 … 182
4. 클라이언트 측 자바스크립트와 서버 측 자바스크립트 … 183
   4.1 클라이언트 측의 웹 브라우저에서만 실행되는 자바스크립트 명령 … 184
   4.2 양측에서 사용되는 핵심(core) 명령 … 185
   4.3 서버측의 웹 브라우저에서만 실행되는 자바스크립트 명령 … 185

2장 자바스크립트 실행 방법을 통한 맛보기 프로그램 따라하기

1. 〈SCRIPT〉태그를 사용하여 자바스크립트 실행시키는 방법 … 188
   1.1 기본적인 〈SCRIPT〉 태그 사용 방법 … 188
   1.2 〈SCRIPT〉 태그에 LANGUAGE 옵션을 사용하는 방법 … 190
      1) LANGUAGE 옵션을 사용하는 이유 … 190
      2) LANGUAGE 옵션을 기술하는 방법 … 190
   1.3 자바스크립트 함수를 호출하여 실행한 예 … 192
2. 자바스크립트의 소스 파일을 삽입하여 실행시키는 방법 … 194
   2.1 자바스크립트 소스 파일을 삽입하는 방법 … 194
   2.2 자바스크립트 소스파일을 삽입하여 실행시킨 예 … 195
      1) 미리 작성된 test.js 파일의 내용은 다음과 같다. … 195
      2) test.js 파일을 실행시키기 위해서 〈SCRIPT〉 태그 내의 SRC(=source) 옵션에 test.js
         파일을 명시하면 된다. … 195
3. 이벤트 핸들러로 자바스크립트 명령을 실행하는 방법 … 197
   3.1 이벤트(event)란? … 198
   3.2 이벤트 핸들러(event handler) … 198
   3.3 이벤트 핸들러로 자바스크립트의 명령을 실행하는 문법 … 199
   3.4 onClick 이벤트 핸들러로 자바스크립트 명령을 실행시킨 예 … 200
   3.5 onLoad 이벤트 핸들러로 자바스크립트 명령을 실행시킨 예 … 201

3.6 onUnload 이벤트 핸들러로 자바스크립트 명령을 실행시킨 예 … 202
4. 하이퍼링크 클릭에 의해 자바스크립트 명령을 실행하는 방법 … 203
 4.1 하이퍼링크를 클릭하여 암호를 확인하는 자바스크립트 함수를 호출하는 예 … 203
 4.2 마우스 이벤트에 따라 자바스크립트 명령으로 하이퍼링크된 이미지를 변경시키는 예 … 206
5. 계산기 활용 예제 … 209

3장 자바스크립트의 기본

1. 코딩 규칙과 주석 달기 … 216
 1.1 코딩시 지켜야 할 점 … 216
 1.2 주석(comment)달기 : "//"나 "/*"와 "*/" … 217
2. 변수 … 217
 2.1 변수와 상수 … 217
 2.2 변수 이름을 만들 때 주의할 점 … 218
 2.3 변수명에서 대소문자를 구별하지 않아 오류가 발생한 예 … 219
3. 자바스크립트의 4가지 자료형 … 220
 3.1 수치 자료형 … 220
  1) 정수형 … 220
  2) 실수형 … 221
 3.2 문자열(string) 자료형 … 223
 3.3 불리언(Boolean) 자료형 … 224
 3.4 null … 225
4. 변수 사용 방법 … 225
 4.1 변수를 선언하지 않고 사용하는 방법 … 225
 4.2 var를 이용하여 변수를 선언하는 방법 … 226
 4.3 자동으로 변수의 자료형 변환 : 묵시적인 형 변환 … 227
5. 현재 브라우저의 문서 내에 변수와 상수 출력하기 … 228
 5.1 document.write() 명령에 의해 출력하기 … 228
 5.2 내장 함수 alert()에 의해 출력하기 … 231
6. 수치 식과 문자열 식의 표현 방법 … 232
 6.1 수치 식(numeric expression) … 232
  1) 증가 연산자 : ++ … 232
  2) 감소 연산자 : -- … 233
  3) 증감 연산자와 산술 연산자 그리고 우선순위 … 233
  4) 수치 식의 계산 순서 … 233
  5) 할당 연산자(assignment operator) : = … 234
 6.2 문자열 식(string expression) … 235
7. 조건 기술 방법 … 236
 7.1 관계식(relational expression) … 236
  1) 수치 대소 비교 관계식 … 237
  2) 문자열 대소 비교 관계식 … 237
 7.2 논리식(logical expression) … 237
 7.3 조건 연산자 (? :) … 239
 7.4 비트 논리식(bit logical expression) … 240
  1) x = 2 , y = 6일 때 비트 &(AND) 연산의 예 … 241
  2) x = 2 , y = 6일 때 비트 |(OR) 연산의 예 … 241
  3) x = 2 , y = 6일 때 비트 ^(X-OR: Exclusive-OR) 연산의 예 … 242

7.5 시프트(shift) 연산자 ··· 243
   1) 오른쪽 시프트(shift) 연산자 : 〉〉 ··· 243
   2) 왼쪽 시프트(shift) 연산자 : 〈〈 ··· 244
8. 모든 연산자들의 우선순위 ··· 244

4장 프로그램 실행 제어

1. 조건문 ··· 248
  1.1 단순 if문 ··· 248
  1.2 if-else문 ··· 250
  1.3 else if구를 사용한 다중 if문 ··· 251
  1.4 중첩 if문의 예 ··· 253
  1.5 switch case문 ··· 255
    1) 입력 값에 따라 여러 가지 경우로 분기하는 예 ··· 256
    2) break문의 생략 여부를 판단하게 해 주는 예 ··· 257
    3) 학점 평가의 예 ··· 258
2. 조건 반복문 ··· 260
  2.1 while문 ··· 261
  2.2 do~while문 ··· 262
    1) 1 + 2 + 3 + ··· + 9 + 10을 구하는 do~while의 예 ··· 263
    2) 입력받은 값이 잘못되면 반복 또는 종료시키는 예제 ··· 263
  2.3 for문 ··· 265
    1) 1 + 2 + 3 + ··· + 9 + 10을 구하는 예 ··· 266
    2) 1 + 2 + 3 + ··· +(n-1) + n을 구하는 예 ··· 267
    3) 구구단 프로그램 ··· 268
3. 반복문 내에서 break/continue문 사용 ··· 269
  3.1 반복문 내에서 break문 사용 ··· 269
    1) for문, while문, do~while문에서의 break문을 사용한 예 ··· 270
  3.2 반복문 내에서 continue문 사용 ··· 272
    1) for문에 continue문을 사용한 예 ··· 272
4. 중첩된 반복문(nested loop) ··· 273
  4.1 외부 반복문과 내부 반복문간의 관계 ··· 274
  4.2 중첩 반복문의 예 ··· 275
    1) 중첩된 반복문을 이용하여 1단에서 9단까지 전체 구구단을 출력하는 프로그램을 작성한 예 ··· 275
    2) 구구단 프로그램을 반복 제어하는 예 ··· 277

5장 함수(function) 사용하기

1. 함수 개념과 장점 ··· 280
  1.1 함수 개념 ··· 280
  1.2 함수를 사용할 때의 장점 ··· 280
2. 자바스크립트 내장 함수 ··· 280
  2.1 대화상자 기능을 갖는 내장 함수들 : alert(), confirm(), prompt() ··· 281
    1) 메시지 출력 대화상자 : alert() 함수 ··· 281
    2) 입력 대화상자 : prompt() 함수 ··· 282
    3) 질문 메시지에 대한 응답 확인 대화상자 : confirm() 함수 ··· 283
    4) alert(), confirm(), prompt() 함수의 사용 예 ··· 284
  2.2 수식 계산에 사용되는 편리한 함수 : eval() ··· 286

2.3 문자열을 정수/실수로 변환하는 함수와 문자와 숫자를 구별하는 함수
 : parseInt()와 parseFloat() … 288
  1) 문자열을 정수로 변환하는 함수 : parseInt() … 288
  2) 문자열을 실수로 변환하는 함수 : parseFloat() … 290
2.4 문자인지 숫자인지를 구별하는 함수 : isNaN() … 291
2.5 일정 시간 경과한 후에 자동으로 명령을 실행시키는 함수 : setTimeout() … 292
  1) 5초가 지난 후에 한미르 검색 사이트로 자동 이동하는 예 … 292
  2) 5초 간격으로 alert() 대화상자가 자동으로 3번 수행되는 예 … 293
2.6 일정 시간 간격마다 명령이 반복 실행되는 함수 : setInterval() … 294
  1) 브라우저의 상태바에 현재 날짜와 시간이 1초마다 반복 출력되는 시계 만들기 … 295
2.7 시간 설정을 해제하는 함수 : clearTimeout() … 297
  1) clearTimeout() 함수로 setTimeout() 함수의 명령을 해제시키는 예 … 297
  2) 버튼을 사용하여 clearTimeout() 함수로 setInterval() 함수의 명령을 해제시키는 예 …
   298
3. 사용자 함수 정의 방법 : function 문 … 300
 3.1 사용자 함수를 정의하는 방법 … 300
 3.2 함수를 호출하는 방법 … 302
4. 인수 전달이 필요 없는 함수 사용예 … 302
 4.1 입력된 수식을 계산하는 함수 사용 예 … 302
 4.2 버튼 클릭 이벤트에 의해 수식 계산 함수를 호출하는 예 … 304
5. 함수 사용에서 주의할 지역 변수와 전역 변수의 사용 방법 … 306
 5.1 지역 변수 … 306
 5.2 전역 변수 … 307
 5.3 함수에서 지역 변수 사용시 주의할 점 … 307
6. 함수에 return 명령 사용하기 … 309
 6.1 return 명령을 사용하는 경우 … 309
 6.2 함수의 결과 값을 return 문에 반환하는 예 … 309
 6.3 return 명령으로 함수를 종료시키는 예 … 311
7. 인수 전달이 필요한 함수 사용 방법 … 313
 7.1 인수를 전달하는 방법 … 313
 7.2 인수 전달 방식 : 값 호출 방식과 참조 호출 방식 … 314
  1) 값 호출(Call by value) 방식 … 314
  2) 참조 호출(Call by reference) 방식 … 314
 7.3 입력받은 이름과 전화번호를 인수로 전달한 후 출력하는 예 … 314
 7.4 두 정수를 교환하는 예를 통한 값 호출 방식에 대한 이해 … 316
8. 함수의 순환적 호출(recursive call) … 318
 8.1 직접 순환 함수의 예 … 318
  1) 단순한 직접 순환 호출 함수의 예 … 319
  2) 암호 확인 함수를 직접 순환 호출하는 예 … 320
  3) 1+2+3+ … +n까지의 합을 인수 전달에 의한 순환 호출 함수로 구하는 예 … 321
 8.2 간접 순환 함수 방식으로 nm을 구하는 예 … 324

6장 객체 개념과 기본적인 객체 사용 방법

1. 객체 개념 이해하기 … 328
 1.1 객체(Object)란? … 328
 1.2 객체의 속성(attribute)과 메소드(method) … 328

1) 속성과 메소드에 대한 일반적인 예 … 328
  2) Math 객체의 속성과 메소드에 대한 예 … 329
  3) 속성과 메소드의 역할 … 329
  4) 속성과 메소드에 대한 다른 용어들 … 330
 2. 자바스크립트에서 미리 제공하는 객체들 … 330
  2.1 핵심(Core) 내장 객체 … 331
  2.2 클라이언트 측의 웹 브라우저에서 사용하는 자바스크립트 객체들 … 331
 3. 객체지향 언어 표현 방법 … 333
  3.1 기본적인 객체지향 언어 표현 방법 … 333
  3.2 계층적인 관계를 사용하는 객체지향 언어 표현 방법 … 333
 4. 인스턴스 객체와 정적 객체 … 334
  4.1 인스턴스(instance) 객체 … 335
  4.2 정적(static) 객체 … 335
 5. 정적(static) 객체 사용 방법 … 336
 6. 인스턴스 객체 사용 방법 … 338
  6.1 인스턴스 객체 생성 방법 … 338
  6.2 생성자 함수란? … 338
  6.3 내장 객체를 생성하는 방법 : 인스턴스(Instance) … 339
  6.4 Date 객체 사용 예 : 인스턴스(instance) … 339
   1) Date 객체의 용도 … 339
   2) Date 객체를 생성하는 예 … 339
  6.5 Date 객체를 생성한 후 메소드를 사용하는 예 … 341
  6.5 서로 다른 생성자 함수를 사용하는 Date 객체 사용 예 … 342
   1) Date 객체의 생성자 함수 종류들 … 342
   2) 특정한 년/월/일로 설정된 Date 객체를 생성하여 출력한 예 … 343
 7. 사용자가 객체를 정의한 후 사용하는 방법 … 344
  7.1 속성만으로 구성되는 객체를 생성하는 예 … 344
   1) 학생 객체를 생성하기 위한 제약 조건 … 344
   2) 학생 객체의 생성자 함수(Student) 정의하기 … 345
   3) this 표현의 편리함 이해하기 … 346
  7.2 사용자 정의 객체를 사용하는 예 … 348
  7.3 배열 표현으로 객체의 속성을 사용하는 예 … 350
  7.4 for … in 반복문을 사용하여 객체의 속성 알아내기 … 352
   1) for … in 반복문 … 352
   2) for … in 반복문으로 객체의 속성을 알아내는 예 … 352
   3) oneStudent라는 객체의 모든 속성을 출력하는 for … in 반복문에 대한 설명 … 354
  7.5 객체에 메소드를 정의하는 방법 익히기 … 354
   1) 메소드와 함수의 차이점 … 355
   2) 본절의 예로 사용할 display 메소드란? … 355
   3) Student 객체에서 메소드로 사용할 display 함수를 정의하는 방법 … 355
   4) 생성자 함수 내에 display() 함수를 메소드로 등록시키는 방법 … 356
   5) Student 객체에 등록된 display() 메소드를 사용하는 예 … 357
   6) 인수가 있는 새로운 메소드를 정의하는 예 … 358
  7.6 기존 객체에 prototype을 사용하여 속성이나 메소드를 추가하는 방법 … 361
   1) prototype을 사용하여 새로운 속성이나 메소드를 추가하는 문법 형식 … 361
   2) prototype을 사용하여 새로운 속성을 추가하는 예 … 362
   3) prototype을 사용하여 새로운 메소드를 추가하는 예 … 364

8. 객체를 다른 객체의 속성으로 정의하는 방법 … 367
   8.1 School 객체에서 정의할 속성들과 메소드 … 367
   8.2 School 객체에 속성들과 메소드를 정의하는 방법 … 368
   8.3 School 객체를 생성한 후 속성과 display() 메소드를 사용하는 방법 … 369
9. 객체 제거하기 : delete 연산자 … 373
   9.1 delete 연산자를 사용하여 객체를 제거하는 방법 … 373
   9.2 객체를 제거하는 예 … 374
   9.3 객체가 정상적으로 제거되었는지 확인하는 예 … 374
   9.4 객체의 속성과 변수를 제거하는 예 … 376

7장 핵심 내장 객체 다루기

1. 핵심 내장 객체(predefined core object)의 종류 … 380
2. 배열 객체 : Array … 381
   2.1 배열의 필요성에 대한 예 … 381
   2.2 Array 객체를 생성하는 방법 … 382
     1) Array 객체의 생성자 함수들 … 382
     2) Array(배열크기) 생성자 함수 사용 방법 … 382
     3) Array() 생성자 함수를 사용하는 방법 : ex7-2.html … 385
     4) Array(요소0, 요소1, … , 요소n) 생성자 함수를 사용하는 방법 : ex7-3.html … 387
   2.3 Array 객체에 정의된 속성을 사용하는 방법 … 388
     1) length 속성을 사용한 예 : … 388
     2) prototype 속성을 사용한 예 : ex7-3.html … 389
   2.4 Array 객체에 정의된 메소드를 사용하는 방법 … 390
     1) join() 메소드의 사용 예 : ex7-4.html … 390
     2) toString() 메소드의 사용 예 : ex7-4.html … 391
     3) sort() 메소드의 사용 예 … 392
     4) reverse() 메소드의 사용 예 : ex7-8.html … 396
     5) concat() 메소드의 사용 예 : ex7-9.html … 398
     6) slice() 메소드 사용예 : ex7-10.html … 399
   2.5 배열 내의 자료들을 정렬해보기 … 400
     1) 선택 정렬(selection sort) 방법 개요 … 400
     2) 선택 정렬(selection sort)의 예 … 400
     3) 교환 방법 … 402
     4) 선택 정렬(selection sort) 프로그램 … 402
   2.6 2차원 배열(two dimensional array) 다루기 … 404
     1) 2차원 배열을 생성하는 방법 … 404
     2) 2차원 배열에서 자료를 처리하는 방법 … 405
     3) 행(row) 중심으로 2차원 배열의 자료를 처리하는 예 : ex7-12.html … 405
3. 문자열 처리 객체 : String … 408
   3.1 String 객체 생성 방법 … 408
   3.2 String 객체의 속성 사용법 … 408
     1) length 속성의 사용 예 : … 409
     2) prototype 속성의 사용 예 : ex7-13.html … 409
   3.3 문자 모양에 변화를 주는 String 객체의 메소드 사용법 … 410
     1) 문자 모양에 변화를 주는 String 객체의 메소드 사용 예 … 410
     2) 문자 모양에 변화를 주는 메소드를 혼합하여 사용한 예 … 411

3.4 문자열 처리에 사용되는 String 객체의 메소드 사용법 … 412
  1) charAt(인덱스) 메소드 사용 예 : ex7-15.html … 412
  2) indexOf("문자열") 메소드 사용 예 : ex7-16.html … 413
  3) lastindexOf("문자열") 메소드 사용 예 : ex7-16.html … 415
  4) substring(시작, 마지막) 메소드 사용 예 : ex7-17.html … 416
  5) substr(시작, 길이) 메소드 사용 예 : ex7-18.html … 417
  6) toLowerCase()과 toUpperCase() 메소드 사용 예 : ex7-19.html … 418
  7) concat("문자열") 메소드 사용 예 : ex7-20.html … 419
  8) split([분리문자]) 메소드 사용 예 : ex7-21.html … 420
 3.5 하이퍼링크에 사용되는 String 객체의 메소드 사용법 … 422
4. 날짜와 시간을 다루는 객체 : Date 객체 … 424
 4.1 Date 객체 생성 방법 … 424
  1) new Date() : ex7-23.html … 424
  2) Date(year, month, day) : ex7-23.html … 425
  3) Date(year, month, day, hours, minutes, seconds) : ex7-23.html … 425
  4) Date("month day, year hours:minutes:seconds") : ex7-23.html … 425
 4.2 Date 객체의 메소드 종류와 사용 예 … 426
  1) Date 인스턴스에서 년/월/일/시/분/초을 추출하는 메소드를 사용하는 예 : ex7-24.html … 427
  2) 오늘이 무슨 요일이라고 알려주는 예 : ex7-25.html … 428
  3) 현재 시간을 상태바에 나타내는 예 : ex7-26.html … 429
 4.3 Date 객체를 활용하여 만년 달력 만들기 : ex7-27.html … 430
5. 수학 연산에 사용하는 객체 : Math 객체 … 433
 5.1 Math 객체는 정적(static) 객체이다. … 434
 5.2 Math 객체의 속성과 사용 방법 … 434
 5.3 Math 객체의 메소드와 사용 방법 … 435
  1) 각종 삼각 함수의 30도를 구하는 예 : ex7-29.html … 436
  2) 다양한 Math 메소드의 사용 예 : ex7-30.html … 436
  3) 난수를 발생시키는 random() 메소드 사용 예 : ex7-31.html … 439
6. 함수를 생성하는 객체 : Function 객체 … 440
 6.1 Function 객체에 의해 함수를 정의하는 방법과 사용 예 … 440
  1) Function 객체에 의해 두 수를 더하는 함수를 정의한 예 : ex7-38.html … 441
  2) add 함수를 호출하는 예 : ex7-32.html … 441
 6.2 Function 객체의 arguments 속성 중심의 사용 방법 … 442
  1) 함수에 정의된 인수와 실제 함수에 전달된 인수의 개수를 확인하는 예 : ex7-33.html … 442
  2) 함수에 부정확하게 인수가 전달될 때 오류 메시지를 출력하는 예 : ex7-34.html … 444
  3) arguments 속성을 사용하여 함수에 전달된 인수를 출력하는 예 : ex7-35.html … 445
  4) arguments 속성을 사용하여 여러 개의 문자열을 분리문자로 결합하는 예 : ex7-36.html … 446
7. 숫자 객체 : Number 객체 … 448
 7.1 문자열로 된 숫자를 계산할 수 있는 실제 숫자로 변환해 주는 예 : ex7-37.html … 448
 7.2 Number 객체의 속성 사용 예 : ex7-38.html … 449

8장 폼 관련 입력양식 객체들로 이벤트 다루기

1. 입력 양식 객체들과 이벤트 종류 … 452
   - 1.1 입력 양식 객체들을 생성하는 태그들 … 453
   - 1.2 폼 관련 입력 양식에서 발생하는 이벤트 종류 … 453
2. FORM 객체와 이벤트 다루기 … 455
   - 2.1 FORM 객체 … 455
   - 2.2 〈FORM〉 태그 사용 예 … 456
   - 2.3 〈FORM〉 태그 속성 이해 … 457
     - 1) ASP란? … 457
     - 2) 웹 서버로 데이터를 전송하는 방식 : GET과 POST … 457
   - 2.4 FORM 객체 사용 예 … 458
     - 1) FORM 객체의 속성과 메소드 사용 방법 … 458
     - 2) FORM 객체의 속성과 메소드 사용 예 : ex8-1.html … 458
     - 3) forms 배열과 elements 배열 사용 방법 : ex8-2.html … 459
     - 4) FORM 객체의 이벤트 핸들러 이해 … 461
3. text 객체와 관련 이벤트 다루기 … 462
   - 3.1 text 객체 … 462
   - 3.2 text 객체 사용 예 … 463
     - 1) onfocus와 onblur 이벤트 핸들러를 사용한 예 … 463
     - 2) onclick 이벤트 핸들러에서 지정한 사용자 정의 함수를 실행시킨 예 … 465
     - 3) focus() 메소드를 사용하는 예 … 466
     - 4) name 속성을 사용하여 "ex8-5.html"을 재작성한 예 … 467
     - 5) 폼 두 개를 만든 후 텍스트 박스에서 동작하는 onBlur, onChange 이벤트 핸들러를 사용하는 예 … 467
4. button 객체와 관련 이벤트 다루기 … 470
   - 4.1 button 객체 … 470
   - 4.2 버튼 사용 예 … 471
     - 1) onclick 이벤트 핸들러를 사용한 예 … 471
     - 2) onclick 이벤트 핸들러가 호출하는 msg() 함수에 this.form 표현으로 인수를 전달하는 예 … 472
5. reset 객체와 관련 이벤트 다루기 … 474
   - 5.1 reset 객체 … 474
   - 5.2 reset 버튼 사용 예 … 475
     - 1) 텍스트 박스 안에 이름을 지우는 리셋 버튼 사용 예 … 475
     - 2) 누락된 입력 자료를 확인하는 예 … 476
     - 3) 버튼, 텍스트 박스, 리셋 버튼을 사용한 계산기 활용 예제 … 478
6. password 객체와 관련 이벤트 다루기 … 483
   - 6.1 password 객체 … 483
   - 6.2 password 사용 예 … 484
7. radio 객체와 관련 이벤트 다루기 … 486
   - 7.1 radio 객체 … 486
   - 7.2 radio 버튼 사용 예 … 487
     - 1) 남성/여성을 구분하는 예 … 487
     - 2) 라디오 버튼의 onClick 이벤트 핸들러와 value 속성으로 남성/여성을 구분하는 예 : this를 인수로 전달하는 예 … 489
     - 3) 여러 개의 라디오 버튼 중에서 어떤 라디오 버튼이 체크되었는지를 검사하는 예 … 491
     - 4) length 속성을 사용하여 모든 라디오 버튼의 value 값 출력하기 … 492

8. checkbox 객체와 관련 이벤트 다루기 … 494
  8.1 checkbox 객체 … 494
  8.2 checkbox 사용 예 … 495
    1) 체크박스에 선택한 취미들 출력하기 … 495
    2) 다양한 취미 내용을 입력할 수 있게 텍스트박스와 체크박스를 활용하는 예 … 498
9. select 객체와 Option 객체 그리고 이벤트 다루기 : 리스트 박스 … 501
  9.1 select 객체 … 501
  9.2 리스트 박스 사용 예 … 502
    1) 리스트 박스에서 선택된 색깔로 문서의 배경 색상을 변경하는 예 … 502
    2) 리스트 박스에서 선택된 항목의 위치와 내용을 출력하는 예 … 505
    3) 리스트 박스에서 여러 개를 선택할 수 있게 하는 예 … 507
    4) 리스트 박스에서 선택한 웹사이트로 이동하기 … 509
  9.3 Option 객체를 사용하여 리스트 박스에 항목 추가/삭제/수정하기 … 511
    1) Option 객체를 생성하는 방법 … 511
    2) Option 객체에서 사용할 수 있는 속성들 … 512
  9.4 Option 객체를 사용하여 리스트 박스에 항목 추가하기 … 513
    1) <select> 태그와 <option> 태그로 미리 만들어 놓은 리스트 박스 … 513
    2) Option 객체를 사용하여 리스트박스에 추가할 새로운 항목 객체를 생성하는 명령 … 514
    3) Option 객체로 생성된 add_option을 실제 리스트 박스에 추가하는 명령 … 514
  9.5 Option 객체를 사용하여 리스트 박스에 구성된 항목 추가/수정/삭제하기 … 516
    1) 추가 과정 … 517
    2) 삭제 과정 … 517
    3) 수정 과정 … 518
  9.6 Option 객체를 사용하여 리스트 박스간에 항목 이동하기 … 520
10. textarea 객체와 관련 이벤트 다루기 … 523
  10.1 textarea 객체 … 524
  10.2 텍스트 영역 사용 예 … 525
11. submit 객체와 관련 이벤트 다루기 : 웹 서버로 데이터를 전송하는 submit 버튼 … 528
  11.1 submit 객체 … 528
  11.2 submit 버튼 사용 예 … 529
    1) <form> 태그 설명 … 529
    2) submit 버튼 설명 … 529
12. 숨겨진 입력 양식 다루기 : Hidden 객체 … 531
  12.1 hidden 객체 … 531
  12.2 숨겨진 입력 양식을 사용하는 예 … 531
13. FileUpload 객체와 관련 이벤트 다루기 : 파일 올리기 … 534
  13.1 파일 업로드 입력 양식을 만드는 문법 형식 … 534
  13.2 FileUpload 객체 … 534
  13.3 파일 업로드 입력 양식 사용 예 … 535
    1) 파일 업로드 입력 양식 설명 … 536
    2) 파일 업로드 입력 양식과 관련된 <FORM> 태그 설명 … 536
    3) onsubmit 이벤트 핸들러에 대한 설명 … 537

9장 웹 브라우저 객체와 이벤트 다루기

1. window 객체 … 542
   1.1 window 객체에서 사용할 수 있는 속성과 메소드 그리고 이벤트 핸들러 … 543
   1.2 window 객체의 이벤트 핸들러 사용 예 … 545
      1) onLoad 이벤트 핸들러를 사용하는 예 … 545
      2) onUnload 이벤트 핸들러를 사용하는 예 … 546
   1.3 window 객체의 속성 사용 예 … 547
      1) 상태 표시줄에 메시지를 출력하는 defaultStatus와 status 속성 사용 예 … 547
      2) 네비게이터 브라우저에서만 적용되는 속성 사용 예 … 549
   1.4 window 객체의 메소드 사용 예 … 550
      1) open() 메소드 사용 방법 … 550
      2) open() 메소드에서 브라우저의 구성 요소 인수를 생략한 경우 … 551
      3) 브라우저 구성 요소를 모두 나타나지 않게 한 예 … 552
      4) 도구바와 메뉴바만 나타나게 한 예 … 553
      5) 브라우저의 너비와 높이를 지정한 후 크기를 조절할 수 있게 만든 예 … 555
      6) close() 메소드 사용 방법 … 556
      7) close() 메소드 사용 예 … 556
2. Document 객체 … 558
   2.1 document 객체의 기본적인 속성들 … 558
   2.2 기본적인 속성들 사용 예 … 559
      1) HTML 문서의 title, location, bgColor 등의 속성을 출력하는 예 … 559
      2) 리스트 박스에서 선택된 색깔로 문서의 배경 색상과 글자 색상을 변경하는 예 … 561
   2.3 document의 자식 객체들 … 563
3. document 객체의 자식인 anchors 객체 다루기 … 564
   3.1 anchors 객체와 관련 태그 … 564
   3.2 anchors 객체의 속성 … 565
   3.3 anchors 객체의 사용 예 … 565
4. document 객체의 자식인 links 객체 다루기 … 567
   4.1 links 객체와 관련 태그 … 567
   4.2 links 객체의 속성 … 567
   4.3 links 객체의 사용 예 … 568
5. document 객체의 자식인 images 객체 다루기 … 569
   5.1 images 객체와 관련 태그 … 569
   5.2 images 객체에서 사용하는 속성들 … 569
   5.3 images 객체의 속성을 사용하여 이미지 정보를 출력하는 예 … 572
   5.4 이미지 링크와 이벤트에 의해 이미지가 변경되는 예 … 574
   5.5 버튼을 클릭할 때마다 이미지가 반복적으로 변경되는 예 … 576
6. document 객체의 자식인 쿠키(cookie) 다루기 … 578
   6.1 쿠키(cookie) 개념 … 578
      1) 쿠키(cookie) 란? … 578
      2) 쿠키에 저장되는 정보들 … 578
   6.2 cookie 객체를 사용하여 쿠키를 생성하는 방법 … 578
      1) 쿠키를 생성하는 방법 … 578
      2) 단순한 쿠키 생성과 확인하는 예 … 579
      3) 쿠키 파일이 저장되는 폴더 … 580
   6.3 단순한 쿠키 사용 예 … 581

6.4 방문 여부를 확인하는 쿠키 사용 예 … 582
　1) 쿠키의 존재 유무 확인 방법 … 583
　2) 쿠키 생성 방법 … 584

7. location 객체 다루기 … 586
　7.1 location 객체의 속성과 메소드 … 587
　7.2 현재 브라우저의 URL 정보를 확인하는 예 … 588
　7.3 location 객체의 href 속성으로 다른 사이트로 이동하기 … 589
　7.4 replace()와 reload() 메소드를 사용하는 예 … 591

8. history 객체 다루기 … 592
　8.1 history 객체의 속성과 메소드 … 592
　8.2 히스토리 리스트의 길이와 이전/다음 URL 주소로 이동하기 … 593
　8.3 임의의 URL 주소로 이동하기 … 595

9. frame 객체 다루기 … 596
　9.1 프레임 조작에 사용되는 속성들 … 597
　9.2 예를 통한 프레임 속성들 이해하기 … 598
　　1) frames 객체 … 599
　　2) parent 속성 … 600
　　3) self 속성 … 601
　　4) top 속성 … 602
　9.3 프레임 속성 사용 예 … 602

찾아보기 … 609

1 HTML

1. HTML 기초 익히기
2. 본문 내의 문서 모양 다루는 태그 배우기
3. HTML 문서에서 이미지 처리하기
4. HTML 문서간에 하이퍼링크시키기
5. HTML 문서에서 테이블 만들기
6. 폼 관련 입력 양식 만들기
7. 하나의 윈도우를 여러 개의 프레임으로 나누기
8. CSS를 이용한 HTML 문서 꾸미기

Chapter 1
HTML 기초 익히기

1 홈페이지를 제작하려면?

인터넷이 지난 몇 년간 폭발적인 성장을 거듭하면서 많은 사용자들이 인터넷상에 기업의 홍보나 개인의 다양한 목적을 갖는 홈페이지를 제작하고 있다.

홈페이지를 제작하는 가장 기본은 HTML(Hyper Text Markup Language) 언어를 사용하는 것이나 HTML 자체로만 홈페이지를 만들게 되면 보여주는 정도의 정적인 웹페이지 밖에 제작할 수 없다.
이러한 HTML의 한계인 정적인 특성을 보완하여 사용자와 동적으로 상호 대화할 수 있는 화려하고 세련된 홈페이지를 제작하려면 HTML4.0과 스크립트 언어 그리고 스타일시트(CSS; Cascading Stylesheet) 요소들을 사용해야 한다. 이를 DHTML(Dynamic Hyper Text Markup Language)이라 부른다.

```
DHTML = HTML + Script + CSS
```

즉, DHTML은 HTML4.0과 스크립트 언어 그리고 스타일시트(CSS; Cascading Stylesheet) 요소들을 사용하여 넷스케이프나 익스플로러 등과 같은 웹 브라우저상에서 기존 HTML의 정적인 특성을 보완하여 동적으로 상호 대화하는 화려하고 세련된 홈페이지를 제작할 때 부르는 용어이다.
DHTML을 구성하고 있는 요소들은 넷스케이프 네비게이터 4.0과 익스플로러 4.0 이상에 포함되어 있으며 HTML 4.0을 사용하여 DHTML을 구현할 수 있다.

동적인 홈페이지를 제작하는 요소 중에서 반드시 스크립트 언어를 사용해야 만 사용자와 상호 대화할 수 있는 응용 프로그램과 같은 수준의 동적인 홈페이지를 제작할 수 있다.

본서는 홈페이지를 제작하는 가장 기본인 HTML과 스크립트 언어 중에서 익스플로러나 넷스케이프의 웹 브라우저에서 실행되는 가장 대표적인 자바스크립트 언어를 사용하여 초보자들에게 클라이언트 측의 웹 프로그래밍 작성 능력을 배양시키기 위한 입문서이다.

먼저 홈페이지를 제작하는 가장 기본인 HTML에 대하여 살펴보자.

2 HTML이란?

HTML(Hyper Text Markup Language)이란 인터넷상에 홈 페이지를 작성하기 위한 규약으로서 인터넷상에서 텍스트, 이미지, 음성과 동영상 등을 편리한 방법으로 검색할 수 있게 해주는 하이퍼텍스트 생성 언어이다.

① HTML은 하이퍼텍스트 형식의 파일을 익스플로러나 넷스케이프 등의 웹 브라우저에서 볼 수 있도록 하기 위한 언어이다.

② HTML이라는 규약에 의해 작성된 문서를 HTML 문서(HTML Document), 웹 문서(Web Document) 또는 웹 페이지라 부르며 이러한 HTML 문서들은 웹 브라우저상에서 HTTP라는 통신 프로토콜을 사용하여 전송된다.

③ HTML 표현은 명령 부분을 '< >'로 묶어 나타내는데 이를 태그(tag)라고 하며, 태그를 사용하여 작성한 문서가 HTML 문서가 되며, 확장자는 *.htm 또는 *.html로 지정한다.

[**웹 관련 기초지식**]

하이퍼텍스트와 하이퍼미디어 링크

① 하이퍼텍스트는 웹 페이지를 서로 연결하고 있는 인터넷의 월드와이드웹(WWW; World Wide Web) 서비스를 가능하게 하는 하이퍼링크(hyperlink) 기능의 기본 개념이다.

② 웹 브라우저를 이용해서 인터넷에 접속해 보면 문자들 중에서 색상이 다른 문자가 있는데 이런 문자에 마우스 포인터를 가져다 놓으면 마우스 포인터가 손모양으로 바뀌는 것을 볼 수 있으며 손모양으로 바뀐 글자를 클릭하면 다른 웹 문

서로 이동한다.

이와같이 일반적인 문자와는 다르게 다른 문서로 링크할 수 있는 문자를 하이퍼 텍스트라고 한다. 하이퍼텍스트의 대표적인 것으로 윈도우즈의 도움말을 들 수 있다. 도움말을 보면 관련된 부분을 알고자 할 때 마우스를 클릭하면 연관된 부분으로 이동하여 쉽게 정보를 얻을 수 있다.

③ 초기에는 텍스트만으로 관련된 정보를 링크하는 하이퍼텍스트(Hypertext)가 있었으나 멀티미디어 기술이 발달하면서 텍스트뿐만 아니라 사운드, 이미지 등과도 연결되는 하이퍼미디어로 발전하였다. 즉, 하이퍼텍스트의 링크 표현을 이미지, 음성, 동영상 등의 멀티미디어 요소들로 확장시킨 개념을 하이퍼미디어(hypermedia) 링크라 부른다.

④ 멀티미디어(Multimedia)란 두 개 이상의 미디어(Media)를 사용한 것을 말하며 미디어에는 텍스트 이미지, 사운드, 비디오 등이 있으며 보통의 멀티미디어라 하면 이미지, 사운드, 동영상 등을 포함한 미디어를 동시에 사용하는 것을 의미한다.

[웹 관련 기초지식]

WWW와 웹 브라우저란?

① **WWW(월드 와이드 웹 : World Wide Web)**

인터넷상의 거미줄(Web)처럼 연결되어 있는 다양한 컴퓨터에 존재하는 문자, 그림, 소리, 비디오 등의 각종 정보를 사용자가 마우스만을 가지고 클릭함으로써 이곳 저곳을 옮겨다니면서 원하는 정보를 얻을 수 있다. 이와 같이 인터넷상의 각종 정보를 그래픽 방식으로 제공하여 주는 방식을 WWW(월드 와이드 웹; World Wide Web) 서비스라 하며, 간단히 웹 서비스라 한다.

② **웹 브라우저(Web browser)**

그래픽 방식으로 웹 서비스를 제공하는 프로그램을 웹 브라우저라고 하는데, 웹 브라우저의 기능은 HTML 문법으로 이루어진 문서를 번역해서 사용자가 보기 좋게 웹 페이지에 문자나 이미지 등을 보여주는 역할을 한다.

현재 전세계적으로 가장 많이 사용하는 웹 브라우저는 넷스케이프사가 개발한 넷스케이프 커뮤니케이터와 마이크로소프트사가 개발한 익스플로러가 서로 주도권 다툼을 치열하게 벌이고 있다. 그 외에도 모자이크(Mosaic), 첼로(Cello) 등이 있다.

본서의 예로 사용되는 모든 프로그램은 현재 가장 많은 사용자를 확보하고 있는 마이크로소프트사가 개발한 익스플로러 5.x에서 실행하였다.

HTML 문서 특징

① HTML 문서는 태그(Tag)로 구성된 언어이다. 태그란 홈페이지에서 색상이나 디자인 및 크기가 다양한 글이나 이미지, 음성과 동영상 등을 자신이 원하는 형태로 홈페이지에 나타나도록 지시해주는 명령을 의미한다.

② 태그는 단순히 왼쪽 각괄호(<)와 오른쪽 각괄호(>) 사이에 정의된 여러 가지 명령어로 구성되어 있다. 대부분의 태그(tag)는 시작 태그(< .. >)와 마지막 태그(</ .. >)를 한 쌍으로 구성되며 끝나는 태그는 슬래시(/)를 오른쪽 각괄호 앞에 붙임으로 태그의 종료를 나타낸다.

⟨TITLE⟩ ... ⟨/TITLE⟩, ⟨BODY⟩ ... ⟨/BODY⟩

③ 예외적으로 한 쌍을 이루지 않고 단독으로 사용되는 태그도 있다.

⟨P⟩, ⟨BR⟩, ⟨HR⟩ 등

④ 태그는 대부분 영문 대/소문자 구별없이 사용되나 몇 가지 예외적으로 사용하는 특수 문자가 있다. 예를 들어, <, >, & 기호 등은 HTML 문서에서 특별한 의미를 가지므로 해당 기호를 표현하려면 각각에 해당되는 특수 문자인 <, >, & 등으로 기술해야 한다.

⟨BODY⟩ ... ⟨/BODY⟩, ⟨body⟩ ... ⟨/body⟩, ⟨Body⟩ ... ⟨/BoDy⟩

⑤ HTML 문서를 실행할 때는 기종에 상관없이 HTML을 해석하여 실행하는 익스플로러 넷스케이프 등과 같은 웹 브라우저만 있으면 된다. 그러나 HTML 태그들은 계속해서 새로운 태그가 늘어나고 있으며, 웹 브라우저의 종류나 버전에 따라 다소 차이가 나기 때문에 모두 지원되지는 않으나, 특정 웹 브라우저에서 지원하지 않는 태그는 무시되어 처리된다.

4 HTML 문서 작성과 실행 방법

HTML 문서를 작성하는 방법은 윈도우의 메모장(Notepad)과 같은 일반 텍스트 편집기를 사용하는 방법과 나모 웹 에디터, FrontPage 등의 HTML 문서 전용 편집기를 사용하는 방법 등이 있다.

4.1 일반 텍스트 편집기를 사용하는 방법

① 다음과 같이 윈도우의 메모장(Notepad)을 이용하여 HTML 문서를 작성한 후 문서의 이름을 "ex1-1.html"이라고 지정하여 저장한다.

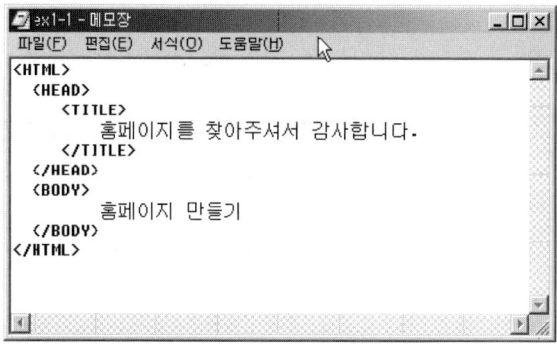

② 작성한 HTML 문서에 이름을 부여할 때는 확장자가 *.htm 또는 *.html로 지정되어야 한다. 참고로, HTML 문서가 리눅스나 유닉스를 사용하는 시스템에서도 실행할 수 있도록 항상 확장자를 *.html로 지정하는 것을 습관화하는 것이 바람직하다.

③ ex1-1.html 문서를 실행시키면 다음과 같이 웹 브라우저에 실행 결과가 출력된다.

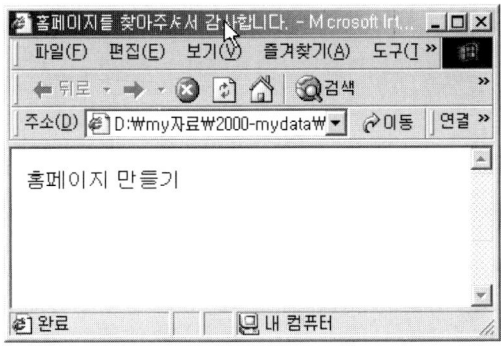

4.2 HTML 문서 전용 편집기 사용 방법

나모 웹 에디터, FrontPage 등의 HTML 문서 전용 편집기를 사용하여 작성한다.
나모 웹 에디터와 같은 HTML 문서전용 편집기는 그림처럼 여러 태그들의 기능들을 메뉴화하여 사용하기 쉽게 제공하기 때문에 초보자가 가장 쉽게 HTML 문서를 작성할 수 있다.

5 HTML 문서의 기본 구조

HTML 문서의 기본 구조는 크게 머리 부분(Head)과 본문 부분(Body)으로 구성된다. 머리 부분은 HTML 문서의 제목과 주석을 나타내고, 본문 부분은 문서의 본문 내용을 기술하는 곳이다.

```
<HTML> ········ ① HTML 문서의 시작을 알리는 태그

    <HEAD> ········ ② HTML 문서의 머리 부분의 시작을 알리는 태그  머리 부분
      <TITLE>홈페이지 제목</TITLE>
    </HEAD> ······ ③ HTML 문서의 머리 부분의 끝을 표시하는 태그

    <BODY> ······ ④ HTML 문서의 머리 부분의 시작을 알리는 태그  본문 부분
    </BODY> ······ ⑤ HTML 문서의 본문 부분의 시작을 알리는 태그

</HTML> ········ ⑥ HTML 문서의 끝을 알리는 태그
```

① `<HTML> ... </HTML>`
HTML 문서의 시작과 끝을 의미하는 태그이다.

② `<HEAD> ... </HEAD>`
HTML 문서의 머리 부분의 시작과 끝을 의미하며 보통 HTML 문서의 제목이나 작성자 이름, 날짜 등이 포함되며 주로 HTML 문서의 제목을 나타내는 `<TITLE>` 태그를 사용한다.

③ `<BODY> ... </BODY>`
HTML 문서의 본문 부분의 시작과 끝을 의미하며 HTML 문서의 본문 내용이 출력되는 부분이다. 즉, `<BODY>`와 `</BODY>` 태그 사이에는 다양한 태그를 사용하여 홈페이지의 색상, 디자인, 다양한 크기의 글자나 이미지, 음성, 동영상 등이 실제적으로 웹 브라우저 화면에 출력되는 부분이다.

HTML 문서에 제목달기 : ⟨TITLE⟩…⟨/TITLE⟩

⟨TITLE⟩ 태그는 웹 브라우저 상단의 타이틀 바에 HTML 문서의 제목을 나타내는 태그로서 예를 살펴보자.

6.1 ⟨TITLE⟩ 태그 사용 예

① 메모장(Notepad)을 이용하여 다음과 같이 HTML 문서를 작성한 후 문서의 이름을 "ex1-2.html"이라고 지정하여 저장한다.

[ex1-2.html]
```
⟨HTML⟩
 ⟨HEAD⟩
  ⟨TITLE⟩
     홈페이지를 찾아주셔서 감사합니다.
  ⟨/TITLE⟩
 ⟨/HEAD⟩
 ⟨BODY⟩
 ⟨/BODY⟩
⟨/HTML⟩
```

② "ex1-2.html"을 실행시키면 실행 결과와 같이 웹 브라우저 상단의 타이틀 바에 ⟨TITLE⟩과 ⟨/TITLE⟩ 태그 사이에 기술된 "홈페이지를 찾아주셔서 감사합니다."라는 제목이 표시된다.

> 메모장과 같은 편집기로 HTML 문서를 작성한 후에 저장할 때는 리눅스나 유닉스를 사용하는 시스템에서도 실행할 수 있도록 3자의 확장자인 "htm" 보다는 "ex1-2.html"과 같이 항상 4자의 확장자인 "html"로 지정하는 것을 습관화하는 것이 바람직하다.

6.2 〈TITLE〉 태그를 반드시 사용해야 하는 이유

① HTML 문서의 제목은 웹 브라우저의 히스토리(History) 리스트나 북마크(Bookmark)에서 사용되거나 검색 엔진을 이용하여 검색시에 사용되기 때문에 HTML 문서에 〈TITLE〉 태그를 반드시 사용해야 한다.
그러므로 HTML 문서의 제목은 자신의 웹 사이트 특징을 잘 나타낼 수 있는 단어를 사용하는 것이 좋다.
② 보통 웹 브라우저에서 제공하는 제목의 글자 수는 최대 260자까지 가능하며 하나의 HTML 문서에는 하나의 제목만이 유효하다.

7 태그(tag) 기본 문법 형식 이해하기

7.1 태그의 기본 문법 형식

태그의 기본 문법 형식은 아래와 같이 표현하며 각괄호와 태그이름 사이에 공백이 들어가서는 안된다.

```
① 〈태그이름〉 내용 〈/태그이름〉
② 〈태그이름 속성이름 = 값〉 내용 〈/태그이름〉
③ 〈태그이름〉
```

① 〈태그이름〉 내용 〈/태그이름〉 형식

```
〈TITLE〉 홈페이지를 찾아주셔서 감사합니다.  〈/TITLE〉
〈BODY〉 홈페이지 만들기 〈/BODY〉
```

② <태그이름 속성이름 = 값> 내용 </태그이름> 형식

많은 태그는 예와 같이 시작 태그에 추가 정보를 나타내는 속성(Attribute)을 기술할 수 있다.

```
<BODY bgcolor="yellow">
        본 HTML문서의 바탕색은 노랑색입니다.
</BODY>

<FONT size="3">
        글자의 크기를 3으로 설정하였습니다.
</FONT>
```

③ <태그이름> 형식

대부분의 태그(tag)는 시작 태그(< .. >)와 마지막 태그(</ .. >)를 한 쌍으로 사용하나 예외적으로 한 쌍을 이루지 않고 단독으로 사용되는 태그도 있다.

<P>, <BR>, <HR> 등

7.2 <BODY> 태그를 통한 태그의 기본 형식 이해하기

태그의 기본 문법 형식을 이해하기 위하여 HTML 문서의 본문 내용이 실제적으로 웹 브라우저 화면에 출력되는 <BODY> 태그를 예로서 살펴보자. <BODY> 태그에서 사용할 수 있는 문법 형식과 속성들 다음과 같다.

```
<BODY> ... </BODY>

<BODY bgcolor="RGB값 | 색상이름" text="RGB값 | 색상이름" link="RGB값 | 색상이름" vlink="RGB값 | 색상이름" alink="RGB값 | 색상이름" leftmargin=n topmargin="n" background="URL" bgproperties="URL">
    ...
</BODY>
```

- bgcolor 속성 : 배경 색상을 지정한다.
- text 속성 : 문자 색상을 지정한다.
- link 속성 : 하이퍼링크된 색상을 지정한다.
- vlink 속성 : 한 번 클릭한 적 있는 하이퍼링크된 색상을 지정한다.
- alink 속성 : 하이퍼링크 부분을 클릭하고 있을 때의 순간 색상을 지정한다.
- background 속성 : 문서의 배경으로 사용할 이미지의 위치를 지정한다.
- leftmargin 속성 : 전체 페이지의 왼쪽 여백을 설정한다.
- topmargin 속성 : 페이지의 위 여백을 설정한다.

① <태그이름> 내용 </태그이름> 형식 : <BODY> … </BODY>의 예

<태그이름> 내용 </태그이름> 형식처럼 <BODY>와 </BODY> 태그 사이에 어떤 속성도 사용하지 않고 본문 내용을 출력시키면 기본적으로 익스플로러 브라우저의 바탕색은 흰색으로 문자는 검정색으로 출력된다.

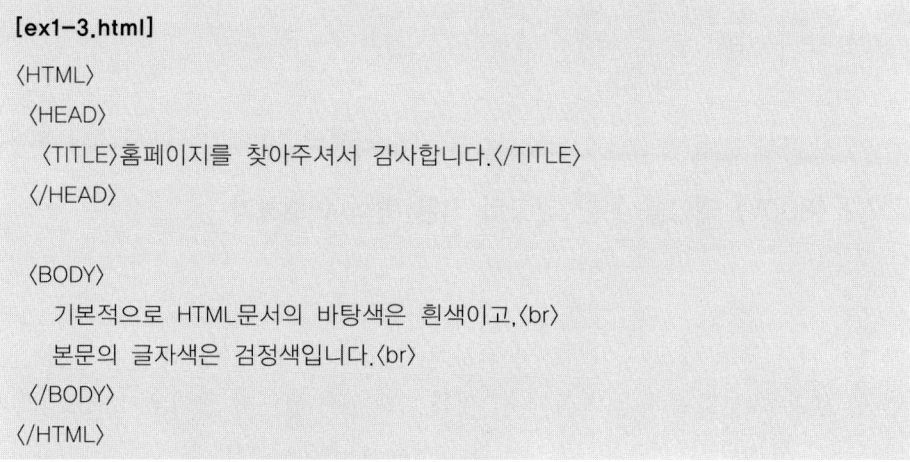

```
[ex1-3.html]
<HTML>
 <HEAD>
  <TITLE>홈페이지를 찾아주셔서 감사합니다.</TITLE>
 </HEAD>

 <BODY>
   기본적으로 HTML문서의 바탕색은 흰색이고,<br>
   본문의 글자색은 검정색입니다.<br>
 </BODY>
</HTML>
```

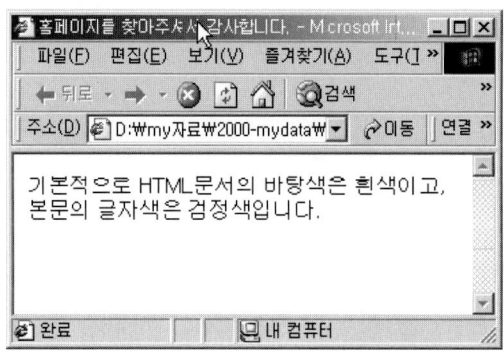

② <태그이름 속성이름=값> 내용 </태그이름> 형식 :<BODY bgcolor="yellow" text="blue">의 예

<BODY>와 </BODY> 태그 사이에 어떤 속성도 사용하지 않고 본문 내용을 출력시키면 바탕색은 흰색으로 문자는 검정색으로 출력됨을 알았다.
<BODY bgcolor="yellow" text="blue">와 같이 <BODY> 태그의 속성을 이용하면 다음 예처럼 바탕색은 노란색으로 문자는 파란 색상으로 사용자가 원하는 HTML 문서의 본문 내용을 바꿀 수 있다.

[ex1-4.html]
```
<HTML>
 <HEAD>
  <TITLE>홈페이지를 찾아주셔서 감사합니다.</TITLE>
 </HEAD>
<BODY bgcolor="yellow" text="blue">
  BODY 태그의 속성을 사용하여 바탕색은 노랑색으로 <br>
  글자는 파랑색으로 바꾸었습니다.<br>
</BODY>
</HTML>
```

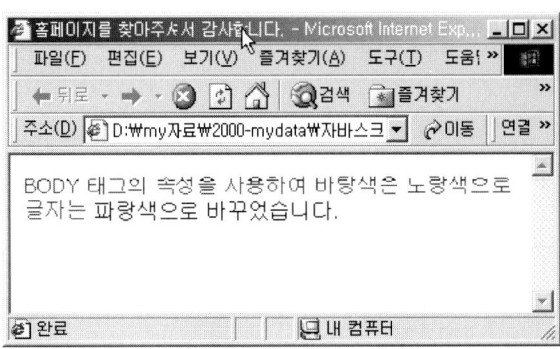

[웹 관련 기초지식]

HTML 문서에서 사용하는 RGB 색상표

〈BODY〉 태그의 bgcolor, text, link 등의 속성들은 HTML 문서의 색상에 관련된 속성들이다. 이들 속성은 RGB(Red Green Blue) 색상값을 사용하는데 이를 살펴보자.

① HTML 문서의 배경색이나 텍스트 글꼴 등의 전경색은 6자리의 16진수 형식으로 표현된 RGB(Red Green Blue) 색상 값을 사용한다. 예를 들어 "ffffff"는 흰색이며 "000000"은 검정색이다. RGB 색상값 대신에 흰색은 white, 검정색은 black, 노란색은 yellow와 같이 색상 이름을 영어로 기술해도 된다.

② RGB 색상 값은 첫 번째와 두 번째 자리는 빨간색(Red) 계열을, 세 번째와 네 번째 자리는 녹색(Green) 계열을, 그리고 다섯 번째와 여섯 번째 자리는 파란색(Blue) 계열을 각각 나타낸다. 이러한 세 가지 색상 계열이 다양한 비율로 혼합되어 웹 브라우저에 다양한 색상으로 나타난다.

③ 각 색상 계열은 0~255의 총 256가지 범위로 나타내는데 이는 2진수로는 00000000~11111111까지, 그리고 16진수로는 00~FF까지가 된다.
그러므로 표현할 수 있는 색상의 범위는 16,777,216(=256×256×256) 가지가 된다.

④ 그러나 실제 HTML 페이지를 작성할 때 웹 브라우저에서 사용하는 공통된 RGB 색상 값은 상당히 줄어들어 그림과 같이 216 색상을 주로 사용한다. 그 이유는 256 색상만을 지원하는 디스플레이(display)들이 아직도 많기 때문이다.
그래서 그림의 216 색상 외의 색상들을 사용할 때는 유사한 비슷한 색으로 치환되어 나타난다.

웹 브라우저에서 사용하는 공통된 RGB 색상표

RGB Hex Triplet Color Chart

EEEEEE	FFFFFF	FFCCFF	FF99FF	FF66FF	FF33FF	FF00FF	00FF00	
DDDDDD	FFFFCC	FFCCCC	FF99CC	FF66CC	FF33CC	FF00CC	00EE00	
CCCCCC	FFFF99	FFCC99	FF9999	FF6699	FF3399	FF0099	00DD00	
BBBBBB	FFFF66	FFCC66	FF9966	FF6666	FF3366	FF0066	00CC00	
AAAAAA	FFFF33	FFCC33	FF9933	FF6633	FF3333	FF0033	00BB00	
999999	FFFF00	FFCC00	FF9900	FF6600	FF3300	FF0000	00AA00	
888888	CCFFFF	CCCCFF	CC99FF	CC66FF	CC33FF	CC00FF	009900	
777777	CCFFCC	CCCCCC	CC99CC	CC66CC	CC33CC	CC00CC	008800	
666666	CCFF99	CCCC99	CC9999	CC6699	CC3399	CC0099	007700	
555555	CCFF66	CCCC66	CC9966	CC6666	CC3366	CC0066	006600	
444444	CCFF33	CCCC33	CC9933	CC6633	CC3333	CC0033	005500	
333333	CCFF00	CCCC00	CC9900	CC6600	CC3300	CC0000	004400	
222222	99FFFF	99CCFF	9999FF	9966FF	9933FF	9900FF	003300	
111111	99FFCC	99CCCC	9999CC	9966CC	9933CC	9900CC	002200	
000000	99FF99	99CC99	999999	996699	993399	990099	001100	
FF0000	99FF66	99CC66	999966	996666	993366	990066	0000FF	
EE0000	99FF33	99CC33	999933	996633	993333	990033	0000EE	
DD0000	99FF00	99CC00	999900	996600	993300	990000	0000DD	
CC0000	66FFFF	66CCFF	6699FF	6666FF	6633FF	6600FF	0000CC	
BB0000	66FFCC	66CCCC	6699CC	6666CC	6633CC	6600CC	0000BB	
AA0000	66FF99	66CC99	669999	666699	663399	660099	0000AA	
990000	66FF66	66CC66	669966	666666	663366	660066	000099	
880000	66FF33	66CC33	669933	666633	663333	660033	000088	
770000	66FF00	66CC00	669900	666600	663300	660000	000077	
660000	33FFFF	33CCFF	3399FF	3366FF	3333FF	3300FF	000066	
550000	33FFCC	33CCCC	3399CC	3366CC	3333CC	3300CC	000055	
440000	33FF99	33CC99	339999	336699	333399	330099	000044	
330000	33FF66	33CC66	339966	336666	333366	330066	000033	
220000	33FF33	33CC33	339933	336633	333333	330033	000022	
110000	33FF00	33CC00	339900	336600	333300	330000	000011	
	00FFFF	00CCFF	0099FF	0066FF	0033FF	0000FF		
	00FFCC	00CCCC	0099CC	0066CC	0033CC	0000CC		
	00FF99	00CC99	009999	006699	003399	000099		
	00FF66	00CC66	009966	006666	003366	000066		
	00FF33	00CC33	009933	006633	003333	000033		
	00FF00	00CC00	009900	006600	003300	000000		

rgb.html이나 rgbapplet.html을 실행시키면 웹 브라우저에서 사용하는 공통된 216 색상을 확인해 볼 수 있다.

Chapter

본문 내의 문서 모양 다루는 태그 배우기

1. 머릿글이나 제목 강조하기 : <Hn> ... </Hn>

머릿글이나 제목을 나타내는 <Hn> 태그는 Heading의 약자로 1부터 6까지의 레벨이 사용되며 HTML 문서 내에서 본문의 글꼴보다 크고 굵은 글꼴로 강조하여 사용한다.

① <Hn> 태그에는 다음과 같은 속성들이 있고 그림은 <Hn> 태그의 몇 가지 속성을 사용한 예이다.

```
<Hn align= "left | center | right ">...</Hn>
<Hn> : 글자 크기를 숫자로 나타낸다.
<Hn align=left> : 글자의 위치를 웹 브라우저의 왼쪽으로 정렬한다.
<Hn align=center> : 글자의 위치를 웹 브라우저의 중앙으로 정렬한다.
<Hn align=right> : 글자의 위치를 웹 브라우저의 오른쪽으로 정렬한다.
```

② H1이 가장 큰 글꼴이며 H6이 가장 작은 글꼴이다.

```
[ex2-1.html]
<HTML>
<HEAD>
    <TITLE>Hn 예제</TITLE>
</HEAD>

<BODY>
  이 글이 보통글입니다.<br>
    <H1>이 글이 레벨 1 머릿글입니다.</H1><br>
    <H3>이 글이 레벨 3 머릿글입니다.</H3><br>
    <H6>이 글이 레벨 6 머릿글입니다.</H6><br>
    <H3 align="center">이 글은 레벨 3 머릿글을 가운데 정렬한 것입니다.</H3>
</BODY>
</HTML>
```

본문 내의 문서 모양 다루는 태그 배우기 **2**

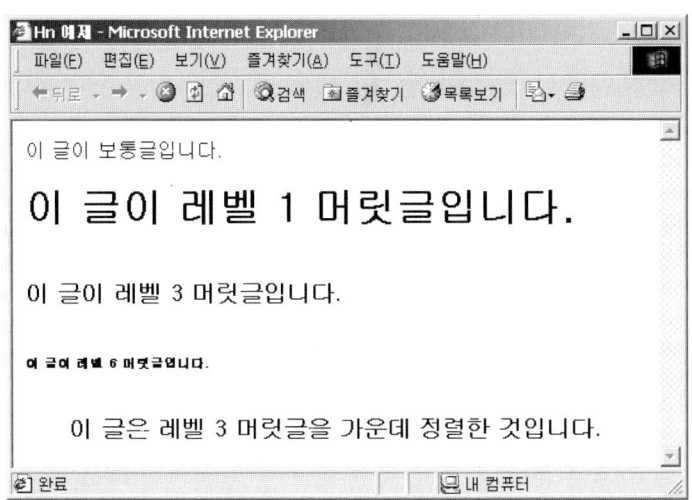

글자 크기, 색상, 글꼴 지정하기 〈FONT〉…〈/FONT〉 2

〈FONT〉는 HTML 문서의 글자 크기와 색상, 글꼴 등을 사용자가 원하는 것으로 조절할 수 있는 태그로서 다음과 같은 속성들이 있고 그림은 몇 가지 〈FONT〉 태그를 사용한 예이다.

```
〈FONT size=+n|-n face="글꼴이름" color="RGB값 | 색상이름"〉
 • size : 글자의 크기를 설정한다.
 • face : 글자의 모양을 설정한다. 윈도우 등에서 제공하는 글꼴의 이름을 설정한다.
 • color : 글자의 색상을 설정한다.
```

① 일반적으로 기본 글자 크기는 3으로 설정되어 있고 3보다 크면 글자의 크기가 커지고, 3보다 작으면 글자의 크기가 작게 나타난다. size는 1부터 7까지 사용할 수 있다.

② 또한 size="+n | -n" 속성을 사용하여 문자의 기본 크기에 대한 상대 크기를 조절할 수 있다. '?'부호는 기본 크기보다 작게, '+'부호는 기본 크기보다 커지게 된다.

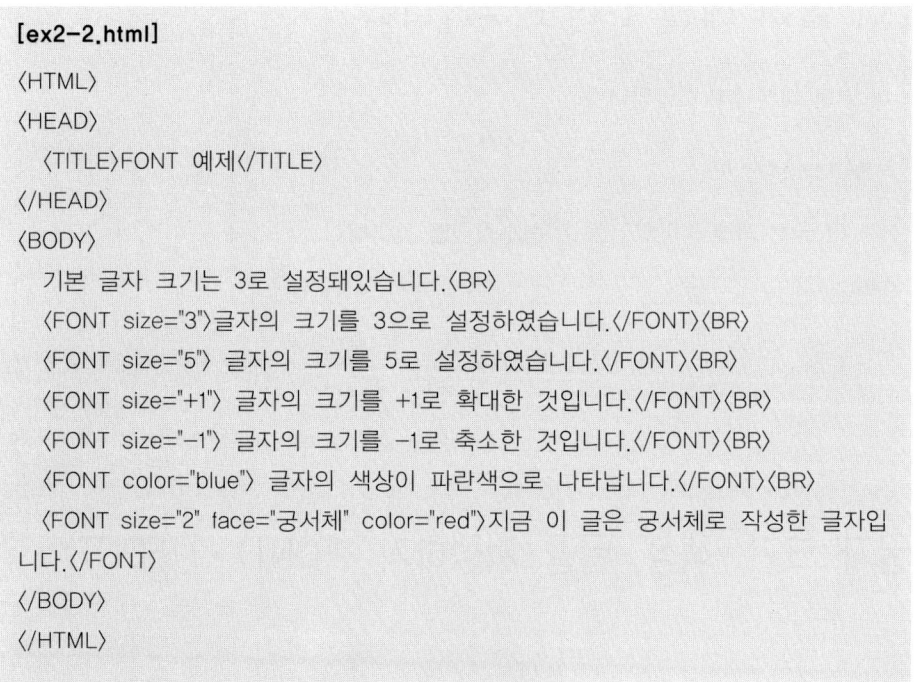

```
[ex2-2.html]
〈HTML〉
〈HEAD〉
   〈TITLE〉FONT 예제〈/TITLE〉
〈/HEAD〉
〈BODY〉
   기본 글자 크기는 3로 설정돼있습니다.〈BR〉
   〈FONT size="3"〉글자의 크기를 3으로 설정하였습니다.〈/FONT〉〈BR〉
   〈FONT size="5"〉 글자의 크기를 5로 설정하였습니다.〈/FONT〉〈BR〉
   〈FONT size="+1"〉 글자의 크기를 +1로 확대한 것입니다.〈/FONT〉〈BR〉
   〈FONT size="-1"〉 글자의 크기를 -1로 축소한 것입니다.〈/FONT〉〈BR〉
   〈FONT color="blue"〉 글자의 색상이 파란색으로 나타납니다.〈/FONT〉〈BR〉
   〈FONT size="2" face="궁서체" color="red"〉지금 이 글은 궁서체로 작성한 글자입니다.〈/FONT〉
〈/BODY〉
〈/HTML〉
```

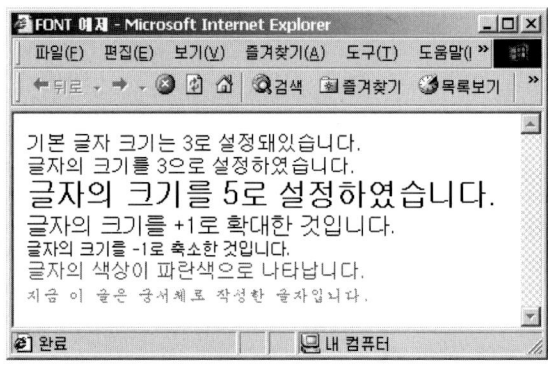

가운데로 정렬하기 : <CENTER>…</CENTER> 태그

<CENTER> 태그와 </CENTER> 태그 사이에 있는 HTML 문서 내의 모든 글이나 그림, 도표 등을 웹 브라우저의 가운데로 정렬시킨다. 웹 브라우저의 윈도우 크기를 조절하여도 항상 가운데로 나타낼 때 사용하는 태그이다.

```
[ex2-3.html]
<HTML>
<HEAD>
   <TITLE>CENTER 예제</TITLE>
</HEAD>

<BODY>
   이 문장은 기본적인 문장입니다.
   <CENTER>
       문장이 가운데로 정렬됩니다.
   </CENTER>
   브라우저의 크기를 조정하면서 확인해 보세요.
</BODY>
</HTML>
```

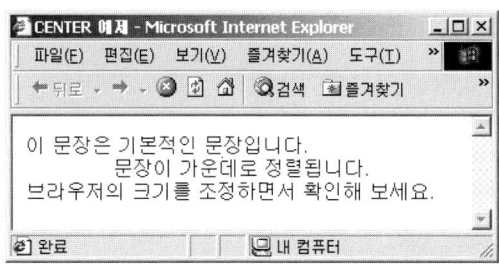

4 줄바꿈과 문단 구분하기 :
과 <P>…</P> 태그

①
 태그(Line Break)는 메모장과 같은 편집기에서 [Enter]키를 친 것과 같이 줄 간격없이 줄바꿈을 할 때 사용한다.
 태그는 단독 태그이며 줄을 바꾸고자 하는 위치에서 사용한다.

② <P> 태그는 문단을 구분할 때 한 줄을 띄우는 태그로
 태그를 두 번 사용한 것과 같은 효과를 낸다. 보통 </P> 태그는 생략한다.

③ <P> 태그는 다음과 같은 속성을 사용하여 문단의 정렬도 다룰 수 있다.

```
<P align="left | center | right" >
<P> : 그냥 한 줄을 띄울 때 사용한다.
<P ALIGN=left> : 한 줄을 띄우면서 태그 다음 문장이 왼쪽으로 정렬된다.
<P ALIGN=center> : 한 줄을 띄우면서 태그 다음 문장이 가운데로 정렬된다.
<P ALIGN=right> : 한 줄을 띄우면서 태그 다음 문장이 오른쪽으로 정렬된다.
```

```
[ex2-4.html]
<HTML>
<HEAD>
    <TITLE>줄, 문단 바꾸기 예제</TITLE>
</HEAD>

<BODY>
    이 문장이 줄바꾸기 &lt;BR&gt;를 사용한 것이고,<BR>
    이 문장이 문단 바꾸기인 &lt;P&gt;를 사용한 것입니다.<P>
    비교가 되지요.
    <P align="center">이 문장은 문단이 바뀐 가운데로 정렬된 문장입니다.</P>
</BODY></HTML>
```

5 수평선 그리기 : <HR>…</HR> 태그

HTML 문서에서 <HR> 태그는 수평선(Horizontal Line)을 그리는데 사용하는 태그이다.

① 웹 브라우저 윈도우의 폭에 맞추어 수평선 길이가 변경되고 줄의 두께와 위치 등을 조절할 수 있다.
② <HR> 태그는
 태그와 같이 단독 태그이며 다음과 같은 다양한 속성을 사용할 수 있다.

> <HR align =left> : 수평선을 왼쪽으로 정렬시킨다.
> <HR align =center> : 수평선을 가운데로 정렬시키며, 기본값은 center이다.
> <HR align =right> : 수평선을 오른쪽으로 정렬시킨다.
> <HR shade> : 수평선에 음영을 부여하며 기본값은 shade이다.
> <HR noshade> : 수평선의 음영을 없애주며, 수평선은 검은색으로 나타난다.
> <HR cokor=RGB색상값> : 수평선의 색을 지정한다.
> <HR SIZE= n> : 수평선의 굵기를 지정한다.
> <HR width = n | n%> : 수평선의 길이를 설정한다. 줄의 길이를 정수로 설정하거나 웹 브라우저 폭의 비율에 따라 설정할 수 있다.

[ex2-5.html]

⟨HTML⟩
⟨HEAD⟩⟨TITLE⟩수평선 예제⟨/TITLE⟩⟨/HEAD⟩

⟨BODY⟩
　　⟨CENTER⟩⟨H3⟩수평선 긋기⟨/H3⟩⟨/CENTER⟩
　　수평선의 폭을 브라우저의 50%로 하고,⟨br⟩
　　기본정렬은 가운데입니다.⟨BR⟩
　　⟨HR width="50%"⟩⟨BR⟩
　　수평선의 왼쪽 정렬입니다.⟨BR⟩
　　⟨HR align="left" width = "50%"⟩⟨BR⟩
　　수평선의 굵기를 10으로..⟨BR⟩
　　⟨HR size = "10"⟩⟨BR⟩
　　수평선에 음영을 넣지 않고..⟨BR⟩
　　⟨HR size = "5" noshade⟩⟨BR⟩
⟨/BODY⟩
⟨/HTML⟩

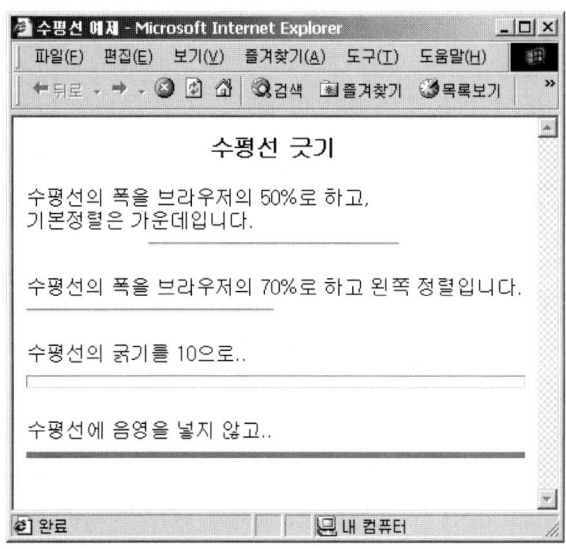

문자 효과 태그들

홈페이지에 작성된 문서의 모든 문자들이 동일한 글꼴이나 크기로만 나타난다면 지루할 것이다.
다음과 같은 문자 효과 태그들을 사용하면 강조할 부분에는 굵은 문자로, 다른 사람의 글이나 얘기를 인용한 내용에는 이탤릭체와 같이 문자에 효과를 줄 수 있으며, 또한 깜빡거리는 효과를 주어 문자를 강조할 수도 있다.

> <BLINK>....</BLINK> : 문자를 강조하기 위해 깜빡거리는 효과를 준다. 단, 넷스케이프 브라우저에서만 사용된다.
> <B>....</B> : 굵은 글자(Bold)로 표현된다.
> <I>....</I> : 이탤릭체로 표현된다.
> <U>....</U> : 밑줄(Underline)을 그어 표현된다.
> <EM>....</EM> : 강조(EMphasis)되어 표현되며 일반적으로 이탤릭체로 표시된다.
> <STRONG>....</STRONG> : 더욱 강조(STRONG)되어 표현된다.

[ex2-6.html]
```
<HTML>
 <HEAD>
         <TITLE>문자 효과 예제</TITLE>
 </HEAD>
 <BODY>
   <BLINK>강조하기 위해 깜빡거립니다.</BLINK><BR>
   <B>문자가 굵은 글자로 나타납니다.</B><BR>
   <I>이탤릭체로 나타납니다.</I><BR>
   <U>밑줄 그어진 글자로 나타납니다.</U><BR>
   <EM>강조할 부분에 사용합니다.</EM><BR>
   <STRONG> 강조할 부분에 사용합니다.</STRONG>
 </BODY>
</HTML>
```

BLINK는 넷스케이프에만 적용이 되고 익스플로러에서는 적용이 안된다.

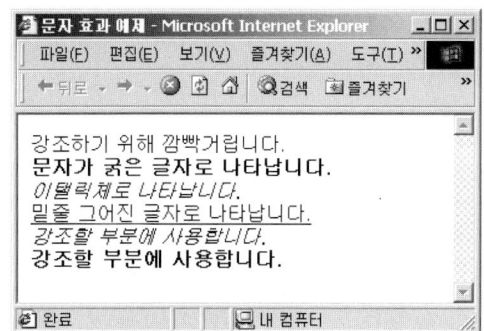

7 〈PRE〉…〈/PRE〉 태그

HTML 문서 태그 중에서 〈BR〉, 〈P〉 등을 사용하여 줄바꾸기는 할 수 있지만 몇 개의 공백을 입력하거나 들여쓰기 등은 처리하기 어렵다.

이러한 문제를 해결해주는 태그로 〈PRE〉 태그가 있다. 〈PRE〉 태그는 PREformatted의 약자로 〈PRE〉 태그와 〈/PRE〉 태그 사이에 있는 공백, 빈줄, 탭 등을 그대로 인식하여 그림과 같이 문서를 소스 그대로 보여준다.

> 〈PRE〉 태그 사이에 다른 HTML 태그를 삽입하는 것은 피해야 한다.

```
[ex2-7.html]
〈HTML〉
〈HEAD〉〈TITLE〉Preformat의 예제〈/TITLE〉〈/HEAD〉
〈BODY〉
 〈PRE〉
      가라! 네 눈짓을 따르라.

      너의 젊은 날을 이용하고,
      배움의 때를 놓치지 마라.

      거대한 행운의 저울 위에
```

지침이 평형을 이루는 순간은 드물다.

너는 올라가든가 아니면 내려가야 한다.

너는 이기고 지배하든가
아니면 지고나서 굴종해야 한다.

이겨 의기양양하든가 쓴맛을 삼키든가
망치가 되든가 모루가 돼야 한다.

      괴테 Goethe
  </PRE>
</BODY>
</HTML>

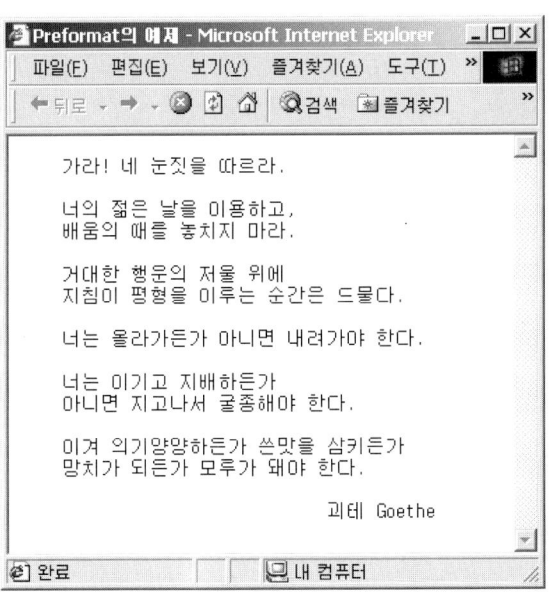

특수 문자 처리하기

HTML 문서에서 특수 문자를 그대로 사용할 수는 없다. 예를 들어 HTML 문서의 태그로 사용하는 왼쪽 각 괄호(<)와 오른쪽 각 괄호(>), 앰퍼샌드(&) 등을 웹 브라우저에 나타내려면 다음과 같은 특별한 기호가 필요하다.

```
  : 공백을 나타내는 특수 문자
&lt;   : <의 표현 문자(Less Than)
&gt;   : >의 표현 문자(Greater Than)
&amp;  : &의 표현 문자(AMPercent)
&ouml; : o o 우물라우트의 표현 문자(UMLaut)
&copy; : Copyright를 나타내는 ⓒ를 의미하는 표현 문자
```

왜냐하면 각 괄호들은 HTML 문서의 태그를 지정하기 위해 사용되므로 각 괄호 이후에 표현하는 문자들을 웹 브라우저는 태그로 인식해 버리기 때문이다.
그러므로 HTML 문서 내에서 <, > & 등의 특수 문자를 표현하려면 특별한 방법이 필요한데, 이러한 특별한 방법이 앰퍼샌드(&)로 시작하는 <, & 등의 특수 문자를 사용하는 것이다.

```
[ex2-8.html]
<HTML>
<HEAD>
   <TITLE>특수 문자 예제</TITLE>
</HEAD>

<BODY>
   &lt BR &gt &amp &lt p &gt 는 문단 바꾸기 태그입니다.<BR>
   <B>Copyright &copy; 2001. Hyoung-Gun Leem all rights reserved<BR></B>
</BODY></HTML>
```

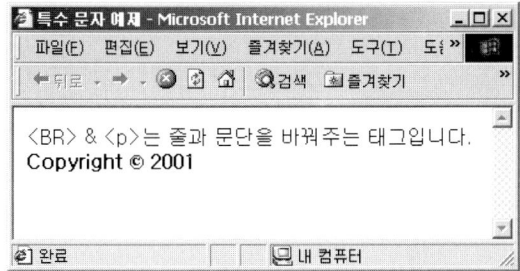

9 주석 달기 : <!-- ... -->

HTML 문서의 내용을 설명하거나 참조하기 위한 내용이 있을 때 주석(Comment) 태그를 이용한다. 이러한 주석은 웹 브라우저에서 해석되지 않으므로 화면에 나타나지 않는다.

```
[ex2-9.html]
<HTML>
<HEAD>  <TITLE>주석 태그 예제</TITLE> </HEAD>
<BODY>
   <!-- 이 부분이 주석태그 입니다. -->
   주석태그는 브라우저에서는 안보이고,<BR>
   HTML 문서내의 설명에 해당합니다.
</BODY>
</HTML>
```

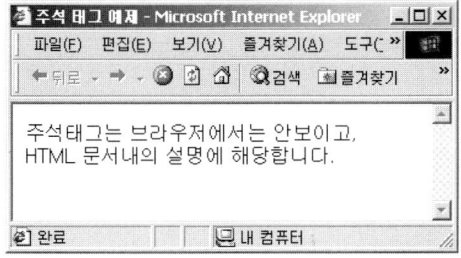

10 리스트(List) 만들기

HTML 문서에는 책의 내용이 전반적으로 어떻게 구성되어 있는지를 보기 좋게 정리해 놓을 수 있는 책의 목차와 같은 기능을 수행하는 리스트(List) 태그가 있다. 리스트 태그에는 몇 가지 종류가 있는데 대표적인 리스트 태그로 순서 없는 리스트와 순서 리스트가 있다.

10.1 순서 없는 리스트(Unordered List) 만들기

순서 없는 리스트(Unordered List)는 <UL> 태그를 사용하며 이 순서 없는 리스트는 항목(List Item)들로 <LI> 태그를 사용한다.

① <LI> 태그는 줄 태그
를 사용하지 않더라도 줄을 바꿔준다.
② <UL>과 </UL> 사이의 <LI> 태그의 항목 앞에 생기는 동그란 불릿(Bullet) 기호는 웹 브라우저가 자동적으로 만들어 주며, 다양한 모양의 불릿 기호를 사용하려면 type 속성을 이용한다.

```
<UL>...</UL>
<UL type="disc | circle | square">
<LI type="disc | circle | square">
```

- type=disc : 항목 앞에 비어있는 원 모양의 불릿 기호로 나타낸다.
- type=square : 항목 앞에 사각형 모양의 불릿 기호로 나타낸다.
- type=circle : 항목 앞에 채워진 원 모양의 불릿 기호로 나타낸다.

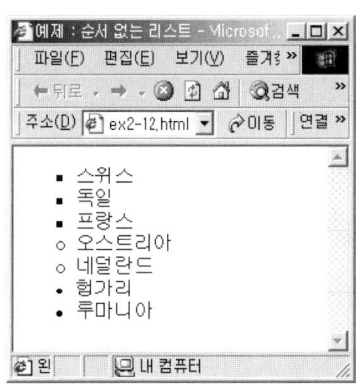

[ex2-10.html]
```
<HTML>
    <TITLE> 예제 : 순서 없는 리스트</TITLE>
    <BODY>
        <UL>
            <LI type=square> 스위스
            <LI type="square"> 독일
            <LI type="square"> 프랑스
            <LI type="circle"> 오스트리아
            <LI type="circle"> 네덜란드
            <LI type="disc"> 헝가리
            <LI type="disc"> 루마니아
        </UL>
    </BODY>
</HTML>
```

10.2 순서 리스트(Ordered List)

순서를 부여하는 리스트(Ordered List) 태그로 <OL>과 </OL> 사이에 <LI>를 사용한다.

순서를 부여하는 리스트는 순서 없는 리스트에서 사용하는 다양한 불릿 기호 대신에 설정한 type 속성에 따라서 아라비아 숫자나 알파벳 순서 등의 다양한 형태로 순서를 부여한다.

```
<OL>...</OL>
<OL type="A | a | l | i | 1"  start="n">
<LI type="A | a | l | i | 1"  start="n">
```

- type=A : 알파벳 대문자인 A, B, C 순으로 순서를 부여한다.
- type=a : 알파벳 소문자인 a, b, c 순으로 순서를 부여한다.
- type=l : 큰 로마숫자인 I, II, III 순으로 순서를 부여한다.
- type=i : 작은 로마숫자인 i, ii, iii 순으로 순서를 부여한다.
- type=1: 아라비아 숫자인 1, 2, 3 순으로 순서를 부여한다.
- start=n : 시작할 번호를 지정할 수 있으며 n, n+1, n+2 순으로 순서를 부여한다.

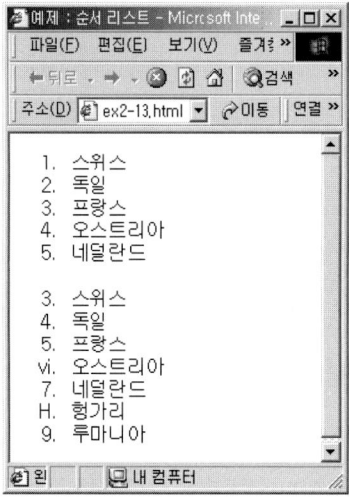

[ex2-11.html]

```
<HTML>
    <TITLE> 예제 : 순서 리스트</TITLE>

<BODY>
    <OL  type=1>
        <LI> 스위스
        <LI> 독일
        <LI> 프랑스
        <LI> 오스트리아
```

```
            <LI> 네덜란드
        </OL>

        <OL type=1 start=3>
            <LI> 스위스
            <LI> 독일
            <LI> 프랑스
            <LI type="i"> 오스트리아
            <LI> 네덜란드
            <LI type="A"> 헝가리
            <LI type=1 start="3"> 루마니아
        </OL>
    </BODY>
</HTML>
```

10.3 중첩 리스트(Nested List)

중첩 리스트(Nested List)는 리스트나 항목 내부에 또 다른 순서 또는 비순서 리스트를 포함할 수 있는 구조로서 정보들을 계층적으로 편리하게 표현할 수 있다.

[ex2-12.html]
```
<HTML>
 <HEAD>
   <TITLE> 예제 : 중첩 리스트</TITLE>
 </HEAD>

 <BODY>
   <OL>
     <LI>인터넷 소개
     <OL type=I>
        <LI>인터넷 개요
          <UL>
             <LI>인터넷의 역사
```

```
            <LI>국내의 인터넷 역사
            <LI>인터넷의 특징
        </UL>

        <LI>인터넷 주소와 이름
        <ol type=a start=d>
            <LI>인터넷 주소(IP Address)
            <LI>동적 인터넷 주소와 정적 인터넷 주소
            <LI>인터넷 이름 구조
            <LI>도메인 네임 서비스(DNS)
        </ol>
    </OL>

    <LI>네트워크 개요
        <UL type=disc>
            <LI>프로토콜
            <LI>OSI 7계층
            <LI>TCP/IP 프로토콜
        </UL>
    </OL>
</BODY>
</HTML>
```

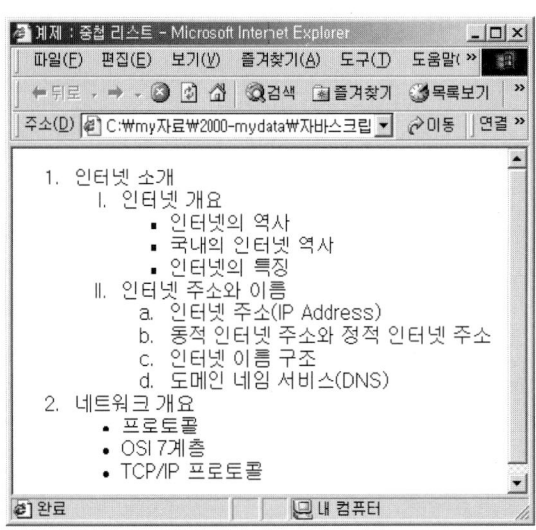

Chapter
HTML 문서에서 이미지 처리하기

본장에서는 HTML 문서에 예쁜 이미지나 아이콘 또는 배경 이미지를 포함시켜 좀더 생동감 있는 홈페이지를 꾸미는 방법을 알아보자.

1 이미지 삽입 〈IMG〉 태그

HTML 문서에 〈IMG〉 태그의 src 속성을 사용하여 방문자에게 좀더 효과적으로 생동감있게 이미지가 포함된 홈페이지를 구성할 수 있다. 이미지 파일은 미리 준비되어 해당 위치에 있어야 하며 만약 경로나 파일명이 잘못되면 웹 브라우저에서 오류 이미지를 출력한다.

> 〈IMG src="이미지 파일명"〉
> - src : 이미지 파일이 위치한 곳을 나타낸다. 이미지 파일의 경로를 지정할 때에는 슬래시(/)를 사용한다.
> - width : 이미지의 너비를 픽셀 단위로 지정한다.
> - height : 이미지의 높이를 픽셀 단위로 지정한다.
> - vspace : 이미지 상하의 여백을 픽셀 단위로 지정한다.
> - hspace : 이미지 좌우의 여백을 픽셀 단위로 지정한다.
> - align = " top | middle | bottom " : 이미지 옆에 오는 문자의 위치를 지정한다.
> - align = "left | right" : 이미지를 왼쪽 또는 오른쪽에 정렬한다.
> - alt : 이미지의 설명
> - border : 이미지의 테두리 두께

① 〈IMG〉 태그의 src 속성을 사용하여 이미지를 삽입한 예

```
[ex3-1.html]
〈HTML〉
〈BODY〉
   〈CENTER〉
     움직이는 사람 이미지를 삽입한 예제 〈P〉
        〈IMG src="사람.GIF"〉〈br〉
   〈/CENTER〉
〈/BODY〉
〈/HTML〉
```

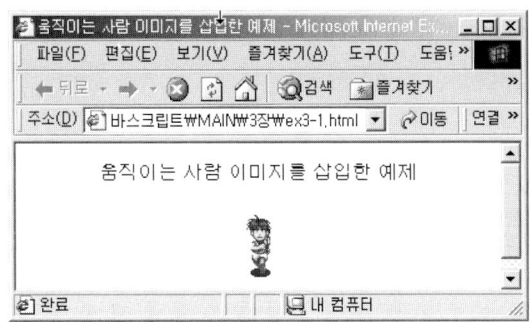

일반적으로 이미지 파일은 확장자가 .jpg, .gif로 된 파일들을 주로 사용한다. 가장 보편적인 이미지 파일 형식인 GIF (graphic interchange format)는 예와 같이 움직이는 기능도 제공하고 있다.

② src 속성에 삽입할 이미지 파일의 위치를 나타낼 때는 슬래시(/)를 사용하여 경로를 구분하면서 다음처럼 기술한다.

① src="그림.jpg" 또는 src="./그림.jpg"
그림.jpg란 이미지 파일이 현재 디렉토리에 있는 경우
② src="/image/그림.jpg"
그림.jpg란 이미지 파일이 /image라는 디렉토리에 있는 경우
③ src="../그림.jpg"
그림.jpg란 이미지 파일이 현재 디렉토리의 상위 디렉토리에 있는 경우
④ src="/www/image/그림.jpg"
그림.jpg란 이미지 파일이 /www/image 디렉토리에 있는 경우

2 이미지 크기 및 여백 조정

이미지의 크기는 작성된 이미지 크기대로 웹 브라우저에 나타나는데 <IMG> 태그의 height와 width 속성을 이용하여 조절할 수 있으며, vspace와 hspace 속성을 사용하여 이미지 상하좌우의 여백을 조정할 수 있다.

> \<IMG src="이미지 파일이름" width="픽셀크기" height="픽셀크기"\>
> - src : HTML 문서에 삽입될 이미지의 파일명을 기술한다.
> - width : 이미지의 너비를 픽셀 단위로 지정한다.
> - height : 이미지의 높이를 픽셀 단위로 지정한다.
> - vspace : 이미지 상하의 여백을 픽셀 단위로 지정한다.
> - hspace : 이미지 좌우의 여백을 픽셀 단위로 지정한다.

① 이미지 크기는 픽셀 단위로 높이와 폭을 지정할 수 있으며 지정한 크기가 다를 경우 웹 브라우저는 지정한 면적을 채우기 위해 그림을 늘이거나 줄이기도 한다. 이 때 지정값이 실제 이미지의 크기와 같은 경우 웹 브라우저에 나타나는 속도가 빨라진다.
② vspace와 hspace 속성을 사용하여 이미지 옆에 기술되는 문장들 간의 상하 좌우 간격을 지정할 수 있다.
③ \<IMG\> 태그의 width와 height 속성을 사용하여 원래의 허수아비 이미지 크기를 높이 150과 너비 80으로 줄였고, vspacee 속성을 사용하여 허수아비 이미지와 설명 문장 간의 상하 여백을 늘린 예이다.

[ex3-2.html]
```
<HTML>
<BODY>
     원래 이미지<br>
     <IMG src="./허수아비.jpg"><br>
     <CENTER>
          이미지의 크기를 줄인예<br>
          <IMG src="./허수아비.jpg" width="150" height="80" vspace=20>
     </CENTER>

</BODY>
</HTML>
```

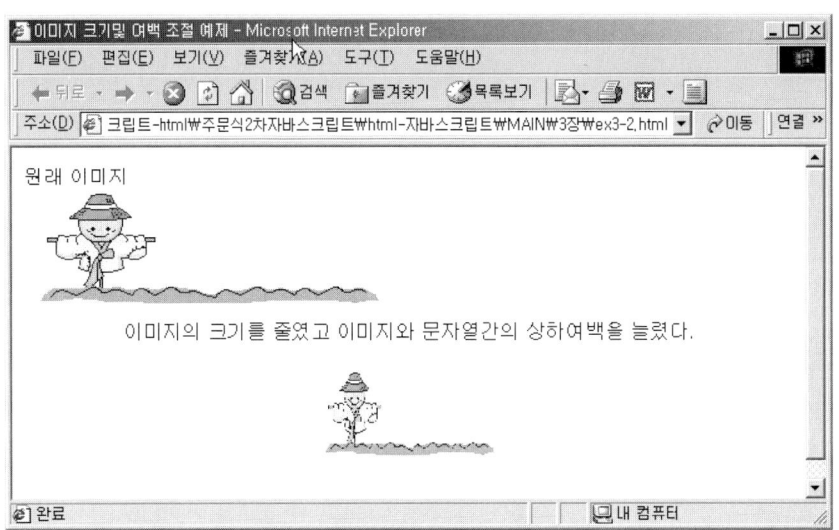

이미지 정렬 및 테두리선 조정

① align 속성을 사용하여 이미지를 웹 브라우저의 위치에 따라 왼쪽, 오른쪽에 정렬하거나 이미지 옆에 오는 문장의 위치를 위, 중간, 아래에 지정할 수 있다.
② 삽입할 이미지에 border 속성을 이용하여 테두리를 조절할 수 있다. border 의 수치에 따라 테두리의 굵기가 변하며 테두리의 색깔은 텍스트의 색깔과 동일하게 나타난다.

> <IMG src="이미지 파일명" border="n" align = "top|middle |bottom | right | left">
> • align = " top | middle | bottom" : 이미지 옆에 오는 문자의 위치를 위, 중간, 아래에 지정한다.
> • align = "left | right" : 이미지를 왼쪽 또는 오른쪽에 정렬한다.
> • border : 이미지의 테두리 두께를 지정한다.

이미지가 하이퍼링크된 경우 자동으로 테두리가 그려지는데 이는 border 속성과는 달리 링크 포인트로 지정된 색으로 나타난다.

[ex3-3.html]

⟨HTML⟩
⟨HEAD⟩
   ⟨TITLE⟩이미지 정렬 및 테두리선 조정 예제⟨/TITLE⟩
⟨/HEAD⟩

⟨BODY⟩
    ⟨IMG src="사과.gif" align="right"⟩
    ⟨p align=right⟩이미지를 오른쪽으로 정렬하였고 ⟨br⟩⟨br⟩⟨br⟩⟨br⟩
    ⟨IMG src="사과.gif" align=top⟩
    이미지 옆에 오는 문자의 위치를 이미지 상단에 출력하였다.⟨br⟩
    ⟨IMG src="사과.gif" border="10"⟩
    이미지 테두리를 10으로 주었다.
⟨/BODY⟩
⟨/HTML⟩

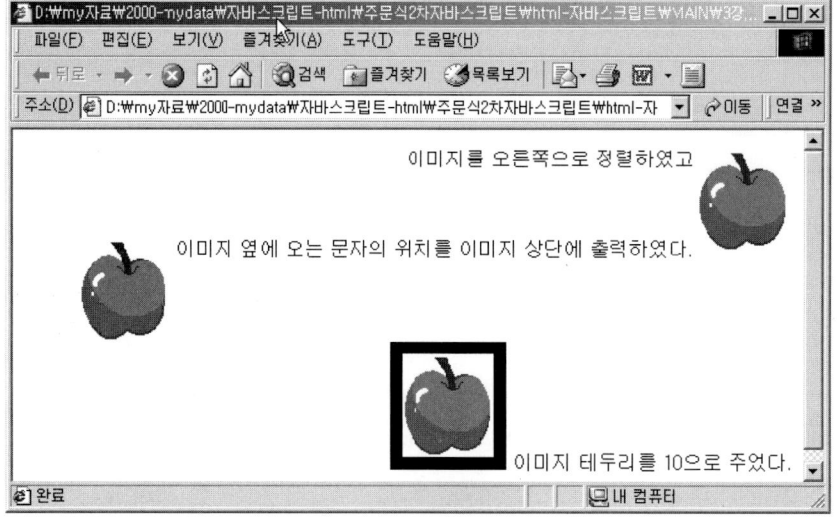

이미지의 위치에 설명나타내기

① alt 속성을 사용하여 이미지의 설명을 풍선도움말처럼 나타나게 하거나 오류 난 이미지에 대한 이미지 설명을 나타낼 수 있다.

```
<IMG src="이미지 파일명" alt="이미지 설명">
```

② 이미지가 커서 적재되는 시간이 오래 걸리는 경우 일반적인 웹 브라우저의 경우 이미지가 적재(loading)되기 전에 이미지에 대한 설명이 미리 나타난다. 그러므로 항상 이미지 설명을 간단하게 표현하는 것이 좋다.

[ex3-4.html]
```
<HTML>
<TITLE>이미지의 위치에 설명나타내기</TITLE>
</HTML>
 <IMG src="./연주.gif" alt="여기에는 연주하는 그림이 있는 곳입니다.">
</BODY>
</HTML>
```

③ alt 속성을 사용하여 마우스를 이미지에 갖다 대면 풍선도움말이 결과처럼 나타난다.

④ alt 속성을 사용하여 오류난 이미지에 대한 이미지 설명을 나타낸 예이다. 이미지 파일이 미리 준비되어 해당 위치에 있어야 하는데 이미지 파일이 없거나 경로나 파일명이 잘못되면 그림과 같이 웹 브라우저에서 오류 이미지를 출력한다. 이 때 alt 속성을 사용하여 오류난 이미지에 대한 이미지 설명을 나타내어 이미지에 오류가 발생했음을 알려줄 수 있다.

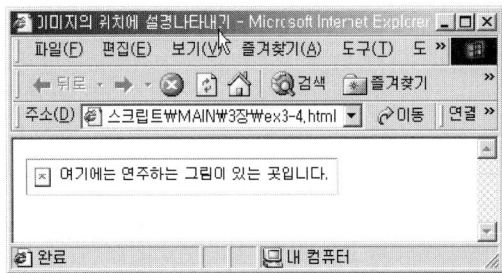

5 〈BODY〉 태그를 사용하여 배경 이미지 삽입하기

① HTML 문서의 배경에 웹 브라우저에서 제공하는 단색을 사용하지 않고 자신이 원하는 멋진 사진 등을 배경 이미지로 사용할 수 있다. 이러한 배경 이미지 효과를 위해서는 〈BODY〉 태그에 background 속성을 사용한다.

```
〈BODY background="이미지 파일명"〉
```

② 이미지 파일이 작은 경우 웹 브라우저에서는 예와 같이 타일을 붙이듯 여러 겹으로 이미지를 중복해서 나타나게 해준다.

[ex3-5.html]
〈HTML〉
〈HEAD〉 〈TITLE〉배경 이미지 넣기 예제〈/TITLE〉

```
</HEAD>
<BODY  background="./자동차길.gif">
</BODY>
</HTML>
```

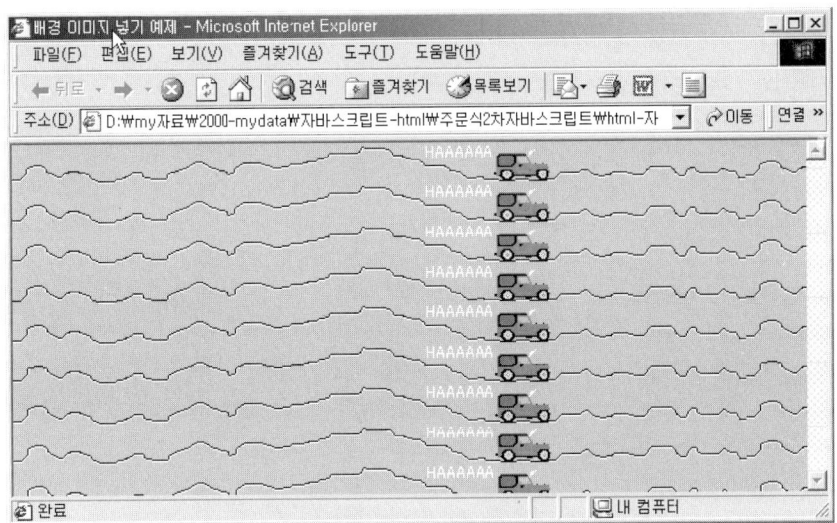

Chapter

HTML 문서간에 하이퍼링크시키기

월드 와이드 웹(World Wide Web) 서비스의 가장 큰 장점은 인터넷상의 거미줄(Web)처럼 연결되어 있는 다양한 컴퓨터에 존재하는 문자, 그림, 소리, 비디오 등의 각종 정보를 사용자가 마우스만을 가지고 클릭함으로서 이곳 저곳을 옮겨다니면서 원하는 정보를 얻을 수 있다. 본 장에서는 원하는 정보를 손쉽게 얻을 수 있도록 인터넷상의 모든 HTML 문서들 간에 하이퍼 링크를 이용하여 손쉽게 이동하는 방법을 학습한다.

1 하이퍼링크(Hyperlink)란?

① HTML 문서에 그림처럼 밑줄 그어진 부분이나 이미지로 마우스 포인터를 가져다 놓으면 마우스 포인터가 손모양으로 바뀌는 것을 볼 수 있으며 손모양으로 바뀐 글자나 이미지를 클릭하면 웹 브라우저는 잠시 후에 다른 HTML 문서로 이동한다.

이와 같이 보통 문자나 이미지와 다르게 다른 HTML 문서로 링크할 수 있는 밑줄 그어진 텍스트나 이미지 부분을 하이퍼링크(Hyperlink) 혹은 링크(link)라고 한다.

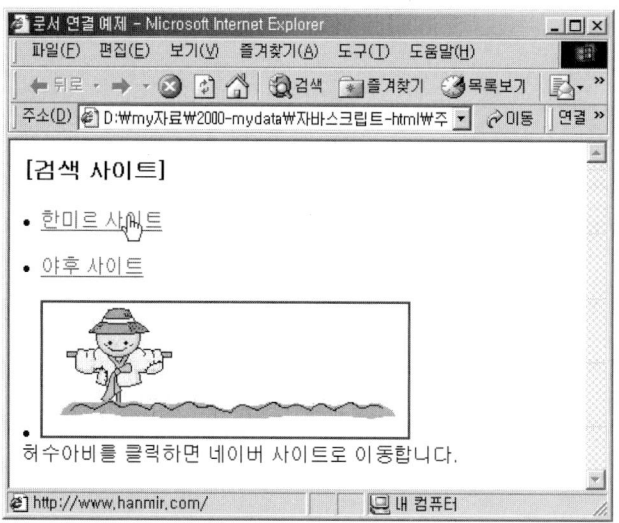

② 초기에는 텍스트만으로 관련된 정보를 링크하는 하이퍼텍스트(Hypertext)가 있었으나 멀티미디어 기술이 발달하면서 텍스트뿐만 아니라 사운드, 이미지 등과도 연결되는 하이퍼미디어로 발전하였다.

즉, 하이퍼텍스트의 링크 표현을 이미지, 음성, 동영상 등의 멀티미디어 요소들로 확장시킨 개념을 정확하게는 하이퍼미디어(hypermedia) 링크라 부른다.

2 하이퍼링크 부분 만들기 : <A> 태그

다른 HTML 문서로 이동하기 위해서는 Anchor의 약자인 <A> 태그의 href 속성을 사용하여 하이퍼링크(Hyperlink) 부분을 만든 후 사용자가 마우스로 클릭하면 해당 HTML 문서로 손쉽게 이동할 수 있다.

> <A href="링크시킬 HTML문서나 이미지,사운드,비디오 파일명 또는 URL">문장이나 이미지</A>
>
> • href : hypertext reference의 약자로 href 다음에 현재 HTML 문서에서 하이퍼링크시킬 HTML 문서나 이미지, 사운드, 비디오 파일명을 지정한다. URL에 대한 설명은 다음절에서 살펴보자.

2.1 내 컴퓨터에 있는 HTML 문서와 이미지, 비디오 파일을 하이퍼링크시키는 방법

① 내 시스템에 있는 HTML 문서와 이미지 파일을 링크시킨 예로서 "ex4-2의 html문서로 이동합니다."라는 하이퍼링크 부분을 클릭하면 현재 디렉토리에 있는 ex4-2.html 문서로 이동된다.

[ex4-1.html]
```
<HTML>
<TITLE>HTML 문서와 이미지 그리고 비디오 파일을 링크시킨 예</TITLE>
  <BODY>
    <h3> HTML 문서와 이미지 그리고 비디오 파일을 링크시킨 예<p>
    <a  href="./ex4-2.html" >ex₩4-2의 html문서로 이동합니다.</a> <br>
    <a  href="./연주.gif"> 연주그림이 실행됩니다.</a> <br>
    <a  href="./beauty.avi"> 비디오가 실행됩니다.</a> <br>
</BODY></HTML>
```

> href 속성값은 일반적으로 현재 HTML 문서에서 하이퍼링크시킬 HTML 문서나 웹사이트 주소인 URL을 지정하지만 <a href="./연주.gif">와 같이 href 속성에 이미지 파일이나 사운드, 비디오 파일 등을 지정하여 웹 브라우저에 이미지나 비디오 등을 실행시킬 수 있다.

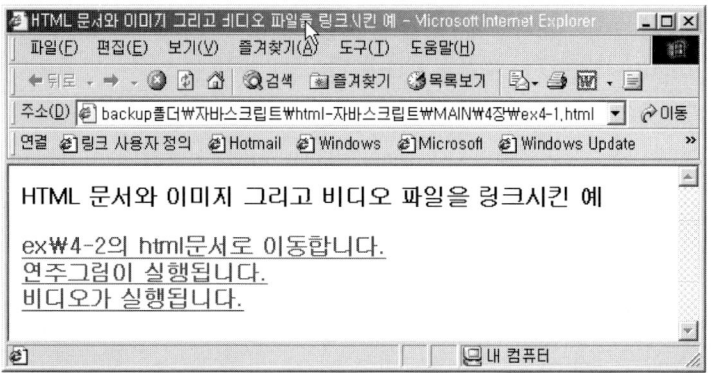

② "연주그림이 실행됩니다."라는 하이퍼링크 부분을 클릭하면 현재 디렉토리에 있는 "연주.gif"라는 이미지 파일이 나타난다.

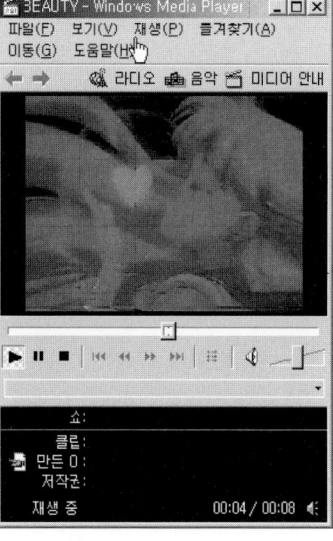

③ "비디오가 실행됩니다."라는 하이퍼링크 부분을 클릭하면 현재 디렉토리에 있는 "beauty.avi"라는 비디오 파일이 실행된다.

> **AVI란?**
> AVI(Audio Video Interleaved)는 마이크로소프트사에서 만든 윈도우상에서 디지털 비디오를 지원하는 동영상 파일이다.

④ 하이퍼링크할 HTML 문서가 내 컴퓨터에 있는 경우는 웹사이트의 주소인 URL을 기록할 필요가 없이 링크하고자 하는 문서의 경로와 파일명만을 다음 예와 같이 지정하면 된다.

> ① href="test.html" 또는 href="./test.html"
>   하이퍼링크된 test.html 문서가 현재 디렉토리에 있는 경우
> ② href="/html/test.html"
>   하이퍼링크된 test.html 문서가 /html이라는 디렉토리에 있는 경우
> ③ href="../test.html"
>   하이퍼링크된 test.html 문서가 현재 디렉토리의 상위 디렉토리에 있는 경우
> ④ href="/usr/www/khr/test.html"
>   하이퍼링크된 test.html 문서가 /usr/www/khr이란 디렉토리에 있는 경우
> ⑤ href="/~lhk/test.html"
>   하이퍼링크된 test.html 문서가 lhk라는 사용자 계정의 home 디렉토리에 있는 경우

2.2 인터넷상의 다른 컴퓨터에 있는 HTML 문서를 하이퍼링크시키는 방법

① 인터넷상의 다른 컴퓨터에 있는 HTML 문서를 하이퍼링크시키는 방법 역시 <A> 태그의 href 속성을 사용하나 href 속성에 웹사이트 주소인 URL(Uniform Resource Locator)을 기술하면 된다.

> <A href="URL"> 문장이나 이미지 </A>

② URL을 기술하는 방법은 다음 예와 같다.

> ① <a href="http://www.hanmir.com"> 한미르 사이트 </a>

URL 주소가 www.hanmir.com인 한미르 검색 사이트로 링크된다.
② 〈a href="http://www.yahoo.co.kr"〉 야후 사이트〈/a〉
URL 주소가 www.yahoo.co.kr인 야후 검색 사이트로 링크된다.
③ 〈a href="http://shopping.hanmir.com/menu.html"〉...〈/a〉
URL주소가 shopping.hanmir.com 이라는 웹사이트의 menu.html 문서로 링크된다.
④ 〈a href="http://sol.nuri.net/~batman/extra.html"〉.....〈/A〉
sol.nuri.net 사이트의 계정ID가 batman인 사용자의 홈디렉토리에 있는 extra.html 문서로 링크된다.
⑤ 〈a href="ftp://www.linux.com"〉.....〈/a〉
www.linux.com이라는 ftp 사이트로 링크된다.

③ 밑줄이 그어진 하이퍼텍스트 링크 부분이나 허수아비 이미지가 나타난 하이퍼미디어 링크 부분을 클릭하면 URL로 기술된 해당 검색 사이트로 이동한다.

[ex4-2.html]
〈HTML〉
〈TITLE〉URL로 기술된 해당 검색 사이트로 이동하는 예〈/TITLE〉
〈BODY〉
　〈H3〉[검색 사이트]〈/H3〉
　〈LI〉 〈a　href="http://www.hanmir.com"　〉 한미르 사이트 〈/a〉 〈p〉
　〈LI〉 〈a　href="http://www.yahoo.co.kr"〉 야후 사이트〈/a〉 〈br〉〈br〉
　〈LI〉 〈a　href="http://www.naver.com"〉 〈IMG src="./허수아비.jpg"〉〈/a〉
　　　〈br〉 허수아비를 클릭하면 네이버 사이트로 이동합니다.
〈/BODY〉
〈/HTML〉

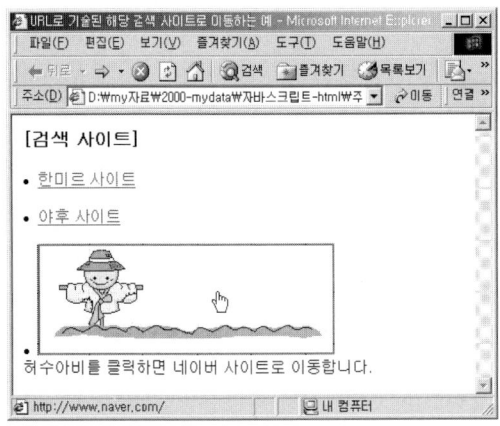

④ <a href="http://www.naver.com"> <IMG src="./허수아비.jpg"></a>와 같이 문장대신 <IMG> 태그를 기술한 후 허수아비 이미지를 클릭하면 네이버 검색 사이트로 이동한다.

[웹 관련 기초지식]

인터넷 주소(IP Address)와 도메인 이름(Domain name)

인터넷에 연결된 수많은 컴퓨터들은 TCP/IP(Transmission Control Protocol/Intenet Protocol)라는 기본적인(backbone) 네트워크 프로토콜을 사용하여 상호간에 통신을 하게 된다.

이렇게 인터넷에 연결된 수많은 컴퓨터들이 상호간에 통신을 하기 위해서는 다른 컴퓨터들과 구분할 수 있는 유일한 컴퓨터의 이름이 필요하다.

그래서, 수많은 컴퓨터들을 상호 구분하여 통신하기 위해서는 유일한 컴퓨터의 이름을 전세계적으로 약속한 인터넷 주소(IP Address)를 기술하는 방법과 도메인 이름(Domain name)을 기술하는 방법 중 하나를 택하여 기술하고 있다.

이러한 인터넷 주소(IP Address)와 도메인 이름은 상호 관계가 있으며 인터넷을 사용하기 위해서는 반드시 알아야 할 사항이다.

1) 인터넷 주소(IP Address) 표현 방법

① 인터넷 주소는 하나의 컴퓨터에 배정되는 유일한 번호로서 8비트로 구성된 0부터 255 사이의 숫자 4개를 점으로 분리하여 십진수로 구성한다. 인터넷 주소(IP Address)를 보통 IP(Internet Protocol) 주소라 부른다.

② 인터넷 주소(IP Address)는 예와 같이 32비트로 구성되어 있기 때문에 232 (=429,496,796)개의 유일한 인터넷 주소로 표현될 수 있다. 그러나 이중 일부는 일반 사용자가 사용할 수 없는 주소도 포함된다.

```
168.126.141.1
10101000.01111110.10001101.00000001
```

2) 도메인 이름(Domain Name) 표현 방법

숫자 체제로 표현된 인터넷 주소(IP Address)를 사용하면 사용자가 외우기도 어렵지만 인터넷상에 연결된 컴퓨터가 어떤 국가의 어떤 기관의 컴퓨터인지 구분하기 어렵다.

이러한 IP주소 표현 방법의 불편함을 해결하기 위해 우리가 이해하기 쉬운 약자나 문자를 사용하여 컴퓨터들을 전세계의 영역((Domain)별로 손쉽게 계층적인 구조로 관리하기 쉽도록 표현한 방법이 도메인 이름(Domain Name) 표현 방법이다.

① 예를 들어, IP주소가 203.238.128.22인 컴퓨터를 도메인 이름으로 표현하면 nownuri.nowcom.co.kr이 된다. 해석해 보면, 한국(kr; korea)에 있는 회사(co; commercial) 중에서 나우컴(nowcom)이라는 회사의 컴퓨터(nownuri)를 말한다.
② 이와 같이 계층적으로 의미있는 단어를 점으로 구분하여 기술되는데 보통 가장 첫 번째 단어는 컴퓨터의 이름이고 가장 마지막 단어는 최상위 계층 도메인을 의미한다. 보통 최상위 계층 도메인은 국가를 나타내나 미국이나 일부 특수한 경우에는 기관을 나타내기도 한다.

예) www.microsoft.com

③ 미국 이외의 나라에서는 대부분 도메인 네임의 마지막 단어는 두 글자의 국가 코드로 대체하고 기관 코드는 그 앞에 위치시킨다.

예) www.jangan.ac.kr

④ 도메인 이름(Domain Name) 표현법에서 기관을 나타내는 약속된 이름들은 다음과 같다.

명칭	의미
com	COMercial/COMpany. 회사나 상업적인 목적의 기관을 의미한다.
co	com과 같은 의미이며 미국에서는 com을 사용하며 다른 국가에서는 co를 사용한다.
edu	EDUcation institute. 대학교, 중고등학교 등과 같이 교육기관을 의미
ac	edu와 같은 의미이며 미국에서는 edu를 사용하며 다른 나라는 ac(ACademic)를 사용한다.
gov	GOVernment. 정부 기관을 의미한다.
mil	MILitary, 군사 기관을 의미한다.
net	NETwork, 네트워크를 관리하는 기관을 의미한다.
org	ORGanization. 학회와 같은 단체를 의미한다.

[웹 관련 기초지식]

URL(Uniform Resource Locator)이란?

URL은 인터넷에서 TCP/IP를 이용하는 응용 프로토콜이 제공하는 사용 가능한 자원(Resource)의 주소를 일관되게 표현해주는 형식이다.

① 자원의 종류는 인터넷에서 TCP/IP를 이용하는 응용 프로토콜에 따라 차이가 있다. 예를 들어, 웹 서비스에 사용되는 HTTP(HyperText Transfer Protocol)는 HTML 문서, 이미지 파일, 음성, 비디오, CGI나 자바애플릿과 같은 프로그램 등이 지원된다.

② URL의 형식은 다음과 같이 인터넷에서 TCP/IP를 이용하는 응용 프로토콜 이름을 "://" 앞에 기술하고 도메인 이름이나 인터넷 주소를 기본적으로 기술하고, 웹 서비스에 사용되는 HTTP는 경로명과 HTML 문서명을 기술하기도 한다.

TCP/IP를 이용하는 응용 프로토콜://도메인 이름 혹은 인터넷 주소[/경로명[/HTML 문서명]

③ 인터넷에서 TCP/IP를 이용하는 응용 프로토콜들은 대표적으로 웹서비스에 사용되는 HTTP(HyperText Transfer Protocol), 원격지 컴퓨터에 접속할 수 있는 Telnet, 파일 전송에 사용되는 FTP(File Transfer Protocol), 전자우편에 사용되는 SMTP(Simple Mail Transfer Protocol) 등이 있다.

④ URL의 예 : http://www.hanmir.com, http://www.jungilbooks.co.kr/text/booklist.html, ftp://www.linux.com

3 HTML 문서 내의 특정 부분으로 하이퍼링크시키기

하이퍼링크된 문서는 기본적으로 HTML 문서의 맨 윗부분으로 이동한다. 그러나 HTML 문서의 내용이 많을 경우 문서의 특정 부분을 보려고 문서의 맨 윗부분부터 원하는 내용을 찾는다면 많은 시간이 필요할 것이다. 이 때 문서 전체의 내용의 키워드를 목차로 만들어 특정 부분으로 링크할 수 있다면 편리할 것이다.

이와 같이 HTML 문서 중에서 특정 부분으로 하이퍼링크시켜 이동하고자 할 때는 name 속성을 사용한다. 이를 Named Anchor라 한다.

```
<A href="#문서 내 특정 단어">
 • #은 문서 내 특정 부분임을 나타내는데 사용하는 특수기호이다.
<A name="특정단어">
```

3.1 HTML 문서 내의 특정 부분으로 하이퍼링크시키는 예

① `<A href=#osi>osi</A>`라고 기술하면 "osi"라는 하이퍼링크(Hyperlink) 부분이 나타난다.

```
[ex4-3.html]
<HTML>
<TITLE> HTML 문서 내의 특정 부분으로 하이퍼링크시키는 예</TITLE>
<BODY bgcolor="ffffff" text="000000" link="ff0000" vlink="ffff00" >
<OL>
    <LI>인터넷 소개
    <OL type=I>
      <LI><A href=#osi>osi</A>
        <UL>
```

```
            <LI>인터넷의 역사
            <LI>인터넷의 특징
            <LI>PC 통신과 인터넷
            <LI>인터넷으로 할 수 있는 기능
        </UL>
<br><br><br><br><br><br><br><br><br><br><br><br><br><br>
<br><br><br><br><br><br><br><br><br><br><br><br><br><br>
<br><br><br><br><br><br><br><br><br><br><br><br><br><br>

<a name=osi></a>
<LI> OSI 7계층
    <UL>
        <LI> 물리 계층
        <LI> 데이터 링크 계층
        <LI> 네트워크 계층
        <LI> 트랜스포트 계층
        <LI> 세션 계층
        <LI> 프리젠테이션 계층
        <LI> 응용 계층
        </UL>
    </OL>
 </OL>
</BODY>
</HTML>
```

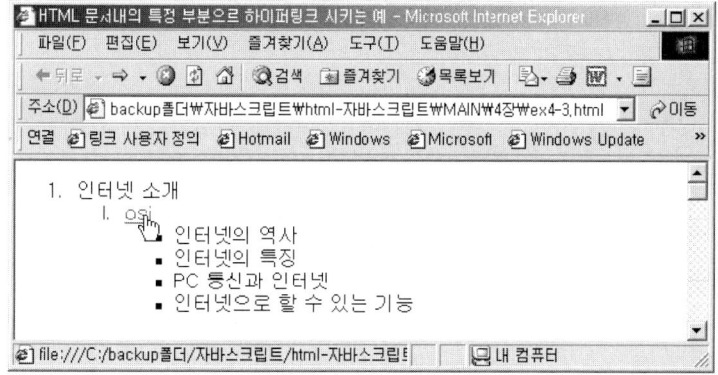

② "osi" 링크 부분을 마우스로 클릭하면 현재 HTML 문서 내의 <a name=osi></a> 부분으로 이동한다.

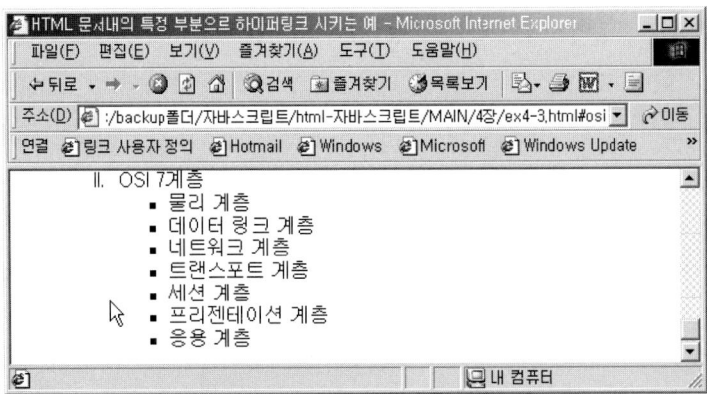

3.2 다른 HTML 문서의 특정 부분으로 하이퍼링크시키는 예

① <A href="ex4-5.html#ADDRESS">ADDRESS</A>라 기술하면 "ADDRESS"라는 하이퍼링크(Hyperlink) 부분이 나타난다.

```
[ex4-4.html]
〈HTML〉
〈TITLE〉 다른 HTML 문서내의 특정 부분으로 하이퍼링크 시키는 예〈/TITLE〉
〈BODY bgcolor="ffffff" text="000000" link="ff0000" vlink="ffff00" 〉
        〈LI〉〈A href="ex4-5.html"〉인터넷 용어 〈/a〉
            〈OL〉
                〈LI〉〈A  href="ex4-5.html#ARPANET"〉ARP〈/A〉
                〈LI〉〈A  href="ex4-5.html#ADDRESS"〉ADDRESS〈/A〉
            〈/OL〉
        〈LI〉인터넷의 특징
〈/BODY〉
〈/HTML〉
```

HTML 문서간에 하이퍼링크시키기

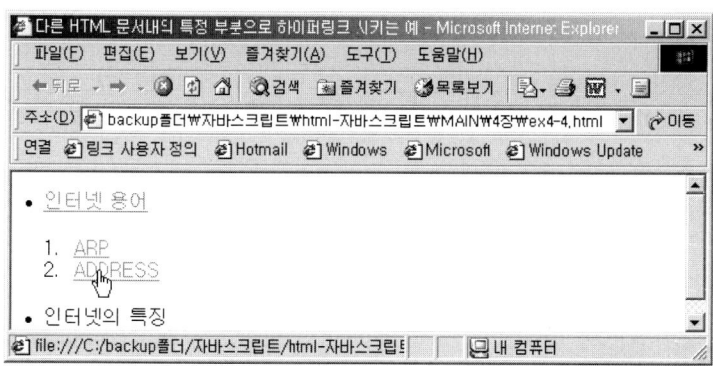

② "ADDRESS" 링크 부분을 마우스로 클릭하면 다른 HTML 문서인 "ex4-5.html" 내의 〈a name=Address〉 〈/a〉 부분으로 바로 이동한다.

[ex4-5.html]

〈HTML〉
〈BODY〉
〈CENTER〉〈H2〉인터넷 용어 사전〈/H2〉〈/CENTER〉〈P〉
　　〈li〉 Address　Resolution　Protocol (ARP)〈br〉
　하위층의 물리 네트워크 하드웨어 어드레스에 대응하는 상위층 IP 어드레스를 동적으로 보이기 위해서 사용된다. 브로드 캐스트 패킷을 지지하고 있는 ARP는 송출할 수 있는 물리 네트워크 시스템에 제한된다.〈p〉
　　　〈br〉〈br〉〈br〉〈br〉〈br〉〈br〉〈br〉〈br〉〈br〉〈br〉〈br〉〈br〉
　〈a name=Address〉 〈/a〉
　　〈li〉 Address 〈br〉
　인터넷에서는 일반적으로 3가지 모양의 어드레스가 사용되고 있다. 전자메일 어드레스 ; IP 어드레스 ; MAC 어드레스이다. 〈p〉
〈/BODY〉
〈/HTML〉

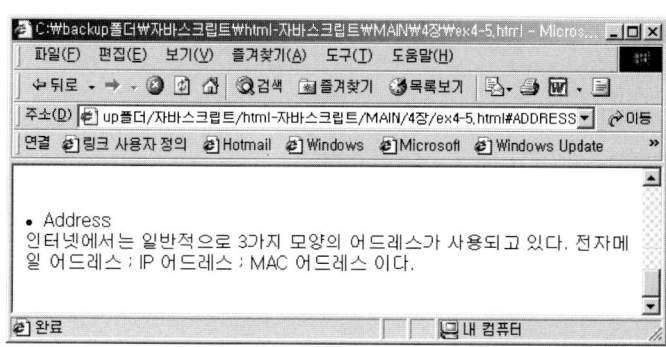

4 전자우편 주소를 하이퍼링크시키기

홈페이지 내에 자신의 전자우편 주소를 하이퍼링크시켜 편리하게 전자우편을 이용할 수 있도록 사용하는 방법은 다음과 같이 <ADDRESS> 태그 내에 <A> 태그의 href 속성에 "mailto:전자우편주소"를 기술하는 것이다.

```
<ADDRESS>
    <A href="mailto:전자우편주소"></A>
</ADDRESS>
```

① 메일 이미지에 전자우편 주소를 하이퍼링크시킨 예이다.

```
[ex4-6.html]
<HTML>
<TITLE> 메일보내기 예 </TITLE>

<BODY bgcolor="ffffff" text="000000">
  <ADDRESS>
    문의할 내용이 있으면 메일로 연락주세요.
    E-MAIL : <A href="mailto:hklim@mail.changan.co.kr"><img src="email.gif"></A>
<BR>
  </ADDRESS>
</BODY>
</HTML>
```

② 메일 이미지의 링크를 클릭한 후 전자 우편을 사용할 수 있도록 실행된 Outlook Express이다.

5

작은 이미지에서 큰 이미지로 링크하기

쇼핑몰 사이트처럼 이미지를 많이 사용하는 홈페이지를 만드는 경우에 크기가 큰 이미지는 화면에 적재되는 시간이 많이 걸린다.
이러한 경우에 크기가 작은 이미지로 빨리 보여주고, 사용자 선택에 의해 작은 이미지를 클릭하면 큰 이미지을 보여주는 것이 효율적이다.

이럴 때 크기가 작은 이미지와 큰 이미지 두 개를 준비한 후, 작은 이미지에서 큰 이미지를 다음과 같이 링크시키면 된다.

```
<A HREF="큰 이미지파일명"><IMG SRC="작은 이미지파일명">
예 : <a href="./big.jpg" ><img src=./small.jpg></a>
```

① <img src=./small.jpg> 태그로 기술한 작은 이미지를 클릭한다.

```
[ex4-7.html]
<HTML>
<TITLE>작은 이미지에서 큰 이미지로 링크시킨 예</TITLE>
  <BODY>
    <center>
    <h3> 작은 이미지에서 큰 이미지로 링크시킨 예<p>
    <a  href="./big.jpg" ><img src=./small.jpg></a> <br>
    </center>
  </BODY>
</HTML>
```

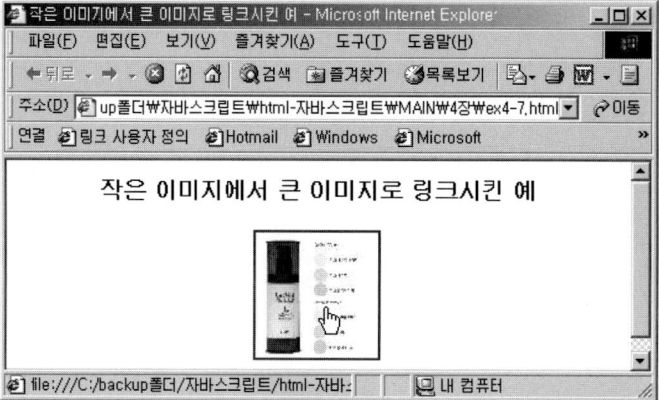

② 작은 이미지를 클릭하면 <a href="./big.jpg" >로 기술한 큰 이미지 "big.jpg"가 링크되어 화면에 나타난다.

Chapter

HTML 문서에서 테이블 만들기

홈페이지를 만들 때 일정한 항목을 가진 정보들을 손쉽게 알아볼 수 있도록 작성된 테이블(table)은 홈페이지의 전체 내용을 한결 쉽게 이해하게 한다. 본 장은 HTML 문서에서 테이블을 작성하는 방법을 학습한다.

1 기본 테이블 만들기

테이블(Table)은 행과 열로 구성된다. 하나의 테이블은 <TABLE> 태그로 시작하여 </TABLE>로 끝이 나며, 테이블 내부의 행은 <TR> 태그로 나타내고, 행 내부의 열은 <TD> 태그로 나타낸다.

```
<TABLE>....</TABLE> : 하나의 테이블을 만든다.
<TR>....</TR> : 테이블내에 행(=줄)을 만든다.
<TD>....</TD> : 행내부에 열(=셀 또는 칸)을 만든다.
```

1.1 2행 2열짜리 테이블 만들기

① 하나의 테이블을 만들 때는 <TABLE> 태그로 시작해서 </TABLE> 태그로 테이블의 끝을 알린다.

```
<TABLE>
</TABLE>
```

② 테이블을 만들 때는 몇 행짜리 테이블을 만들 것 인가를 먼저 고려한 후 행의 개수만큼 TR(table row)이라는 의미의 <TR> 태그를 <TABLE>과 </TABLE> 태그 안에 기술한다. <TR>은 시작 태그만 기술해도 상관없다.
2행짜리 테이블 만들려면 다음처럼 2개의 <TR> 태그를 기술한다.

```
<TABLE>
    <TR>
    </TR>
    <TR>
    </TR>
```

</TABLE>

③ <TR> 태그로 행의 수를 결정한 후 각 행에 들어갈 열을 만들어 준다. 이 때 열에는 실제 데이터가 들어가기 때문에 TD(table data)라는 의미의 <TD> 태그를 열(셀 또는 칸)의 수만큼 <TR> 태그 안에 기술한다. <TD>는 시작 태그만 기술해도 상관없다.

각 행에 2열로 구성되는 테이블을 만들려면 다음처럼 2개의 <TD> 태그를 기술한다.

```
<TABLE>
   <TR>
      <TD></TD>
      <TD></TD>
   </TR>
   <TR>
      <TD></TD>
      <TD></TD>
   </TR>
</TABLE>
```

④ <TD> 태그 안에 각 열에 기술할 데이터는 내용을 작성한 후 실행시키면 실행 결과처럼 테두리없는 2줄 2칸짜리 테이블이 만들어진다.

참고로, 는 HTML 문서에서 공백을 나타내는 특수 문자이다.

[ex5-1.html]
```
<HTML>
   <TITLE> 테두리 없는 2줄 2칸짜리 테이블 만들기</TITLE>
<BODY>
   <CENTER>
      테두리 없는 2줄 2칸짜리 테이블 만들기<p>
   <TABLE>
    <TR>
       <TD> 1행 1열      </TD>
       <TD> 1행 2열    </TD>
```

```
      </TR>
      <TR>
        <TD> 2행 1열      </TD>
        <TD> 2행 2열      </TD>
      </TR>
    </TABLE>
  </CENTER>
</BODY>
</HTML>
```

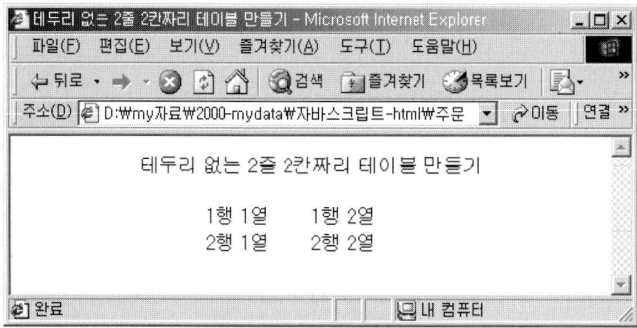

1.2 border 속성을 사용하여 테두리있는 테이블 만들기

① 테이블에 테두리를 나타나려면 <TABLE border=5>와 같이 <TABLE> 태그에 border 속성을 사용해야 한다.

```
<TABLE border="픽셀값" >
```

② border 속성값의 픽셀값이 클수록 두께가 굵은 테이블의 외곽 테두리를 나타내며 border를 생략하면 테두리선이 없는 테이블이 만들어진다.
③ border 속성의 기본값은 1이다. 그냥 <TABLE BORDER>는 <TABLE BORDER=1>과 같다.

[ex5-2.html]

```
<HTML>
```

```
    <TITLE> 테두리가 있는 2줄 2칸짜리 테이블 만들기</TITLE>
<BODY>
  <CENTER>
  <TABLE border=5>
    <TR>
      <TD> 1행 1열</TD>
      <TD> 1행 2열</TD>
    </TR>
    <TR>
      <TD> 2행 1열</TD>
      <TD> 2행 2열</TD>
    </TR>
  </TABLE>
  </CENTER>
</BODY>
</HTML>
```

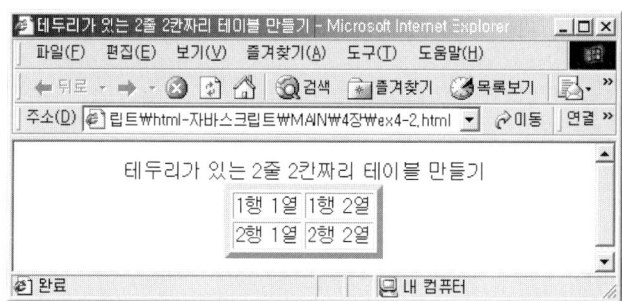

2

테이블 크기 조정과 정렬

테이블의 너비와 높이를 픽셀값으로 지정하거나 웹 브라우저 전체 화면에 대한 비율을 %로 지정하여 테이블을 원하는 크기로 조정할 수 있다.
또한 테이블의 셀(=칸) 내에 기술된 내용들을 좌, 우, 중앙으로 수평 정렬시키거나 상, 하로 수직 정렬할 수 있다.
이와 같이 테이블의 크기와 정렬은 다음과 같이 <TABLE> 태그와 <TD> 태그, <TR> 태그의 속성들을 이용한다.

```
<TABLE width="너비" height="높이">

<TR align="left | right | center">
<TR valign="top | bottom | middle">

<TD align="left | right | center" width="너비" height="높이" >
<TD valign="top | bottom | middle">
```

① width
테이블이나 셀의 너비를 픽셀값 또는 %값으로 지정할 수 있다. <TABLE width=100%>이면 테이블의 너비가 웹 브라우저 내부 화면의 너비와 거의 같게 된다.

② height
테이블이나 셀의 높이를 픽셀값 또는 %값으로 지정할 수 있다. <TABLE height=100%>이면 테이블의 너비가 웹 브라우저 내부 화면의 높이와 거의 일치하게 된다.

③ align=left
셀 내의 내용이 왼쪽으로 수평 정렬된다.

④ align=right
셀 내의 내용이 오른쪽으로 수평 정렬된다.

⑤ align=center
셀 내의 내용이 중앙으로 수평 정렬된다.

⑥ valign=top
셀 내의 내용이 위쪽으로 수직 정렬된다.

⑦ valign=bottom
셀 내의 내용이 아래로 수직 정렬된다.

⑧ valign=middle
셀 내의 내용이 중앙으로 수직 정렬된다.

2.1 테이블 크기 조정하기

① <TABLE> 태그의 width와 height 속성을 사용하여 테이블의 크기를 조정한 예이다. 특히, 테이블의 width 속성값을 100%로 지정하여 테이블의 너비가 웹 브라우저 내부 화면의 너비와 거의 일치하게 조정하였다.

```
<TABLE width="너비" height="높이">
```

[ex5-3.html]
```
<HTML>
   <TITLE> 테이블 크기 조정</TITLE>
<BODY bgcolor="ffffff" text="000000">
    <TABLE border width=100% height=20%>
    <TR>
         <TD> 가수
         <TD> 곡명
    </TR>
    <TR>
      <TD>김 건 모
      <TD>짱 가
    </TR>
    <TR>
       <TD> 서 태 지
       <TD>난 알아요
    </TR>
    </TABLE>
 </BODY>
</HTML>
```

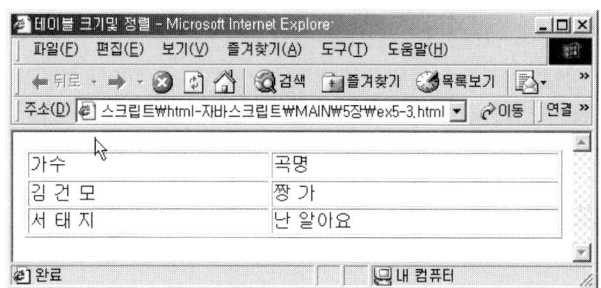

② <TD> 태그의 width와 height 속성에 픽셀값을 지정하여 테이블의 셀 크기를 조정한 예이다.

```
<TD  width="너비" height="높이" >
```

[ex5-4.html]
```
<HTML>
  <TITLE> 테이블의 셀 크기 조정</TITLE>
<BODY>
<center>
  <TABLE border>
    <TR>
          <TD width=100   height=50> 가수
          <TD width=100   height=50> 곡명
    </TR>
    <TR>
      <TD width=100>김 건 모
      <TD width=100>짱 가
    </TR>
    <TR>
      <TD width=100> 서 태 지
      <TD width=100>난 알아요
    </TR>
  </TABLE>
</BODY>
</HTML>
```

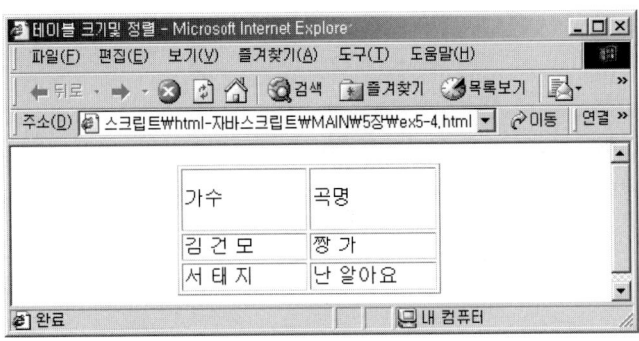

2.2 테이블 내의 내용 정렬하기

① <TR> 태그의 align 속성을 사용하여 테이블의 행에 기술된 내용들을 좌, 우, 중앙으로 수평 정렬시키거나 valign 속성을 사용하여 상, 하, 중간으로 수직 정렬시킨 예이다.

```
<TR align="left | right | center">
<TR valign="top | bottom | middle">
```

[ex5-5.html]
```
<HTML>
    <TITLE> 테이블 정렬</TITLE>

<BODY>
  <center>
    <TABLE border width=30% height=20%>
      <TR align="center" valign=middle>
          <TD> 가수
          <TD> 곡명
      </TR>

      <TR  align="left" valign=top>
        <TD>김 건 모
        <TD>짱 가
      </TR>

      <TR  align="right" valign=bottom>
          <TD> 서 태 지
          <TD>난 알아요
      </TR>
    </TABLE>
  </center>
</BODY>
</HTML>
```

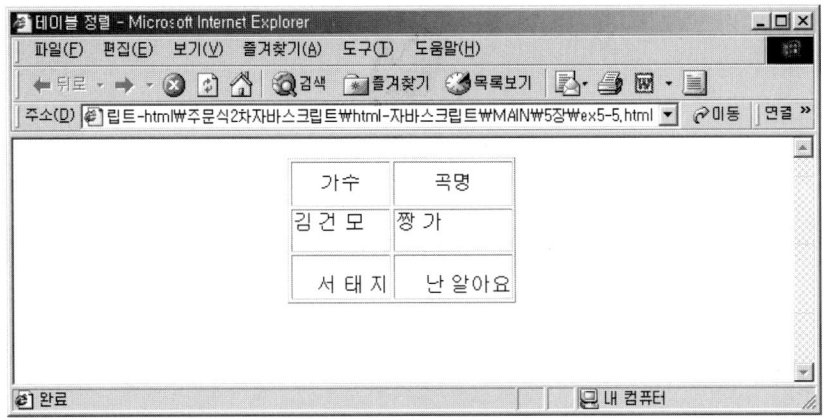

② <TD> 태그의 align 속성을 사용하여 테이블의 셀에 기술된 내용들을 좌, 우, 중앙으로 수평 정렬시키거나 valign 속성을 사용하여 상, 하, 중간으로 수직 정렬시킨 예이다.

```
<TD align="left | right | center">
<TD valign="top | bottom | middle">
```

[ex5-6.html]
```
<HTML>
  <TITLE> 테이블 정렬</TITLE>

<BODY>
 <center>
   <TABLE border width=30% height=70%>
    <TR>
        <TD align="center" valign=middle> 가수
        <TD align="center" valign=top> 곡명
    </TR>
    <TR>
        <TD align="right" valign=top>김 건 모
        <TD align="left"  valign=middle>짱 가
    </TR>

    <TR>
```

```
        <TD align="left" valign=bottom>서 태 지
        <TD align="right" valign=top>난 알아요
    </TR>
  </TABLE>
  </center>
</BODY> </HTML>
```

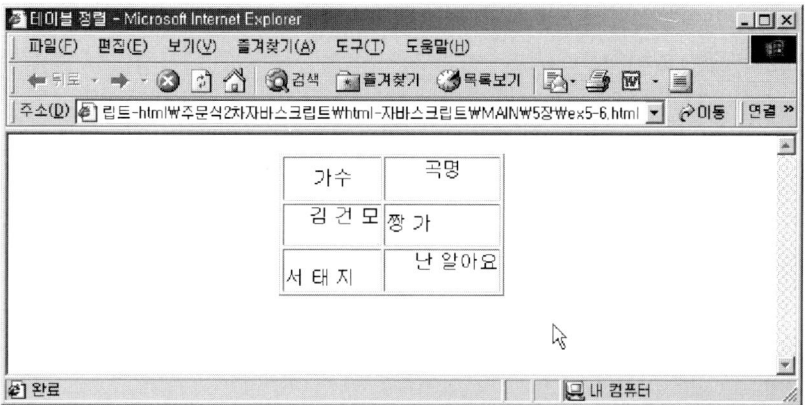

3. 줄과 칸의 개수가 다른 다양한 테이블 만들기

테이블을 작성하다보면 테이블 내의 모든 줄이 동일한 개수의 칸으로 구성되지 않을 수도 있고, 여러 줄이 합쳐져서 한 줄이 될 수도 있다. 이와 같이 다양한 형태의 테이블은 <TD> 태그의 속성인 colspan과 rowspan 속성을 이용하여 작성할 수 있다.

```
<TD colspan="n">
 n개의 칸을 합쳐서 한 칸을 만든다.
<TD rowspan="n">
 n개의 줄을 합쳐서 한 줄로 만든다.
```

colspan 속성은 테이블의 칸을 합칠 수 있고, rowspan 속성은 테이블의 줄을 합칠 수 있다. 예를 들어, colspan=2는 두 칸의 합쳐진 크기가 한 칸이 되며, rowspan=3는 3줄이 합쳐진 크기가 한 줄이 된다.

3.1 colspan 속성을 사용하여 칸을 합친 테이블 만들기

<TD colspan=2>와 같이 <TD> 태그의 colspan 속성에 2값을 지정하여 2칸을 1칸으로 합쳐져서 테이블을 만든 예이다.

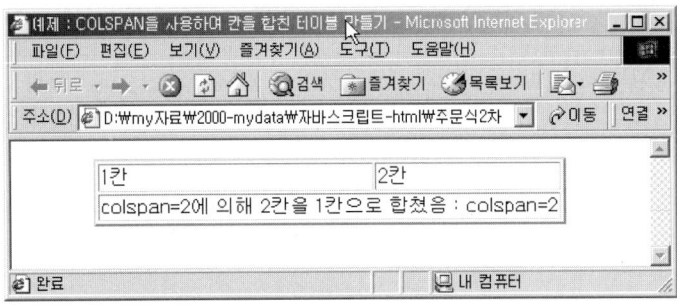

```
[ex5-7.html]
<HTML>
<TITLE>예제 : COLSPAN을 사용하여 칸을 합친 테이블 만들기 </TITLE>
<BODY>
<center>
 <TABLE border=2>
    <TR>
       <TD width=60% > 1칸 </TD>
       <TD width=40% > 2칸 </TD>
    </TR>
    <TR>
       <TD colspan=2> colspan=2에 의해 2칸을 1칸으로 합쳤음 : colspan=2</TD>
    </TR>
 </TABLE>
</center>
</BODY> </HTML>
```

3.2 rowspan 속성을 사용하여 줄을 합친 테이블 만들기

<TD rowspan=3>과 같이 <TD> 태그의 rowspan 속성에 3값을 지정하여 3줄을 1줄로 합쳐서 테이블을 만든 예이다.

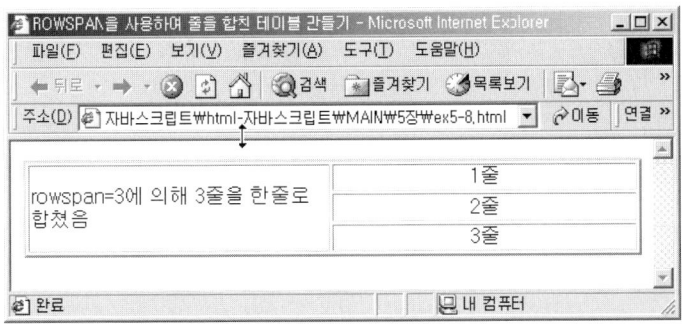

[ex5-8.html]
```
<HTML>
<TITLE>ROWSPAN을 사용하여 줄을 합친 테이블 만들기 </TITLE>
<BODY><center>
  <TABLE border=2>
    <TR>
      <TD rowspan=3 > rowspan=3에 의해 3줄을 한줄로 합쳤음 </TD>
      <TD width=50% align="center"> 1줄 </TD>
    </TR>
    <TR>
      <TD width=50% align="center"> 2줄 </TD>
    </TR>
    <TR>
      <TD width=50% align="center"> 3줄 </TD>
    </TR>
  </TABLE>
</center>
</BODY>
</HTML>
```

3.3 colspan과 rowspan 속성을 사용하여 다양한 테이블 만들기

<TD> 태그의 colspan과 rowspan 속성을 이용하여 다양한 형태의 테이블을 작성한 예이다.

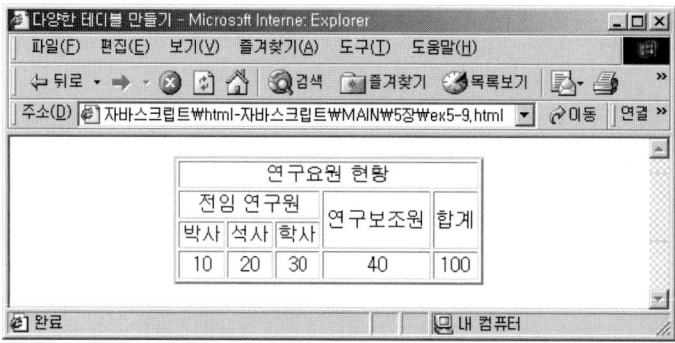

① "연구요원 현황"이라는 내용이 들어간 칸은 6칸이 합쳐져야 하기 때문에 <TD colspan="6">으로 지정해야 하며, "전임 연구원"이라는 내용이 들어간 칸은 3칸이 합쳐져야 하기 때문에 <TD colspan="3">으로 지정해야 한다.
② "연구보조원"과 "합계"라는 내용이 들어간 칸은 2줄이 합쳐져야 하기 때문에 <TD rowspan="2">으로 지정해야 한다.

```
[ex5-9.html]
<HTML>
    <TITLE> 다양한 테이블 만들기</TITLE>
<BODY>
 <CENTER>
  <TABLE border=2 width=50%>
   <TR align=center>
      <TD colspan="6"> 연구요원 현황</TD>
   </TR>
   <TR align=center>
      <TD colspan="3">전임 연구원</TD>
      <TD rowspan="2">연구보조원</TD>
      <TD rowspan="2">합계</TD>
   </TR>
   <TR align=center>
```

```
        <TD>박사</TD>
        <TD>석사</TD>
        <TD>학사</TD>
    </TR>
    <TR align=center>
        <TD>10</TD>
        <TD>20</TD>
        <TD>30</TD>
        <TD>40</TD>
        <TD>100</TD>
    </TR>
</TABLE>  </CENTER>
</BODY>  </HTML>
```

4 테이블에 제목과 여백 넣기

4.1 테이블에 제목 넣기

① 테이블에 제목을 넣고자 할 때 <CAPTION> 태그를 사용하며 align 속성을 사용하며 테이블의 제목을 상단의 좌, 우, 중앙에 또는 하단에 정렬시킬 수 있다.

> <CAPTION>...</CAPTION>
> <CAPTION align= "left | center | right ">
> 테이블의 제목을 상단의 왼쪽, 중앙, 오른쪽으로 지정한다.
> <CAPTION align= "top | bottom">
> 테이블의 제목을 상단, 하단으로 지정한다.

② align 속성을 생략하면 테이블 제목은 기본적으로 테이블 상단의 가운데 정렬

된다.
③ 3개의 테이블을 작성한 후 테이블 제목을 상단 중앙과 하단 그리고 상단 오른쪽에 배치시킨 예이다.

```
[ex5-10.html]
<HTML>
    <TITLE> 테이블에 제목 넣기</TITLE>
<BODY>
<center>
    <TABLE border width=50%>
        <CAPTION> 테이블 제목을 상단 중앙으로</CAPTION>
        <TR>
            <TD> 가수
            <TD> 곡명
        </TR>
    </TABLE><p>

    <TABLE border width=50%>
        <CAPTION align=bottom> 테이블 제목을 하단으로</CAPTION>
        <TR>
            <TD> 가수
            <TD> 곡명
        </TR>
    </TABLE><p>

    <TABLE border width=50%>
        <CAPTION align=right> 테이블 제목을 상단 오른쪽으로</CAPTION>
        <TR>
            <TD> 가수
            <TD> 곡명
        </TR>
    </TABLE>
<center>
</BODY>
</HTML>
```

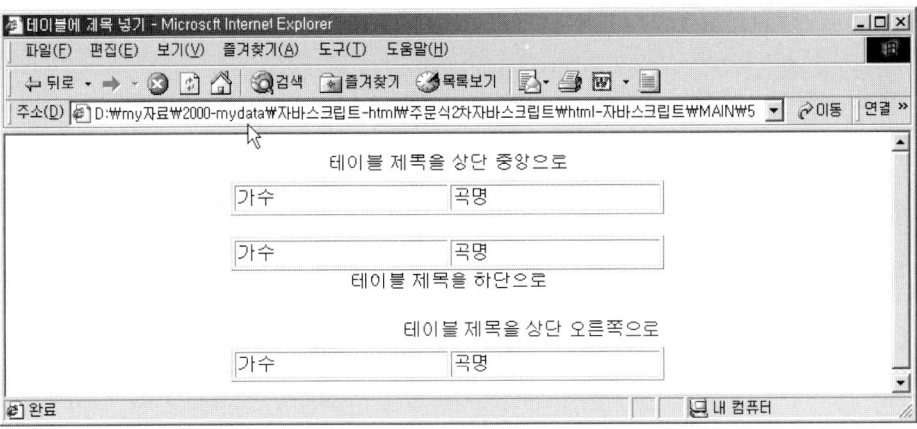

4.2 테이블에 제목 칸 만들기

① 테이블 중에서 제목 역할을 하는 칸은 <TD> 태그 대신에 TH(Table Header)라는 의미의 <TH> 태그를 사용하여 제목 칸을 만들 수 있다.
② <TD> 태그와 다른 점은 <TH> 태그에 적은 내용은 기본적으로 굵은 글씨로 나타나고 중앙으로 정렬된다.
③ <TD> 태그와 동일하게 <TH> 태그의 align 속성을 사용하여 테이블의 칸에 기술된 내용들을 좌, 우, 중앙으로 수평 정렬시키거나 valign 속성을 사용하여 상, 하, 중간으로 수직 정렬시킬 수 있다.

```
<TD align="left | right | center">
<TD valign="top | bottom | middle">
```

[ex5-11.html]
```
<HTML>
   <TITLE>제목칸 만들기</TITLE>

<BODY><CENTER>
   <TABLE border>
      <TR>
           <TH> 가수
```

```
        <TH> 곡명
    </TR>
    <TR>
       <TD>김 건 모
       <TD>짱 가
    </TR>
    <TR>
       <TD> 서 태 지
       <TD>난 알아요
    </TR>
  </TABLE></CENTER>
</BODY>
</HTML>
```

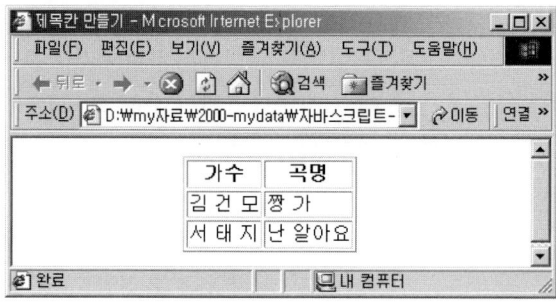

4.3 테이블에 여백 넣기

<TABLE> 태그의 cellspacing 속성을 사용하여 칸과 칸 사이의 여백을 지정할 수 있고, cellpadding 속성을 사용하여 칸 내부의 내용과 칸 경계 사이의 여백을 지정할 수 있다.

```
<TABLE border="픽셀값" cellspacing="픽셀값" cellpadding="픽셀값">
cellspacing : 칸과 칸 사이의 여백을 지정한다.
cellpadding : 칸 내부의 내용과 칸 경계 사이의 여백을 지정한다.
```

[ex5-12.html]

```
<HTML>
   <TITLE>테이블에 여백주기</TITLE>

<BODY><CENTER>
    <TABLE border=5 cellspacing=10 cellpadding=10>
     <TR>
           <TH> 가수
           <TH> 곡명
     </TR>
     <TR>
        <TD>김 건 모
        <TD>짱 가
     </TR>
     <TR>
        <TD> 서 태 지
        <TD>난 알아요
     </TR>
    </TABLE></CENTER>
</BODY>
</HTML>
```

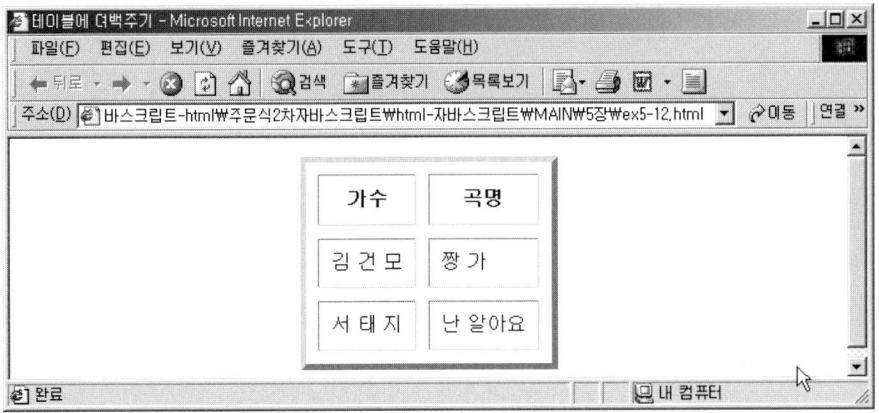

5 테이블에 배경색과 이미지 넣기

5.1 테이블에 배경색 넣기

<TABLE> 태그와 <TR> 태그, <TD> 태그에 bgcolor 속성을 사용하여 테이블 전체나 줄 또는 칸별로 테이블 내에 배경색을 지정할 수 있다. 테이블에 배경색을 넣는 경우에는 border 속성을 사용하여 테이블에 테두리를 나타낼 필요가 없다.

```
<TABLE bgcolor="RGB값 | 색상이름">
<TR bgcolor="RGB값 | 색상이름">
<TD bgcolor="RGB값 | 색상이름">
```

[ex5-13.html]
```
<HTML>
<TITLE> 테이블에 색깔넣기</TITLE>
<BODY>
   <center>
    <TABLE WIDTH=50%>
     <TR align="center" bgcolor=red>
         <TD> 가수
         <TD> 곡명

     </TR>
     <TR>
        <TD bgcolor=yellow>김 건 모
        <TD bgcolor="cc66ff">짱 가
     </TR>

     <TR>
        <TD bgcolor==blue> 서 태 지
        <TD bgcolor="ccffff">난 알아요
```

```
      </TR>
    </TABLE>
  </CENTER>
</BODY> </HTML>
```

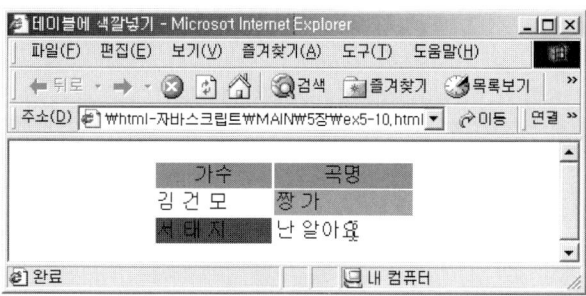

5.2 테이블에 배경 이미지 넣기

① <TABLE> 태그와 <TD> 태그에 background 속성을 사용하여 테이블 전체나 칸별로 배경 이미지를 삽입할 수 있다.

```
<TABLE background="이미지파일명">
<TD background="이미지파일명">
```

② 이미지 파일이 작은 경우는 웹 브라우저에서는 예와 같이 타일을 붙이듯 여러 겹으로 이미지를 중복해서 나타나게 해준다.

[ex5-14.html]
```
<HTML>
<TITLE> 테이블에 배경이미지 넣기</TITLE>
<BODY>
  <center>
    <TABLE border background="배경.gif" width=50%>
    <TR align="center"   WIDTH=200 height=100>
        <TD background="사과.gif"> 사과
          <TD background="바나나.gif"> 바나나
```

```
                <TD background="딸기.gif"> 딸기
            </TR>
        </TABLE>
    </CENTER>
</BODY>
</HTML>
```

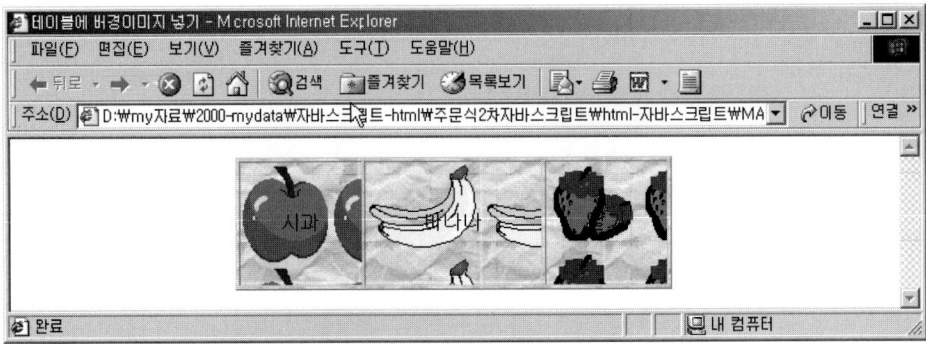

5.3 테이블에 이미지 넣기

테이블에 배경 이미지가 아니고 데이터로서 이미지를 삽입할 때는 <IMG> 태그를 사용한다.

[ex5-15.html]
```
<HTML>
    <TITLE>테이블에 이미지 삽입하기</TITLE>

<BODY><CENTER>
    <TABLE border>
        <TR>
            <TH> 과일명
            <TH> 과일 이미지
        </TR>
        <TR>
            <TD>사과
            <TD> <IMG src="사과.GIF">
```

```
        </TR>

        <TR>
            <TD>딸기
            <TD> <IMG  src="딸기.GIF">
        </TR>
    </CENTER>
</HTML>
```

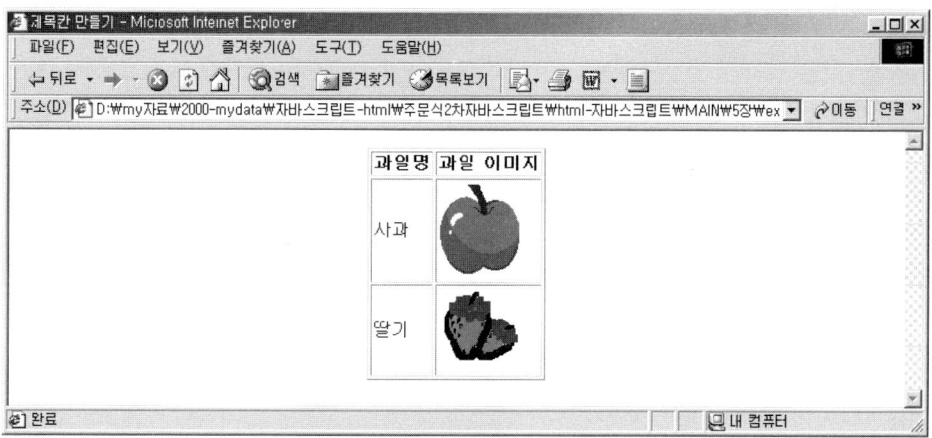

Chapter

폼 관련 입력 양식 만들기

웹 사이트를 항해하다 보면 회원 가입, 방명록, 게시판 등 사용자로부터 자료를 편리하게 입력받을 수 있도록 버튼, 텍스트, 텍스트영역, 라디오 버튼, 리스트 박스 등으로 구성된 입력 양식의 폼을 사용해본 경험이 있을 것이다. 본 장에서는 버튼, 텍스트 등의 입력 양식을 만드는 방법을 학습한다.

1 〈FORM〉 태그

〈FORM〉 태그는 회원 가입, 설문 조사 등과 같이 다양한 형태의 입력 양식으로 구성되는 폼을 만드는 기능을 제공한다.

1.1 폼에 다양한 입력 양식 만들기

① 그림과 같이 다양한 입력 양식으로 구성되는 폼을 만들기 위해서는 표에 나타낸 것과 같이 〈FORM〉 태그 내에 버튼, 텍스트 박스, 라디오 버튼 등의 다양한 형식(type)의 입력 양식을 만드는 〈INPUT〉 태그와 여러 개의 선택 항목으로 구성되는 리스트 박스를 만드는 〈SELECT〉 태그 그리고 여러 줄의 텍스트 입력 양식을 만드는 〈TEXTAREA〉 태그를 사용해야 한다.

본장에서는 단지 다양한 폼 관련 입력 양식 태그들을 사용하여 입력양식을 만들기만 한다. 이들을 사용자의 요구에 맞게 제어하려면 자바스크립트의 프로그래밍 기능을 사용해야만 한다. 본서에서는 2부의 자바스크립트 8장에서 이벤트 처리와 함께 상세히 기술하였다.

입력 양식 종류	태그 기술방법
한 줄의 텍스트 입력 양식을 만드는 태그	〈INPUT type = "text"〉
암호 입력 양식을 만드는 태그	〈INPUT type = "password"〉
파일 업로드 입력 양식을 만드는 태그	〈INPUT type = "file"〉
라디오 버튼을 만드는 태그	〈INPUT type = "radio"〉
체크박스 입력 양식을 만드는 태그	〈INPUT type = "checkbox"〉
이미지 입력 양식을 만드는 태그	〈INPUT type = "image"〉
버튼 입력 양식을 만드는 태그	〈INPUT type = "button"〉
서버 측으로 자료를 전송하는 버튼을 만드는 태그	〈INPUT type = "submit"〉
입력 양식 자료의 리셋(=초기화) 버튼을 만드는 태그	〈INPUT type = "reset"〉
여러 줄의 텍스트 입력 양식을 만드는 태그	〈TEXTAREA〉 ... 〈/TEXTAREA〉
리스트 박스 입력 양식을 만드는 태그	〈SELECT〉〈option〉항목1〈/option〉 〈option〉항목2〈/option〉 〈/SELECT〉

② 다음은 그림의 폼 하단 부분에 구성된 "가입하기"와 "초 기 화" 버튼을 〈FORM〉과 〈INPUT〉 태그를 사용하여 생성한 예이다.

[ex6-1.html]

```
〈html〉
〈head〉    〈title〉form예제〈/title〉  〈/head〉
〈body〉〈center〉
   〈FORM〉
      〈INPUT type="submit"  value="가입하기"〉
      〈INPUT type="reset"   value="초 기 화"〉
   〈/FORM〉
〈/center〉〈/body〉
〈/html〉
```

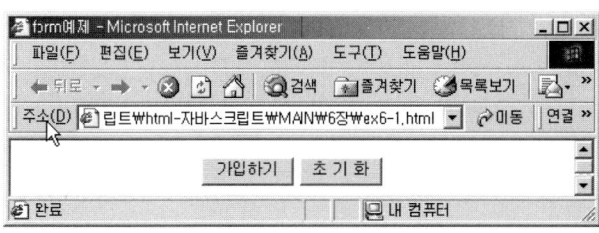

1.2 〈FORM〉 태그의 문법 형식

〈FORM〉 태그는 버튼, 텍스트 박스, 라디오 버튼 등과 같이 다양한 입력 양식을 포함하는 폼을 만드는 태그로서 기본 문법 형식과 〈FORM〉 태그에서 사용할 수 있는 속성은 표와 같다.

```
<FORM [name="FORM_name"]
    [target="target_window"]
    [action="cgi_url" | "asp_url" | "php_url"]
    [method= "get" | "post"]
    [enctype="MIME_type"]
</FORM>
```

> **주의**
> FORM 태그 안에는 다른 FORM 태그가 들어갈 수 없다.

속성	설명
name	FORM 태그 자체 이름으로 생략가능하지만 같은 페이지에서 여러 개의 폼을 사용할 때 자바스크립트에서 특정 폼을 지정할 때 사용한다.
target	폼에 구성된 입력 양식의 데이터를 서버로 보낸 후 ASP나 CGI 또는 PHP가 데이터를 처리한 후 그 결과를 나타낼 프레임(=윈도우)을 지정한다. 윈도우를 프레임으로 나누지 않는 경우는 생략하거나 "_self"를 기술한다.
action	현재 폼에서 입력한 데이터를 전송받아 처리해 줄 서버측의 ASP나 CGI 프로그램의 URL을 기술한다.
method	폼에서 입력한 데이터가 ASP나 CGI 또는 PHP 프로그램으로 전송되는 방식을 지정하는 것으로 GET이나 POST 방식이 있다.

1.3 〈FORM〉 태그 사용 예

```
<FORM name="myForm" method="post" action="http://www.domain.com/test.asp" >
</FORM>
```

① name 속성

폼의 이름을 myForm이라 하였다. 생략가능하지만 같은 페이지에서 여러 개의 폼을 사용할 때 자바스크립트에서 특정 폼을 지정할 때 사용한다.

② method 속성

폼에 입력된 데이터를 웹 서버에 설치된 ASP 프로그램으로 전송할 때 POST 방식을 사용한다. GET 방식은 전송해야 하는 데이터가 소량인 경우 주로 사용되고, POST 방식은 사용자로부터 회원 가입, 입학원서 등과 같이 정보량이 많은 폼의 입력 자료를 웹 서버의 CGI, PHP, ASP 프로그램으로 전달하는 경우에 주로 사용한다.

③ action 속성

현재 폼에서 입력한 데이터를 전송받아 처리해 줄 웹 서버의 도메인 주소는 "www.domain.com"이고 처리할 ASP 프로그램은 "test.asp"이다.

2 텍스트 입력 양식 만들기 : ⟨INPUT type = "text"⟩

텍스트 입력 양식은 사용자로부터 한 줄 자리 문자열을 입력받기 위한 입력 양식으로, 버튼과 함께 가장 많이 사용되는 입력 양식이다.

2.1 text 입력 양식을 만드는 문법 형식

텍스트 입력 양식은 ⟨INPUT⟩ 태그의 type 속성을 text로 설정함으로써 만들어지며 기본 문법 형식은 다음과 같으며 ⟨INPUT⟩ 태그에서 사용할 수 있는 속성은 표와 같다.

```
<INPUT type="text"
    [name="이름"]
```

```
[value="초기값"]
[size="크기"]
[maxlength="최대길이"] >
```

속성	기능
type	text
name	텍스트 입력 양식의 이름을 지정하는 속성
value	텍스트 입력 양식의 초기 문자열로 지정하는 속성으로서 미리 입력하고 싶은 문자열을 지정하면 된다. 만일 생략하면 입력 필드는 공백이 된다. 그리고 웹 서버로 전송하는 경우에 name과 value 속성이 함께 쌍을 이루어 전송된다.
size	텍스트 입력 양식의 길이를 한 문자 단위로 지정하는 속성으로 생략되면 20문자 길이로 자동 설정된다.
maxlength	사용자가 최대로 입력할 수 있는 문자의 수를 지정하는 속성이다. 생략하면 무한대로 설정된다.

2.2 text 입력 양식의 사용 예

```
[ex6-2.html]
<html>
<head>
    <title>텍스트박스 예제</title>
</head>

<body>
<FORM>
  당신의 이름은? <input type="text"><br>
  당신의 주소는? <input type="text" size="10"><br>
  당신의 이름은? <input type="text" size="10" value="홍길동" readonly><br>
  당신의 전화번호는? <input type="text" size="10" maxlength="8"><br>
</FORM>
</body>
</html>
```

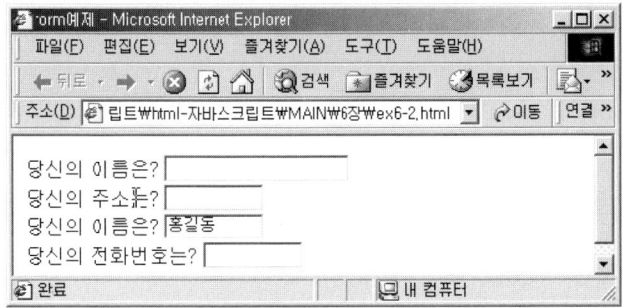

① 한 줄 자리 문자열을 입력받는 텍스트 박스를 생성한다. 아무 속성도 기술하지 않으면 size 속성이 기본 값 20으로 자동 설정된다. 눈에 보이는 텍스트 박스의 크기만 20자를 입력받을 수 있는 크기이지 자료는 무한대로 입력받을 수 있다.

```
<form>
    당신의 이름은? <input type="text">
</form>
```

② size가 10인 텍스트 박스를 생성한다. 마찬가지로 텍스트 박스의 크기만 10자를 입력받을 수 있는 크기이지 무한대로 입력받을 수 있다.

```
<form>
    당신의 주소는? <input type="text" size="10">
</form>
```

③ size가 10이면서 value 속성 값에 의해 "홍길동"이라는 초기 문자열이 나타나는 텍스트 박스를 만든다. 주의할 점은 readonly 속성을 지정하였기 때문에 텍스트 박스에 어떤 이름도 입력이 불가능하다. 즉, 텍스트 박스 내의 "홍길동"을 수정할 수 없다.

```
<form>
    당신의 이름은? <input type="text" size="10" value="홍길동" readonly>
</form>
```

■ [실행 결과]

당신의 이름은? 홍길동

🔍 **주의**

텍스트 입력 양식의 내용을 수정하지 못하고 단지 보이게만 할 때 지정하는 readonly 속성은 넷스케이프 브라우저에서는 지원되지 않고, 익스플로러 브라우저에서만 동작하는 속성이다.

④ size가 10이지만 maxlength 속성을 사용하여 글자를 8자까지만 입력받게 하는 텍스트 박스를 만든다.

```
<form>
    당신의 전화번호는? <input type="text" size="10" maxlength="8">
</form>
```

■ [실행 결과]

당신의 전화번호는? 211-7777

⑤ "ex6-2.html" 문서는 단지 텍스트 박스 입력 양식을 만들기만 하였지만 "ex6-3.html"처럼 텍스트 박스 안으로 마우스 커서를 옮기면 동작하는 onfocus 이벤트를 사용하여 자바스크립트의 alert 대화상자를 실행시킬 수 있다.

즉, 입력 양식들을 정교하게 조작하려면 이벤트 처리와 자바스크립트로 프로그래밍을 하여야만 한다. 이는 2부의 자바스크립트 학습을 통하여 해결할 수 있다.

[ex6-3.html]

```
<html>
<head>
    <title>이벤트와 자바스크립트를 사용한 예</title>
</head>

<body>
```

\<h3\> 텍스트 박스 안으로 마우스 커서를 옮기면 동작하는 onfocus 이벤트를 사용하여 자바스크립트의 alert 대화상자가 실행되는 예\</h3\>

\<form\>
당신의 이름은? \<input type="text" size="10"
onfocus="alert('onfocus 이벤트 핸들러 ₩n₩n   텍스트 박스 안으로 마우스 커서를 옮겼군요.')"
\</form\>
\</body\>
\</html\>

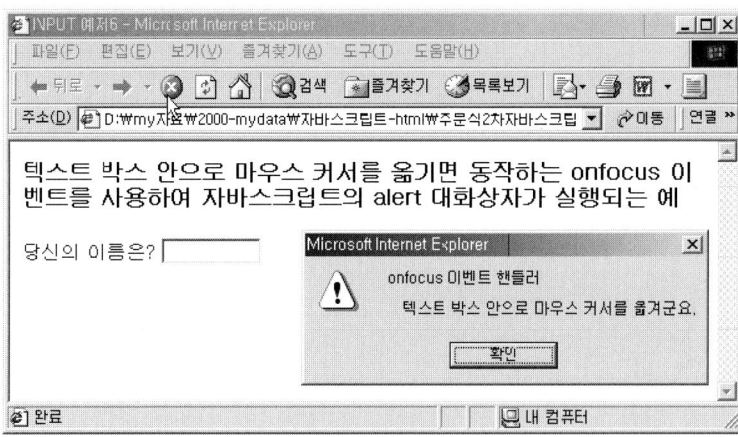

3

버튼 만들기 : 〈INPUT type="button"〉

버튼은 데이터 입력에 사용되지 않고 폼 동작을 제어하는데 사용되는 입력 양식이다.

3.1 button을 만드는 문법 형식

버튼 입력 양식은 <INPUT> 태그의 type 속성을 button으로 설정함으로써 만들어지며 기본 문법 형식은 다음과 같으며 <INPUT> 태그에서 사용할 수 있는 속성은 표와 같다.

```
<INPUT type="button"
    name="name"
    value="value" >
```

속성	설명
type	"button"
name	버튼 입력 양식의 이름을 지정하는 속성
value	버튼의 용도를 알리는 제목 역할의 문자열을 나타나게 하는 속성

3.2 버튼 사용 예

[ex6-4.html]
```
<html>
<head>    </head>
<body>
<form>
    <input type="button" value=" 확 인 " >
    <input type="button" value=" 취소 " >
</form>
</body>
</html>
```

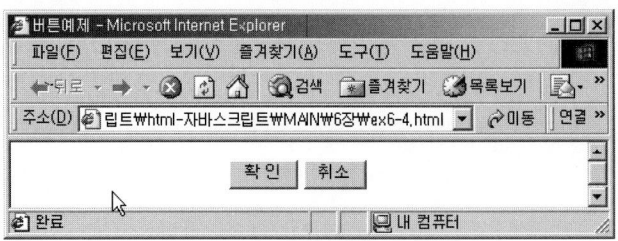

reset 버튼 만들기 : <INPUT type="reset">

reset 버튼은 <FORM> 태그 안에 구성된 모든 입력 양식들의 값을 각 양식의 value 속성에 지정한 값으로 초기화하며, 만일 초기값이 없을 때는 지우는 효과를 가지고 있다.
그러므로 폼 양식에 구성된 정보를 새롭게 다시 입력시키고 싶을 때 편리하게 사용된다.

4.1 reset 버튼을 만드는 문법 형식

텍스트 입력 양식은 <INPUT> 태그의 type 속성을 reset으로 설정함으로써 만들어지며 기본 문법 형식은 다음과 같으며 <INPUT> 태그에서 사용할 수 있는 속성은 표와 같다.

```
<INPUT type="reset"
       name="name"
       value="value">
```

속성	설명
type	"reset"
name	리셋 버튼 입력 양식의 이름 지정
value	리셋 버튼의 용도를 알리는 제목 역할의 문자열을 나타나게 하는 속성

4.2 텍스트 박스 안에 이름을 지우는 리셋 버튼 사용 예

① 텍스트 박스 안에 이름을 입력한 후 그림에 구성된 리셋 버튼인 "이름 지우기" 버튼을 클릭하면 텍스트 박스는 value 속성에 초기 값을 지정하지 않았기 때문

에 입력된 이름이 지워지고 button은 value 속성에 지정한 값이 "확인"이기 때문에 그대로 유지된다.

[ex6-5.html]
```
<html>
<head>    </head>
<body>
<form>
    당신의 이름은? <input type="text"  size="10">
    <input type="button"  value=" 확 인 " >
    <input type="reset"  value=" 이름 지우기">
</form>
</body>
</html>
```

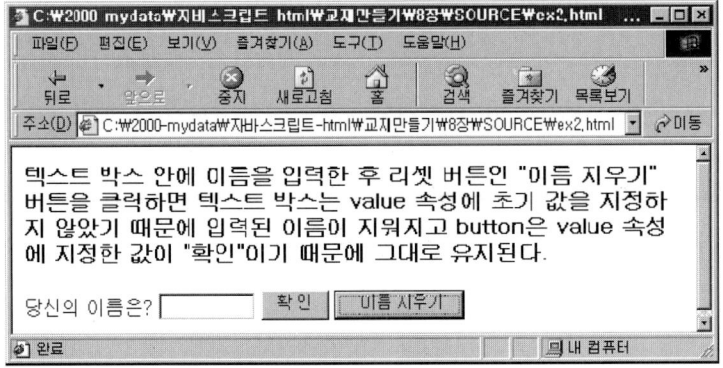

5 암호 입력 양식 만들기 : <INPUT type="password">

주로 암호 입력에 사용되는 한 줄 자리 문자열을 입력받는 텍스트 입력 양식으로서 사용자가 입력한 글자가 화면에 노출되지 못하도록 입력한 글자가 ******와 같은 형태로 나타나는 암호 입력 양식을 말한다.

5.1 password 입력 박스를 만드는 문법 형식

password 입력 양식은 <INPUT> 태그의 type 속성을 password로 설정함으로써 만들어지며 기본 문법 형식은 다음과 같으며 <INPUT> 태그에서 사용할 수 있는 속성들은 표와 같다.

```
<INPUT type="password"
       [name="INPUT_name"]
       [value="value"]
       [size="number"]
       [maxlength="number"] >
```

속성	기능
type	password
name	암호 입력 양식의 이름을 지정하는 속성으로 자바스크립트에서 입력 양식을 지정할 때 사용한다.
value	암호 입력 양식의 초기 문자열로 지정하는 속성으로서 미리 입력하고 싶은 문자열을 지정하면 된다. 만일 생략하면 입력 필드는 공백이 된다. 그리고 웹 서버로 전송하는 경우에 name과 함께 쌍을 이루어 전송된다.
size	암호 입력 양식의 길이를 한 문자 단위로 지정하는 속성으로 생략되면 20문자 길이로 자동 설정된다.
maxlength	사용자가 최대로 입력할 수 있는 문자의 수를 지정하는 속성이다. 생략하면 무한대로 설정된다.

5.2 password 사용 예

[ex6-6.html]
```
<html>
<head> </head>
<body>
<table border="0">
 <form name="pwform">
```

```
    <tr>
      <td align="right">암호 : </td>
      <td><input type="password" size="10" ></td>
    <tr>
      <td align="right">암호 확인 : </td>
      <td> <input type="password" size="10"></td>
    <tr><td colspan=2>
      <input type="reset" value=" 입력받은 암호 지우기">
    </table>
  </form>
</body>
</html>
```

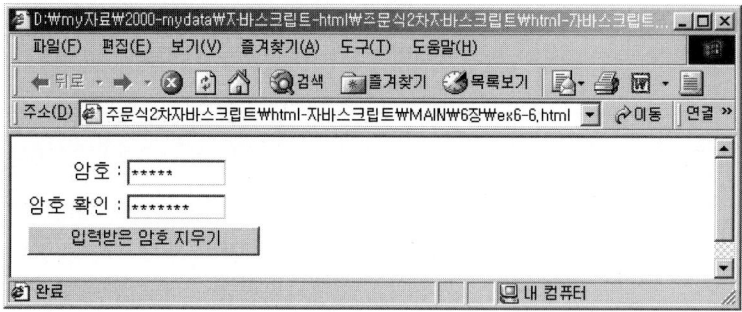

6 라디오 버튼 만들기 : <INPUT type="radio">

라디오 버튼은 사용자에게 선택할 수 있는 항목들을 여러 개 나열해 주고 반드시 한 가지만 선택할 때 사용하는 입력 양식이다. 만약 다른 항목을 선택하게 되면 기존에 선택된 항목은 자동으로 취소된다.

6.1 라디오 버튼을 만드는 문법 형식

radio 버튼 입력 양식은 <INPUT> 태그의 type 속성을 radio로 설정함으로써 만들어지며 기본 문법 형식은 다음과 같으며 <INPUT> 태그에서 사용할 수 있는 속성들은 표와 같다.

```
<INPUT type="radio"
       name="group_name"
       value="value"
       [checked] >
```

속성	설명
type	"radio"
name	라디오 버튼의 이름을 지정하는 속성으로 관련 그룹의 라디오 버튼들은 동일한 이름으로 지정되어야 한다.
value	라디오 버튼에 할당하고 싶은 초기 값 지정
checked	관련 라디오 버튼 중에서 특정 라디오 버튼을 체크된 상태로 만드는 속성

6.2 라디오 버튼 사용예

① 남성용 라디오 버튼에 checked 속성을 지정하여 프로그램이 처음 실행될 때 남성용 라디오 버튼이 체크된 상태로 나타난다.

[ex6-7.html]
```
<html>
<head>    </head>
<body><center>
<form>
    당신의 성별은?
    <input type="radio" name="sex" value="male" checked>남자
    <input type="radio" name="sex" value="female">여자
</form>
</body></center>  </html>
```

② 라디오 버튼을 만들 때는 반드시 관련 라디오 버튼들의 이름을 지정하는 name 속성은 "ex6-7.html"과 같이 반드시 동일한 이름으로 기술해야만 한다. 만일 name 속성에서 지정한 이름이 다르면 서로 다른 라디오 버튼으로 인식되어 체크박스처럼 모두 선택되므로 주의해야 한다.

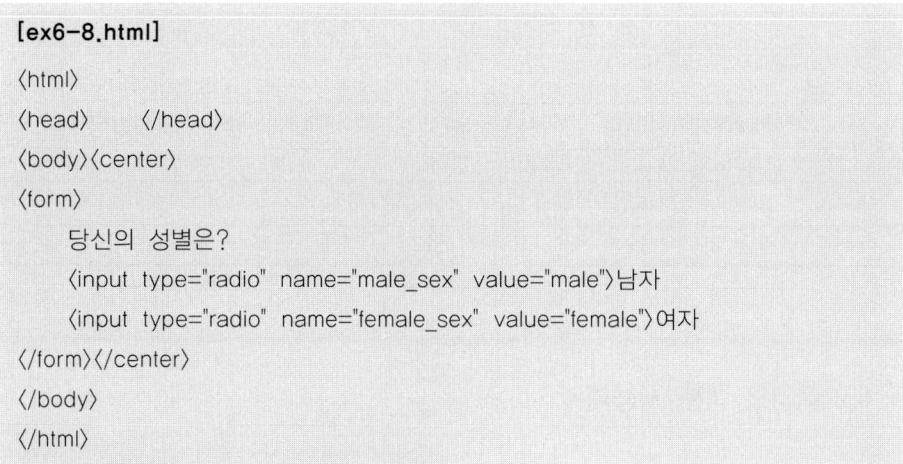

```
[ex6-8.html]
<html>
<head>    </head>
<body><center>
<form>
    당신의 성별은?
    <input type="radio" name="male_sex" value="male">남자
    <input type="radio" name="female_sex" value="female">여자
</form></center>
</body>
</html>
```

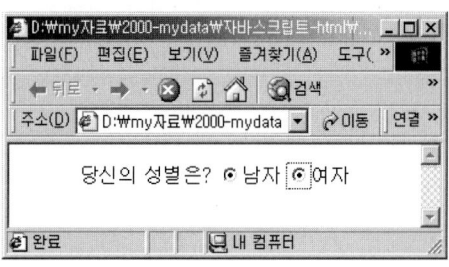

③ 여러 개의 취미를 라디오 버튼으로 구성한 예로서 <input> 태그의 value 속성 값과 라디오 버튼 옆에 나타나는 여행, 음상 감상 등과 같은 문자열로 부여하였다.

```
[ex6-9.html]
<html>
    <body>
    <form name="hobby_form">
    당신의 취미는 무엇입니까?<br>
    <input type="radio" name="hobby" value="여행">여행<br>
    <input type="radio" name="hobby" value="음악감상">음악감상<r>
    <input type="radio" name="hobby" value="영화감상">영화감상<br>
    <input type="radio" name="hobby" value="게임">게임<br>
    <input type="radio" name="hobby" value="기타">기타<br>
</form>
</body>
</html>
```

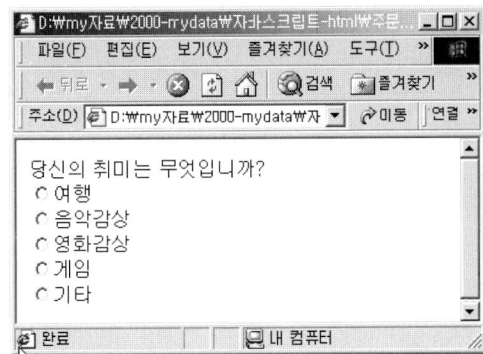

7

체크박스 만들기 : <INPUT type="checkbox">

체크박스는 사용자에게 선택할 수 있는 항목들을 여러 개 나열해 주고 마우스를 클릭하여 선택하게 하는 라디오 버튼과 유사한 입력 양식이다. 그러나 라디오 버튼은 여러 항목 중에 반드시 한 가지만 선택해야 하나 체크박스는 여러 개를 동시에 선택할 수 있다는 점에서 차이가 난다.

7.1 체크박스를 만드는 문법 형식

checkbox 입력 양식은 <INPUT> 태그의 type 속성을 checkbox로 설정함으로써 만들어지며 기본 문법 형식은 다음과 같으며 <INPUT> 태그에서 사용할 수 있는 속성들은 표와 같다.

```
<INPUT type="checkbox"
       name="name"
       value="value"
       [checked] >
```

속성	설명
type	"checkbox"
name	체크박스의 이름을 지정하는 속성으로 관련 체크박스들은 동일한 이름으로 지정되어야 한다.
value	체크박스에 할당하고 싶은 초기 값 지정
checked	관련 체크박스 중에서 특정 체크박스를 체크된 상태로 만드는 속성

7.2 checkbox 사용 예

1) 취미 종류를 체크박스로 구성한 예

① 체크박스 사용법은 라디오 버튼을 사용하는 경우와 거의 동일하다. 단지 차이점이 있다면 여러 개의 체크박스를 선택할 수 있다는 것뿐이다.
② 체크박스를 만들 때는 반드시 관련 체크박스들의 이름을 지정하는 name 속성은 hobby처럼 반드시 동일한 이름이어야 한다.

[ex6-10.html]
```
<html>
<body>
<form name="hobby_form">
    당신의 취미는 무엇입니까?<br>
```

```
            <input type="checkbox" name="hobby" value="여행">여행<br>
            <input type="checkbox" name="hobby" value="음악감상">음악감상<br>
            <input type="checkbox" name="hobby" value="영화감상">영화감상<br>
            <input type="checkbox" name="hobby" value="컴퓨터 게임">
                컴퓨터 게임<br>
            <input type="checkbox" name="hobby" value="기타">기타
    </form>
</body>
</html>
```

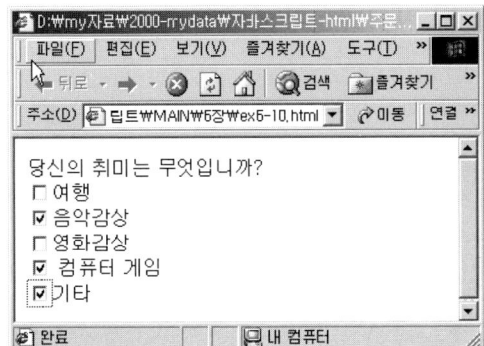

2) 다양한 취미 내용을 입력할 수 있게 텍스트 박스와 체크박스를 활용하는 예

① 체크박스에 없는 기타 취미를 텍스트 박스에 입력할 수 있도록 구성한 예이다.
② 체크박스에 checked 속성을 지정하여 프로그램이 처음 실행될 때 특정 체크박스들이 체크된 상태로 나타나게 한 예이다.

[ex6-11.html]
```
<html>
<body>
    <form name="hobby_form">
        당신의 취미는 무엇입니까?<br>
        <input type="checkbox" name="hobby" value="여행" checked>여행<br>
        <input type="checkbox" name="hobby" value="음악감상" checked>
            음악감상<br>
        <input type="checkbox" name="hobby" value="영화감상">영화감상<br>
```

```
<input type="checkbox" name="hobby" value="컴퓨터 게임">컴퓨터 게임<br>
<input type="checkbox" name="hobby" value="기타">기타
    ->   
<input type="text" name="etctext" size="15"><br>
         
     기타 취미를 적어주세요.<br>
</form>
</body>
</html>
```

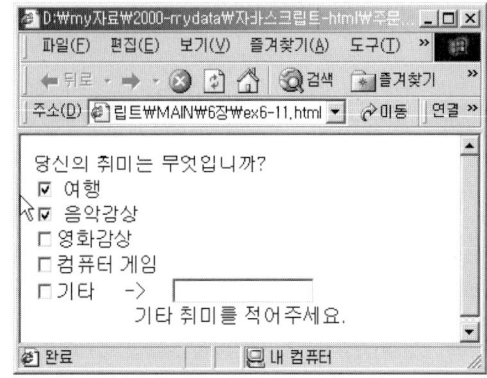

8. 리스트 박스 만들기 : <select> .. </select>

리스트 박스는 풀다운 메뉴 방식으로 여러 개의 항목을 나열해 놓고 라디오 버튼처럼 여러 항목 중에 한 가지만 선택하게 할 수도 있고, 체크박스처럼 여러 개의 항목을 동시에 선택하게 할 수 있는 입력 양식이다.

이러한 리스트 박스는 <INPUT> 태그의 type 속성을 사용하지 않고 <select> 태그와 <option> 태그를 사용하여 만든다.

8.1 리스트 박스를 만드는 문법 형식

풀다운 메뉴 형태의 리스트 박스 입력 양식은 다음과 같은 문법 형식을 사용하는 <select> 태그와 <option> 태그로 만들어진다.

리스트 박스의 기본 형식을 지정하는 <select> 태그에서 사용할 수 있는 속성들과 리스트 박스에 나타나는 항목들을 지정하는 <option> 태그에서 사용할 수 있는 속성들은 표와 같다.

```
<select name="name"
    [size="num"]
    [multiple]
    <option [selected] [value="value"]>항목 문자열
    <option [selected] [value="value"]>항목 문자열
        ……
        ……
    <option [selected] [value="value"]>항목 문자열
</select>
```

<select> 태그에서 사용할 수 있는 속성들

속성	설명
name	리스트 박스의 이름을 지정하는 속성으로 각 항목들은 name 속성 값으로 지정한 이름의 배열 요소가 된다.
size	리스트 박스에 구성한 항목 중에서 실제 리스트 박스에 나타나는 항목의 수를 지정하는 속성으로 기본 값은 10이다.
multiple	리스트 박스에서 여러 개를 선택할 것인지 지정하는 속성

<option> 태그에서 사용할 수 있는 속성들

속성	설명
value	리스트 박스의 항목 값으로 설정하고 싶은 값을 지정하는 속성
selected	현재 항목을 선택된 상태로 만들고 싶을 때 사용하는 속성으로 selected 속성이 기술된 Option 항목이 초기 값으로 지정된다.

8.2 리스트 박스 사용 예

1) 리스트박스에 색깔들을 항목으로 나열한 예

① 풀다운 메뉴 형태의 리스트 박스는 다음과 같이 리스트 박스의 기본 형식을 지정하는 <select> 태그와 리스트 박스에 나타나는 항목들을 지정하는 <option> 태그를 사용한다.

```
[ex6-12.html]
<html>
<body>
<form>
  당신이 좋아하는 색깔은 ?
<select name="selectColor">
    <option value="0">선택하세요
    <option value="red">빨강
    <option value="yellow">노랑
    <option value="blue">파랑
    <option value="green">녹색
    <option value="white">흰색
</select>
</form>
</body>
</html>
```

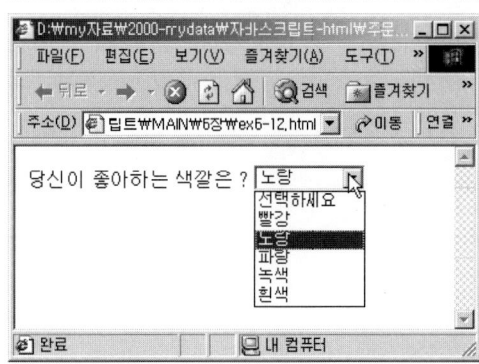

2) 리스트 박스에서 여러 개를 선택할 수 있게 하는 예

① <select> 태그의 multiple 속성의 기능

<select> 태그에 multiple 속성을 지정하면 리스트 박스에서 마우스로 여러 개를 선택할 수 있다.

> 리스트 박스에서 마우스로 드래그하지 않고 [Ctrl+마우스 왼쪽 버튼]이나 [Shift+마우스 왼쪽 버튼]을 사용하여 하여도 여러 개를 선택할 수 있다.

〈select name="game" size=4 multiple〉

② <select> 태그의 size 속성의 기능

리스트 박스의 실제 항목의 수는 6개이나 4개만 항목이 나타나도록 한 것은 <select> 태그에 size 속성 값을 4로 지정하였기 때문이다. size 속성 값을 지정하지 않으면 기본 값은 1이다. 즉, 리스트 박스에 항목 하나만 나타난다.

〈select name="game" size=4 multiple〉

[ex6-13.html]
```
〈html〉
〈body〉
〈form name="form"〉
  당신이 좋아하는 게임을 여러 개 선택하시오 ?〈br〉
  〈select name="game" size=4 multiple〉
     〈option value="스타크래프트"〉스타크래프트
     〈option value="레인보우 식스"〉레인보우 식스
     〈option value="디아블로"〉디아블로
     〈option value="리니지"〉리니지
     〈option value="포트리스"〉포트리스
     〈option value="한게임고스톱"〉한게임고스톱
  〈/select〉   
  〈br〉〈br〉 〈h3〉참고! 〈br〉 [Ctrl+마우스 왼쪽 버튼]나 [Shift+마우스 왼쪽 버튼]을
  사용하여도 여러 개를 선택할 수 있습니다. 〈/h3〉
〈/form〉 〈/body〉
〈/html〉
```

HTML과 JAVAScript

9 여러 줄의 텍스트 입력 양식 만들기 : ⟨textarea⟩…⟨/textarea⟩

게시판 등에 글을 올릴 때 자유롭게 입력할 수 있는 텍스트 박스를 사용해 보았을 것이다. 한 줄로만 입력받는 text 입력 양식과 다르게 여러 줄의 텍스트를 마음대로 입력받을 수 있는 입력 양식을 텍스트영역(textarea)이라 한다.
이러한 텍스트영역은 ⟨INPUT⟩ 태그의 type 속성을 사용하지 않고 ⟨textarea⟩ 태그를 사용하여 만든다.

9.1 텍스트영역을 만드는 문법 형식

여러 줄의 텍스트를 자유롭게 입력받을 수 있는 텍스트영역(textarea) 입력 양식은 다음과 같은 문법 형식을 사용하는 ⟨textarea⟩ 태그로 만들어진다.
텍스트영역의 기본 형식을 지정하는 ⟨textarea⟩ 태그에서 사용할 수 있는 속성들은 표와 같다.

```
<textarea name="name"
```

```
        [rows="num"]
        [cols="num"]
        [wrap="off"|"virtual"|"physical"]
        텍스트영역에 초기값으로 나타나는 문자열
</textarea>
```

속성	설명
name	텍스트영역의 이름을 지정하는 속성
rows	입력할 수 있는 줄 수를 지정하는 높이 속성으로 지정한 이상 입력했을 때는 수직 스크롤바가 자동으로 나타난다.
cols	한 줄에 나타낼 수 있는 글자 수를 지정하는 너비 속성으로 지정한 글자 수 이상을 입력했을 때 wrap 속성을 off로 지정하면 수평 스크롤바가 자동으로 나타나면서 계속 같은 줄에 글자를 입력할 수 있다.
wrap	글자를 우측 끝까지 다 썼을 때 자동으로 줄바꿈할 것인지의 여부를 결정하는 속성이다. 속성을 생략하거나 on으로 지정하면 글자를 우측 끝까지 다 썼을 때 자동으로 줄 바꿈을 한다. 그러나 줄바꿈 속성인 wrap을 off로 지정하면 엔터 키를 칠 때까지 줄 바꿈을 하지 않고 수평 스크롤바가 자동으로 나타나면서 계속 같은 줄에 글자를 입력할 수 있다.

9.2 텍스트영역 사용 예

"처음 textarea 태그 사이에 들어간 글입니다."와 같은 초기 문자열을 지정한 텍스트영역을 구성한 후 자유롭게 글을 입력할 수 있는 예이다.

① 그림과 같이 15줄과 한 줄에 나타낼 수 있는 글자 수를 65자로 지정한 텍스트영역을 구성하였다.

그리고 <textarea>와 </textarea> 태그 사이에 기술한 "처음 textarea 태그 사이에 들어간 글입니다."라는 내용은 텍스트영역에 나타나는 초기 문자열이다.

```
<textarea name="msg" rows=15 cols=65>
    처음 textarea 태그 사이에 들어간 글입니다.
</textarea>
```

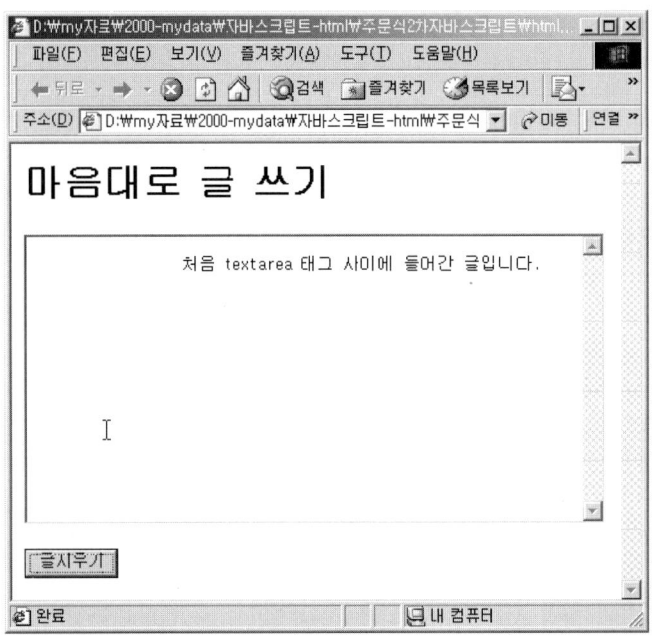

② <textarea>와 </textarea> 태그 사이에 기술한 "처음 textarea 태그 사이에 들어간 글입니다."라는 초기 문자열은 기본 값(default value)으로 인식되어 리셋 버튼인 "글지우기" 버튼을 클릭하여도 지워지지 않는다.

③ <textarea name="msg" rows=15 cols=65>와 같이 wrap 속성을 생략하면 wrap 속성이 on으로 자동 설정되어 글을 우측 끝까지 다 썼을 때 자동으로 줄 바꿈을 한다.

만일 wrap 속성을 off로 지정하면 엔터키를 칠 때까지 줄 바꿈을 하지 않고 수평 스크롤바가 자동으로 나타나면서 계속 같은 줄에 글자를 입력할 수 있게 된다.

[ex6-14.html]
```
<HTML>
<BODY>
<H1> 마음대로 글 쓰기 </H1><P>
<FORM name="form">
<textarea name="msg"   rows=15 cols=65>
     처음 textarea 태그 사이에 들어간 글입니다.
</textarea> <P>
<INPUT TYPE="reset" VALUE="글지우기">
```

```
</FORM>
</BODY>
</HTML>
```

Chapter 7
하나의 윈도우를 여러 개의 프레임으로 나누기

본장에서는 하나의 윈도우를 여러 개의 프레임으로 나누어 각 프레임에 여러 개의 HTML 문서를 실행시키는 방법을 학습한다.

1 프레임 작성 방법

하나의 웹 브라우저에서 여러 개의 HTML 문서를 동시에 열어 놓고 하나의 프레임에서는 한미르 검색 사이트를, 다른 프레임에는 야후 검색 사이트를 나타나게 할 수 있다.

이와 같이 하나의 윈도우에 여러 개의 프레임을 구성하려면 <FRAMESET>과 <FRAME> 태그를 사용한다.

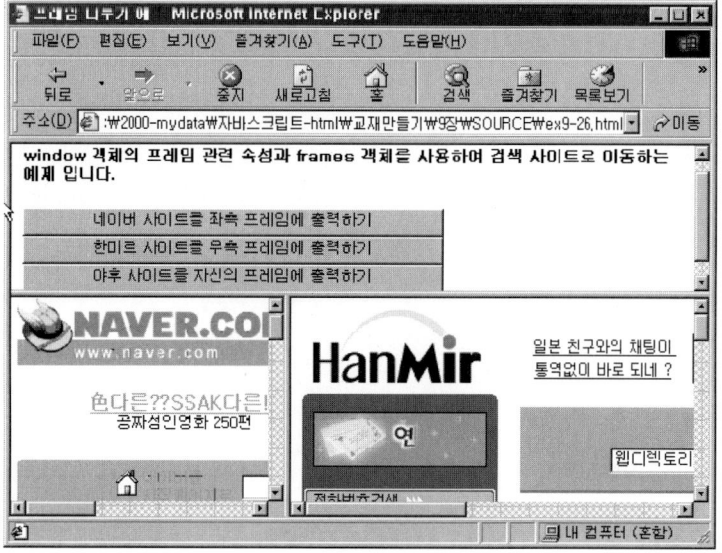

<FRAMESET> 태그를 사용하여 원하는 형태로 웹 브라우저에 여러 개의 프레임을 상, 하, 좌, 우로 구성한 후 <FRAME> 태그를 사용하여 상, 하, 좌, 우로 구성된 여러 개의 프레임에서 보여줄 HTML 문서를 지정한다.

주의할 점은 프레임을 나누어주는 HTML 문서는 <BODY> 태그를 사용하지 않고 <FRAMESET> 태그만을 사용한다. 만일 <BODY> 태그를 사용하면 프레임 태그는 동작하지 않는다.

1.1 〈FRAMESET〉....〈/FRAMESET〉 태그

〈FRAMESET〉 태그는 다음과 같은 속성을 가지고 웹 브라우저에 여러 개의 프레임을 상, 하, 좌, 우로 구성하는데 사용한다.

```
<FRAMESET rows="n" cols="n" border="n">
</FRAMESET>
```

① rows
  상, 하 프레임으로 구성할 크기를 픽셀값 또는 윈도우의 크기의 비율로 지정한다.

② cols
  좌, 우 프레임으로 구성할 크기를 픽셀값 또는 윈도우 크기의 비율로 지정한다.

③ border
  프레임의 테두리 두께를 설정한다. border=0이면 프레임의 테두리가 나타나지 않는다.

1.2 프레임을 나누는 방법

프레임은 rows와 cols 속성을 이용하여 픽셀 단위의 크기와 윈도우의 크기의 비율로 나누는 방법이 있다.

① 〈FRAMESET rows="200, *"〉
  rows="200, *"이라고 지정하면 2개의 프레임에서 상단 프레임의 크기가 200픽셀이고, 나머지 공간은 하단의 프레임이 크기가 된다.

② 〈FRAMESET cols="30%, 70%"〉
  cols="30%, 70%"라고 지정하면 2개의 좌, 우 프레임이 3:7의 비율로 구성된다.

③ 〈FRAMESET rows="2*, *"〉
  rows="2*, *"라고 되어 있다면 "2*"은 상단 프레임이 하단 프레임의 2배의 크기로 나누어진다. 즉, 전체 크기의 2/3가 상단 프레임의 크기가 되고, 하단

> 프레임을 나눌 때 '*'는 이미 지정된 크기가 상, 하, 좌, 우에 있을 때 나머지 지정하지 않은 모든 공간을 차지할 때 사용하는 특수 기호이다.

프레임의 크기는 1/3이 된다.

④ 〈FRAMESET cols ="20%, 30%, *"〉

cols ="20%, 30%, *"라고 지정하면 좌측과 중간 프레임의 크기가 전체 크기의 2/10과 3/10을 차지하게 되고 나머지 크기가 우측 프레임의 크기가 된다.

1.3 〈FRAME〉....〈/FRAME〉 태그

〈FRAME〉 태그는 〈FRAMESET〉태그로 구성된 여러 개의 프레임에 나타낼 HTML 문서를 다음과 같은 속성을 사용하여 지정한다.

```
<FRAME src="URL" name="프레임이름" marginwidth="n"
       marginheight="n" scrolling="yes|no|auto" noresize>
</FRAME>
```

① src

나누어진 프레임에 보여질 HTML 문서의 URL 주소를 지정한다.

② name

각 프레임에서 사용할 이름을 지정한다. 프레임의 이름을 지정해 주면, 다른 프레임에서 target 속성을 사용하여 그 프레임을 다룰 수 있다.

> **name 속성에 미리 예약된 이름**
>
> _blank : 새 윈도우를 열어 결과를 나타낸다.
> _self : 자신의 프레임에 결과를 나타낸다.
> _parent : 부모 프레임이나 윈도우에 결과를 나타낸다.
> _top : 프레임은 사라지고 현재의 전체 윈도우에 결과를 나타낸다.

③ marginwidth

프레임의 좌, 우 여백을 설정한다. 생략하면 자동으로 지정된다.

④ marginheight

프레임의 상, 하 여백을 설정한다. 생략하면 자동으로 지정된다.

⑤ scrolling

프레임에 스크롤 바를 사용할지 여부를 설정한다. yes는 나타나게 하며 no는 나타나지 않게 한다. auto는 프레임내의 내용에 따라 자동으로 웹 브라우저가 나타낸다. 생략하면 auto 값이 설정된다.

⑥ noresize

프레임의 크기를 고정시킨다. 속성을 생략하면 크기를 조절할 수 있는 프레임이 된다.

⑦ border

프레임의 테두리 두께를 설정한다. border=0이면 프레임의 테두리가 나타나지 않는다.

2 프레임 나누기 예

2.1 수평으로 프레임 나누기 예

<FRAMESET> 태그의 rows 속성을 사용하여 다음 결과처럼 상단과 하단 프레임을 3:7의 비율로 나눈 후 각 프레임에 서로 다른 HTML 문서를 지정하여 실행시키려면 3개의 HTML 문서가 필요하다.

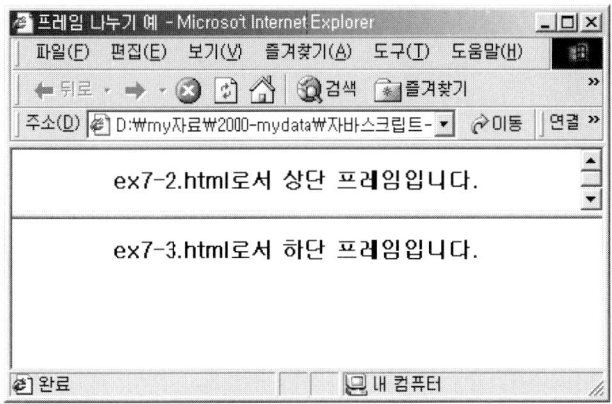

① <FRAMESET> 태그의 rows 속성을 사용하여 상단과 하단 프레임을 3:7의 비율로 나눈 후 <FRAME> 태그의 src 속성을 사용하여 상단 프레임에 출력될 문서를 "ex7-2.html"로, 하단 프레임에 출력될 문서는 "ex7-3.html"로 지정하였다.

상하 프레임의 크기를 3:7의 비율로 나눌 때 <FRAMESET rows="30%, 70%"> 대신에 <FRAMESET rows="30%, *">로 기술해도 되며 주의할 점은 프레임을 나누어주는 HTML 문서는 <BODY> 태그를 사용하면 안된다.

```
[ex7-1.html]
<HTML>
<head>
<TITLE> 프레임 나누기 예</TITLE>
</head>
<!-- 상단과 하단 프레임을 3:7의 비율로 나눈다 -->
<FRAMESET rows="30%, 70%">
        <!-- 상단 프레임에 내용물을 출력하는 문서는 ex7-2.html이다 -->
    <FRAME src="ex7-2.html" >
        <!-- 상단 프레임에 내용물을 출력하는 문서는 ex7-3.html이다 -->
    <FRAME src="ex7-3.html">
</FRAMESET>
</HTML>
```

② 상단 프레임에 호출되어 출력되어 HTML 문서이다.

```
[ex7-2.html]
<HTML>
<BODY>
<CENTER>
<B>ex7-2.html로서 상단 프레임입니다.</B>
</CENTER>
</BODY>
</HTML>
```

③ 하단 프레임에 호출되어 출력되어 HTML 문서이다.

[ex7-3.html]
```
<HTML>
<BODY>
<CENTER>
<B>ex7-3.html로서 하단 프레임입니다.</B>
</CENTER>
</BODY>
</HTML>
```

2.2 수직으로 프레임 나누기 예

<FRAMESET> 태그의 cols 속성을 사용하여 다음 결과처럼 4:6의 비율로 좌, 우 프레임을 나눈 후 좌측 프레임에는 한미르 검색 사이트를, 우측 프레임에는 야후 검색 사이트를 나타나게 한 예이다.

① <FRAMESET> 태그의 cols 속성을 사용하여 좌, 우 프레임을 4:6의 비율로 나눈 후 <FRAME> 태그의 src 속성을 사용하여 좌, 우 프레임에 호출되어 출력될 검색 사이트를 URL로 지정하였다.

```
[ex7-4.html]
<HTML>
<head>
<TITLE> 프레임 나누기 예</TITLE>
</head>
<!-- 좌,우 프레임을 4:6의 비율로 나눈다 -->
<FRAMESET cols="40%, 60%">
    <FRAME src="http://www.hanmir.com" >
    <FRAME src="http://www.yahoo.co.kr">
</FRAMESET>
</HTML>
```

② 좌측 프레임에 호출되어 출력될 파일은 한미르 검색 사이트에 존재한다.
③ 우측 프레임에 호출되어 출력될 파일은 야후 검색 사이트에 존재한다.

3 다중 프레임 나누기

수직 또는 수평으로 나누어진 프레임 속에 또 다른 프레임을 나누는 다양한 형태의 다중 프레임 예를 살펴보자.

3.1 "┬" 형태로 프레임 나누기 예

다음 결과와 같이 상단과 하단 프레임을 3:7의 비율로 나눈 후 하단 프레임 내부를 다시 4:6 비율의 좌, 우측 프레임으로 나누는 예이다.

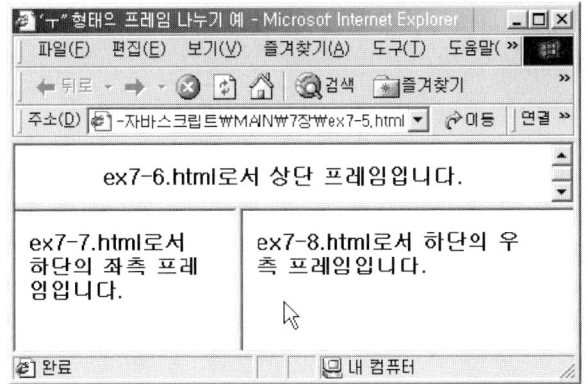

① "┬" 형태의 프레임을 나누는 HTML 문서이다.

먼저 <FRAMESET> 태그의 rows 속성을 사용하여 상단과 하단 프레임으로 나눈 후 분할된 하단 프레임에 또 다시 <FRAMESET> 태그의 cols 속성을 사용하여 좌,우 프레임으로 나누면 "┬" 형태의 프레임 구조가 된다.

[ex7-5.html]
```
<HTML>
<head>
<TITLE> "┬" 형태의 프레임 나누기 예</TITLE>
</head>
<!-- 상단과 하단 프레임을 3:7의 비율로 나눈다 -->
<FRAMESET rows="30%, *">
        <!-- 상단 프레임에 호출되는 문서이다 -->
    <FRAME  src="ex7-6.html" >
        <!-- 하단 프레임을 4:6의 비율로 좌, 우측 프레임으로 나눈다. -->
    <FRAMESET cols="40%, 60%">
            <!-- 하단 프레임 중 좌측 프레임에 호출되는 문서이다. -->
        <FRAME  src="ex7-7.html">
                <!-- 하단 프레임중 우측 프레임에 호출되는 문서이다.-->
        <FRAME  src="ex7-8.html)
    </FRAMESET>
</FRAMESET>
</HTML>
```

② 상단 프레임에 호출되어 출력되어 HTML 문서이다.

```
[ex7-6.html]
<HTML>
<BODY>
<CENTER>
<B>ex7-6.html로서 상단 프레임입니다.</B>
</CENTER>
</BODY>
</HTML>
```

③ 하단의 좌측 프레임에 호출되어 출력되어 HTML 문서이다.

```
[ex7-7.html]
<HTML>
<BODY>
<B>ex7-7.html로서 하단의 좌측 프레임입니다.</B>
</BODY>
</HTML>
```

④ 하단의 우측 프레임에 호출되어 출력되어 HTML 문서이다.

```
[ex7-8.html]
<HTML>
<BODY>
<B>ex7-8.html로서 하단의 우측 프레임입니다.</B>
</BODY>
</HTML>
```

3.2 "ㅏ" 형태로 프레임 나누기 예

다음 결과와 같이 좌측과 우측 프레임을 3:7의 비율로 나눈 후 우측 프레임을 다시 4:6 비율의 상, 하 프레임으로 나누는 예이다.

하나의 윈도우를 여러 개의 프레임으로 나누기 7

① "ㅏ" 형태의 프레임을 나누는 HTML 문서이다.

먼저 <FRAMESET> 태그의 cols 속성을 사용하여 좌, 우측 프레임으로 나눈 후 분할된 우측 프레임에 또 다시 <FRAMESET> 태그의 rows 속성을 사용하여 상, 하 프레임으로 나누면 "ㅏ" 형태의 프레임 구조가 된다.

[ex7-9.html]
```
〈HTML〉
〈head〉
〈TITLE〉 "ㅏ" 형태의 프레임 나누기 예〈/TITLE〉
〈/head〉
〈!-- 좌측과 우측 프레임을 3:7의 비율로 나눈다 --〉
〈FRAMESET cols="30%, 70%"〉
    〈!-- 네이버 검색 사이트가 좌측 프레임에 호출된다. --〉
    〈FRAME  src="http://www.naver.com" 〉
    〈!-- 우측 프레임 내부를 상,하 4:6의 비율로 나눈다. --〉
    〈FRAMESET rows="40%, 60%"〉
        〈!-- 한미르 사이트가 우측 프레임 중 상단 프레임에 호출된다. --〉
        〈FRAME src="http://www.hanmir.com"〉
            〈!-- msn 사이트가 우측 프레임 중 하단 프레임에 호출된다.--〉
        〈FRAME src="http://www.msn.co.kr"〉
    〈/FRAMESET〉
〈/FRAMESET〉
〈/HTML〉
```

② 좌측 프레임에 호출되어 실행되는 파일은 네이버 검색 사이트에 존재한다.

③ 우측 프레임의 상단에 호출되어 실행되는 파일은 한미르 검색 사이트에 존재한다.
④ 우측 프레임의 하단에 호출되어 실행되는 파일은 msn 사이트에 존재한다.

Chapter

CSS를 이용한 HTML 문서 꾸미기

본 장에서는 HTML 문서를 좀 더 화려하고, 일관성 있게
장식할 수 있는 스타일시트의 기본적인 사용법을 학습한다.

1 스타일시트(CSS)란?

① CSS는 Cascading Style Sheet의 약어로서 HTML 문서에 스타일을 지정하여 HTML 문서의 표현을 좀 더 화려하고 일관성있게 나타내는 기능으로서 2부에서 학습할 스크립트(script) 언어와 결합하여 사용자와 동적으로 상호 대화할 수 있는 화려하고 세련된 웹 페이지를 제작할 때 사용된다.
HTML4.0과 스크립트 언어 그리고 스타일시트(CSS) 요소들을 일컬어 보통 DHTML(Dynamic Hyper Text Markup Language)이라 부른다.

② 스타일시트는 HTML 문서 내의 글꼴 형태 및 글자 크기, 배경 색, 배경 이미지, 하이퍼링크의 색상, 그리고 페이지의 모든 내용 등을 HTML 고유 속성을 넘는, 새로운 양식을 표현할 수 있는 능력을 가지고 있기 때문에 보다 화려하고 세련된 HTML 문서를 작성할 수 있다.

2 HTML 문서에 CSS를 사용하는 이유

① HTML 문서에 CSS를 사용하면 자주 사용하는 글꼴, 글자 크기, 글자 속성 등을 지정한 글자 모양을 미리 하나의 스타일로 정해놓고 필요할 때마다 그 스타일을 선택하면 해당 문장의 글자 모양을 한꺼번에 동일한 스타일의 글자 모양으로 일관성있게 바꿀 수 있다.

② 또한, 스타일을 정의해 놓고 여러 개의 문서에서 불러 쓸 수 있기 때문에 일관된 외양을 요구하는 여러 개의 HTML 문서를 만들 때 매우 편리하다.

HTML 문서에 CSS를 적용하는 방식

3.1 style 속성을 이용하는 방식 : Inline Style

① HTML 문서에 사용되는 모든 태그에 style 속성을 지정하는 방식으로 사용되는 범위 내에서만 스타일 효과를 나타낸다고 하여 보통 Inline Style 방식이라 부른다.

```
<시작태그  style="속성 : 값 ; 속성 : 값 ; ...></끝태그>
```

② 속성(property)과 값은 콜론(:)으로 구분하고, 2개 이상의 속성을 지정할 때는 세미콜론(;)으로 구분하며 style 뒤에 기술되는 속성과 값 전체를 ""로 막아주어야 한다. 예에서 font-family나 color가 속성이 되고, "궁서체"와 "blue"는 각 속성에 대한 값(value)이다.

```
<H3 STYLE=" font-family : 궁서체 ; color : blue; ">  ...   </H3>
```

③ HTML 태그의 속성은 정해진 태그에서만 사용할 수 있지만, 스타일시트의 속성은 거의 모든 태그에 다 사용할 수 있다는 점이 차이가 난다. H3과 같이 스타일을 적용할 대상 태그를 스타일시트에서는 selector라 부른다.

[ex8-1.html]
```
<HTML>
<HEAD>
</HEAD>
<BODy>
    <H3 STYLE=" font-family : 궁서체; font-size: 20pt ; color : blue; ">
        20pt 크기의 파란색 궁서체입니다.
```

```
        </H3>
        <H3> 스타일이 적용되지 않는 곳입니다. </H3>
</BODY>
</HTML>
```

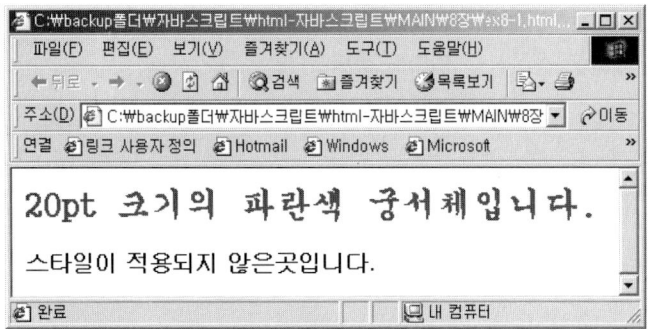

④ "ex8-1.html"에서와 같이 style 속성으로 지정된 첫 번째 <H3> 태그만이 20pt(font-size : 20pt) 크기의 파란색(color : blue) 궁서체(font-family : 궁서체)로 출력되었다.

⑤ Inline Style 방식은 사용되는 범위 내에서만 style 속성으로 지정한 스타일 효과를 나타내기 때문에 스타일 효과를 나타낼 모든 라인을 일일이 찾아서 스타일을 지정해야 하는 단점을 가지고 있다.

즉, html 문서에 Inline Style을 많이 사용하게 되면 이를 유지하거나 변경할 경우 많은 어려움이 따른다.

3.2 <HEAD>부분에서 스타일을 지정하는 방식 : Embedded Style

① Inline Style 방식과 다르게 HTML 문서 전체에 스타일 효과를 주기 위해 HTML 문서의 <HEAD>부분에 STYLE 태그에 type 속성을 사용하여 스타일을 지정하는 방식이다. 보통 Embedded Style 방식이라 부른다.

```
<HEAD>
  <STYLE TYPE = "text/css">
      selector { 속성 : 값 ; 속성 : 값 ; ...}
```

```
    </STYLE>
</HEAD>
```

② 스타일 지정 블록 내의 H1과 같은 Selector는 스타일을 적용할 대상인 HTML 태그이며, { } 내에 지정할 스타일을 정의한다.

```
<HEAD>
    <STYLE TYPE = "text/css">
    H1 {
        font-family: 굴림체 ;
        color : navy;
        }
    </STYLE>
</HEAD>
```

[ex8-2.html]
```
<html>
    <head>
        <STYLE TYPE = "text/css">
            <!-- H1 {
                    font-family: 굴림체 ;
                    color : navy;
                    }
                H2 {
                    font-family: 궁서체 ;
                    color : red;
                    }           -->
        </STYLE>
    </head>
    <body><center>
        <H1>html 문서에 H1 스타일을 적용한 예입니다.</H1><hr>
        <H2> H2스타일을 적용한 태그입니다.</H2><hr>
        <H1>html 문서에 H1 스타일이 또 적용된 예입니다.</H1><hr>
    </center></body>
</html>
```

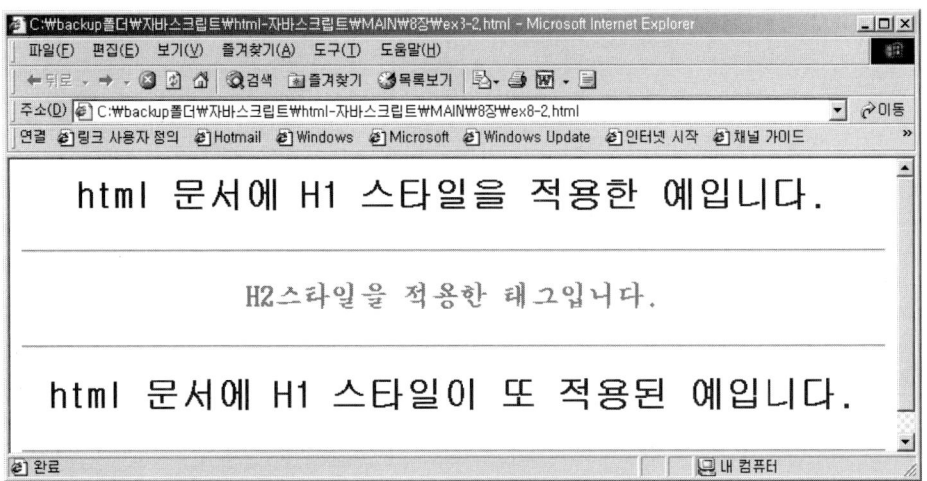

③ 예에서와 같이 <H1>과 <H2> 태그에 스타일을 지정하였으며 <H1> 태그가 나타나는 문서의 어느 곳에서도 동일한 스타일 효과를 나타내는 것을 볼 수 있다. 즉, Inline Style 방식과 다르게 HTML 문서 전체에 스타일 효과를 주며, 수정을 할 때는 스타일 정의 블록만 고치면 된다.

④ <STYLE>의 시작과 끝에 주석 (<!-- , -->)을 삽입한 것은 <STYLE>을 지원하지 않는 브라우저가 스타일의 내용을 출력하는 것을 막기 위해서 습관적으로 사용한 예이다.

3.3 외부 스타일시트 파일을 링크하는 방식 : Linked Style

① 스타일 지정 내용을 HTML 문서 내에 직접 작성하지 않고, 스타일 시트를 정의한 파일을 외부에서 확장자 ".css"를 붙여 작성한 후 그 파일을 링크해서 스타일을 적용하는 방식으로 일관된 외양을 요구하는 여러 개의 HTML 문서를 만들 때 편리하다. 보통 Linked Style 방식이라 부른다.

② 외부에서 작성한 스타일시트 정의 파일을 링크할 때는 HTML 문서의 <HEAD> 부분에 다음 형식처럼 LINK 태그를 기술하여 HTML 문서 전체에 외부 스타일 시트 파일에서 지정한 스타일 효과를 나타내는 방식이다.

```
<HEAD>
 <LINK REL= "stylesheet" TYPE="text/css" HREF="sample.css">
</HEAD>
```

③ LINK 태그의 rel의 "stylesheet"는 링크하는 파일이 스타일시트 파일임을 알려주고, type의 "text/css"는 스타일시트의 형식을 나타내고, href의 "sample.css"는 외부에서 별도로 작성된 스타일시트 파일명이다.

④ 외부에서 작성하는 스타일 시트 정의 파일은 Embedded Style 방식에서 설명한 다음과 형식으로 기술하고 파일의 확장자는 반드시 ".css"로 붙여야 한다. selector는 H3, BODY, H1과 같이 스타일을 적용할 대상 태그를 말한다.

```
selector { 속성 : 값 ; 속성 : 값 ; ...}
  예:
  H3 { color: red; text-decoration: underline;}
  BODY { background-color: yellow}
  H1 {    font-family: 굴림체 ; color : navy; }
```

⑤ "ex8-3.html" 문서에 적용할 외부 스타일 정의 시트 파일로서 파일명은 "ex8-3.css"이다.

[ex8-3.css]

```
H3 { COLOR: red; TEXT-DECORATION: underline;}
BODY { background-color: yellow}
```

⑥ "ex8-3.css"에 정의된 스타일 내용을 살펴보면, H3 selector에 의해 <H3> 태그에 기술되는 글자는 빨간색(COLOR: red)과, 글자에 밑줄(TEXT-DECORATION: underline)이 그어지는 스타일 속성으로 지정되고, BODY selector에 의해 <BODY> 태그에는 배경색이 노란색(background-color: yellow)으로 스타일 속성이 지정된다.

⑦ <HEAD> 부분의 LINK 태그에 "ex8-3.css"에 정의한 스타일 시트를 적용한 HTML 문서이다.

[ex8-3.html]
```
<html>
<head>
    <LINK REL="stylesheet" TYPE="text/css" HREF="ex8-3.css">
</head>
    <body>
        <center>
        <H3>html 문서에 H3 스타일을 적용한 예입니다.</H3>
         body 스타일을 적용하여 배경 색상이 노란색입니다.
        <H3>html 문서에 H3 스타일이 또 적용된 예입니다.</H3>
        </center>
    </body>
</html>
```

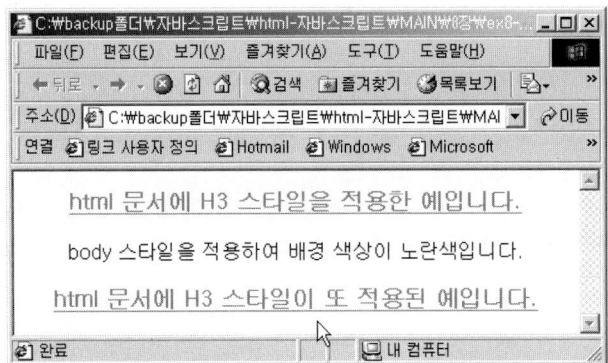

⑧ Linked Style 방식은 서로 다른 HTML 문서에 외부 스타일 정의 파일을 링크시켜 동일한 스타일 효과를 낼 수 있기 때문에 일관된 외양을 요구하는 여러 개의 HTML 문서를 만들 때 편리하며 수정을 할 때는 외부 스타일 정의 파일만을 고치면 되는 장점이 있다.

4 글꼴 관련 스타일 시트 속성 사용하기

4.1 글꼴(font) 속성

글꼴(font)을 지정하기 위해 사용되는 속성은 다음과 같으며 이 모든 속성은 하위 요소에 상속된다.

속성	설명
font-family	글꼴을 지정한다.
font-size	글꼴의 크기를 지정한다.
font-style	글꼴의 스타일을 지정한다.
font-weight	글꼴의 굵기를 지정한다.
color	글꼴의 색상을 지정한다.

4.2 글꼴 관련 스타일 시트 속성 사용 예

① font-style 속성
글꼴의 스타일을 지정하는 방법과 속성 값은 다음과 같다.

```
selector { font-style : normal | italic | oblique }
```

속성	설명
normal	표준 글꼴
italic	연결된 느낌의 이탤릭체 글꼴
oblique	기울임 글꼴

② font-weight 속성

글꼴의 굵기를 지정할 때 상대 값을 기술하는 방법과 절대 값을 기술하는 방법이 있다.

```
selector { font-weight : 100 | 200 | 300 | 400 | 500 | 600 | 700 | 800 | 900 | normal | bold | bolder | lighter }
```

[상대 값 기술방법]

100부터 900까지 지정하는데 숫자가 크면 굵은 글꼴로 지정된다.

속성값	설명
100	가장 가는 크기의 글꼴
400	보통 크기의 글꼴
900	가장 굵은 글꼴

[절대 값 기술 방법]

속성값	설명
normal	보통 크기의 글꼴
bold	진한 글꼴
bolder	조금 더 진한 글꼴
lighter	가는 글꼴

*주의할 점은 글꼴의 굵기는 글꼴에 따라 다르며 어떤 글꼴은 normal과 bold로만 표현되기도 한다.

[ex8-4.html]
```
<HTML>
<HEAD>
<STYLE type="text/css">
    H1 { font-family : "바탕"; font-style : italic;
        font-weight : 100 }
    H2 { font-family : "궁서"; font-style : normal;
        font-weight : 400}
    H3 { font-family : "돋움"; font-style : oblique;
```

```
            font-weight : 900}
</STYLE>
</HEAD>
<BODY>
  <H1> 바탕체이며, font-style이 italic 이고,
                font-weight가 100이다. </H1>
  <H2> 궁서체이며, font-style이 nomal 이고,
                font-weight가 400이다. </H2>
  <H3> 돋음체이며, font-style이 oblique 이고,
                font-weight가 900이다. </H3>
<BODY>
</HTML>
```

CSS에서 많이 사용하는 <DIV>와 <SPAN> 태그

- <DIV>와 <SPAN> 태그는 단순하게 <H1>, <H2>, <B>, <P> 등과 같은 다른 태그들을 여러 개 포함할 수 있는 block 요소이면서 자체적으로 어떤 기능도 가지고 있지 않기 때문에 CSS에서 다른 태그들보다도 유용하게 사용된다.
- <DIV>와 <SPAN> 태그가 자체적으로 어떤 기능도 없다는 특징은 스타일 지정시 지정한 스타일만 적용되기 때문에 스타일을 다루는데 매우 적합하다. 예를 들어 <em> 태그에 스타일을 지정하면 지정한 스타일 외에도 글자를 <em> 태그 자체 기능인 이탤릭체가 적용된다.

- `<DIV>` 태그는 `<DIV>` 태그의 앞과 뒤에서 줄 바꿈을 행하나 `<SPAN>` 태그는 줄 바꿈을 하지 않는다. 이 줄 바꿈의 차이가 `<DIV>`와 `<SPAN>` 태그의 차이점이고 나머지 사용방법은 같다.

```
<DIV STYLE="FONT-SIZE=small; font-family : "궁서";">
         DIV 태그는 줄 바꿈을 행한다.   </DIV>
<SPAN STYLE="FONT-SIZE=x-large; COLOR=BLACK;">
         SPAN 태그는 줄 바꿈을 하지 않는다. </SPAN>
```

③ font-size 속성

글꼴의 크기를 지정할 때 다음과 같은 절대 값과 상대 단위 그리고 절대 단위를 사용한다.

```
selector { font-size : <절대 값> | <절대 단위> | <상대 단위> }
```

[절대 값]

xx-small | x-small | small | medium | large | x-large | xx-large

[절대 단위]

단위	설명
cm	센티미터
mm	밀리미터
in	인치(1inch = 2.54cm)
pt	포인트(1포인트 = 1/72인치)
pc	파이커(1파이커 = 12포인트)

[상대 단위]

단위	설명
px	픽셀 단위
em	상위 요소의 글꼴 크기를 1로 하는 상대적인 크기
ex	영문 소문자 높이

④ color 속성

글꼴의 색상을 지정하는 color 속성은 RGB(Red, Green, Blue) 색상을 사용하는데 색상 값은 다음 예처럼 0 ~ 255까지의 10진수를 지정하는 방법이나 16진수 000000 ~ ffffff의 6자리로 지정하는 방법 그리고 red, green, blue, yellow 등과 같이 키워드로 지정하는 방법을 사용한다.

```
body {   color : rgb(0,255,0);}
body {   color : #00ff00;}
body {   color : green;}
```

[ex8-5.html]
```
<HTML>
<HEAD></HEAD>
<BODY>
  <DIV STYLE="FONT-SIZE=xx-small; COLOR=RED;">
    FONT-SIZE는 xx-small이며 빨간색 </DIV>
  <DIV STYLE="FONT-SIZE=small; COLOR=GREEN;">
    FONT-SIZE는 small이며 초록색 </DIV>
  <DIV STYLE="FONT-SIZE=medium; COLOR=BLUE;">
    FONT-SIZE는 medium이며 파랑색 </DIV>
  <DIV STYLE="FONT-SIZE=x-large; COLOR=BLACK;">
    FONT-SIZE는 x-large이며 검정색 </DIV>
  <DIV STYLE="FONT-SIZE=1.2cm; COLOR=yellow;">
    FONT-SIZE는 1cm이며 노란색 </DIV>
  <DIV STYLE="FONT-SIZE=30pt; COLOR=pink;">
    FONT-SIZE는 30point이며 핑크색 </DIV>
<BODY></HTML>
```

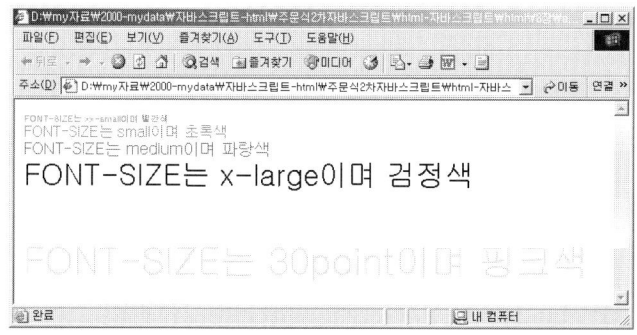

5 글자 장식 관련 속성 사용하기

5.1 글자 장식 속성

다음과 같은 다양한 속성들을 사용하여 글자를 장식할 수 있다.

속성	설명
text-transform	글자의 대소문자를 지정한 형식으로 변환한다.
text-decoration	글자의 선 장식을 지정한다.
text-align	글자의 수평 정렬을 지정한다.
line-height	글자의 수직 간격을 지정한다.
text-indent	단락의 첫 줄에 대한 들여쓰기를 지정한다.
letter-spacing	글자와 글자 사이의 간격을 지정한다.

5.2 글자 장식 관련 속성 사용 예

① text-transform 속성

글자의 대소문자를 지정한 형식으로 변환하는 방법은 다음과 같다.

```
selector { text-transform : capitalize | uppercase | lowercase }
```

속성값	설명
capitalize	단어의 첫 글자를 대문자로 변환한다.
uppercase	모든 글자를 대문자로 변환한다.
lowercase	모든 글자를 소문자로 변환한다.

② text-decoration 속성
글자의 선 장식을 지정하는 방법은 다음과 같다.

selector { text-decoration : underline | overline | line-through | none }

속성값	설명
underline	글자에 밑줄을 긋는다.
overline	글자 위에 선을 긋는다.
line-through	글자 중간에 선을 그어 취소선을 나타낸다.
none	선을 지정하지 않는다.

③ text-align 속성
글자의 수평 정렬을 지정하는 방법은 다음과 같다.

selector { text-align : left | center | right }

속성값	설명
left	왼쪽으로 정렬한다.
center	가운데로 정렬한다.
right	오른쪽으로 정렬한다.

[ex8-6.html]

```
〈HTML〉
〈HEAD〉
〈STYLE type="text/css"〉
    H1,H2,H3 { font-family : "바탕";  font-style : italic;
           text-align : center;
           text-transform : uppercase;
           text-decoration : underline;}
〈/STYLE〉
〈/HEAD〉
〈BODY〉
```

```
<H1> 가운데 정렬 및 대문자 변환 그리고 밑줄</H1>
<H1> computer science </H1>
<H2> computer science </H2>
<H3> computer science </H3>
<BODY>
</HTML>
```

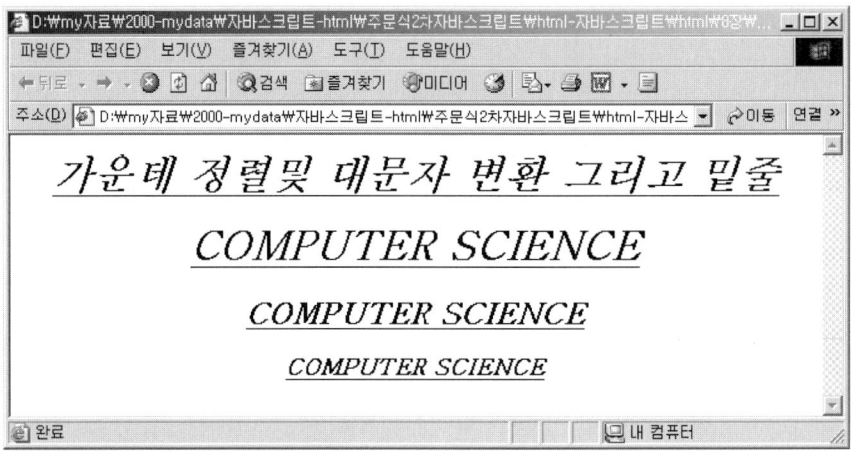

④ line-height 속성

글자의 수직 간격을 지정하는 방법은 다음과 같다.

방법	예제
폰트 크기에 대한 비율로 글자의 수직 간격을 지정한다.	body { line-height: 150%; }
절대 단위로 글자의 수직 간격을 지정한다.	body { line-height: 4cm; } body { line-height: 20pt; }

⑤ text-indent 속성

단락의 첫 줄에 대한 들여쓰기를 지정하는 방법은 다음과 같다.

방법	예제
절대 단위로 들여쓰기를 지정한다.	body { text-indent: 2cm; } body { text-indent: 4pt; }
현재 폰트 크기에 따른 상대적인 비율로 들여쓰기를 지정한다.	body { text-indent: 2em; } body { text-indent: -2em; }

[ex8-7.html]

```
<HTML>
<HEAD>
<STYLE type="text/css">
   BODY { line-height: 200%; }
   H1{ text-align : center;
       text-decoration : underline;}
   DIV { text-indent: 3cm;
         FONT-SIZE=small; }
   SPAN { text-decoration : line-through;
          FONT-SIZE=x-large;
          color: red;}
</STYLE>
</HEAD>
<BODY>
   <H1> 글자의 수직 간격과 들여쓰기</H1>
   <DIV> 글자의 수직 간격을 폰트 크기에 대한 비율
     <SPAN>200%</SPAN>로 지정한다.</DIV>
   <DIV> 단락의 들여쓰기를 <SPAN>3cm</SPAN>로
     지정한다.</DIV>
<BODY>
</HTML>
```

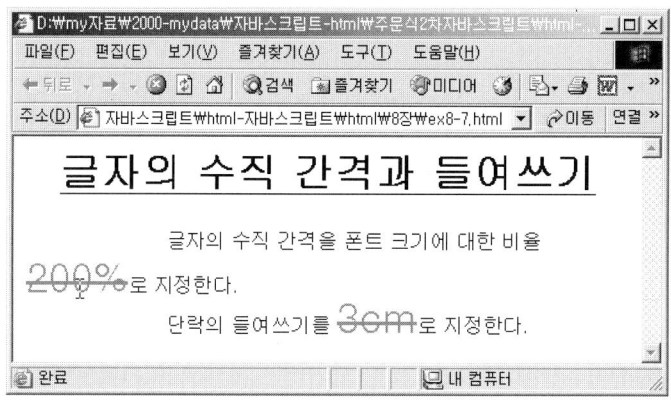

6 배경색과 배경 이미지 관련 속성 사용하기

요소에 배경색이나 배경 이미지를 스타일로 지정하여 보다 화려한 HTML 문서를 꾸밀 때 사용하다.

6.1 배경색 속성 사용 예 : background-color 속성

background-color 속성은 요소의 배경 색상을 지정하는 속성이다. 배경 색만을 스타일로 지정하면 글자색과 조합되어 글자색이 보이지 않을 수 있기 때문에 글자색도 함께 스타일로 지정하는 것이 바람직하다.

```
selector { background-color : 배경색이름 | 배경색 RGB값 }
```

[ex8-8.html]
```
〈HTML〉
〈HEAD〉
〈STYLE type="text/css"〉
   BODY {background-color: yellow;
         color: red;}
   H1{ background-color: blue; }
   DIV { background-color: lime;
         text-indent: 1cm;}
   SPAN { background-color: green; }
〈/STYLE〉
〈/HEAD〉
〈BODY〉
  〈H1〉 background-color 속성〈/H1〉
〈DIV〉 요소의 〈SPAN〉 배경 색상을 지정하는 속성 〈/SPAN〉으로 배경 색만을 스타일로 지정 하면 글자색과 조합되어 글자색이 보이지 않을 수 있다.〈/DIV〉
```

```
<DIV> 글자색도 함께 스타일로 지정하는 것이 바람직하다. </DIV>
<BODY>
</HTML>
```

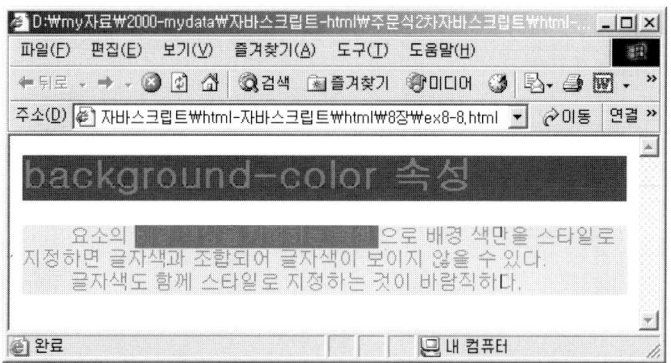

6.2 배경 이미지 속성 사용 예

① background-image 속성

URL의 값으로 지정한 이미지 파일을 요소의 배경으로 지정하는 속성이며, 배경으로 사용되는 이미지가 출력되는 영역보다 크기가 작을 경우에, 바둑판식으로 이미지를 채우게 된다.

```
selector { background-image : url("이미지 파일") | none }
```

[ex8-9.html]
```
<HEAD>
<STYLE type="text/css">
  body{font-size=large;}
  H1 { background-image: url("사람.gif");
       background-color: lime;}
</STYLE>
</HEAD>
```

```
<BODY>
<H1> <p> background-image 속성 <br><br><br> </H1>

<p>URL의 값으로 지정한 이미지 파일을 요소의 배경으로 지정하는 속성이며, 배경
으로 사용되는 이미지가 이미지가 출력되는 영역보다 크기가 작을 경우에, 바둑판식
으로 이미지를 채우게 된다.

<BODY>
</HTML>
```

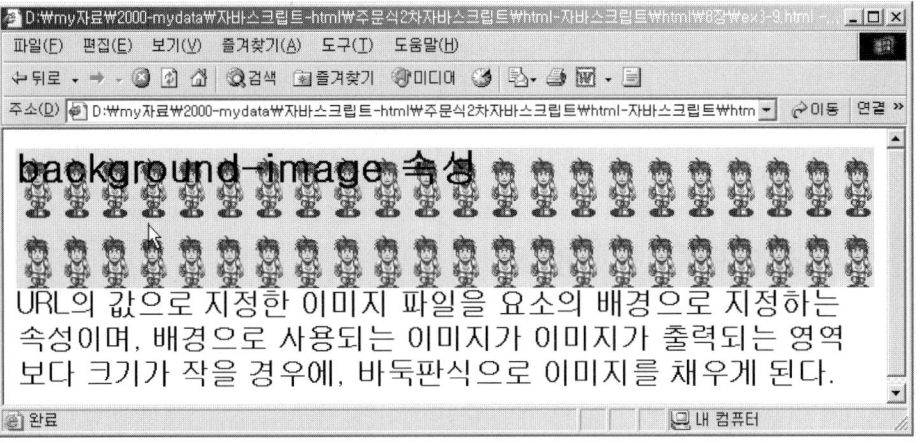

② background-repeat 속성

background-repeat 속성은 이미지를 다양하게 출력시키기 위한 속성으로 사용자가 원하는 방향으로 이미지를 연속적으로 또는 연속되지 않게 나타나게 할 수 있다.

```
selector { background-repeat : repeat | repeat-x | repeat-y | no-repeat }
```

속성	설명
repeat	이미지를 좌우로(xy축으로) 반복 출력한다.
repeat-x	이미지를 좌에서 우로(=x축으로) 반복 출력한다.
repeat-y	이미지를 위에서 아래로(=y축으로) 반복 출력한다.
no-repeat	이미지를 반복 출력하지 않는다.

[ex8-10.html]

```
〈HTML〉
〈HEAD〉
〈STYLE type="text/css"〉
   body{font-size=xx-large;}
   DIV{ background-image: url("사람.gif");
        background-repeat: repeat-x;
        background-color: lime;}
   P{ background-image: url("사람.gif");
      background-repeat: repeat-y;
      background-color: aqua;}
〈/STYLE〉
〈/HEAD〉
〈BODY〉
〈DIV〉 〈br〉
    background-repeat 속성의 repeat-x를 적용시켜
    사람 이미지를 x축으로 반복 출력시킨다.
〈/DIV〉
〈p〉
    background-repeat 속성의 repeat-y를 적용시켜
    사람 이미지를 x축으로 반복 출력시킨다.
〈/p〉
〈BODY〉
〈/HTML〉
```

③ background-attachment 속성

background-attachment 속성은 배경 이미지를 문서의 내용에 따라 계속 스크롤(scroll)시킬지 고정(fixed)시킬지를 결정하는 속성으로 기본 값은 scroll이다.

```
selector { background-attachment : scroll | fixed }
```

④ background-position 속성

background-position 속성은 배경 이미지를 원하는 위치에 나타나도록 결정하는 속성이다.

```
selector { background-position : [퍼센트 | 길이 ] | [top | center | bottom] | [left | center | right }
```

속성값	설명
30% 20%	이미지를 좌측에서 30%, 상단에서 20%에 위치시킨다. 기본 값은 0% 0%이다.
50 50	이미지를 좌측에서 50픽셀, 상단에서 50픽셀에 위치시킨다.
top|center|bottom	이미지를 상단, 중간, 하단에 위치시킨다.
left|center| right	이미지를 좌측, 중간, 우측에 위치시킨다.

[ex8-11.html]

```
〈HTML〉
〈HEAD〉
〈STYLE type="text/css"〉
  body{font-size=xx-large;}

   DIV{ background-image: url("사과.gif");
        background-position : 50% 50%;
        background-attachment : fixed;
        background-repeat: no-repeat;
        background-color : pink; }
```

```
p { background-image: url("사람.gif");
    background-position : right;
    background-repeat: repeat-y;
    background-color : orange;}
```

〈/STYLE〉
〈/HEAD〉
〈BODY〉

〈H1〉 background-position 속성 〈/H1〉
〈DIV〉 50% 50% :
 DIV 태그에 background-position의 50% 50% 속성 값을 적용하여 "사과 이미지"를 좌측에서 50%, 상단에서 50%에 위치시킨다.〈br〉
 즉, DIV 태그에 기술된 문서내용의 중앙에 "사과 이미지"를 위치시키다.〈br〉
〈/DIV〉

〈p〉 right : 〈br〉
p 태그에 background-position의 right 속성 값을 적용하여 "사람 이미지"를 우측에 위치시켜 y축으로 반복 출력시킨다. 〈br〉
 〈/p〉
〈BODY〉
〈/HTML〉

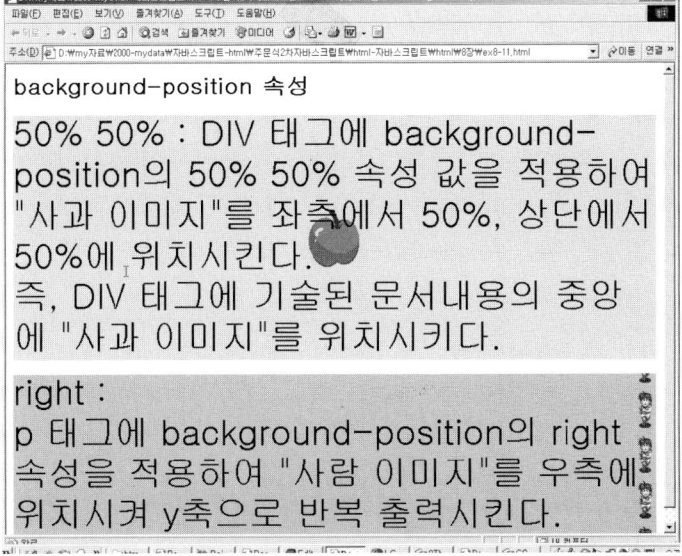

7 CLASS Selector를 사용하여 스타일 적용하기

CLASS Selector는 서로 다른 여러 개의 html 태그에 같은 스타일을 적용하게 하거나 동일한 html 태그에서 선택적으로 서로 다른 스타일을 세밀하게 적용할 수 있는 방식이다.

7.1 서로 다른 html 태그에 같은 스타일을 적용하기

CLASS Selector를 사용하여 서로 다른 여러 개의 html 태그에 동일한 스타일을 공유시켜 적용하는 방법은 다음과 같다.

① 아래와 같이 새로운 속성 이름인 "greenbold"를 마침표(.)를 사용하여 class 스타일을 정의한다. 반드시 class는 ".greenbold"와 같이 새로운 속성 이름 앞에 마침표(.)를 사용하여야 한다.

```
<STYLE TYPE = "text/css">
  .greenbold { color: green; font-weight: bold; }
</STYLE>
```

② 위에서 정의한 class인 "greenbold"라는 스타일을 문서 내에서 사용하고자 할 때는 사용하고자 하는 각 html 요소에서 다음과 같이 class 속성으로 "greenbold" 지정하면 동일한 "greenbold" 스타일을 적용시킬 수 있다.

```
<BODY>
  <DIV class="greenbold">   ....  </DIV>
  <H1 class="greenbold">    ....  </H1>
  <P class="greenbold">     ....  </P>
</BODY>
```

③ class="greenbold" 속성이 들어간 <DIV>, <H1>, <p> 태그는 color: green; font-weight: bold; 스타일을 동일하게 적용된다.

[ex8-12.html]
```
<HTML>
<HEAD>
<STYLE type="text/css">
  .greenbold  { color: green;
                font-weight: bold; }
</STYLE>
</HEAD>
<BODY>
<H1 class=greenbold>
 H1 태그도 글자색이 green이며 진한 글꼴 스타일이 적용됨.</H1>
<DIV class=greenbold>
 DIV 태그도 글자색이 green이며 진한 글꼴 스타일이 적용됨. <br></DIV>
<p class=greenbold>
 p 태그도 글자색이 green이며 진한 글꼴 스타일이 적용됨. </p>
<BODY>
</HTML>
```

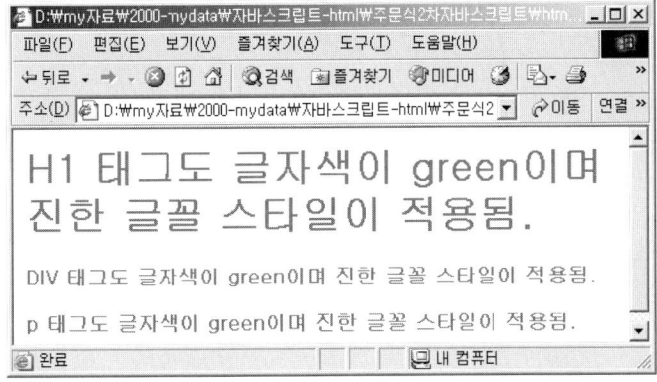

7.2 동일한 html 태그에 선택적으로 서로 다른 스타일 적용하기

CLASS Selector를 사용하여 동일한 html 태그에 선택적으로 서로 다른 스타일을 세밀하게 적용하는 방법은 다음과 같다.

① 동일한 DIV 요소에 아래와 같이 마침표(.)를 사용하여 "smallRed", "indentBlue", "imageRepeatx"라는 3종류의 class 스타일 속성을 지정한다.

```
<STYLE TYPE = "text/css">
  DIV.smallRed { FONT-SIZE=small; COLOR=red; ]
  DIV.indentBlue { background-color: blue; text-indent: 1cm;}
  DIV.imageRepeatx { background-image: url("사람.gif");
                     background-repeat: repeat-x; }
</STYLE>
```

② 동일한 DIV 태그지만 스타일을 선택적으로 적용하기 위하여 서로 다른 class 속성을 지정한 예이다.

```
<BODY>
  <DIV class=smallRed> ... </DIV>
  <DIV class=indentGreen> ... </DIV>
  <DIV class=imageRepeatx> ... </DIV>
</BODY>
```

[ex8-13.html]
```
<HTML>
<HEAD>
<STYLE type="text/css">
    DIV.smallRed    { FONT-SIZE=small; COLOR=red; }
    DIV.indentGreen { background-color: Green; text-indent: 1cm;}
    DIV.imageRepeatx { background-image: url("사람.gif");
                       background-repeat: repeat-x; }
```

```
</STYLE>
</HEAD>
<BODY>
<DIV class=smallRed>
   DIV 태그에 빨간색의 작은 글자로 스타일을 적용시킨다.<p>
</DIV>

<DIV class=indentGreen>
   같은 DIV 태그에 배경색은 Green색으로 들여쓰기는 1cm로 스타일을 적용시킨다.
<br><br>
</DIV>
<br><br>

<DIV class=imageRepeatx>  <br><br><br>
같은 DIV 태그에 사람 이미지를 x축으로 반복 출력시키는 스타일을 적용시킨다.
</DIV>

<BODY>
</HTML>
```

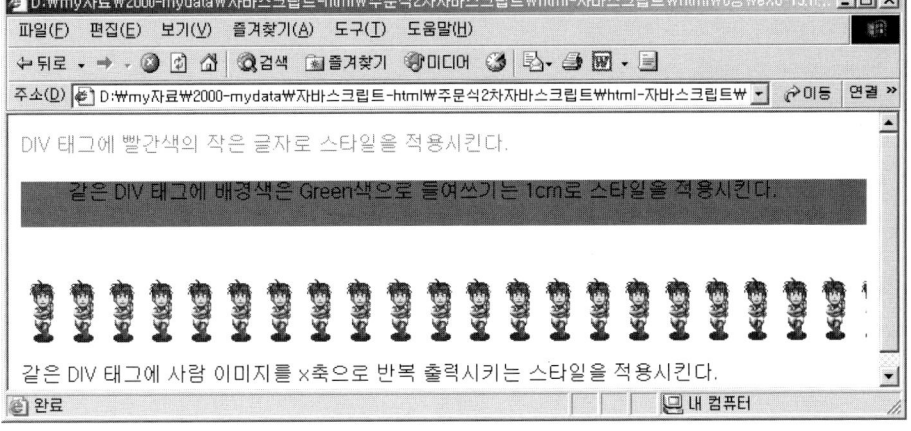

2

JAVAScript

1. 자바스크립트란?
2. 자바스크립트 실행 방법을 통한 맛보기 프로그램 따라하기
3. 자바스크립트의 기본
4. 프로그램 실행 제어
5. 함수(function) 사용하기
6. 객체 개념과 기본적인 객체 사용 방법
7. 핵심 내장 객체 다루기
8. 폼 관련 입력 양식 객체들과 이벤트 다루기
9. 웹 브라우저 객체와 이벤트 다루기

Chapter 1
자바스크립트란?

2부에서는 1부에서 학습한 HTML의 정적인 특성을 보완하여 사용자와 상호 대화할 수 있는 동적인 웹 페이지를 제작하기 위해 사용되는 스크립트 언어 중에서 넷스케이프나 익스플로러 등과 같은 모든 웹 브라우저에서 동작하는 자바스크립트(JavaScript) 언어에 대하여 학습한다. 먼저 본장에서는 자바스크립트 언어란 무엇인지 전반적인 개요를 살펴보자.

1 자바스크립트란?

자바스크립트(JavaScript)는 넷스케이프나 익스플로러 등과 같은 웹 브라우저 상에서 사용자와 상호 대화할 수 있는 동적인 웹 페이지를 제작하는데 사용하는 객체기반(Object-based)의 대표적인 스크립트 언어이다.
다시 말해서, 자바스크립트는 기존 HTML의 정적인 특성을 보완하여 사용자의 요구에 따른 상호작용이 가능한 세련된 웹 페이지를 작성하게 하는 대표적인 스크립트 언어이다.

1.1 자바스크립트의 유래

① 자바스크립트(JavaScript)는 원래 넷스케이프사의 넷스케이프 브라우저에서 라이브스크립트(LiveScript)라는 이름으로 클라이언트에서 독립적으로 실행되는 프로그램을 작성하기 위한 스크립트 언어였다.
② 서로 다른 플랫폼에서 독립적으로 실행되는 자바(JAVA)가 인터넷에서 선풍적인 인기를 끌기 시작하자, 넷스케이프사는 자바를 만든 선 마이크로시스템즈사(Sun Microsystems)와 공동 프로젝트를 진행하여 라이브스크립트를 확장시켜 새롭게 자바스크립트를 발표하였다.

1.2 스크립트 언어의 종류

웹 페이지 작성에 사용되는 클라이언트용 스크립트 언어에는 Javascript나 VBscript 또는 JScript 등이 있다.

① Javascript는 넷스케이프사와 선 마이크로시스템사가 공동으로 개발한 스크립트 언어로서 넷스케이프나 익스플로러 등과 같은 모든 웹 브라우저에서 동작한다.

② VBscript는 마이크로소프트사에서 비주얼베이직과 비슷한 문법 체계로 개발한 언어이며, 익스플로러 브라우저에서만 작동된다는 단점은 있으나 비주얼베이직 경험자라면 쉽게 프로그래밍할 수 있으며 마이크로소프트 사에서 개발한 IIS나 PWS라는 웹 서버에서 ASP 프로그램을 작성할 때 사용할 수 있다는 장점이 있다.

③ Jscript 역시 마이크로소프트사에서 Javascript에 대항하기 위해서 VBscript 단점을 보안하여 개발한 스크립트 언어로서 일반적으로 넷케이프사의 Javascript나 MS사의 Jscript는 구분하지 않고 자바스크립트라 부른다.

1.3 스크립트(Script) 언어란?

① 일반적으로 스크립트 언어란 C, C++, JAVA 등의 프로그래밍 언어처럼 컴퓨터 처리기(processor)에 의해 컴파일(compile)되어 수행되지 않고 다른 프로그램에 의해 번역되어(Interpret) 수행되는 프로그램을 스크립트라고 한다.

② 넷케이프나 익스플로러 등과 같은 웹 브라우저에는 자바스크립트를 실행시키기 위한 인터프리터(Interpreter)가 장착되어 있다.

③ 스크립트 언어들은 C++과 같은 컴파일 언어들에 비해 배우기 쉽고, 손쉽게 사용할 수 있는 장점이 있으나 직접 컴퓨터 처리기(processor)에 의해 처리되지 않기 때문에 컴파일된 프로그램보다 실행시간이 오래 걸리고, 제한된 능력을 가지고 있는 단점이 있다.

2 자바스크립트가 할 수 있는 기능

자바스크립트는 HTML이 제공하지 못하는 사용자와의 상호 작용하는 동적인 웹 페이지를 프로그래밍하기 위해 사용한다.

특히 DHTML은 프로그램에 의해 제어될 수 있는 페이지 요소들이 많아졌기 때문에 웹 페이지 내에 많은 양의 프로그램을 내포하기 때문에 더욱 스크립트 언어가 많이 사용된다.

스크립트 언어를 사용했을 때 HTML만으로 효과를 볼 수 없는 다양한 기능들을 정리하면 다음과 같다.

① 웹 페이지를 만들 때, 사용자의 마우스 클릭이나 키보드 조작에 의해서 발생하는 이벤트를 웹 서버에 의존하지 않고 직접 처리해 줄 수 있도록 하는 기능
② 웹 서버에 사용자가 입력한 데이터를 전송하기 전에 사용자가 입력한 데이터를 확인하여 오류를 잡아주는 기능
③ 사용자가 새로운 웹 페이지를 열거나 이동할 때 원하는 작업을 수행시킬 수 있는 기능
④ 웹 페이지에 계산기나 달력 등을 만들어 주는 기능
⑤ 웹 페이지상의 날짜 형식을 자동으로 변경시키는 기능
⑥ 웹 브라우저 자체의 윈도우, 문서 내용, 주소 입력 부분, 상태바, 도구바 등의 객체들을 조작하는 기능
⑦ 동적인 메뉴나 애니메이션 등을 사용할 수 있는 기능
⑧ 사용자가 방문했던 웹 페이지를 기록해 놓은 기능
⑨ 연결된 웹 페이지가 팝업 윈도우 내에 나타나게 하는 기능
⑩ 마우스의 움직임에 따라 텍스트나 그래픽 이미지를 변화시키는 기능 등

3 자바스크립트와 자바

이름만 살펴보면 자바(JAVA)와 자바스크립트 간에는 관련성이 있는 것처럼 보이지만 실제 직접적인 관련성이 없다.

그러나 자바(JAVA)를 개발한 선 마이크로시스템사와 넷스케이프사의 계약으로 웹 페이지에서 발생하는 이벤트를 자바스크립트가 처리하도록 함으로써 자

바스크립트는 자바의 영향을 받는 언어가 되었다.

자바는 컴파일이 되는 프로그래밍 언어로서 HTML에 독립적이며 클라이언트와 서버를 직접적으로 조작할 수 있는 여러 가지 기능을 제공하고 있다.

그러므로 자바를 이용하면 웹 브라우저가 지원하지 않는 다양한 형태의 파일을 웹상에서 직접 처리할 수 있는 애플릿을 작성할 수도 있으며, 사용자가 요구하는 데이터를 실시간으로 웹 서버에서 직접 읽어오는 애플릿을 작성할 수도 있다. 이러한 자바와 자바스크립트와 자바의 기본적인 차이점을 표에 정리하여 나타내었다.

자바스크립트	자바
넷스케이프사에서 개발	선 마이크로 시스템사에서 개발
클라이언트 브라우저에 장착된 인터프리터로 실행한다.	서버에서 컴파일된 바이트 코드(class 파일)를 클라이언트 브라우저에 다운로드시킨 후 클라이언트 브라우저에 장착된 인터프리터로 실행한다.
HTML 문서 내에 자바스크립트 소스가 삽입되어 있다. 이는 스크립트 소스 자체를 숨길 수 없기 때문에 단점이 된다.	HTML 문서에 컴파일된 코드(=애플릿)의 경로명과 이름을 지정한다.
객체기반(object based) 언어	객체지향(object oriented) 언어
변수 타입을 선언할 필요가 없다.	C++처럼 변수 타입을 반드시 선언해야 한다.
프로그래밍이 쉽다.	프로그래밍이 어렵다.

4 클라이언트 측 자바스크립트와 서버 측 자바스크립트

자바스크립트 언어는 클라이언트 측(client-side)의 웹 브라우저나 서버 측(server-side)의 웹 브라우저에서만 실행되는 명령 부분과 양측에서 모두 유용하게 사용되는 핵심(core) 명령 부분으로 구분할 수 있다.

HTML과 JAVAScript

http://developer.
netscape.com/docs/
manuals/js/client/
jsguide/index.htm에서
발췌하여 인용한 그림이
다.

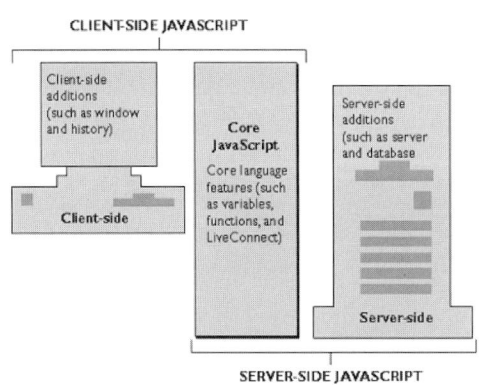

4.1 클라이언트 측의 웹 브라우저에서만 실행되는 자바스크립트 명령

네비게이터나 익스플로러 등과 같은 웹 브라우저에 하나의 HTML 문서가 실행되면 자신의 HTML 문서를 기반으로 그림과 같은 많은 자바스크립트 객체가 계층적으로 생성된다.

그림은 클라이언트 측(client-side)의 웹 브라우저에서 사용하는 자바스크립트 객체들로서 웹 서버가 다운로드한 HTML 문서에 그림의 자바스크립트 객체들이 포함되어 있으면 클라이언트 웹 브라우저가 번역해서 실행할 수 있는 객체들을 말한다.

"http://developer.
netscape.com/docs/
manuals/js/client/
jsguide/"에서 발췌해서
인용한 그림이다.

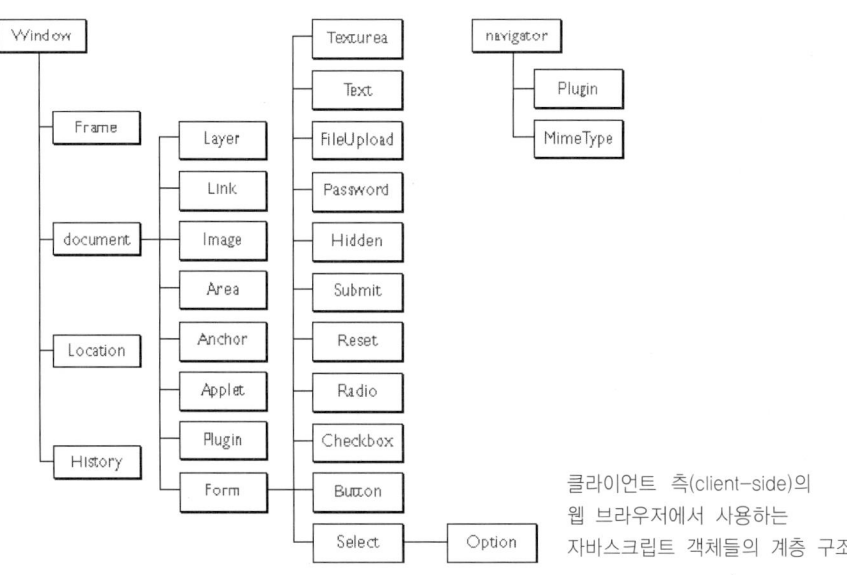

클라이언트 측(client-side)의
웹 브라우저에서 사용하는
자바스크립트 객체들의 계층 구조

4.2 양측에서 사용되는 핵심(core) 명령

클라이언트 측(client-side)의 웹 브라우저나 서버측(server-side)의 웹 브라우저 양쪽에서 모두 유용하게 사용되는 자바스크립트의 핵심(core) 명령을 말한다.

4.3 서버측의 웹 브라우저에서만 실행되는 자바스크립트 명령

① 서버측(server-side)의 웹 브라우저에서만 실행되는 자바스크립트 명령 부분은 사용자가 특정 웹 사이트에 접속했을 때 서버 측에서 수행될 부분이다. 예를 들어, 사용자가 특정 웹 사이트의 회원으로 가입하면 회원 정보가 웹 서버의 데이터베이스에 저장되어 있어야만 다음에 접속했을 때 회원 여부를 판단할 수 있다.

② 서버측 자바스크립트는 각종 데이터베이스를 연동시키거나 파일처리 그리고 서버 객체를 다루는 부분으로서 본서에서 다루어지는 주제가 아니다.

> **참고**
>
> 서버 측 자바스크립트는 넷스케이프에서만 판매하는 웹 서버에서만 동작하는 제약이 있기 때문에 일반적으로 널리 사용되지 못하고 있다.
> 현재 많이 사용되고 있는 서버측(server-side) 스크립트 언어는 모든 웹 서버에서 동작하면서 다양한 데이터베이스와 연동이 잘 되는 PHP나 마이크로소프트사가 개발하여 많은 사용자를 확보하고 있는 ASP 그리고 썬사가 개발한 JSP가 있다.

③ 클라이언트와 웹 서버간에 자료를 주고 받으면서 상호 작용하는 프로그램은 본서에서는 생략한다. 이는 독자의 컴퓨터에 웹 서버와 PHP, ASP, JSP 등의 프로그램이 설치되어야만 실행해 볼 수 있기 때문이고 서버측 관련 프로그램을 작성하려면 많은 새로운 지식들이 요구되기 때문이다. 관심이 있는 독자는 PHP, ASP 등의 관련 서적을 탐독한 후에 진행해보기 바란다.

[웹 관련 기초지식]

웹 서버와 클라이언트

1) 웹 서버(Web server)란?

웹 서버는 클라이언트/서버 모델에서 인터넷상의 HTTP 프로토콜을 사용하여 웹 페이지가 들어있는 파일을 사용자들에게 제공하는 프로그램으로서 인터넷상에서 웹 사이트가 운영하고 있는 모든 컴퓨터에는 모두 웹 서버 프로그램이 설치되어 있다. 가장 대표적인 웹 서버의 예로는 전세계 인터넷 서버의 50% 이상을 차지하는 아파치(Apache) 서버인데 유닉스, 리눅스, 윈도우 등의 운영체제에서 무료로 사용할 수 있다.

그 밖에 윈도우NT에서 사용되는 IIS(Internet Information Server), 윈도우98에서 사용되는 PWS(Personal Web Server) 그리고 넷스케이프의 엔터프라이즈 서버 등이 있다.

2) 웹 서버와 클라이언트간의 관계

웹 서비스 프로토콜인 HTTP를 사용하여 웹페이지가 들어 있는 그림, 텍스트, 사운드, 비디오 등과 같은 다양한 정보를 인터넷 사용자들에게 제공하는 웹 서버와 클라이언트간의 관계를 살펴보자.

① 웹 서비스를 이용하기 위해서는 웹 서버에 접속하기 위해 인터넷 사용자인 클라이언트가 익스플로러 넷스케이프 네비게이터와 같은 웹 브라우저를 실행한다.
② 웹 브라우저에서 서비스받고자 하는 웹 서버의 URL주소를 입력하면 지정된 DNS 서버에서 도메인 이름을 찾아서 IP 주소로 변환한다.
③ IP 주소에 의해 찾아간 웹 서버의 HTTPD(HyperText Transfer Protocol Daemon)에게 서비스를 요청한다. HTTPD는 언제 어떤 인터넷 사용자가 내 웹 서버를 방문하여 서비스를 요청할지 모르기 때문에 항상 누가 방문하는지를 검사하기 위해 대기하고 있는 파수꾼 역할의 웹 서버용 데몬 프로그램이다.
④ 웹 서버의 HTTPD는 클라이언트가 요청한 서비스에 응답하기 위해 URL에 기록된 HTML 문서의 경로를 검색하여 해당 문서 파일을 클라이언트의 웹 브라우저에게 다운로드한다.
⑤ 클라이언트 웹 브라우저는 웹 서버가 제공한 그림, 텍스트, 사운드 등으로 구성된 HTML 문서를 번역하여 인터넷 사용자에게 보여준다.

Chapter

자바스크립트 실행 방법을 통한 맛보기 프로그램 따라하기

본장은 HTML 문서 내에서 자바스크립트 명령을 실행하는 다양한 방법들을 소개하면서 HTML이 제공할 수 없는 사용자와 상호 작용하는 동적인 측면의 웹 페이지를 자바스크립트가 어떻게 실행시키는지를 알려주는 맛보기 프로그램들로 구성하였다.

본장에 구성된 맛보기 프로그램들 중에는 초보자 입장에서 이해하기 어려운 프로그램들이 구성되어 있다. 이는 "백문이 불여 일견"이라는 말이 있듯이 자바스크립트를 입문하는 초보자들에게 HTML과 다르게 자바스크립트가 무엇을 할 수 있는지를 실제적으로 알려주기 위함이고, 두 번째로는 앞으로 자바스크립트를 공부해 나가면서 짧은 시간에 전반적인 기초 지식을 빠르게 함양시키기 위해 구성하였다.

그래서 가능한 설명을 자세히 하려고 노력하였으나 그럼에도 불구하고 초보자들은 쉽게 이해하기 어려운 부분들이 많을 거라는 생각이 든다. 이는 3장에서부터 자바스크립트 하나 하나를 기초부터 단계적으로 설명해 나가고 있기 때문에 시간이 지나면서 해결될 것이다. 본장에서는 자바스크립트의 전반적인 기초 지식을 배운다는 생각으로 참을성을 가지고 읽어나가면 빠르게 자바스크립트를 이해하는 터전이 마련될 것이다.

1 〈SCRIPT〉 태그를 사용하여 자바스크립트 실행시키는 방법

1.1 기본적인 〈SCRIPT〉 태그 사용 방법

① 자바스크립트를 실행하는 가장 기본적인 방법은 HTML 문서 내에 〈SCRIPT〉와 〈/SCRIPT〉 태그 사이에 자바스크립트 명령들을 삽입시켜 사용한다.

```
〈SCRIPT〉
    자바스크립트 명령들
〈/SCRIPT〉
```

[프로그램 : ex2-1.html]
〈HTML〉
 〈HEAD〉

자바스크립트 실행 방법을 통한 맛보기 프로그램 따라하기 2

```
<SCRIPT>
 <!--
    document.write("자바스크립트의 단순한 예 입니다. !");
 -->
</SCRIPT>
<HEAD>
<BODY>
</BODY>
</HTML>
```

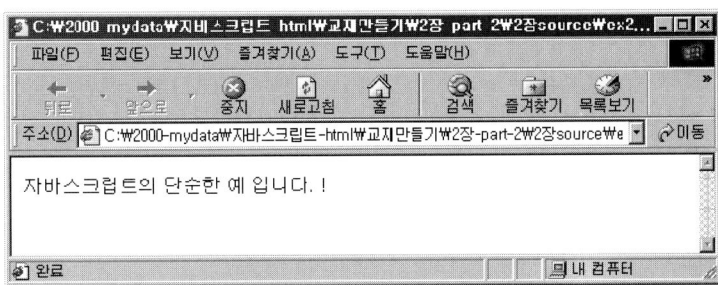

[프로그램 설명]

① document.write("자바스크립트의 단순한 예 입니다. !");는 객체지향 언어 표현 방법으로서 괄호 안에 들어있는 "자바스크립트의 단순한 예 입니다.!"라는 문자열의 내용을 현재 브라우저의 문서 내에 출력한다.

여기서 document는 객체로서 현재 브라우저에 보여주는 문서를 나타내는 것이고 write는 괄호 안의 내용을 출력시키는 메소드 역할의 함수명령으로서 현재의 문서에 "자바스크립트의 단순한 예 입니다. !"를 출력시킨다. .(period)는 객체(=document)와 메소드(=write)를 구분해주는 역할을 한다.

② 자바스크립트는 C나 자바와 같이 한 명령문이 끝나면 끝이라는 표시로 ;(semicolon)을 추가한다. 그러나 한 라인에 한 명령문만 기술하면 생략해도 상관없다.

③ HTML의 주석문("<!--"와 "-->") 사이에 자바스크립트 명령들을 기술하는 이유는 자바스크립트를 지원하지 못하는 넷스케이프, 익스플로러 등의 낮은 버전의 브라우저에서 자바스크립트 명령들을 HTML의 주석처럼 인식하게 하여 자바스크립트 명령들의 출력을 방지하기 위해서 사용된다.

④ <SCRIPT> 태그는 자바스크립트 명령이 필요할 때마다 HTML 문서 내의 어느 곳에도 삽입할 수 있으나 주로 <HEAD>와 </HEAD> 사이에 삽입한다.

넷스케이프 2.0, 익스플로러 3.0 이상에서는 자바스크립트를 지원하기 때문에 HTML의 주석문은 의미가 없다.

```
<HTML>
 <HEAD>
   <SCRIPT>
      자바스크립트 명령들
   </SCRIPT>
  <HEAD>
  <BODY>
   <SCRIPT>
      자바스크립트 명령들
    </SCRIPT>
  </BODY>
</HTML>
```

1.2 〈SCRIPT〉 태그에 LANGUAGE 옵션을 사용하는 방법

〈SCRIPT〉 태그에는 LANGUAGE와 SRC 옵션을 기술할 수 있는데, LANGUAGE 옵션은 스크립트 언어와 버전을 기술하고, SRC 옵션은 자바스크립트 언어의 소스 파일을 기술한다.

1) LANGUAGE 옵션을 사용하는 이유

① 자바스크립트 이외에 VBScript(Visual Basic Script)와 같은 다른 스크립트 언어들도 확장하여 사용할 수 있도록 하기 위한 옵션이다.
② 만일 LANGUAGE 옵션을 생략하면 브라우저는 자동으로 JavaScript로 인식한다.

2) LANGUAGE 옵션을 기술하는 방법

① 자바스크립트를 기술하는 예

```
<SCRIPT LANGUAGE="JavaScript">
    자바스크립트 명령들
```

```
</SCRIPT>
```

② 자바스크립트의 버전을 기술하는 예

```
<SCRIPT LANGUAGE="JavaScript1.2">
    자바스크립트 명령들
</SCRIPT>
```

자바스크립트의 버전

자바스크립트의 버전은 JavaScript1.1, JavaScript1.2, JavaScript1.3, JavaScript1.4,. JavaScript1.5 순으로 발표되어 있다. 모든 버전에서 사용할 수 있는 자바스크립트 명령은 <SCRIPT LANGUAGE= "JavaScript">와 같이 기술하면 되고, 특정 버전에서 사용할 수 있는 명령은 LANGUAGE 옵션에 버전을 기술하는 것이 좋다.

③ VB스크립트를 기술하는 예

```
<SCRIPT LANGUAGE="VBScript">
    VB스크립트 명령들
</SCRIPT>
```

[프로그램 : ex2-2.html]

```
<HTML>
 <HEAD>
  <SCRIPT LANGUAGE="VBScript">
    document.write "<p> VBScript 연습입니다."
  </SCRIPT>
 </HEAD>
 <BODY>
 </BODY>
</HTML>
```

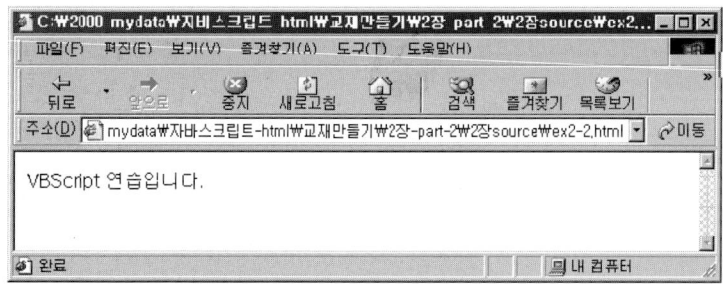

1.3 자바스크립트 함수를 호출하여 실행한 예

<SCRIPT>와 </SCRIPT> 태그는 필요할 때마다 HTML 문서 내에서 여러 번 사용할 수 있으며, 여러 개의 자바스크립트 명령을 하나의 단위로 묶어서 함수로 정의하면 필요할 때마다 반복 호출하면서 편리하게 사용할 수 있다.
자바스크립트 프로그래밍에서 함수 처리가 차지하는 부분은 무시할 수 없을 만큼 중요하다. 이는 5장에 상세히 설명된다.

[프로그램 : ex2-3.html] 함수와 <SCRIPT> 태그를 두 번 사용한 예이다.
```
<HTML>
 <HEAD>
  <SCRIPT>
     /* "안녕하세요 ? 자바스크립트"와 "자바스크립트 함수 호출의 예입니다."의 2줄을 출력하는
test라는 이름의 자바스크립트 함수를 정의한 예입니다. */
    function test() {
      document.write("안녕하세요 ? 자바스크립트 <br>");
      document.write("자바스크립트 함수 호출의 예입니다.<br>");
    }
  </SCRIPT>
  <SCRIPT>
    test();   // test 함수 1번 호출
    test();   // test 함수 2번 호출
    test();   // test 함수 3번 호출
  </SCRIPT>
 </HEAD>
```

```
    <BODY>
    </BODY>
</HTML>
```

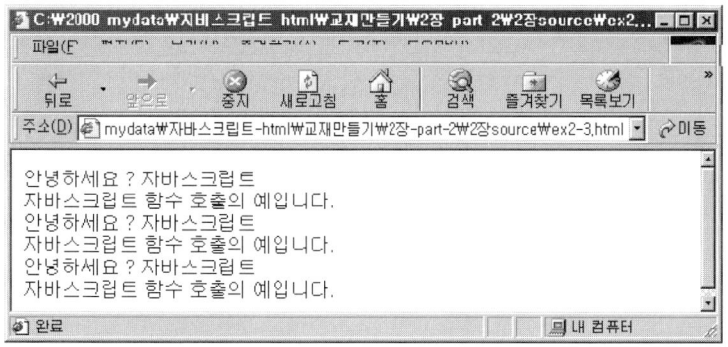

[프로그램 설명]

① 첫 번째 〈SCRIPT〉 태그에서 "안녕하세요 ? 자바스크립트"와 "자바스크립트 함수 호출의 예입니다."의 내용을 2줄로 출력하는 test라는 함수를 정의한 후에 두 번째 〈SCRIPT〉 태그에서 test() 함수를 3번 반복 호출하였다.

② 함수가 정의되기 전에 함수가 사용되는 것을 방지하기 위해서 함수는 보통 〈HEAD〉 …. 〈/HEAD〉 태그 사이에 정의한다.

③ 첫 번째 〈SCRIPT〉 태그에 기술된 test() 함수의 "{"와 "}"사이에 있는 두 개의 document.write() 명령이 test() 함수가 호출될 때 실행되는 명령 부분이다. 즉, 두 번째 〈SCRIPT〉 태그에서 test() 함수를 세 번 작성하였는데 이는 함수 내의 두 개의 document.write() 명령이 세 번 실행된다는 것을 의미한다.

④ 함수는 자주 반복 이용되는 부분을 하나의 단위로 만들어 필요할 때마다 반복적으로 사용할 수 있으며, 오류가 발생하거나 변경이 필요할 때 손쉽게 수정할 수 있는 장점이 있다.

⑤ 자바스크립트에서 주석(comment)을 달아줄 때는 JAVA나 C/C++에서 사용하는 "//"나 "/*"와 "*/"를 사용한다. 이러한 주석문은 "/*"과 "*/" 사이에 들어가는 문장과 "//" 뒤에 나오는 문장을 모두 주석문으로 취급한다.
  /* 여러 줄의 주석을 달아줄 경우에 사용하는 주석문입니다. */
  // 한 줄의 주석을 달아줄 때 사용하는 주석문입니다.

2. 자바스크립트의 소스 파일을 삽입하여 실행시키는 방법

<SCRIPT> 태그 내에 SRC(=source) 옵션을 사용하여 자바스크립트 명령으로 미리 작성된 소스(source) 파일을 명시하여 자바스크립트 프로그램을 실행시킬 수 있다.

2.1 자바스크립트 소스 파일을 삽입하는 방법

① SRC(=source) 옵션에 메모장과 같은 편집기로 미리 작성된 소스 파일명을 기술한다.

```
<SCRIPT LANGUAGE="JavaScript" SRC="소스파일명.js">
</SCRIPT>
```

② 이 때 주의해야 할 점은 자바스크립트 소스를 담은 파일의 확장자는 반드시 ".js"이어야 한다.

```
[소스파일명.js]
<!--
자바스크립트 명령들
-→
```

③ 자바스크립트 명령으로 미리 작성된 소스(source) 파일을 사용하여 자바스크립트를 실행하는 장점은 미리 작성된 소스(source) 파일을 서로 다른 여러 HTML 문서에서 삽입하여 사용할 수 있다는 점이다.

2.2 자바스크립트 소스 파일을 삽입하여 실행시킨 예

미리 작성된 test.js라는 자바스크립트 소스 파일을 삽입하여 실행시키는 단순한 예이다.

1) 미리 작성된 test.js 파일의 내용은 다음과 같다.

```
<!--
  // test.js 파일의 내용
  document.write(" 자바스크립트 소스 파일을 삽입하여 실행하는 예제로서! <p> ");
  document.write(" test.js 파일이 실행되는 예 입니다. ! <p> ");
-->
```

2) test.js 파일을 실행시키기 위해서 〈SCRIPT〉태그 내의 SRC(=source) 옵션에 test.js 파일을 명시하면 된다.

```
<SCRIPT LANGUAGE="JavaScript" SRC="test.js">
</SCRIPT>
```

[프로그램 : ex2-4.html]

```
<HTML>
<HEAD>
  <SCRIPT LANGUAGE="JavaScript" SRC="test.js">
  </SCRIPT>
<HEAD>
<BODY>
</BODY>
</HTML>
```

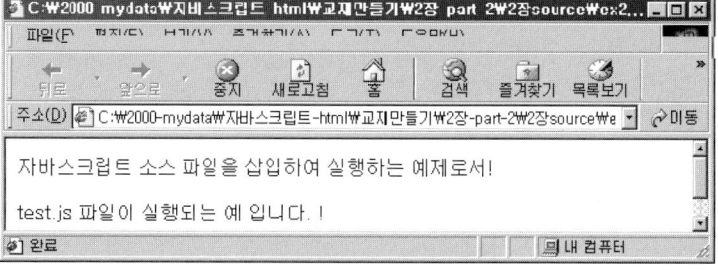

자바스크립트에서 오류가 발생했을 때 디버깅에 도움을 받는 방법 : 익스플로러 5.0

자바스크립트 프로그램을 실행시켰을 때 오류가 발생하면 브라우저 하단의 상태 표시줄에 단지 "페이지에 오류가 있습니다" 등과 같은 단순한 메시지만 나타나기 때문에 오류 찾기가 무척 불편하다.

조금이라도 오류 수정(=디버깅; debugging)을 편리하게 하려면 다음과 같이 익스플로러 5.0에서 옵션을 설정하기 바란다.

① 익스플로러 5.0의 도구 메뉴에서 인터넷 옵션을 선택한다.

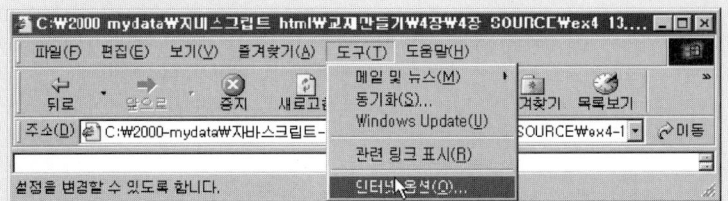

② 인터넷 옵션에서 고급 탭을 선택한 후에 "모든 스크립트 오류에 관련된 알림 표시 항목"을 체크하고," 스크립트 디버깅 사용 안함"의 체크 항목을 해제한 후 "확인" 버튼을 클릭한다.

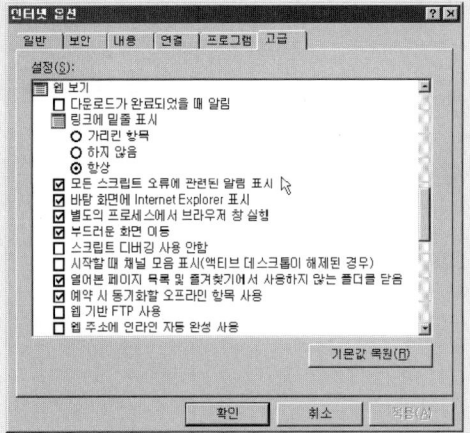

③ 디버깅 관련 항목을 체크하고 해제하여 놓으면 자바스크립트 프로그램 실행 중에 오류가 발생하면 오류 대화상자가 나타난다. 여기서 "페이지에 오류가 있으면 이 메시지 항상 표시" 항목을 체크한다.

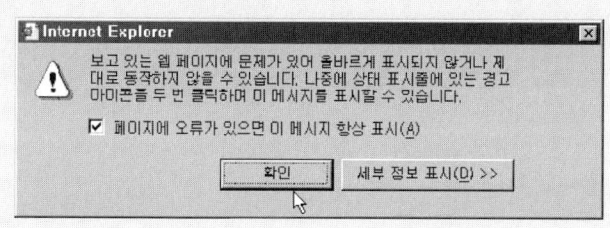

④ "세부 정보 표시" 버튼을 클릭하면 상세한 오류 메시지가 출력되어 디버깅에 도움을 받을 수 있다.

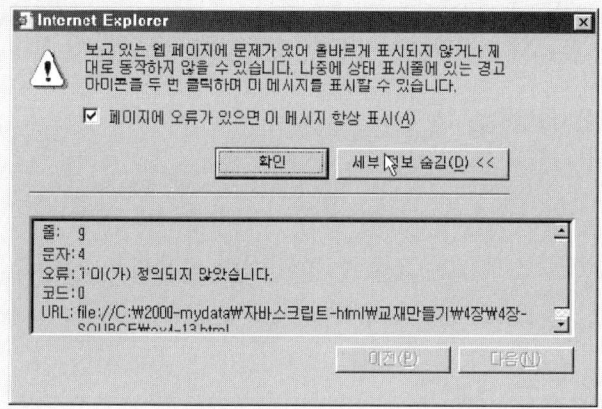

3 이벤트 핸들러로 자바스크립트 명령을 실행하는 방법

HTML 문서에서 <SCRIPT> 태그를 사용하지 않고 HTML 태그의 속성으로 지정한 이벤트 핸들러에 의해 자바스크립트 명령을 실행시킬 수 있다. 먼저 이벤트와 이벤트 핸들러를 이해한 후에 몇 가지 자바스크립트 실행 예를 살펴보자.

3.1 이벤트(event)란?

① 이벤트란 사용자가 마우스를 클릭하거나 키보드를 누르거나 이미지 위에 마우스를 링크 부분에 올려놓는 등 사용자가 주로 발생시키는 어떤 사건을 말한다.
사용자가 직접 발생시키는 이벤트 종류 외에도 HTML 문서가 실행되기 위해 메모리에 적재되면 자동으로 동작하는 이벤트 등 여러 종류의 이벤트가 있다.
② 이벤트의 예 : Click, MouseOver, MouseOut, Load 등

3.2 이벤트 핸들러(event handler)

① Click, MouseOver, MouseOut, Load 등의 이벤트가 발생하면 발생한 이벤트를 인식하여 처리하는 프로그램이 필요하다. 이와 같이 발생한 이벤트를 인식하여 처리하는 프로그램을 보통 이벤트 핸들러(event handler)라 한다.
예를 들어, 사용자가 마우스를 클릭하면 Click 이벤트가 발생한 것이므로 사용자가 마우스를 클릭했음을 인식하는 onClick 이벤트 핸들러 프로그램이 자동으로 동작한다.
② HTML 태그의 속성으로 지정할 수 있는 다양한 이벤트 핸들러 중 몇 가지 종류를 표에 기술하였다. 이벤트 핸들러 이름은 onClick과 같이 이벤트 이름 앞에 on을 추가하여 만든다.

이벤트 핸들러	이벤트 핸들러가 동작되는 경우
onClick	사용자가 하이퍼링크나 버튼, 체크상자, 리셋(reset)이나 제출(submit) 버튼 등을 클릭할 때 동작한다.
onFocus	사용자가 클릭이나 탭 키를 이용하여 다른 입력 양식 요소로 초점(Focus)을 옮길 때 동작하는 이벤트 핸들러로서, 이는 사용자가 데이터를 입력할 때와는 다른 경우이다.
onBlur	focus 이벤트 핸들러와는 정반대로서 현재 focus 상태에 있는 입력 양식에서 focus를 다른 곳으로 이동할 때 동작한다.
onChange	텍스트(text), 텍스트 영역(text area)의 입력 양식에서 기존 입력되어 있는 자료를 사용자가 변경할 때 동작한다.
onLoad	특정 웹페이지가 접속되어 실행될 때 자동으로 동작한다.
onUnload	접속한 페이지를 떠날 경우에 자동으로 동작한다.
onMouseOver	하이퍼링크로 마우스 커서를 위치시킨 경우에 동작한다.
onMouseOut	하이퍼링크로 마우스 커서를 벗어나게 할 때 동작한다.
onSubmit	특정 폼의 자료를 서버로 전송시킬 때 동작한다.

3.3 이벤트 핸들러로 자바스크립트의 명령을 실행하는 문법

HTML문서에서 <SCRIPT> 태그를 사용하지 않고 이벤트 핸들러가 지정한 자바스크립트 명령이나 함수를 실행시킬 때 사용하는 문법은 다음과 같다.

```
<TAG eventHandler="자바스크립트 명령이나 함수">
```

① `<INPUT type="button" value="더하기 버튼" onClick="addition()">`
 사용자가 "더하기 버튼"을 클릭하여 이벤트를 발생시키면 onClick 이벤트 핸들러가 자바스크립트 명령으로 정의된 addition() 함수를 호출하여 실행시키는 예이다.
② `<INPUT type="button" value="배경색 변경" onClick="document.bgColor='blue'">`
 사용자가 "배경색 변경" 버튼을 클릭하여 이벤트를 발생시키면 onClick 이벤트 핸들러가 자바스크립트 명령인 "document.bgcolor='blue'"를 실행시켜 문서의 배경 색상을 파란색으로 변경시킨다.

③ <body onLoad="window.defaultStatus='어서오세요';">

HTML 문서가 처음 실행될 때 자동으로 발생되는 onLoad 이벤트 핸들러가 자바스크립트 명령인 "window.defaultStatus='어서오세요';"를 실행시켜 브라우저 하단의 상태 표시줄에 "어서오세요"와 같은 초기 메시지를 출력하는 예이다.

3.4 onClick 이벤트 핸들러로 자바스크립트 명령을 실행시킨 예

사용자가 "배경색 변경" 버튼을 클릭하여 이벤트를 발생시키면 onClick 이벤트 핸들러가 자바스크립트 명령인 "document.bgColor='red'"를 실행시켜 문서의 배경 색상을 빨간색으로 변경시키는 예이다.

[프로그램 : ex2-5.html]
```
<html>
<body><center>
<form>
<INPUT type = "button" value = "배경색 변경" onClick="document.bgColor='red';">
</form></center>
</body>
</html>
```

[프로그램 설명]
① "배경색 변경" 버튼을 클릭하여 이벤트를 발생시키면 onClick 이벤트 핸들러가 자바스크립트 명령인 "document.bgColor='red'"를 실행시킨다.
② document.bgColor는 객체지향 언어 표현 방법으로서 document는 문서의 타이틀, 배경색, 폼 등 현재 웹 브라우저의 문서 내용물을 처리하는 객체이며, bgColor는 문서의 배경색을 나타내는 속성이다. 그러므로 document.bgColor='red'는 문서의 배경 색상을 빨간색으로 변경시키라는 내용이 된다.

3.5 onLoad 이벤트 핸들러로 자바스크립트 명령을 실행시킨 예

특정 HTML 문서가 실행될 때 자동으로 동작하는 onLoad 이벤트 핸들러가 자바스크립트 명령을 실행시켜 "제 홈페이지를 방문한 것을 환영합니다"와 같은 메시지가 대화상자에 출력되는 예를 살펴보자.

[프로그램 : ex2-6.html]
```
〈html〉
〈body onLoad="alert('제 홈페이지를 방문한 것을 환영합니다')" 〉
〈h4〉 특정 웹 페이지가 접속되었을 때 관련 HTML 문서가 실행될 때 자동으로 동작하는 onLoad 이벤트 핸들러를 사용하는 예
〈/body〉
〈/html〉
```

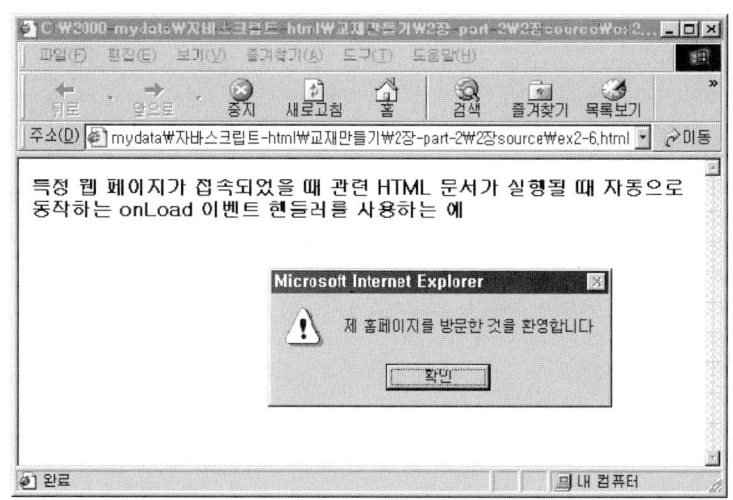

[프로그램 설명]

① onLoad는 이벤트 핸들러는 접속한 HTML 문서가 실행되기 위해 메모리에 모두 적재(loading)되면 자동으로 실행되는 이벤트 핸들러로서 BODY나 Frameset 태그에서 사용한다.
② onLoad 이벤트 핸들러에 정의된 자바스크립트 명령인 "alert('제 홈페이지를 방문한 것을 환영합니다')"가 실행된다.
③ alert() 명령은 메시지와 확인 버튼만으로 구성된 대화상자를 보여주는 자바스크립트에서 제공하는 내장 함수로서 경고나 인사말 등과 같은 사용자의 요구를 받을 필요가 없는 메시지를 출력하는 경우에 사용된다.

3.6 onUnload 이벤트 핸들러로 자바스크립트 명령을 실행시킨 예

특정 웹 페이지가 접속되었을 때 관련 HTML 문서가 실행될 때 자동으로 동작하는 onLoad 이벤트 핸들러와는 반대로 접속한 웹페이지를 떠날 경우에 자동으로 동작하는 onUnload 이벤트 핸들러를 사용하는 예를 살펴보자.
onUnload 이벤트 핸들러를 사용하여 다른 웹 페이지로 이동하거나 웹 브라우저의 종료 버튼을 클릭하면 "제 홈페이지를 방문해 주셔서 감사합니다."와 같은 메시지가 대화상자가 출력되는 예이다.

[프로그램 : ex2-7.html]
⟨html⟩
⟨body onUnload="alert('제 홈페이지를 방문해 주셔서 감사합니다.')" ⟩
　　⟨h4⟩ 접속한 웹 페이지를 떠날 경우에 자동으로 동작하는 onUnload 이벤트 핸들러를 사용하는 예 ⟨/h4⟩
　　　　⟨h5⟩ 다른 사이트로 이동하거나 웹브라우저의 종료 버튼을 클릭하면 onUnload 이벤트 핸들러에 정의한 alert 대화상자가 자동으로 실행됩니다. ⟨/h5⟩
⟨/body⟩
⟨/html⟩

[프로그램 설명]

① onUnload 이벤트 핸들러는 다른 웹페이지로 이동하거나 웹 브라우저의 종료 버튼을 클릭하여 실행 중인 HTML 문서를 종료할 때 자동으로 실행되는 이벤트 핸들러로서 BODY나 Frameset 태그에서 사용한다.

② onUnload 이벤트 핸들러에 정의된 자바스크립트 명령인 "alert('제 홈페이지를 방문해 주셔서 감사합니다.')"가 실행된다.

4

하이퍼링크 클릭에 의해 자바스크립트 명령을 실행하는 방법

자바스크립트 명령을 <A> 태그의 href 속성에 "javascript://"를 URL(Uniform Resource Locator)로 지정하여 <SCRIPT> 태그를 사용하지 않고 하이퍼링크를 클릭하여 자바스크립트 함수를 실행시킬 수 있다.
이는 동일한 HTML 문서 내에서 하이퍼링크 개념을 자바스크립트로 적용시킬 수 있는 유용한 방법이다.

4.1 하이퍼링크를 클릭하여 암호를 확인하는 자바스크립트 함수를 호출하는 예

<A> 태그의 href 속성에 "javascript:password();"로 정의한 후 하이퍼링크 부

분을 클릭하면 암호를 확인하는 password() 함수를 호출하여 암호가 일치하면 심마니 사이트로 이동하는 자바스크립트 예제로서 암호를 확인하는 과정에서 자바스크립트에 미리 정의된 대화상자들을 활용하는 예이다.

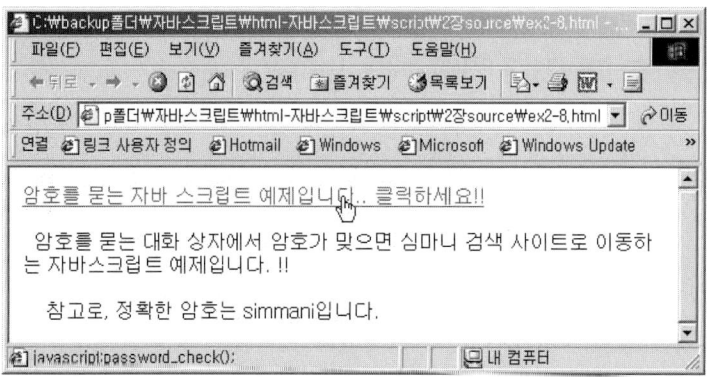

[프로그램 : ex2-8.html]

```
<HTML>
<HEAD>
<SCRIPT language="JavaScript">
    function password_check(){
        passwd=prompt("암호를 입력하세요","");
        if (passwd == "simmani")
            location.href = "http://www.simmani.com";
        else
            alert("암호를 기억한 후 방문해 주세요 !!!");
    }
</SCRIPT>
</HEAD>
<body bgcolor="white" text="black" link="blue" vlink="purple" alink="red">
<p><a href="javascript:password_check();">
   암호를 묻는 자바스크립트 예제입니다.. 클릭하세요!! </a></p>
<p>  암호를 묻는 대화상자에서 암호가 맞으면 심마니 검색 사이트로 이동하는 자바스크립트 예제입니다. !!</p>
<p>    참고로, 정확한 암호는 simmani입니다.</p>
</body>
</html>
```

[프로그램 설명]

① 〈a href="javascript:password_check();"〉

〈A〉 태그의 href 속성에 "javascript:password_check();"로 지정하였기 때문에 하이퍼링크 부분을 클릭하면 암호를 확인하는 password_check()라는 자바스크립트 함수가 호출된다.

② passwd=prompt('암호를 입력하세요','이 곳에 암호를 입력하시오.');

prompt() 함수는 메시지, 확인, 취소 버튼 그리고 사용자로부터 자료를 입력받는데 사용하는 텍스트 박스로 구성되는 대화상자로서 사용자에게 문자열 자료를 입력받는데 사용한다. 그림과 같이 "simmani"를 입력하면 passwd 변수에 "simmani"가 문자열로 저장된다.

③ if 문에서 passwd 변수에 저장된 암호가 "simmani"이면 조건을 만족하여 location.href = "http://www.simmani.com"; 명령이 수행되어 심마니 검색 사이트로 이동한다.

④ location.href 명령은 HTML의 a(anchor) 태그와 유사한 기능으로 location은 현재 열려진 윈도우의 URL 주소에 관한 정보를 갖는 자바스크립트에서 사용하는 객체이고, href는 location 객체의 속성으로 주어진 URL 주소(http://www.simmani.com)로 이동한다.

⑤ 암호가 틀려서 if 문의 조건이 거짓이 되어 else 절에 기술된 alert() 함수가 실행되면 "암호를 기억한 후 방문해 주세요 !!!"라는 메시지를 갖는 대화상자가 나타난다.

4.2 마우스 이벤트에 따라 자바스크립트 명령으로 하이퍼링크된 이미지를 변경시키는 예

<A> 태그를 사용하여 이미지를 하이퍼링크 부분으로 만들고, href 속성에 "javascript://"를 URL로 지정하여 마우스 이벤트에 따라 이미지를 변경하는 자바스크립트 명령을 실행시키는 예이다.

① 하이퍼링크된 날아가는 새 이미지에 마우스를 올려놓았다가 잠시 후에 날아가는 새 이미지에서 마우스를 벗어나게 하면(=onMouseOut 상태) 호랑이 이미지로 변경된다.
다시 하이퍼링크된 호랑이 이미지에 마우스를 올려놓으면(=onMouseOver 상태) 다시 날아가는 새 이미지로 변경되는 마우스 이벤트 처리에 관련된 자바스크립트 예제이다.
② 이는 HTML과 자바스크립트의 차이를 확실하게 보여주는 마우스 이벤트에 따라 이미지가 변경되는 자바스크립트 예제이다.

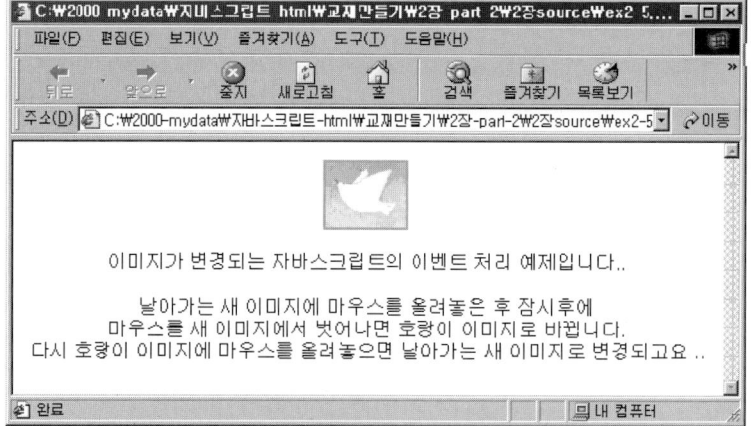

날아가는 새 이미지
onMouseOver 상태

[프로그램 : ex2-9.html]

```
<html>
<body>
<center>
  <a href="javascript://" onMouseOver="document.images[0].src='bird.gif';"
     onMouseOut="document.images[0].src='tiger.gif';">
  <img src=bird.gif ></a><br><br>
```

이미지가 변경되는 자바스크립트의 이벤트 처리 예제입니다.. 〈P〉
날아가는 새 이미지에 마우스를 올려놓은 후 잠시후에 〈br〉
마우스를 새 이미지에서 벗어나면 호랑이 이미지로 바뀝니다. 〈br〉
다시 호랑이 이미지에 마우스를 올려놓으면 날아가는 새 이미지로 변경되고요 ..
   〈/center〉
 〈/body〉
〈/html〉

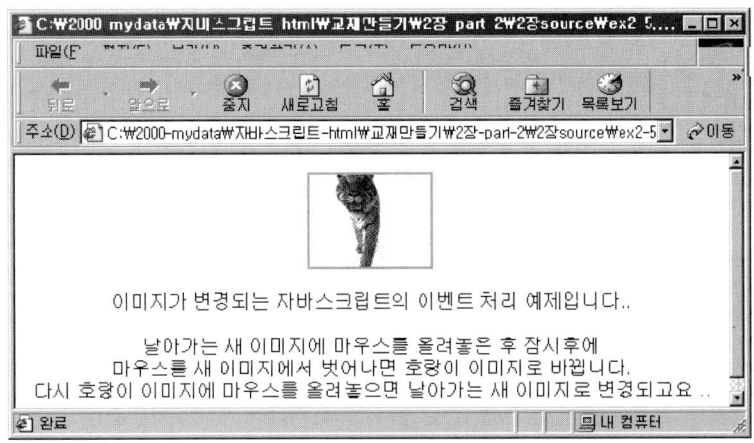

호랑이 이미지
onMouseOut 상태

[프로그램 설명]

① 맨 처음 프로그램이 실행되면 〈A〉 태그 내에 기술된 〈img src=bird.gif 〉 태그에 의해 날아가는 새 이미지인 bird.gif가 하이퍼링크된 이미지로 출력된다.

② 〈A〉 태그의 href 속성에 "javascript://"를 URL로 지정하였기 때문에 마우스 이벤트에 따라 "document.images[0].src='bird.gif';"나 "document.images[0].src='tiger.gif';" 와 같은 자바스크립트 명령이 실행된다.

③ onMouseOver="document.images[0].src='bird.gif';"
onMouseOver는 사용자가 날아가는 새 이미지 위에 마우스를 올렸을 경우에 발생하는 이벤트를 처리해주는 이벤트 핸들러로서 마우스를 이미지 위에 올리면 document.images[0].src= 'bird.gif'라는 자바스크립트 명령에 의해 bird.gif가 출력되다.

④ document.images[0].src는 객체지향 언어 표현 방법으로서 document는 현재 브라우저 문서를 나타내는 객체이며, images[0]는 브라우저 문서(=document 객체)에서 이미지가 출력되는 첫 번째 배열 요소이며, src는 문서에 출력될 실제 이미지 파일을 언급하는 이미지 객체의 속성이다.

그러므로 document.images[0].src='bird.gif' 명령은 'bird.gif'라는 날아가는 새 이미지 파일을 현재 브라우저 문서의 첫 번째 이미지 배열에 저장한 후 출력하라는 내용이 된다.

⑤ onMouseOut="document.images[0].src='tiger.gif';"
onMouseOut는 사용자가 날아가는 새 이미지에서 마우스를 이탈하였을 때 발생하는 이벤트를 처리해주는 이벤트 핸들러로서 마우스를 이미지에서 벗어나면 document.images[0].src= 'tiger.gif'; 자바스크립트 명령에 의해 document 객체에서 이미지가 출력되는 첫 번째 배열인 images[0]에 tiger2.gif가 저장되어 출력된다.

⑥ 정리하면, onMouseOver와 onMouseOut 이벤트가 발생할 때마다 document 객체(=현재 브라우저의 문서)에서 이미지가 출력되는 첫 번째 배열인 images[0]에 bird.gif와 tiger.gif가 번갈아 저장되어 출력된다.

⑦ 서로 다른 이미지를 문서 내의 동일한 위치에 출력할 때는 사용할 이미지의 크기를 같게 해야 한다.

계산기 활용 예제

<FORM>과 <TABLE> 태그를 사용하여 버튼과 텍스트 박스로 구성된 실제 계산기와 유사하게 설계된 계산기에서 숫자와 연산자의 버튼을 클릭하여 계산할 식(expression)을 텍스트 박스에 입력한 후 "계산하기" 버튼을 클릭하면 계산 결과를 텍스트 박스에 보여주는 예이다. 버튼을 클릭할 때마다 관련 함수들이 호출한다.

[프로그램 : ex2-10.html]

```
<HTML>
<HEAD>
<TITLE>계산기 활용 예</TITLE>
<SCRIPT  LANGUAGE="JavaScript">
<!--
/* "계산하기" 버튼을 클릭하면 호출되는 함수로서 텍스트 박스에 입력된 식을 계산
하여 결과를 텍스트 박스에 보여주는 함수이다 */
function compute(calculatorForm) {
calculatorForm.textExpr.value  =  eval(calculatorForm.textExpr.value)
}
```

본 프로그램은 초보자가 이해하기는 어려운 예제이기 때문에 상세하게 설명하려고 노력하였으나 이해하기 힘들 거라는 판단이 들어서 차후에 또 다시 예제로 설명할 예정이다. 그러나 이해하려고 노력하면 향후 자바스크립트를 공부하는데 많은 기초 지식이 함양될 것이라는 생각으로 자세히 읽기를 권장해본다.

```
/* 계산기에서 숫자와 연산자의 버튼을 클릭할 때 호출되는 함수로서 각 버튼으로 입
력되는 숫자와 연산자를 하나의 문자열 식으로 결합하는 함수이다. */
function button_click(calculatorForm, str) {
    calculatorForm.textExpr.value = calculatorForm.textExpr.value + str
}

/* "지우기" 버튼을 클릭할 때 호출되는 함수로서 텍스트 박스에 입력된 식을 모두 지
워버리는 함수이다. */
function clear_text(calculatorForm) {
    calculatorForm.textExpr.value = ""
}
-->
</SCRIPT>
</HEAD>
<BODY>
<CENTER>
<H1> 계산기 활용 예 </H1>
    <!-- 폼의 이름을 calculatorForm이라 한다. -->
<FORM   NAME="calculatorForm">
<TABLE   BORDER=3>
<!-- 계산기의 버튼 클릭에 의해 문자열 식이 입력되는 텍스트 박스를 구성하는
<INPUT> 태그로서 이름이 "textExpr"이다. -->
<TD   COLSPAN=4>
<INPUT   TYPE="text"   NAME="textExpr"   SIZE=25>
<!-- 테이블에 7, 8, 9, / 버튼이 칸에 표시되는 새로운 행을 추가한다 -->
<TR>

<!-- 계산기에 숫자와 연산자 역할의 버튼들을 구성하는 <INPUT> 태그로서 각 버튼
으로 숫자와 연산자를 클릭하면 클릭된 숫자와 연산자를 하나의 문자열로 결합하는
함수인 button_click을 호출한다. -->

<TD>
<INPUT TYPE="button" VALUE="7" SIZE=10 onClick="button_click(calculatorForm, '7')">
<TD>
<INPUT TYPE="button" VALUE="8" onClick="button_click(calculatorForm, '8')">
<TD>
<INPUT TYPE="button" VALUE="9" onClick="button_click(calculatorForm, '9')">
```

```html
<TD>
<INPUT TYPE="button" VALUE="  /  " onClick="button_click(calculatorForm, '/')">

<!-- 테이블에 4, 5, 6, * 버튼이 칸에 표시되는 새로운 행을 추가한다 -->
<TR>
<TD>
<INPUT TYPE="button" VALUE="  4  " onClick="button_click(calculatorForm, '4')">
<TD>
<INPUT TYPE="button" VALUE="  5  " onClick="button_click(calculatorForm, '5')">
<TD>
<INPUT TYPE="button" VALUE="  6  " onClick="button_click(calculatorForm, '6')">
<TD>
<INPUT TYPE="button" VALUE="  *  " onClick="button_click(calculatorForm, '*')">

<!-- 테이블에 1, 2, 3, - 버튼이 칸에 표시되는 새로운 행을 추가한다 -->
<TR>
<TD>
 <INPUT TYPE="button" VALUE="  1  " onClick="button_click(calculatorForm, '1')">
<TD>
<INPUT TYPE="button" VALUE="  2  " onClick="button_click(calculatorForm, '2')">
<TD>
<INPUT TYPE="button" VALUE="  3  " onClick="button_click(calculatorForm, '3')">
<TD>
<INPUT TYPE="button" VALUE="  -  " onClick="button_click(calculatorForm, '-')">

<!-- 테이블에 0, ., +, % 버튼이 칸에 표시되는 새로운 행을 추가한다 -->
<TR>
<TD>
<INPUT TYPE="button" VALUE="  0  " onClick="button_click(calculatorForm, '0')">
<TD>
<INPUT TYPE="button" VALUE="  .  " onClick="button_click(calculatorForm, '.')">
<TD>
<INPUT TYPE="button" VALUE="  +  " onClick="button_click(calculatorForm, '+')">
<TD>
<!-- %는 나머지를 구하는 연산자이다. -->
<INPUT TYPE="button" VALUE="%" onClick="button_click(calculatorForm, '%')">
```

```
<!--테이블에 "계산하기", "지우기" 버튼이 칸에 표시되는 새로운 행을 추가한다-->
<TR>
<TD COLSPAN=2>
<!-- 입력된 식을 계산하기 위해 구성된 버튼으로 이 버튼을 클릭하면 계산 결과를
텍스트 박스에 보여주는 함수인 compute()를 호출한다. -->
<INPUT TYPE="button" VALUE=" 계산하기 " onClick="compute(calculatorForm)">

<TD COLSPAN=2>
<!-- 이 버튼을 클릭하면 텍스트 박스에 입력된 식을 모두 지워버리는 함수인
clear_text() 함수를 호출한다. -->
<INPUT TYPE="button" VALUE="지우기" onClick="clear_text(calculatorForm)">
<TR>
</TABLE>
</FORM>
</CENTER>
</BODY>
</HTML>
```

100+300*5의 결과인 1600이 실행된 예

[프로그램 설명]

① `<FORM NAME="calculatorForm">`

HTML에서 입력 양식을 만드는 <FORM> 태그의 속성 중의 하나인 NAME에 폼의 이름을 calculatorForm이라 결정한다. 즉, calculatorForm은 버튼들과 텍스트 박스로 구성된 계산기 폼의 이름이다. 이는 하나의 HTML에 여러 가지의 폼을 구성할 때 구별하기 위해 이름을 사용된다.

② ⟨INPUT TYPE="text" NAME="textExpr" SIZE=25⟩
- 입력받는 용도의 텍스트 박스로 사용된다.
- NAME="textExpr"은 NAME 속성에 텍스트 박스의 이름을 "textExpr"이라고 정의한 것이다.
③ ⟨INPUT TYPE="button" VALUE="7 " SIZE=10 onClick="button_click (calculatorForm, '7')"⟩
- 계산기에 '7' 값이 표시된 버튼으로서 이 버튼을 클릭하면 onClick 이벤트 핸들러가 동작하여 텍스트 박스에 입력된 기존 내용과 '7' 값을 하나의 문자열로 결합하는 함수인 button_click을 호출한다.
- onClick="button_click(calculatorForm, '7')은 onClick 이벤트 핸들러가 button_click 함수를 호출할 때 폼의 이름인 calculatorForm과 '7'이라는 두 개의 인수를 button_click 함수에 전달한다.
- 숫자 버튼들(0~9)과 연산자 버튼들(+, /, *, -, %)을 폼에 구성하는 ⟨INPUT⟩ 태그들은 이벤트 핸들러가 button_click 함수를 호출하는 것은 모두 동일하다. 단지 차이점은 두 번째 인수의 값만이 '7'이라는 값 대신에 자신의 값(0-9, +, /, *, -, %)을 가지고 button_click 함수에 전달된다.
④ ⟨INPUT TYPE="button" VALUE="계산하기"
   onClick="compute(calculatorForm)"⟩
   계산기에 "계산하기"(=VALUE 속성 값)로 표시된 버튼으로서 이 버튼을 클릭하면 onClick 이벤트 핸들러가 텍스트 박스에 입력된 식을 계산하는 compute() 함수를 호출한다. compute() 함수를 호출할 때 폼의 이름인 calculatorForm을 인수로 전달한다.
⑤ ⟨INPUT TYPE="button" VALUE="지우기"
   onClick="clear_text (calculatorForm)"⟩
   계산기에 "지우기"(=VALUE 속성 값)로 표시된 버튼으로서 이 버튼을 클릭하면 onClick 이벤트 핸들러가 텍스트 박스에 입력된 식을 모두 지워버리는 함수인 clear_text() 함수를 호출한다. 역시 calculatorForm를 인수로 전달한다.
⑥ compute(calculatorForm) 함수
   function compute(calculatorForm)
   {calculatorForm.textExpr.value = eval(calculatorForm.textExpr.value)}
- "계산하기" 버튼을 클릭할 때 호출되는 함수로서 입력된 식을 계산하여 결과를 텍스트 박스에 보여주는 함수로서 버튼들과 텍스트 박스로 구성된 계산기의 폼인 calculatorForm을 함수 내에서 사용하기 위해 인수로 전달받는다.
- calculatorForm.textExpr.value 표현의 의미
   calculatorForm은 버튼들과 텍스트 박스로 구성된 계산기의 폼을 의미하고, textExpr은 계산기 폼(=부모 객체)에 포함된 텍스트 박스(=자식 객체)를 의미하고, value(=텍스트 박스의 속성)는 텍스트 박스에 입력되어 있는 "8+10-2"이라는 문자열을 의미한다. 정리하면, calculatorForm.textExpr.value 표현은 텍스트 박스에 입력된 문자열 식인 "8+10-2"를 언급하는 것이다.

텍스트 박스에
"8+10-2"가
입력되어 있는 경우

- eval(calculatorForm.textExpr.value) 표현의 의미
  eval() 함수는 문자열로 입력된 수식을 계산하여 주는 편리한 함수이다. 예를 들어, "100 * 5"와 같은 문자열 수식을 eval() 함수의 인수로 입력하면 문자열을 수식으로 변환한 후에 계산을 수행하여 "500"이라는 결과를 나타낸다.

  [예] document.write(eval("100 * 5")); // 500이 출력된다.

  그러므로 eval(calculatorForm.textExpr.value) 표현은 텍스트 박스에 "8+10-2"가 입력되어 있으면 실제적으로 eval("8+10-2")가 된다. 따라서 문자열 "8+10-2"가 계산되면 16이 된다.

- calculatorForm.textExpr.value = eval(calculatorForm.textExpr.value)의 의미
  텍스트 박스에 입력된 문자열 식을 eval() 함수로 계산하여 텍스트 박스에 계산 결과를 출력하는 의미이다. 즉, "계산하기" 버튼을 클릭하면 문자열 "8+10-2"가 계산되면 계산 결과 16이 텍스트 박스에 출력된다.

⑦ button_click(calculatorForm, str) 함수

- 계산기에서 숫자와 연산자의 버튼을 클릭할 때 호출되는 함수로서 각 버튼으로 입력되는 숫자와 연산자를 하나의 문자열로 결합해주는 함수이다.
- "계산하기" 버튼을 클릭하기 전까지 각 버튼으로 입력하는 숫자와 연산자를 하나의 문자열로 결합해주기 위해 계산기의 폼인 calculatorForm과 사용자가 클릭한 숫자 버튼들과 연산자 버튼들에 해당하는 0-9, +, /, *, -, % 중의 하나를 str를 인수로 전달받는다.
- calculatorForm.textExpr.value = calculatorForm.textExpr.value + str
  "계산하기" 버튼을 클릭하기 전까지 각 버튼으로 입력하는 숫자와 연산자를 하나의 문자열로 결합해 주는 명령이다.

⑧ clear_text(calculatorForm) 함수

"지우기" 버튼을 클릭할 때 호출되는 함수로서 텍스트 박스에 입력된 식을 모두 지워버리는 함수이다. 즉, calculatorForm.textExpr.value = "" 명령이 실행되어 텍스트 박스의 내용이 지워진다. "" 표현은 아무 값도 없는 null을 의미한다.

Chapter 3
자바스크립트의 기본

본 장에서는 간단한 프로그램 예제를 중심으로 다음과 같은 기본적인 프로그래밍의 지식을 습득하게 한다.

1. 프로그래밍을 작성하는데 있어서 필수적인 기본 개념을 배운다.
   (변수, 상수, 예약어, 자료형 등)
2. 브라우저의 문서 내에 출력하는 방법과 수치 식과 문자열 식 표현 방법 등을 배운다.
3. 관계식, 논리식, 조건 연산자, 비트 논리식 등을 사용하여 조건을 기술하는 방법 등을 배운다.

1. 코딩 규칙과 주석 달기

1.1 코딩시 지켜야 할 점

영문자, 숫자, 특수 문자들을 사용하여 자바스크립트 프로그램은 내용에 따라 여러 라인의 문장으로 구성된다.

① 각 라인은 한 문장 이상을 자유롭게 코딩할 수 있다.
② 한 라인에 하나 이상의 문장을 기술하고자 할 때는 문장과 문장 사이에 반드시 세미콜론(;)을 표시하여 구분하여야 한다.
③ 만일 한 라인에 하나의 문장만을 기술하고자 할 때는 문장 끝에 세미콜론(;)을 생략해도 상관없다.
④ 프로그램 실행 순서는 특별한 제어가 없는 한 라인 순으로 처리된다.

[프로그램 : ex3-1.html]

```
<html>
<head>
<script language="JavaScript">
   /* 한 라인에 여러 문장을 기술할 때는 문장과 문장 사이에 반드시
            세미콜론(;)을 표시해야 한다. */
       a = 10;    b = 5;
 // 한 라인에 한 문장만 기술하면 세미콜론(;)을 생략해도 상관없다.
   result = a + b
  document.write(" <h3> alert 대화상자에 10 + 5의 결과를 보여주는 예제입니다.");
   alert( "두수" + a + " 와 " + b + "를 더한 결과는 " + result + " 이다");          </script>
</head>
</html>
```

1.2 주석(comment)달기 : "//"나 "/*"와 "*/"

① 프로그램을 작성하다가 자바스크립트 명령에 대한 자세한 설명은 차후에 자신이 작성한 프로그램을 이해하는데 편리할 뿐 아니라 다른 사람에게도 손쉽게 이해시켜 줄 수 있기 때문에 프로그램에 주석을 달아주는 것을 습관화하는 것이 바람직하다.
② 자바스크립트에서 주석을 달아줄 때는 JAVA나 C/C++에서 사용하는 "//"나 "/*"와 "*/"를 사용한다. 이러한 주석문은 "/*"과 "*/"사이에 들어가는 문장과 "//" 뒤에 나오는 문장을 모두 주석문으로 취급한다.
③ 보통 한 줄의 주석을 달아줄 때는 "//"를 사용하고, 여러 줄의 주석을 달아줄 경우에는 "/*" 와 "*/"를 사용한다.

/* 여러 줄의 주석을 달아줄 경우에 사용하는 주석문입니다. */
// 한 줄의 주석을 달아줄 때 사용하는 주석문입니다.

2

변수

2.1 변수와 상수

변수는 프로그램이 실행될 때 처리 대상이 되는 자료의 값을 기억하거나 변경할 수 있도록 주기억 장소의 위치를 나타내는 언어의 구성 요소로서 프로그램 "ex3-1.html"의 a, b, result 등과 같은 변수들은 자바스크립트의 여러 문장들 내에서 변수 이름으로 사용된다.
상수(constant)가 프로그램의 실행 동안에 고정된 값을 유지하는 반면에 변수의 값은 프로그램 실행 동안에 변할 수 있기 때문에 변수(variable)라 부른다. 상수와 달리 변수는 프로그램이 실행될 때 값을 재정의시키거나 프로그래머가 원하면 그대로 유지시킬 수도 있다.

① pi = 3.14159
② javaScript = 80
③ name = "임 홍준"
④ javaScript = 100

② 라인과 ④ 라인의 javaScript 변수 이름은 동일한 이름이기 때문에 ④ 라인에서 javaScript을 위한 새로운 기억 장소는 생성하지 않고 동일한 기억 장소를 사용하기 때문에 ④ 라인이 실행될 때 javaScript의 값은 80에서 100으로 변경된다.

2.2 변수 이름을 만들 때 주의할 점

① 자바스크립트에서 변수 이름을 만들 때 첫 자는 반드시 영문자나 "_"로 시작해야 하고, 두 번째 문자부터는 영문자, 숫자 등을 조합하여 의미있게 구성할 수 있다.

[올바르게 만든 예] : sum, irum, _javaScript, lhk140 등
[잘못 만든 예] : 3sum, *irum, 140script 등

② 대문자와 소문자를 구별해서 변수 이름을 만들어야 한다. result, Result, RESULT 등의 변수 이름은 같은 단어이지만 대소문자로 서로 다르게 구성되었기 때문에 모두 서로 다른 기억 장소가 배당된다. 그러므로 서로 다른 변수로 취급됨을 주의해야 한다.

result, Result, RESULT, REsult 등
basic, BASIC, Basic basIC 등

③ 자바스크립트에서 특수한 용도를 가지고 미리 정의된 단어들인 if, var 등과 같은 예약어(reserved word)는 변수 이름으로 사용할 수 없다.

abstract, boolean, break, byte, case, catch, char, class, const, continue, default, do, double, else, extends, false, final, finally, float, for, function, goto, if, implements, import, in, instanceof, int, interface, long, native, new, null, package, private, protected, public, return, short, static, super, switch, synchronized, this, throw, throws, transient, true, try, var, void, while, with

2.3 변수명에서 대소문자를 구별하지 않아 오류가 발생한 예

10+5의 결과가 소문자 result 변수에 저장되어 있으나 alert() 함수에서 대문자 RESULT 변수의 값을 출력시켜 잘못된 결과 100이 출력되는 예이다.

[프로그램 : ex3-2.html]
```
<html>
<head>
   <script language="JavaScript">
     a = 10;    b = 5;
     RESULT = 100;
     result = a + b;
     /* document.write 명령으로 출력할 때 <h3>, <P>, <BR> 등 HTML 태그를
        사용할 수 있다*/
     document.write(" <h3> 변수명에 대소문자가 구별되지 않아<p>");
     document.write(" 10 + 5의 결과가 100이라고 잘못 나온 예제입니다.");
     alert( a + " + " + b + " = " + RESULT);
   </script>
</head>
</html>
```

3 자바스크립트의 4가지 자료형

C, JAVA 등과 같은 대부분의 프로그래밍 언어에는 정수, 실수, 문자열 등과 같이 기억 장소에 자료가 저장되는 성격을 결정하는 다양한 자료형(data types)을 갖고 있다.

그러나 자바스크립트는 단순하게 수치를 처리하기 위한 수치(Number) 자료형, 문자열 처리를 위한 문자열(String) 자료형 그리고 참(true)과 거짓(false) 값으로 논리적인 처리 결과를 저장하기 위한 불리언(Boolean) 자료형 그리고 아무런 값도 갖지 않는 null의 4가지 자료형을 제공하고 있다.

3.1 수치 자료형

수치 자료형(number) 변수에는 정수와 소수 부분이 표현되는 실수(=부동 소수점)로 구분할 수 있다.

1) 정수형

정수 자료를 8진수, 10진수, 16진수로 표현할 수 있으나 결과는 모두 10진수로 변환되어 출력된다.

① 10진수 정수형

0에서 9사이의 숫자로 나타낸다.

100, 34, -25, -40 등

② 8진수 정수형

8진수(octal) 정수 표현은 숫자 0으로 시작되어 0과 7사이의 숫자로 나타내며, 8진수 정수로 표현된 자료는 출력될 때 10진수로 변환되어 출력된다.

012, 056 등
// 8진수 12는 10진수로 10이다.
document.write(012) // 10진수로 10이 출력된다.

③ 16진수 정수형

16진수(hexadecimal) 정수 표현은 0x(숫자 0과 알파벳 x) 혹은 0X로 시작되어 0에서 f사이의 숫자로 나타내며, 16진수 정수로 표현된 자료는 출력될 때 10진수로 변환되어 출력된다.

0xf, 0X5f6 등
//16진수 f는 10진수로 15이다.
document.write(0xf) // 10진수로 15가 출력된다.

[프로그램 : ex3-3.html]
```
<html>
<head>
<script language="JavaScript">
  // 8진수 12는 10진수로 10이다.
  document.write( 012 + "<br>" )
  //16진수 f는 10진수로 15이다.
  document.write(0xf + "<br>")
</script>
</head>
</html>
```

[실행 결과]
10
15

2) 실수형

① 실수란 110.23, 3.14159, -23.432 등과 같이 소수 부분이 있는 숫자를 의미하며, 부동소수점 방식이라 한다.
② 실수는 지수형식으로도 표현할 수 있는데 지수형식(exponential form)은

실수 중에서 아주 작은 숫자나 아주 큰 숫자를 짧게 표현하기 위해 사용한다. E(exponent)는 10의 몇승을 의미한다.

$120000000 = 1.2 \times 10^8 \rightarrow 1.2E+8$
$-0.00000000067 = -6.7 \times 10^{-10} \rightarrow -6.7E-10$

[프로그램 : ex3-4.html]
```
<html>
    <head>
    <script language="JavaScript">
        /* 변수 r에 120000000을 1.2E+8로 표현하여 저장한다.*/
        r = 1.2E+8
        document.write(r) // 120000000으로 출력된다.
    </script>
    </head>
</html>
```

[실행 결과]
```
120000000
```

③ 실수형 자료 표현은 근사치 방식을 사용한다. 실수를 사용하는데 있어서 주의할 점은 실수형 자료 표현은 근사치 방식으로 표현되기 때문에 계산 과정에서 오차가 날 수 있음에 주의해야 한다. 다음 프로그램에서 10 + 5.44의 결과는 정확하게 15.44가 되어야 하는데 근사치 값인 15.443999999999999로 결과가 나타난다. 따라서 가능한 정수형 표현으로 계산하여야 한다.

[프로그램 : ex3-5.html]
```
<script language="JavaScript">
    // 실수 계산에서 근사치 결과가 발생하는 경우
    a = 10;
    b = 5.444
    result = a + b;
    document.write("결과는 : " + result);      </script>
```

[실행 결과]
결과는 : 15.443999999999999

3.2 문자열(string) 자료형

① 자바스크립트에서는 예와 같이 특수 문자 이중 따옴표(" ")나 단일 따옴표(' ') 사이에 들어가는 자료를 모두 문자열로 처리한다.

"대화 상자", "10 + 5", '두수', "123"

② 자바스크립트는 문자열 자료임을 나타내주는 이중 따옴표(")나 단일 따옴표(')를 원래의 문자 자료로 출력하고 싶으면, 특수 문자 "\"(backslash)를 앞에 적어 준다.
또한, "\"(backslash)를 문자 자료로 출력할 때도 마찬가지이다.

"\"대화상자\"", " \'대화상자\' ", ' \"대화상자\" ', ' \'대화상자\' ', " \\대화상자"

[프로그램 : ex3-6.html]
```
<html>
<head>
<script language="JavaScript">
// 출력 결과와 같이 이중 따옴표(")가 출력된다.
document.write("\"이중 따옴표\"의 출력을 보여주는 예제입니다.<BR>");
// 출력 결과와 같이 단일 따옴표(')가 출력된다.
document.write("\'단일 따옴표\'의 출력을 보여주는 예제입니다.");
</script>
</head>
</html>
```

[실행 결과]
"이중 따옴표"의 출력을 보여주는 예제입니다.
'단일 따옴표'의 출력을 보여주는 예제입니다.

3.3 불리언(Boolean) 자료형

① 조건에서 관계 연산자나 논리 연산자를 사용할 때 참(true)과 거짓(false) 값으로 논리적인 처리 결과를 저장하기 위한 불리언(Boolean) 자료형이 요구된다.

② 자바스크립트에서 사용되는 불리언(Boolean) 자료형은 C/C++에서와는 다르게 1이나 0의 값으로 사용되지 않는다. 오직 true와 false라는 값만 사용된다는 점에 주의해야 한다.

    a= true, b = false

③ 불리언(Boolean) 변수 a 값이 "false"이므로 if문에서 조건이 거짓(false)이 되어 "false"가 출력된다.

[프로그램 : ex3-7.HTML]

```
<html>
    <head>
    <script language="JavaScript">
    a = false;
    if(a)
            document.write("true");
    else
            document.write("false");
    </script>
    </head>
</html>
```

[실행 결과]
false

3.4 null

① 다른 프로그래밍 언어와는 달리 자바스크립트에서는 특별하게 null이라는 자료 값이 사용되고 있다. 이 null이라는 값은 말 그대로 아무 값도 없다는 것을 의미한다.

② 자바스크립트에서 변수를 선언할 때 var라는 예약어(reserved word)를 사용하여 변수를 선언해 주는데, 만일 어떤 자료형의 값을 갖게 될 지 모르는 변수의 경우에는 null 값으로 초기화해 주면 안전하다.

4 변수 사용 방법

4.1 변수를 선언하지 않고 사용하는 방법

① 자바스크립트에서는 C/C++, JAVA 등의 일반 프로그래밍 언어와 다르게 변수에 자료형을 선언하지 않고, 단지 변수에 자료를 할당하기만 하면 할당된 자료 값에 해당하는 4가지 자료형(data type) 중의 하나인 변수로 선언되어 사용된다.

```
javaScript = 80        // javaScript는 정수형 변수이다.
pi = 3.14159           // pi는 실수형 변수이다.
name = "임 홍준"        // name은 문자열 변수이다.
bool = false           // bool은 불리언 변수이다.
empty = null           // empty는 null 값을 갖는 변수이다.
```

② 이와 같이 자바스크립트는 변수의 자료형(data type)을 엄격하게 검사하지 않는다. 따라서 변수가 필요할 때마다 즉석에서 사용하면 변수로 사용할 수 있다.

4.2 var를 이용하여 변수를 선언하는 방법

자바스크립트는 특별히 변수를 선언하지 않고 필요한 변수를 바로 사용해도 되지만 프로그램상에서 변수의 사용 범위를 좀 더 명확히 하고 체계적으로 표현하고 싶다면 예약어 var를 사용하여 변수를 선언할 수 있다.

① var를 사용하여 변수를 선언할 때도 자바스크립트에서는 C/C++, JAVA 등의 일반 프로그래밍 언어와 다르게 int p;, char c; 등과 같이 자료형을 정의하면서 선언하지 않고, 단지 변수에 자료를 할당하기만 하면 할당된 자료 값에 해당하는 4가지 자료형(data type) 중의 하나인 변수로 선언되어 사용된다.

```
var javaScript           // javaScript 정수형 변수이다.
var pi = 3.14159         // pi는 실수형 변수이다.
var name = "임 성준"     // name은 문자열 변수이다.
var bool = false         // bool은 불리언 변수이다.
```

② 만일 어떤 자료형의 값을 갖게 될지 모르는 변수는 null 값으로 초기화해 주면 안전하다.

```
var empty = null // empty는 null 값을 갖는 변수이다.
```

③ 초기 값을 미리 결정할 수 없는 변수는 var에 의해 선언만 하면 되고, 프로그램 처리 과정에서 어떤 자료 값이 할당되면 그 때 해당 변수의 자료형이 결정된다.

```
// 변수 area는 앞으로 사용하기 위해 자료형은 결정되지 않고 선언만 된 경우이다.
var  area;
// radius는 초기 값 10을 갖는 정수형, pi는 초기 값을 3.14159로 갖는 실수형 변수
로서 사용된다.
var radius=10, pi = 3.14159;
// area 변수는 실수와 정수들의 곱한 결과가 저장되기 때문에 실수형 변수가 된다.
area = pi * radius * radius
```

4.3 자동으로 변수의 자료형 변환 : 묵시적인 형 변환

① 자바스크립트는 동일한 변수에 서로 다른 자료형의 값을 할당하면 프로그램이 실행되면서 그때마다 자동으로 성격에 맞는 자료형으로 변환된다. 이를 보통 묵시적인 형 변환이라 한다.

```
var test =10             // test는 처음에 정수형 변수이다.
test = "문자열로 변환"    // 이 때는 문자열 변수로 변환된다.
test = true              // 이 때는 불리언 변수로 변환된다.
```

② 정수와 실수가 계산되면 그 결과는 실수형으로 자동 변환되고, 숫자와 불리언 그리고 문자열이 "+" 기호에 의해 결합 연산이 이루어지면 숫자와 불리언 변수를 포함하는 문자열 자료로 자동 형 변환된다.

[프로그램 : ex3-8.html]
```
// 서로 다른 자료형 간의 자동으로 형을 변환하는 예이다
    <script language="JavaScript">
jungsu = 5;
silsu = 10.5;
bool = true
string = "문자열";
/*정수 변수인 jungsu는 실수 변수인 silsu와 더하여져
    자동으로 실수형 변수로 변환된다. */
ⓐ jungsu = jungsu + silsu;
/*실수 변수인 silsu는 문자열 변수와 실수 변수 그리고 불리언 변수를
"+" 기호에 의해 결합시키면 문자열 변수로 자동 형 변환된다. */
ⓑ silsu = string + silsu + bool;
document.write( jungsu + "<br>");
document.write( silsu );
    </script>
```

[실행 결과]
15.5
문자열10.5true

[프로그램 설명]

ⓐ번 문장 : jungsu = jungsu + silsu;
  5값이 저장된 정수 변수인 jungsu와 10.5값이 저장된 실수 변수인 silsu와 더하여 그 결과를 정수 변수인 jungsu에 저장하면 자동으로 실수형 변수로 변환되어 15.5가 저장된다.

ⓑ번 문장 : silsu = string + silsu + bool;
  10.5값이 저장된 실수 변수인 silsu에 문자열 변수와 실수 변수 그리고 불리언 변수를 "+" 연산자에 의해 결합시키면 실수 변수인 silsu는 문자열 변수로 자동 형 변환되어 "문자열10.5true"가 저장된다.

문자열 상수나 변수간의 "+" 기호의 기능 : 결합 연산자

문자열 상수나 변수간의 "+" 기호는 "+" 기호 양쪽에 있는 문자열을 합하여 하나의 문자열로 결합시켜 주는 기능을 갖고 있다.

// msg 변수에 "자바스크립트 프로그램 예제입니다."라는 문자열로 결합되어 저장된다.
msg = " 자바스크립트 " + " 프로그램 예제입니다."

5. 현재 브라우저의 문서 내에 변수와 상수 출력하기

5.1 document.write() 명령에 의해 출력하기

① document.write() 명령은 객체지향(Object oriented) 언어 표현 방법으로서 document.write() 명령의 괄호 안에 들어있는 내용을 현재 브라우저의 문서에 출력시키는 명령이다.

② 여기서 "document"는 객체로서 현재 브라우저에 보여주는 문서를 나타내는 것이고, "write"는 괄호 안의 내용을 문서에 출력시키는 메소드(method)이다. 그리고 .(period)는 객체인 document와 write 메소드를 구분하는데 사용하는 연산자이다. 이는 6장에서 자세히 설명된다.

```
a = 10;  b = 5;
result = a + b;
document.write( a + "  과  " +  b + "를 더한 결과는  " + result + " 이다.");
```

[실행 결과]
10 과 5를 더한 결과는 15 이다.

③ document.write(a + " 과 " + b + "를 더한 결과는 " + result + " 이다");
문장에 대한 설명
document.write()에서 "("와 ")"사이는 출력될 메시지를 기술하는 부분으로 실행 결과와 같이 수치 변수 a의 값 10이 첫 번째 "+" 결합 연산자에 의해 문자열 상수인 "과 "가 결합되고, 두 번째 "+" 결합 연산자에 의해 수치 변수 b의 값 5가 계속 결합되고, 세 번째 "+" 연산자에 의해 문자열 상수인 "를 더한 결과는 "이 계속 결합되고, 네 번째 "+" 연산자에 의해 변수 result의 값 15가 계속 결합되고, 마지막 다섯 번째 "+" 연산자에 의해 문자열 상수인 " 이다."가 결합되어 "10 과 5를 더한 결과는 15이다."가 출력된다.

④ 이와 같이 출력될 자료(변수나 상수)들 사이에 "+"로 구분하여 작성하면 "+" 기호의 양쪽 중 한쪽에 문자열 자료가 있으면 실행 결과처럼 출력될 자료들이 계속 문자열로 결합되어 출력된다.

⑤ 주의할 점은 document.write(a + b); 문장과 같이 a와 b가 수치 변수라면 수치 변수들 사이에 "+"가 사용되면 원래의 더하기 연산이 수행된 결과가 예와 같이 15가 출력된다.

```
a = 10;  b = 5;
document.write( a + b );
```

[실행 결과]
15

⑥ 그러나 수치 변수나 수치 상수에 기술된 "+" 기호의 양쪽 중 한쪽에 문자열 자료가 있으면 실행 결과처럼 출력될 자료들이 계속 문자열로 결합되어 출력된다. 즉, 예와 같이 문자열 상수 다음의 수치 변수 a가 문자열로 자동 형 변환되어 "결과 :10"이 되고, 그 다음 수치 값 5도 문자열로 변환되어 실행 결과처

럼 사용자의 의도와는 다르게 "결과 :105"라고 출력된다.

```
a = 10;  b = 5;
document.write( "결과 :" + a + b );
```

[실행 결과]
결과 :105

⑦ a와 b가 수치 변수라면 수치 변수들 사이에 "+"가 사용되면 원래의 더하기 연산이 수행되어 15가 계산된 후에 두 번째 "+" 결합 연산자에 의해 15가 문자열로 형 변환되어 "이다"와 실행 결과처럼 결합되어 "15이다."로 출력된다.

```
a = 10;  b = 5;
document.write( a + b + "이다." );
```

[실행 결과]
15이다.

⑧ document.write() 명령으로 출력할 때 "("와 ")"사이에 <h3>, <hr> <p>,
 등 HTML 태그를 문자열 상수처럼 취급하여 HTML 태그의 기능을 활용하여 다양한 출력을 할 수 있다.

[프로그램 : ex3-9.html]
```
<html>
  <head>
    <script language="JavaScript">
    a = 10;  b = 5;
    result = a + b;
    document.write( "<h2>" + a + " 과 " + b + "를 더한 결과는<br> " +
"<h1>" + result + " 이다.");
    </script>
  </head>
</html>
```

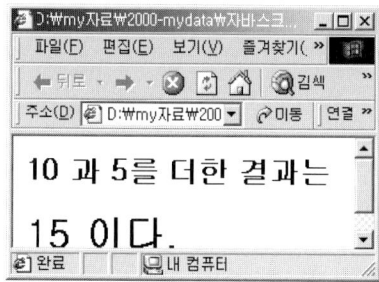

⑨ "10과 5를 더한 결과는" <h2> 태그에 맞는 글꼴의 크기로 출력되고,
 태그에 의하여 줄바꿈이 수행되어 다음 줄에 "15 이다."는 <h1> 태그에 맞는 글꼴의 크기로 출력된다.

5.2 내장 함수 alert()에 의해 출력하기

① alert() 내장 함수는 메시지와 확인 버튼만으로 구성되는 대화상자로서 경고나 인사말 등과 같은 사용자의 요구를 받을 필요가 없는 메시지를 출력하는 경우에 주로 사용되는데 document.write() 명령처럼 프로그램에서 사용하는 변수나 상수들을 출력하는데 이용한다.

```
a = 10;  b = 5;
result = a + b;
alert( "두수 " + a + "  와  " + b + "를 더한 결과는  " + result + " 이다");
```

② alert() 함수에서 "("와 ")"사이는 출력될 메시지를 기술하는 부분으로 document.write() 명령에서 설명한 것과 동일하게 출력될 변수나 상수들 사이에 "+"로 구분하면서 출력시키면 된다.

③ document.write() 명령과의 차이점은 alert() 함수에서는 "("와 ")"사이에 <h3>, <hr> <p>,
 등 HTML 태그를 사용할 수 없다는 점이다. 만일 사용하면 실행 결과처럼 HTML 태그가 문자열로 취급되어 그대로 출력된다.

메시지와 확인 그리고 취소 버튼으로 구성되는 confirm() 함수나 자료를 입력받는데 사용하는 prompt() 함수도 alert() 함수에서와 같이 변수나 상수들을 메시지로서 출력시킬 수 있다.

6 수치 식과 문자열 식의 표현 방법

6.1 수치 식(numeric expression)

수치 식은 하나 이상의 수치 상수, 수치 변수 그리고 수치 함수 등으로 구성되는데 덧셈(+), 뺄셈(-), 곱셈(*), 나눗셈(/), 나머지(%)의 산술 연산자와 증감 연산자(++, --) 그리고 괄호에 의해 구분한다.

1) 증가연산자 : ++

변수에 정수값 1을 증가시키는 단항 연산자로 ++가 있다.

① i++는 i = i + 1과 동일하나 다음 예와 같이 증가 전에 먼저 i를 사용한다.

```
// sum = sum + i를 먼저 수행하고 난 후에 i = i + 1을 수행
sum = sum + i++;
```

② ++i는 i = i + 1과 동일하나 먼저 i를 증가시키고 난 후에 i를 사용한다.

```
// i = i + 1을 먼저 수행하고 난 후에 sum = sum + i를 수행
sum = sum + ++i;
```

2) 감소연산자 : --

변수에 정수값 1을 감소시키는 단항 연산자로 --가 있다.

① i--는 i = i - 1과 동일하나 다음 예와 같이 감소 전에 먼저 i를 사용한다.

```
// sum = sum + i를 먼저 수행하고 난 후에 i = i - 1을 수행
sum = sum + i--;
```

② --i는 i = i - 1과 동일하나 먼저 i를 감소시키고 난 후에 i를 사용한다.

```
// i = i - 1을 먼저 수행하고 난 후에 sum = sum + i를 수행
sum = sum + --i;
```

3) 증감연산자와 산술연산자 그리고 우선순위

수치 식에서 사용하는 증가, 감소 그리고 산술 연산자들은 일반적으로 수학에서 사용하는 대수식의 경우와 유사하나 상징하는 기호와 표현 방식 그리고 연산자들 간의 우선순위가 약간 차이가 있다.

연산자	의미	우선순위	예제
++	증가	1(높다)	변수에 1을 증가시키는 단항 연산자이다.
--	감소	1	변수에 1을 감소시키는 단항 연산자이다.
*	곱셈	2	2 * 3의 결과는 6이다
/	나누기	2	5 / 2의 결과는 2.5
% (modulo)	정수나눗셈의 나머지 구하기	2	5 % 3의 결과는 5를 3으로 나누었을때 정수 나머지는 2이다.
+	더하기	3	b + c, 100 + 200
-	빼기	3(낮다)	total - 10, hap - cha

4) 수치식의 계산순서

수치 식의 계산 순서는 연산자 우선순위에 의존하고 만일 같은 우선순위의 연산자들이 여러개 표현되었을 때는 수학에서와 같이 왼쪽에서 오른쪽 순으로 처리

한다. 그리고 괄호를 사용하여 연산자들의 실행 순서를 변경할 수 있다.

[프로그램 : ex3-10.html]

```
<html>
    <head>
    <script language="JavaScript">
    document.write(4 + 6 % 3  + 5.8 / 2 + "<br>");
    x = 15
    y = 5
    document.write( 16 / ++x  +  y  %  3)
    </script>
    </head>
</html>
```

[실행 결과]
6.9
3

5) 할당연산자(assignment operator) : =

할당 연산자는 =(equal)이며, =은 다른 연산자와 결합된 형태로 사용한다.

① 할당 연산자는 연산을 위해 사용되거나 처리 대상이 되는 자료나 처리 과정에서 발생하는 중간 자료 및 처리 결과를 특정 변수에 저장시키는 명령인데 이러한 할당 연산자의 실행은 컴퓨터 내부에서 두 단계로 처리된다.
  첫 단계는 = 오른쪽에 있는 식(expression)을 계산하고 두 번째 단계에서 = 표시의 왼쪽에 있는 변수로 식의 결과 값을 할당한다.
② =(equal)표시는 수학적인 = 의미와는 많은 차이가 있다.
  예를 들어, hap = total이 total = hap과 같은 수학적인 대칭 관계를 허락하지 않는다.
  또한, count = count + 1 역시 수학적으로 성립하지 않으나 프로그램 작성 시 반복 제어나 특정 자료의 개수를 파악할 때 매우 유용하게 사용된다.
③ = (equal)표시는 '대입한다'는 의미로서 기술할 수 있다.
  그러므로 count = count + 1의 의미는 = 표시의 오른쪽 식으로 부터 계산

된 값이 왼쪽의 count 값으로 새롭게 대입된다는 의미가 된다.

만일 원래 count 변수 값이 10이면 1이 증가되어 11이 된다.

count = count + 1과 비슷하게 sum = sum + number는 수학적으로 성립하지 않으나 어떤 값을 누적하는 프로그램에서는 매우 유용하게 사용된다.

할당 연산자의 또다른 표현 방법들

① i = i + j와 i += j는 동일하다.
② i = i - j와 i -= j는 동일하다.
③ i = i * j와 i *= j는 동일하다.
④ i = i / j와 i /= j는 동일하다.
⑤ i = i * (3 + j)와 i *= 3 + j는 동일하다.
⑥ i = j = k = 1 : i, j, k에 모두 1이 할당된다.
⑦ j = i = (i*3) : i * 3의 값을 i에 할당한 후 그 값을 다시 j에 할당한다.
⑧ i += j *= 3 : j = j * 3을 수행한 후 i = i + j를 연산한다.

6.2 문자열 식(string expression)

문자열 식은 하나 이상의 문자열 상수, 문자열 변수 그리고 문자열 함수로 구성된다. 문자열 식에 사용되는 연산자는 두 개의 문자열을 하나의 문자열로 결합시켜 주는 "+" 연산자(concatenation operator) 뿐이다. 문자열 식에 사용되는 "+" 연산자 예를 살펴보자.

[프로그램 : ex3-11.html]
```
<html>
    <head>
    <script language="JavaScript">
    area_code = "0331";
    local_number =" 200-1234";
    pone_number = area_code + "-" + local_number;
    document.write( "전화 번호 --> " + pone_number);
    </script>
    </head>
</html>
```

> [실행 결과]
> 전화 번호 ⟶ 0331-200-1234

7 조건 기술 방법

프로그램의 실행 제어를 위해서는 IF문이나 조건 반복문 등에 조건을 기술해야 한다. 조건은 결과가 참 또는 거짓 중의 하나로 결정되는 관계식, 논리식, 조건 연산자, 비트 논리식 등을 사용하여 표현한다. 이러한 관련 연산자를 사용하여 일반적인 조건을 기술하는 방법을 알아보자.

7.1 관계식(relational expression)

관계식은 두 식간의 관계를 나타내는 관계 연산자에 의해 두 식을 비교하는데 결과는 참(True)이거나 거짓(False) 중에 하나가 된다. 조건에 사용되는 관계 연산자들은 다음과 같다.

관계 연산자	관계	수학기호	기호	우선순위	예제
	같다	=	==	2(낮다)	a == b, 90 == 80
	같지 않다	≠	!=	2	number != -99
	보다 작다	<	<	1	basic < 80
	보다 작거나 같다	≤	<=	1	count <= 0
	보다 크다	>	>	1	"a" > "b"
	보다 크거나 같다	≥	>=	1(높다)	a >= b + 2

1) 수치대소비교관계식

조건 표현에서 관계 연산자와 산술 연산자가 함께 사용되었을 때 산술 연산자들의 우선순위가 관계 연산자들의 우선순위보다 높으므로 먼저 계산된다.

```
A = 10
B = 20
C = 4
document.write( A + B < C * 10) // true가 출력된다.
```

2) 문자열대소비교관계식

관계 연산자를 사용하여 문자열 상수나 문자열 변수의 값을 비교할 수 있는데 대소 비교의 기준은 ASCII(American Standard Code for Information Interchange) 코드 순서에 의하여 결정된다. 비교 방법은 다음 예와 같이 왼쪽에서부터 1자씩 사전식으로 비교하게 된다.

```
"A" < "B"              : 참, ASCII코드값(A는 65, B는 66)
"script" > "script"    : 거짓
"blank" == "blank "    : 거짓, 공백(" "의 ASCII 코드값은 32)도 하나의
                         문자이므로 "blank"와 "blank "는 다르다.
```

```
document.write( "A" < "B")              // true가 출력된다.
document.write( "script" > "script")    // false가 출력된다.
document.write( "blank" == "blank ")    // false가 출력된다.
```

7.2 논리식(logical expression)

논리식은 관계식을 논리 연산자로 연결하여 구성하는데 조건 표현에 사용되는 논리 연산자들에는 !(NOT), &&(AND), ||(OR)가 있다. 논리 요소 A, B에 T(true, 참), F(false, 거짓)값으로 가정하여 논리 연산자의 진리표를 기술하였다.

논리 연산자의 진리표	논리요소		논리연산자		
	A	B	!A	A && B	A || B
	T	T	F	T	T
	T	F	F	F	T
	F	T	T	F	T
	F	F	T	F	F

① &&(AND) 연산자는 주어진 두 개의 조건이 모두 참인 경우에만 참이고 나머지는 거짓인 연산자이다.

② ||(OR) 연산자는 주어진 두 개의 조건이 모두 거짓인 경우에만 거짓이고 나머지는 참인 연산자이다.

③ 논리 연산자들은 !(NOT)을 제외하고는 관계 연산자들보다 우선순위가 낮으며 논리 연산자들 간의 우선순위는 !(NOT)이 가장 높고 &&(AND), ||(OR) 순이다.

자바스크립트에서 90점과 100점 사이의 script 점수를 조건으로 표현하려면,
수학적 표현   : 90 ≤ script ≤ 100
자바스크립트 표현 : 90 <= script && script <= 100

```
script = 95
// "A 학점이다"가 출력된다.
if ( 90 <= script && script <= 100 ) document.write( "A 학점이다")
```

```
x = 2
y = 4
document.write( x >= y && y == 1 + x) // false가 출력된다.
```

주의

자바스크립트에서 예와 같이 단일 변수나 상수가 조건에 사용될 때 0이 아닌 값은 참(true)이 되고, 0인 경우는 거짓(false)이 된다.

```
a = 3;
if ( a )
{ document.writeln( "true" );    }
else
{ document.writeln("false" );    }
```

[실행 결과]
true

7.3 조건 연산자 (? :)

프로그램의 실행 과정에서 조건을 비교 판단한 후 실행할 문장이 서로 다르게 선택되는 경우가 자주 발생한다.
자바스크립트에서 조건에 의해 다음 실행할 내용이 달라지는 경우 IF 문이 있으나 여기서 소개할 조건 연산자인 ? : 는 IF 문보다 훨씬 간편한 축약형이다.

조건 연산자 ? :의 형식

조건식 ? 참일 때 실행되는 명령 : 거짓일 때 실행되는 명령;

① 조건 연산자인 ? :는 조건식이 참이냐 거짓이냐에 따라 선택되는 값이 달라진다. 즉, ? 연산자 앞에 나와 있는 조건문이 참인 경우에는 ":" 기호 앞에 있는 명령이 선택되고 거짓인 경우에는 ":" 기호 뒤에 있는 값이 선택된다.
② 조건 연산자 ?문에서 num 변수가 10보다 큰 20이기 때문에 조건이 참이 되어 select 변수에 ":"기호 앞에 있는 30이 저장되어 출력된다.

```
num = 20;
select = ( num > 10) ? 30 : 10;
document.write( "select = " + select);
```

[실행 결과]
select = 30

③ 조건 연산자 ? :와 IF문과의 차이점은 형식에서 참일 때 실행되는 명령이나 거짓일 때 실행되는 명령은 한 명령문만 기술될 수 있다. 그러나 IF문은 조건이 참일 때나 거짓일 때 여러 명령문을 다양하게 기술할 수 있다.
④ 홀수/짝수를 구분해주는 예이다.

[프로그램 : ex3-12.html]
```
<html>
    <head>
    <script language="JavaScript">
    num = 10;
    gubun = (num % 2 == 0) ? " 짝수이다." : " 홀수이다.";
    document.write( num + "은" + gubun);
    </script>
    </head>
</html>
```

[실행 결과]
10은 짝수이다.

7.4 비트 논리식(bit logical expression)

비트 논리식은 관계식을 비트 논리 연산자로 연결하여 구성하는데 수치 자료에만 적용된다. 조건 표현에 사용되는 비트 논리 연산자들에는 &(AND), |(OR), ^(X-OR: Exclusive-OR)가 있다. 여기서 비트 값이라는 것은 숫자의 2진수 표현을 말한다.

비트 논리 요소 A, B에 0, 1로 가정하여 논리 연산자의 진리표를 기술하였다. 비트 논리 연산자들의 우선순위는 &(AND), ^(X-OR: Exclusive-OR), |(OR) 순으로서 관계 연산자들(<, <=, >, >=, ==, !=) 보다는 우선순위가 낮고, 논리 연산자들은 !(NOT)을 제외하고는 논리 연산자들(&&(AND), ||(OR))보다는 우선순위가 높다.

비트 논리요소		비트 논리연산자		
A	B	A & B	A | B	A ^ B
0	0	0	0	0
0	1	0	1	1
1	0	0	1	1
1	1	1	1	0

비트 논리 연산자의 진리표

1) x = 2 , y = 6일 때 비트 &(AND) 연산의 예

① 8비트로 10진수 2를 2진수로 표현하면 00000010이며, 10진수 6을 2진수로 표현하면 00000110이다.

② 비트 &(AND) 연산 수행

```
         | 0 0 0 0 0 0 1 0
&(AND)   | 0 0 0 0 0 1 1 0
결과       0 0 0 0 0 0 1 0
```

③ 비트 &(AND) 연산이 수행된 결과는 2진수로 표현하면 00000010이다. 즉, 10진수 2가 된다.

2) x = 2 , y = 6일 때 비트 |(OR) 연산의 예

① 8비트로 10진수 2를 2진수로 표현하면 00000010이며, 10진수 6을 2진수로 표현하면 00000110이다.

② 비트 |(OR) 연산 수행

```
         | 0 0 0 0 0 0 1 0
|(OR)    | 0 0 0 0 0 1 1 0
결과       0 0 0 0 0 1 1 0
```

③ 비트 |(OR) 연산이 수행된 결과는 2진수로 표현하면 00000110이다. 즉, 10진수 6이 된다.

3) x = 2 , y = 6일 때 비트 ^(X-OR: Exclusive-OR) 연산의 예

① 8비트로 10진수 2를 2진수로 표현하면 00000010이며, 10진수 6을 2진수로 표현하면 00000110이다.

② 비트 ^(X-OR : Exclusive-OR) 연산 수행

```
              0 0 0 0 0 0 1 0
^(X-OR)       0 0 0 0 0 1 1 0
  결과        0 0 0 0 0 1 0 0
```

③ 비트 ^(X-OR) 연산이 수행된 결과는 2진수로 표현하면 00000100이다. 즉, 10진수 4가 된다.

[프로그램 : ex3-13.html]

```
<html>
<head>
<script language="JavaScript">
x = 2;  y = 6;

z = x & y;
document.write("x = 2 , y = 6일 때 비트 &(AND) 연산한 결과 : " + z + "<br>" );

z = x | y;
document.write("x=2 , y = 6일 때 비트 |(OR)로 연산한 결과 : " + z + "<br>" );

z = x ^ y;
document.write("x=2, y=6일 때 비트 ^(X-OR: Exclusive-OR)로 연산한 결과 : "+ z);

</script>
</head>
</html>
```

7.5 시프트(shift) 연산자

수치 자료에만 적용되는 비트 연산자로서 주어진 수치의 비트 값을 좌우측으로 비트 단위로 수평 이동(shift)시키는 연산을 수행한다.

1) 오른쪽 시프트(shift) 연산자 : 〉〉

10진수 6을 오른쪽으로 두 번 시프트시켜서 y에 저장하는 예 :   y = 6 〉〉 2

① 8비트로 10진수 6을 2진수로 표현하면 00000110이다.
② 한 번 시프트할 때마다 한 비트씩 오른쪽으로 이동하는데 빈 공간(=왼쪽)은 0으로 채워지고, 오른쪽으로 밀려나간 비트는 버려진다.

원래값 : 6	0 0 0 0 0 1 1 0
한 번 오른쪽으로 이동	0 0 0 0 0 0 1 1
두 번째 오른쪽으로 이동한 결과	0 0 0 0 0 0 0 1

③ 한 번 오른쪽으로 이동하면 2진수로 00000011이며, 10진수로 3이 된다.
④ 두 번째 오른쪽으로 이동하면 2진수로 00000001이며, 10진수로 1이 된다. 그러므로 y에는 1이 저장된다.

```
y = 6  〉〉 2;
document.write("10진수 6을 오른쪽으로 두 번 시프트한 결과 :  " +  y );
```

[실행 결과]
10진수 6을 오른쪽으로 두 번 시프트한 결과 : 1

2) 왼쪽 시프트(shift) 연산자 : <<

10진수 6을 왼쪽으로 두 번 시프트시켜서 y에 저장하는 예 : y = 6 << 2

① 8비트로 10진수 6을 2진수로 표현하면 00000110이다.
② 한 번 시프트할 때마다 한 비트씩 외쪽으로 이동하는데 빈 공간(=오른쪽)은 0으로 채워지고, 왼쪽으로 밀려나간 비트는 버려진다.

원래값 : 6	0 0 0 0 0 1 1 0
한 번 왼쪽으로 이동	0 0 0 0 1 1 0 0
두 번째 왼 쪽으로 이동한 결과	0 0 0 1 1 0 0 0

③ 한 번 왼쪽으로 이동하면 2진수로 00001100이며, 10진수로 12가 된다.
④ 두 번째 왼쪽으로 이동하면 2진수로 00011000이며, 10진수로 24가 된다. 그러므로 y에는 24가 저장된다.

```
y = 6 << 2;
document.write("10진수 6을 왼쪽으로 두 번 시프트한 결과 : " + y );
```

[실행 결과]
10진수 6을 왼쪽으로 두 번 시프트한 결과 : 24

모든 연산자들의 우선순위

자바스크립트에서 사용되는 모든 연산자들의 우선순위를 요약하였다. 표에 기술된 연산자들 우선순위에 준하여 조건에 기술된 다양한 관계식이나 논리식은 평가된다.

조건 내에 우선순위가 같은 연산자들이 여러 개 표현되어 있으면 왼쪽에서 오른쪽 순으로 처리되며, 괄호를 사용하여 우선순위를 변경할 수 있다.

우선순위	연산자
1 (가장 높다)	. (객체표현시) [ ] (배열 표현) ( ) (함수 호출)
2	++ --(증감 연산자) ! (NOT)
3	* / %(나머지 연산자)
4	+ -
5	〈〈 〉〉 (비트 shift 연산자)
6	〈 〈= 〉 〉=
7	== (equal) != (not equal)
8	& (비트 AND)
9	^ (비트 X-OR; Exclusive OR)
10	| (비트 OR)
11	&& (AND)
12	|| (OR)
13	? : (조건 연산자)
14 (가장낮다)	= += -= *= /= %= &= ^= \= 〉〉= 〈〈= (할당 연산자들)

자바스크립트에서 사용되는 모든 연산자들의 우선순위

Chapter

프로그램 실행 제어

3장에서는 주로 기본적인 프로그래밍 지식과 제어가 없는 직선 형태의 초보적인 프로그램들을 다루어 왔으나 본 장에서는 좀더 다양하고 복잡한 문제 해결을 위해 조건과 반복에 의해 프로그램을 실행 제어하는 다음과 같은 프로그래밍 지식을 습득한다.

1. 조건에 따라 수행될 프로그램의 내용이 달라지는 경우(if문과 switch문이 해당된다)
2. 프로그램을 반복 처리해야 되는 경우
   ① 일정한 처리 과정을 조건에 따라 반복하는 경우(while, do .. while, for문이 해당된다)
   ② 반복문 내에서 break/continue문을 사용하는 경우
   ③ 반복문 내에 반복문이 사용되는 중첩 반복문을 활용하는 경우

1 조건문

프로그램의 실행 과정에서 특정 자료나 또는 계산된 결과 값의 조건을 비교하거나 판단한 후 다음에 실행할 명령문이 서로 다르게 선택되는 경우가 자주 발생한다. 자바스크립트에서 조건에 의해 다음 실행할 내용이 달라지는 경우에 if문과 switch문을 사용하여 해결한다.

1.1 단순 if문

보통 if문은 조건을 만족하는 경우와 만족하지 않은 경우에 따라서 실행이 달라지기 때문에 양자택일 구조라 부른다. 단순 if문은 조건이 참인 경우에만 중괄호 {} 안의 명령문(들)을 실행시키고, 거짓이면 다음 명령문을 실행한다.

```
if (조건) {
    명령문(들);
    }
```

① if문에서 조건은 참(true, 0이 아닌 값)또는 거짓(false, 0인 값)으로 계산될 수 있는 식(expression)을 말한다.

```
// 조건이 참인 경우 실행되는 명령문이 하나 이상이기 때문에 중괄호 {}가 사용된 경우
if (number > 0) {
    sum = sum + number;
    document.write("양수이다"); }
```

② 조건이 참인 경우 실행되는 명령문이 하나인 경우는 중괄호 {}을 생략할 수 있다.

```
// 조건이 참인 경우 실행되는 명령문이 하나이기 때문에 중괄호 {}가 생략된 경우
if (score >= 90) document.write("excellent");
```

③ 입력받은 값에 따라 이미지를 선택하여 출력하는 예제로서 prompt 대화상자에서 1을 입력하면 날아가는 새 이미지가 출력되고, 2를 입력하면 움직이는 호랑이 이미지가 출력되는 if문 예제이다.

[프로그램 : ex4-1.html]

```
<HTML>
<BODY>
<h1> if문 예<p>
<h3> prompt 대화상자에 1을 입력하면  날아가는 새 이미지가 출력되고, <br>
2를 입력하면 움직이는 호랑이 이미지가 출력되는 if 문 예제이다.
<SCRIPT language="JavaScript">
    var bird_img ='<img src = "bird.gif" >';
    var tiger_img ='<img src = "tiger.gif" >';
    var select = prompt( "1과 2중 하나를 입력하라", "1");
    if  (select == 1) document.write(bird_img);
    if ( select == 2) document.write(tiger_img);
</SCRIPT>
</BODY>
</HTML>
```

움직이는 호랑이를
출력시키기 위해
2를 prompt
대화상자에 입력한 예

호랑이 이미지가
출력된 예

[프로그램 설명]

① var bird_img ='〈img src = "bird.gif" 〉';
　이미지 태그 〈img〉의 src(source) 속성을 사용하여 현재 폴더에 있는 날아가는 새 이미지 파일인 bird.gif를 변수 bird_img에 저장한다.
② var select = prompt("1과 2중 하나를 입력하라", "1");
　prompt 내장 함수는 사용자로부터 자료를 입력받는 대화상자로서 1과 2 중의 하나를 입력받아 select 변수에 저장한다.
③ if (select == 1) document.write(bird_img);
　사용자가 입력한 값이 1이면 날아가는 새 이미지 파일이 출력된다.
④ if (select == 2) document.write(tiger_img);
　사용자가 입력한 값이 2이면 날아가는 움직이는 호랑이 이미지 파일이 출력된다.

1.2 if-else문

① 양자 택일 구조로서 조건이 참이면 중괄호 {}안의 명령문(들)1을, 거짓인 경우에는 else구 다음의 중괄호 {} 안의 명령문(들)2를 실행시킨다. 실행되는 명령문이 하나인 경우는 중괄호 {}을 생략할 수 있다.

```
    if (조건) {
        명령문(들)1; }
    else {
        명령문(들)2; }
```

```
if ( x > 0 )
    { x = x + 1;
      z = x - 1; }
else
    { x = x - 1;
      z = x - 1; }
```

② if-else문을 사용하여 홀수/짝수를 구분하는 예제로서 num 변수에 저장된 숫자를 나머지 연산자를 이용하여(num % 2) 결과가 0이면 짝수이고, 1이면 홀수이다.

[프로그램 : ex4-2.html]

```
<HTML>
<BODY >
<h1> if-else문 예<p>
<h3> prompt 대화상자에 숫자를 입력하면 홀수/짝수를 구분하는
 if-else 문 예제이다.<p>
    <SCRIPT language="JavaScript">
    var num = prompt( "숫자를 입력하라" ,"");
    if (num  % 2 == 0)
            alert( num + "은(는) 짝수이다.");
        else
            alert( num + "은(는) 홀수이다.");
</SCRIPT>
</BODY>
</HTML>
```

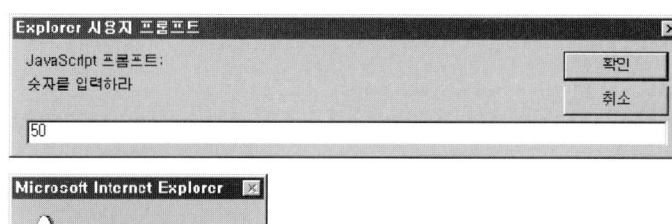

1.3 else if구를 사용한 다중 if문

① 여러 개의 조건을 기술할 때 사용하는 if문으로서 조건1이 참이면 중괄호 {} 안의 명령문(들)1을 실행시키고, 조건2가 참이면 명령문(들)2, 조건3이 참이면 명령문(들)3을 실행시키고 위의 조건을 모두 만족하지 못했을 경우에는 else 다음의 중괄호 {} 안의 명령문(들)n을 실행시킨다.

```
    if (조건1) {
         명령문(들)1; }
    else if (조건2) {
         명령문(들)2; }
    else if (조건3) {
         명령문(들)3; }
    ...
    ...
    else {
         명령문(들)n;}
```

② script 성적을 입력받아 다음과 같은 조건에 따라 script 성적의 학점을 평가하는 예를 else if구를 사용한 다중 if문을 사용하여 비교 작성하였다.

```
〈 평가 조건 〉
90 ≤ script 점수 ≤ 100      →   A
80 ≤ script 점수 ≤ 89       →   B
70 ≤ script 점수 ≤ 79       →   C
60 ≤ script 점수 ≤ 69       →   D
 0 ≤ script 점수 ≤ 59       →   F
그외                         →   잘못 입력된 script 점수
```

[프로그램 : ex4-3.html]

```
</HTML>
<BODY >
<h1> 다중 if 문 예<p>
<h3> prompt 대화상자에 점수를 입력하면 학점을 부여하는 다중 if문 예제이다.<p>

<SCRIPT language="JavaScript">
    var script = prompt( "자바스크립트 점수를 입력하라", "");
         // script 점수가 0보다 작거나 100보다 크면 잘못 입력된 점수이다.
    if (script < 0 || script > 100 )
         { grade = " 잘못 입력된 점수"; }
    // 90 ≤ script 점수 ≤ 100
    else if (script >= 90 )
         {grade = "A";}
```

```
        // 80 ≤ script 점수 ≤ 89
        else if (script >= 80 )
            {grade = "B";}
        // 70 ≤ script 점수 ≤ 79
        else if (script >= 70 )
            {grade = "C";}
        // 60 ≤ script 점수 ≤ 69
        else if (script >= 60 )
            {grade = "D";}
        // 0  ≤ script 점수 ≤ 59
        else
            {grade = "F";}

        alert( "학점은 "  +  grade + " 입니다");
</SCRIPT>
</BODY>
</HTML>
```

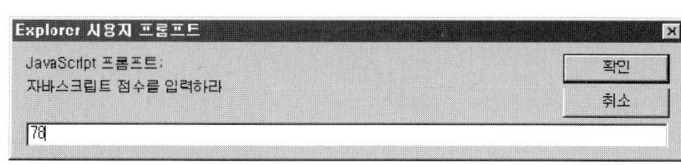

1.4 중첩 if문의 예

문제의 성격에 따라 if문 내에 if문이 내포될 수 있다. 다음 예는 바깥 if 문에서 남/녀를 구분한 후에 내부 if 문에서 성인/미성년자를 구분하는 중첩 if 문의 예이다.

[프로그램 : ex4-4.html]

```
<HTML>
<BODY>
<h1>  중첩 if문 예<p>
<h3> 첫 번째 prompt 대화상자에 남녀를 구분하여 입력하고, <br>
두 번째 prompt 대화상자에 나이를 입력하면, <br>
성인/미성년임을 구분하는 중첩 if문 예제이다.<p>

<SCRIPT language="JavaScript">
  sex_code = prompt( "남자인 경우는 'm'을 여자인 경우는 f를 입력하라", "m");
     age = prompt( "나이를 입력하라", "");
  // 남/녀를 구분하는 외부 if문
  if (sex_code == "m")
     { // 남자의 성인/미성년임을 구분하는 내부 if문
        if ( age >= 18)
           alert( "성인 남자");
            else
           alert( "남자 미성년자");  }
  else if (sex_code == "f")
     {   // 여자의 성인/미성년임을 구분하는 내부 if문
      if ( age >= 18)
           alert( "성인 여자");
                else
           alert( "여자 미성년자"); }
    else
           alert( "남녀 구분이 잘못 입력되었다");
</SCRIPT>
</BODY>
</HTML>
```

1.5 switch case문

switch case 문은 양자 택일 중심의 if문에 비해 여러 가지 경우 중 하나를 선택하는데 적합한 다중 조건문으로서 특히, 변수 값에 의해 여러 가지 경우로 분기하는 메뉴 중심의 프로그램에서 유용하게 사용될 수 있다.

```
switch (식)
{
    case label1:
        명령문(들)1;
        break;
    case label2:
        명령문(들)2;
        break;
    case label3:
        명령문(들)3;
        break;
        :
    default:
        명령문(들)n;
}
```

① switch case 문은 조건 기술 방법은 if문의 조건 표현과 다르게 관계 연산자 (<, <=, ==, != 등), 논리 연산자 등을 사용할 수 없음에 주의해야 한다. 즉, switch문에서 조건에 해당하는 식(expression)은 선택자로서 정수식, 또는 문자열 식이 올 수 있다.

② 조건에 해당하는 식이 갖고 있는 값과 label 중에서 일치하는 것이 있으면 해당 label의 명령문을 실행하고 break문에 의하여 switch문을 벗어난다.

> **주의**
> 만일 break문을 생략하면 해당 label의 명령문을 실행하고 난 후에 switch문을 벗어나지 않고 다음 case 명령을 계속 수행해 나가게 된다.

③ default는 아무 조건도 성립하지 않을 때 수행되지만 필요 없으면 생략할 수도 있다. 각 명령문은 복합문이 가능하다.

1) 입력 값에 따라 여러 가지 경우로 분기하는 예

[프로그램 : ex4-5.html]
```
<HTML>
<BODY>
<h1>  switch case 문 예<p>
    <SCRIPT language="JavaScript">
    // prompt 함수에서 입력받은 자료는 문자열형이 된다.
    i = prompt(" Enter menu number ?", "");
    /* if 문의 조건 표현과 다르게 <, <=, >, == 등을 사용할 수 없고 정수식,
       또는 문자열 식만이 기술된다 */
    switch (i)
      {
            case "1" :    // if ( i == "1")의 표현과 같다.
                    alert(" menu → 1 ");
                    break;
            case "2" :    // if ( i == "2")의 표현과 같다.
                    alert(" menu → 2 ");
                    break;
            case "3" :    // if ( i == "3")의 표현과 같다.
                    alert(" menu → 3 ");
                    break;
            default :     // "1", "2", "3"의 경우가 아닐 때
                    alert(" Out of range.");
      }
</SCRIPT>
</BODY></HTML>
```

[실행 결과]
prompt 대화상자에 2를 입력한 경우

2) break문의 생략 여부를 판단하게 해 주는 예

소문자/대문자 모음 여부를 판단해 주는 예로서 switch문의 case에 break문을 생략하는 경우와 break문을 반드시 적어야 하는 경우를 알 수 있다.

[프로그램 : ex4-6.html]

```
〈HTML〉
〈BODY 〉
〈h1〉  switch case 문 예〈p〉
〈h3〉소문자/대문자 모음 여부를 판단해 주는 예
〈SCRIPT language="JavaScript"〉
    char = prompt(" 알파벳을 입력하라 ?", "");
    switch (char)
    { /* 소문자 a, e, i, o, u의 모두 "영어 소문자 모음"이라고 출력하면 되므로
    마지막 case  "u"에서  break문을 사용하면 된다. */
        case "a" :
        case "e" :
        case "i" :
        case "o" :
        case "u" :
            kind = " 영어 소문자 모음 ";
            break;
        case "A" :
        case "E" :
        case "I" :
        case "O" :
        case "U" :
            kind = " 영어 대문자 모음 ";
            break;
        default :
            kind = " 영어 모음이 아니다 ";
    }
    alert("입력한 " + char + "은 " + kind);
〈/SCRIPT〉
〈/BODY〉
〈/HTML〉
```

[실행 결과]

prompt 대화상자에 소문자 e를 입력한 경우

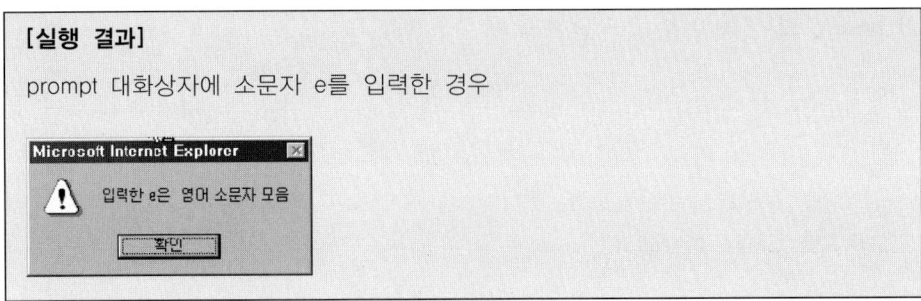

[프로그램 설명]

① break문을 생략하면 해당 label의 명령문을 실행하고 난 후에 switch문을 벗어나지 않고 다음 case 명령을 계속 수행해 나간다고 하였다. 그러므로 소문자 a, e, i, o, u의 모두 "영어 소문자 모음"이라고 출력하면 되므로 case "u" 앞까지는 break문이 생략되어야 한다.
② 만일 case "u"에서도 break문이 생략되면 소문자 a, e, i, o, u도 " 영어 대문자 모음 "이라고 출력이 된다.

3) 학점평가의 예

prompt 대화상자에 script 성적을 입력받아 다음과 같은 조건에 따라 script 성적의 학점을 평가하는 예이다

```
〈 평가 조건 〉
90 ≤ script 점수 ≤ 100      →   A
80 ≤ script 점수 ≤ 89       →   B
70 ≤ script 점수 ≤ 79       →   C
60 ≤ script 점수 ≤ 69       →   D
 0 ≤ script 점수 ≤ 59       →   F
그외                         →   잘못 입력된 script 점수
```

① switch case문은 if문의 조건 표현과 다르게 관계 연산자(<, <=, ==, != 등), 논리 연산자 등을 사용할 수 없으므로 조건을 정수식으로 변환해야 한다.
② script 점수를 10으로 나누면 85점인 경우 8.5가 된다. 조건은 정수식이 되어야 하므로 정수로 변환하는 내장 함수 parseInt()를 사용하여 정수 8로 변환시킨다. 이와 같은 방법을 사용하면 80~89점 사이는 정수 8로 변환된다.

```
// 7.5를 10진수 정수 7로 변환하려면 parseInt(7.5, 10)이라 표현한다.
n = parseInt(7.5, 10)
document.write(n)  // 7이 출력된다.
```

[프로그램 : ex4-7.html]

```
<HTML>
<BODY >
<h1>  switch case 문 예<p>
<h3>prompt 대화상자에 점수를  입력하면 학점을 부여하는 switch case 문 예제이
다.<p>
<SCRIPT language="JavaScript">
// prompt 함수에서 입력받은 자료는 문자열형이 된다.
script = prompt( "자바스크립트 점수를 입력하라? ", "");
// 문자열로 입력받은 점수를 10으로 나누어 0.0에서 10.0 사이의 실수로 자동형 변
환한다.
convert = script /10;
// 소숫점이하를 버리고 10진수 정수로 변환한다.
// parseInt(convert);와 같이 두 번째 인수 10을 생략할 수 있다.
//  convert  = parseInt(script /10, 10)와 같이 직접 10진수 정수로 변환해도 된다.
convert  = parseInt(convert ,10);

switch (convert)
{
    case  10 :
    case   9 :
         grade = "A";
         break;
    case  8 :
         grade = "B";
         break;
    case  7 :
         grade = "C";
         break;
    case  6 :
         grade = "D";
         break;
    case  5 :
```

```
        case  4 :
        case  3 :
        case  2 :
        case  1 :
        case  0 :
            grade = "F";
            break;
        default :
            grade = " 잘못 입력된 점수";
        }
        alert( "학점은 " +  grade + " 입니다");
     </SCRIPT>
</BODY>
</HTML>
```

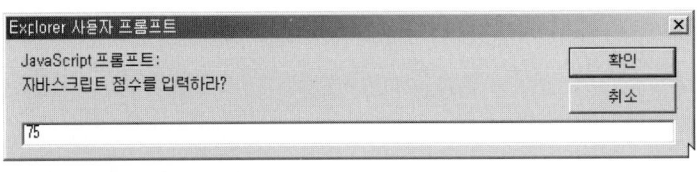

2 조건 반복문

프로그램 실행 과정에서 일정한 처리 과정을 조건에 따라 반복해야 하는 경우가 많이 발생한다. 자바스크립트에서 주어진 조건을 만족할 동안 일정한 처리 과정을 반복 실행하도록 제어하는 명령은 while문과 do ~ while문이 있다.

2.1 while문

조건이 참인 동안(while) 반복 처리될 명령문들을 반복 실행한다. 그렇지 않으면 반복 구간을 빠져 나와 다음 문장으로 실행을 옮긴다.

```
while ( 조건 )
 {
   반복 처리될 명령문(들);
   }
```

① while문에서 조건은 반복 여부를 판단하는 조건식으로서 참(true, 0이 아닌 값) 또는 거짓(false, 0인 값)으로 계산될 수 있는 식(expression)으로서 참일 때 계속 반복 실행하고 거짓일 때 while문을 벗어난다. 조건 기술 방법은 3장의 7절에서 설명한 것과 같이 관계식이나 논리식을 사용한다.
② 반복 구간 내에 수행될 명령문이 하나인 경우는 중괄호 {}를 생략할 수 있다.
③ 반복 구간이 실행되기 전에 먼저 조건을 테스트하므로 반복 구간이 한 번도 실행되지 않는 경우가 생길 수 있다.
④ 1 + 2 + 3 + … + 9 + 10을 구하는 while문 예이다.

[프로그램 : ex4-8.html]
```
<HTML>
<BODY >
<h1>  while 문 예<p>
<h3> 1 + 2 + 3 + … + 9 + 10을 구하는 예 <p>
    <SCRIPT language="JavaScript">
    var  number = 1, sum=0;
    /* number의 값이 10이 될 때까지 10번 중괄호의 반복 구간을 반복
       처리하고 11이 되면 반복 구간을 빠져나가 결과를 출력한다. */
    while (number  <= 10)
         { sum = sum + number;
           number = number + 1;
         }
    document.write( " 1 + 2 + 3 + … + 9 + 10 =    "  + sum);
</SCRIPT></BODY></HTML>
```

> [실행 결과]
> 1 + 2 + 3 + … + 9 + 10 = 55

[프로그램 설명]

① 1에서 10까지의 합을 구하는 문제는 1에서 10까지 1씩 증가하면서 10번 반복한다는 것을 쉽게 알 수 있다.
그러므로 반복 조건(number <= 10)은 카운터용 변수 number의 값이 10이 될 때까지 반복하고 10을 넘으면 while문의 반복 구간을 벗어나 누적된 sum변수의 값을 출력하고 프로그램을 종료한다.

② 카운터용 변수 number에 초기 값 1을 주어 반복할 때마다 1씩 증가하게 해야 한다. 다음과 같은 할당문을 반복 구간 내에 기술한다.
다음 : number = number + 1
(변수 number의 초기 값이 1이기 때문에 반복 실행될 때마다 number 변수의 값은 1, 2, 3, 4... 8, 9, 10과 같이 1씩 증가된다.)

③ 누적용 변수를 사용하여 반복될 때마다 1씩 증가된 값을 누적시킨다. 다음과 같은 할당문을 반복 구간 내에 기술한다.
다음 : sum = sum + number
(누적용 변수 sum의 초기값이 0이기 때문에 변수 number가 반복될 때마다 1, 2, 3, 4...,10로 변한다면 변하는 number의 값이 sum변수에 매번 (0+1)→(1+2)→(1+2+3)→(1+2+3+4) →...(1+2+...+9+10)와 같이 변화되어 누적된다.)

④ number값이 10보다 작거나 같으면 number 변수는 1씩 증가하고, sum 변수는 number 값을 누적하면서 반복 실행되는데 이들의 기억 장소 변화는 다음과 같다. number값이 11로 변하면 while문의 조건이 거짓이 되어 반복 구간을 빠져나온다.

number	1→	2→	3→	4 →	5 →	6→	7→	8→	9→	10→	11
sum	0→	1→	3→	6→	10→	15→	21→	28→	36→	45→	55

2.2 do~while문

while문과 동일하나 차이점은 먼저 명령문을 수행한 후 반복 구간 마지막에서 조건을 검사하여 반복 여부를 결정한다. 즉, 반복 구간은 최소한 한 번 실행된다.

```
   do
   {
      반복 처리될 명령문(들);
   }
   while ( 조건 )
```

1) 1 + 2 + 3 + … + 9 + 10을 구하는 do~while의 예

1에서 10까지의 합을 구하는 문제는 1에서 10까지 1씩 증가하면서 10번 반복해야 하므로 반복 구간을 최소한 한 번 이상 실행하는 do~while문이 while문보다 적합하다.

[프로그램 : ex4-9.html]
```html
<HTML>
<BODY>
<h1>  do - while 문 예<p>
<h3> 1 + 2 + 3 + … + 9 + 10을 구하는 예 <p>
<SCRIPT language="JavaScript">
    var  number = 1, sum=0;
    do {
           sum = sum + number;
           number = number + 1;
    } while (number <= 10)
document.write( " 1 + 2 + 3 + … + 9 + 10 =    " + sum);
</SCRIPT>
</BODY>
</HTML>
```

[실행 결과]
1 + 2 + 3 + … + 9 + 10 = 55

2) 입력받은 값이 잘못되면 반복 또는 종료시키는 예제

prompt 대화상자에서 1을 입력하면 날아가는 새 이미지가 출력되고, 2를 입력하면 움직이는 호랑이 이미지가 출력된다. 그러나 사용자가 1이나 2가 아닌 잘못된 자료를 입력하면 confirm 대화상자를 사용하여 1이나 2를 입력할 때까지 반복하게 하거나 종료하게 하는 예제이다.

[프로그램 : ex4-10.html]

```html
<HTML>
<BODY >
<h1>  do - while문 예<p>
<h3> 1을 입력하면  날아가는 새 이미지가 출력되고, <br> 2를 입력하면
     움직이는 호랑이 이미지가 출력된다. <br> 만일 1이나 2가 아닌 잘못된 자료를
     입력하면,<br> 반복하게 하거나  종료하게 하는 예제이다.
<SCRIPT language="JavaScript">
var bird_img ='<img src = "bird.gif" >';
var tiger_img ='<img src = "tiger.gif" >';
var answer = false;
do {
        var select = prompt( "1과 2중 하나를 입력하라", "1");
        switch (select)
           {    case "1" :
                    document.write(bird_img);
                    break;
                case "2" :
                    document.write(tiger_img);
                    break;
                default  :
                    answer =  confirm("번호가 잘못되었다.!!
                        계속하려면 '확인' 종료하려면 '취소'");
           }
    } while (answer == true)
</SCRIPT>
</BODY>
</HTML>
```

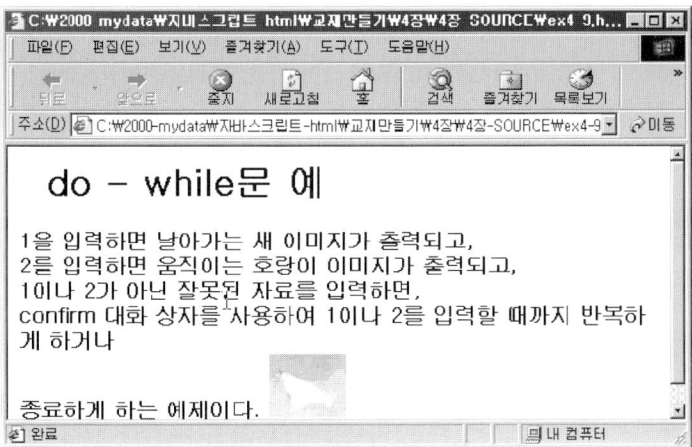

[프로그램 설명]

① answer = confirm("번호가 잘못되었다.!! 계속하려면 '확인' 종료하려면 '취소'");
prompt 대화상자에 1이나 2가 아닌 잘못된 자료를 입력하면, confirm 대화상자가 나타난다.

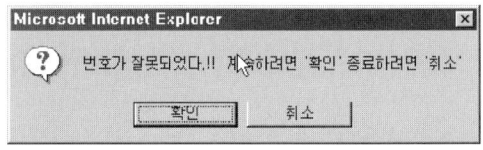

② confirm() 함수는 메시지와 확인/취소 버튼을 포함하는 대화상자를 보여주는 내장 함수로서 사용자로부터 응답을 듣고 싶을 때 사용한다.
③ 사용자가 확인(ok) 버튼을 누를 경우에 true 값이 answer 변수에 할당되고, 만일 취소(cancel) 버튼을 누를 경우에는 false 값이 answer 변수에 할당된다.
④ while (answer == true);
사용자가 확인(ok) 버튼을 눌렀으면 조건이 참이 되어 do와 while 사이가 반복 수행되고, 만일 취소(cancel) 버튼을 눌렀으면 조건이 거짓이 되어 프로그램이 종료된다.

confirm() 내장 함수는 사용자에게 메시지를 보여 주고 응답을 듣고 싶을 때 사용하는 대화상자로서 5장에서 자세한 사용법이 설명되어 있다.

2.3 for문

while문과 달리 for문은 초기 값을 토대로 조건을 판단하여 증가 또는 감소하면서 반복 실행하는 명령문으로서 특히 배열 처리에서 자주 이용되는 유용한 반복문이다.

```
for (초기식; 조건; 증가식; )
  {
        반복 처리될 명령문(들);
  }
```

① 초기식은 반복 제어에 사용되는 초기 값을 할당한다.
② 조건은 반복 여부를 판단하는 조건식으로 참(0이 아닌 값)일 때 반복 실행하며, 거짓(0인 값)일 때 반복 구간을 벗어난다.
③ 증가식은 반복할 때마다 초기 값을 토대로 증가 또는 감소한다.
④ 초기값을 가지고 조건이 참이 되면 반복 처리될 명령문들을 반복할 때마다 증가분씩 변화하여 조건이 거짓이 때까지 반복 실행한다.
⑤ 반복 구간 내에 수행될 명령문이 하나인 경우는 중괄호 {}를 생략할 수 있다.

1) 1 + 2 + 3 + … + 9 + 10을 구하는 예

1에서 10까지의 합을 구하는 문제는 1에서 10까지 1씩 증가하면서 10번 반복하는 경우이다.

```
for (number =1; number <= 10; number++)
    sum = sum + number;
```

① for문의 number =1은 반복 제어에 사용되는 초기 값이다.
② number <= 10은 반복 여부를 판단하는 조건식으로 10보다 작거나 같으면 조건이 참이므로 반복 실행하며, 11이되면 거짓이 되어 반복 구간을 벗어난다.
③ number++은 증가식으로 반복할 때마다 1씩 증가한다.
④ 반복할 때마다 sum = sum + number; 문장이 수행되어 10까지의 합이 sum 변수에 누적된다.

[프로그램 : ex4-11.html]
```
<HTML>
<BODY >
<h1>  for 문 예<p>
```

```
<h3> 1 + 2 + 3 + … + 9 + 10을 구하는 예 <p>
<SCRIPT language="JavaScript">
    var sum =0;
    for (number =1; number <= 10; number++)
        sum = sum + number;
    document.write( " 1 + 2 + 3 + … + 9 + 10 =   " + sum);
</SCRIPT>
</BODY>
</HTML>
```

[실행 결과]
1 + 2 + 3 + … + 9 + 10 = 55

10 + 9 + 8 + … + 2 + 1을 구하는 예

초기값을 10으로 할당한 후 반복할 때마다 1씩 감소시키면서 10까지의 합을 구할 수 있다.

```
<SCRIPT language="JavaScript">
    var sum =0;
    for (number =10; number <= 1; number--)
        sum = sum + number;
    document.write( "10 + 9 + 8 + … + 2 + 1 =   " + sum);
</SCRIPT>
```

[실행 결과]
10 + 9 + 8 + … + 2 + 1 = 55

2) 1 + 2 + 3 + … +(n-1) + n을 구하는 예

① 1 + 2 + … + (N-1) + N을 구하는 문제는 마지막 값이 10과 같이 정해진 상수가 아니고 사용자에 따라 마지막 값이 변할 수 있기 때문에 마지막 값을 변수로 활용하여 입력받으면 된다. 입력문은 키보드로부터 사용자가 자유롭게 마지막 숫자를 변수에 입력할 수 있는 prompt() 함수문이 적합하다.

② 초기값 1을 가지고 반복할 때마다 1씩 증가되는 카운터 변수 number와 키보드로부터 사용자가 입력한 last_num 변수의 마지막 숫자와 비교하여 반복 여부가 결정된다.

[프로그램 : ex4-12.html]
```
<HTML>
<BODY >
<h1>  for 문 예<p>
<h3> 1 + 2 + 3 + … + n을 구하는 예 <p>
<SCRIPT language="JavaScript">
  var sum =0;
  var last_num = prompt(" 마지막 숫자를 입력하라", "");
  for (number =1; number <= last_num; number++)
    sum = sum + number;
  document.write( "1 + 2 + … + " + (last_num-1) + " + " + last_num + " = " + sum);
</SCRIPT>
</BODY>
</HTML>
```

[실행 결과]
마지막 숫자로서 20을 입력한 경우
1 + 2 + … + 19 + 20 = 210

3) 구구단 프로그램

구구단은 1에서 9까지 1씩 증가하면서 9번 반복하는 경우이다.

[프로그램 : ex4-13.html]
```
<HTML>
<BODY >
<h1>  for 문 예- 구구단 프로그램 <p>
<SCRIPT language="JavaScript">
    var dan = prompt(" 몇 단?", "");
    for (number =1; number <= 9; number++)
    { result = dan * number;
```

```
            document.write( dan + "  *  " + number + "  =  " + result + "<br>");
        }
</SCRIPT>
</BODY>
</HTML>
```

[실행 결과]
5단을 입력한 경우
구구단 프로그램
5 * 1 = 5
5 * 2 = 10
5 * 3 = 15
5 * 4 = 20
5 * 5 = 25
5 * 6 = 30
5 * 7 = 35
5 * 8 = 40
5 * 9 = 45

3 반복문 내에서 break/continue문 사용

3.1 반복문 내에서 break문 사용

break문은 switch문에서 간단하게 사용하였으나 for문, while문, do~while문의 반복 구간에서 반복 수행의 제어를 변경하는 용도로 편리하게 사용된다. 반복문의 반복 구간 내에서 break문을 만나면 무조건 해당 반복 구간을 벗어난다.

1) for문, while문, do~while문에서의 break문을 사용한 예

1 + 2 + 3 + … + n의 합이 처음으로 50을 넘을 때 n값과 그때까지의 합을 구하는 프로그램을 for문, while문, do~while문에서의 break문을 사용하여 작성한 예이다.

```
[프로그램 : ex4-14.html]
<HTML>
<BODY >
<h1>  반복문 내에서 break문 사용 예<p>
<h3> 1 + 2 + 3 + … + n의 합이 처음으로 50을 넘을 때 n값과 <br>
그때까지의 합을 구하는 프로그램을 for문, while문, do~while문에서의<br>
 break문을 사용하여 작성한 예 <p>
<SCRIPT language="JavaScript">
 var LIMIT = 50;
 var n=0;
 var sum=0;
 // for 문 예
 // for문에서 조건식을 생략하면 무한 반복한다.
 for (n=1; ; n++)
    { sum = sum + n;
     /* sum 값이 50보다 크면 for문을 벗어난다. */
     if (sum > LIMIT) break;
    }
document.write("By for : " + " n = " + n + "일 때  sum=  " + sum + "<br>");
   / * while문 사용 */
sum = n = 0;
/* 조건 true는 while문을 무한 반복함 */
while (true)
    { ++n;
    sum +=n;
    /* sum 값이 50보다 크면 while문을 벗어난다. */
    if (sum > LIMIT) break;
    }
document.write("By while : " + " n = " + n + "일 때  sum=  " + sum + "<br>");
/ *  do~while문 사용 */
```

```
sum = n = 0;
do {
    ++n;
    sum += n;
    if (sum > LIMIT) break;
} while (true);
document.write("By do-while : " + " n = " + n + " 일 때   sum= " + sum);
</SCRIPT>
</BODY>
</HTML>
```

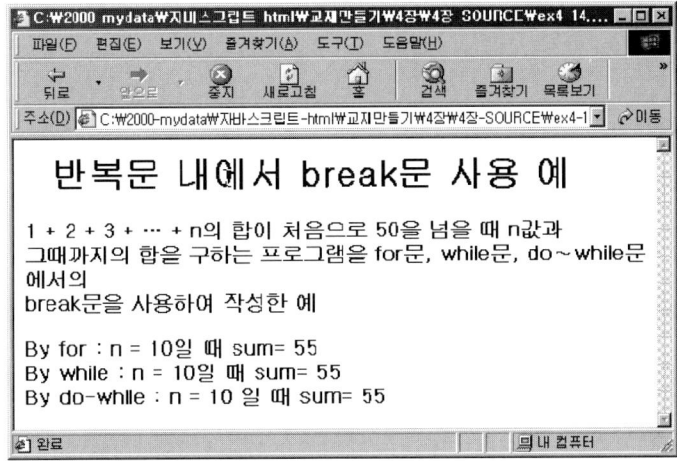

[프로그램 설명]

① if (sum > LIMIT) break;
　　누적되는 sum 변수의 값이 50보다 크면 break 문이 수행되어 for, while, do~while의 반복 처리 구간을 벗어나 반복 구간의 다음 문장인 document.write()문을 수행한다.

② for (n=1; ; n++)
　　for문에서 조건식을 생략하면 n값이 반복할 때마다 1씩 증가되면서 무한 반복한다. 그러므로 if (sum > LIMIT) break;와 같은 문장으로 무한 반복에서 벗어나게 해야 한다.

3.2 반복문 내에서 continue문 사용

continue문은 break문과 다르게 반복문의 반복 구간 내에서 continue문을 만나면 무조건 해당 반복 구간의 처음 부분으로 이동시켜 준다.

1) for문에 continue문을 사용한 예

1에서 100 사이의 홀수의 합과 짝수의 합을 구하기 위하여 for문에 continue문을 사용한 예이다.

```
[프로그램 : ex4-15.html]
<HTML>
<BODY >
<h1>  반복문 내에서 continue문 사용 예<p>
<h3> 1에서 100 사이의 홀수의 합과 짝수의 합을 구하는 프로그램을 <br>
for문에 continue문을 사용하여 작성한 예 <p>
<SCRIPT language="JavaScript">
    var oddSum = evenSum = 0;
    for (n=1; n <= 100 ; n++)
      {
          if (n % 2 == 0 )
            { evenSum = evenSum + n; // 짝수의 합 누적
              // 다음 문장을 수행하지 않고 다시 for 문의 처음으로 이동
                continue;  }
            oddSum = oddSum + n;      // 홀수의 합 누적
         }
      document.write(" 홀수의 합 = " + oddSum + ", 짝수의 합 = " + evenSum);
</SCRIPT>
</BODY>
</HTML>
```

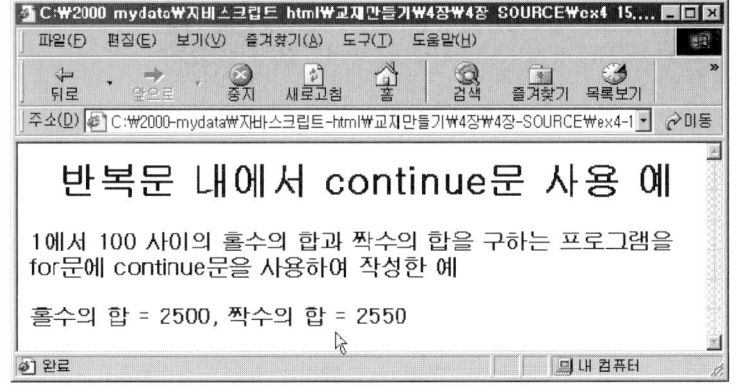

[프로그램 설명]

① if문 내의 continue 명령은 oddSum = oddSum + n; 문장을 수행하지 않고 다시 for문의 처음으로 제어를 이동시킨다.
② 위 프로그램에서 if문은 다음과 같이 if-else문으로 적은 경우와 동일하다.

```
if (n % 2 == 0 )
     evenSum = evenSum + n;
else
     oddSum = oddSum + n;
```

4 중첩된 반복문(nested loop)

프로그램을 작성하다 보면 반복문 내에 반복문이 처리되는 경우가 자주 발생한다. 이를 중첩된 반복문이라 하며 특히, 다차원 배열을 처리할 때 중첩된 FOR문이 자주 사용된다.

4.1 외부 반복문과 내부 반복문간의 관계

먼저 두개의 FOR문을 사용한 예제를 통하여 중첩된 반복문에서 외부 반복문과 내부 반복문간의 관계를 알아보자. 예제는 외부 FOR loop안에 내부 FOR loop가 포함된 형태의 중첩된 반복문이다.

[프로그램 : ex4-16.html] 외부 반복문과 내부 반복문간의 관계

```
외부   ┌── for (i= 1; i <= 3; i++)
FOR │        { document.write( " 외부 반복 제어 변수 i 값 → " + i + "<br>");
loop │  내부 ┌── for (j= 1; j <= 4; j++)
    │  FOR │        { document.write( " 내부 반복 제어 변수 j 값 → " + j + "<br>");
    │  loop └── }
    └── }
```

[실행 결과]

```
외부 반복 변수 i 값 → 1
  내부 반복 변수 j 값 → 1
  내부 반복 변수 j 값 → 2
  내부 반복 변수 j 값 → 3
  내부 반복 변수 j 값 → 4
외부 반복 변수 i 값 → 2
  내부 반복 변수 j 값 → 1
  내부 반복 변수 j 값 → 2
  내부 반복 변수 j 값 → 3
  내부 반복 변수 j 값 → 4
외부 반복 변수 i 값 → 3
  내부 반복 변수 j 값 → 1
  내부 반복 변수 j 값 → 2
  내부 반복 변수 j 값 → 3
  내부 반복 변수 j 값 → 4
```

① 프로그램의 실행 결과에서 알 수 있듯이 외부 FOR loop 반복 변수 i가 1에서 3까지 한 번씩 증가될 때마다 내부 FOR loop 반복 변수 j는 항상 초기값 1에서 최종값 4까지 4번 반복된다. 즉, 내부 반복문은 외부 반복문에 의존하여 반복한다는 사실을 알 수 있다.

② 중첩된 반복문을 사용할 때 반드시 내부 반복문은 외부 반복문에 완전히 포함된 구조가 되어야 한다. 허용되는 중첩 반복 구조와 허용되지 않는 중첩 반복 구조를 도식으로 나타내었다.

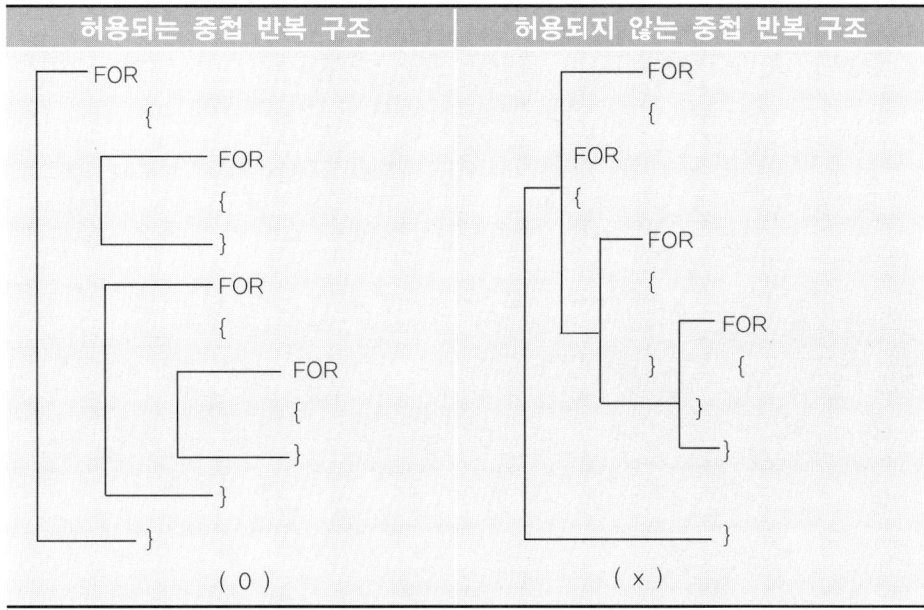

4.2 중첩 반복문의 예

1) 중첩된 반복문을 이용하여 1단에서 9단까지 전체 구구단을 출력하는 프로그램을 작성한 예

문제 해결 방법

1단을 계산하기 위해 1에서 9까지 변화해야 하고, 2단을 계산하기 위해 1에서 9까지 변화해야 하고, ... 9단을 계산하기 위해서도 1에서 9까지 변화해야 한다. 다음과 같이 외부 FOR loop의 반복 변수는 1에서 9까지 변해야 하고, 내부 FOR loop의 반복 변수 역시 1에서 9까지 변해야 한다.

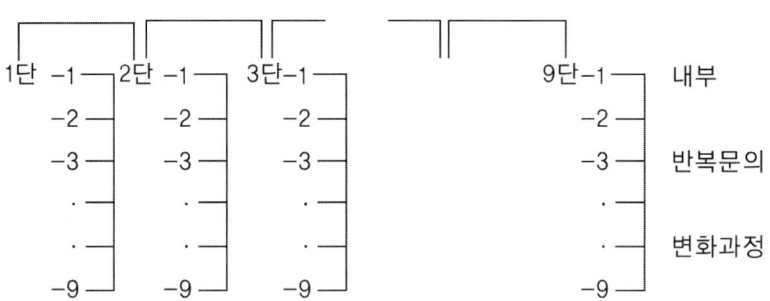

외부 반복문의 변화 과정

[프로그램 : ex4-17.html]

```
〈HTML〉
〈BODY 〉
〈h1〉  중첩반복문 예〈p〉
〈h3〉 구구단 프로그램  〈p〉
〈SCRIPT  language="JavaScript"〉
   for (dan =1; dan 〈= 9; dan++)
     {
     document.write( dan + " 단〈br〉");
     for (number =1; number 〈= 9; number++)
        {
        result = dan * number;
        document.write( dan + " * " + number + " = " + result + "〈br〉");
        }
     }
〈/SCRIPT〉
〈/BODY〉
〈/HTML〉
```

[실행 결과]

```
1 단              2 단              ………        9 단
1 * 1 = 1         2 * 1 = 2         ………        9 * 1 = 9
1 * 2 = 2         2 * 2 = 4         ………        9 * 2 = 18
1 * 3 = 3         2 * 3 = 6         ………        9 * 3 = 27
1 * 4 = 4         2 * 4 = 8         ………        9 * 4 = 36
1 * 5 = 5         2 * 5 = 10        ………        9 * 5 = 45
1 * 6 = 6         2 * 6 = 12        ………        9 * 6 = 54
```

```
1 * 7 = 7      2 * 7 = 14    ........    9 * 7 = 63
1 * 8 = 8      2 * 8 = 16    ........    9 * 8 = 72
1 * 9 = 9      2 * 9 = 18    ........    9 * 9 = 81
```

출력은 여백상 세로로 수정 출력하였다.

2) 구구단 프로그램을 반복 제어하는 예

사용자가 자유롭게 출력할 구구단을 prompt() 대화상자에 입력하면 해당 구구단을 출력시킨 후 confirm() 대화상자를 사용하여 취소(cancel) 버튼을 누를 때까지 반복적으로 새롭게 입력받은 구구단을 출력하는 예이다.

[프로그램 : ex4-18.html]
```
<HTML>
<BODY >
<h1>  중첩 반복문 예<p>
<h3> 구구단 프로그램의 반복 제어 <p>
<SCRIPT language="JavaScript">
  do
    { var dan = prompt(" 몇 단?", "");
      for (number =1; number <= 9; number++)
        { result = dan * number;
          document.write( dan + "  *  " + number + "  =  " + result +"<br>");
        }
        ok_no =  confirm(" 계속하려면 '확인' 종료하려면 '취소'");
} while(ok_no == true)
    </SCRIPT>
</BODY>
</HTML>
```

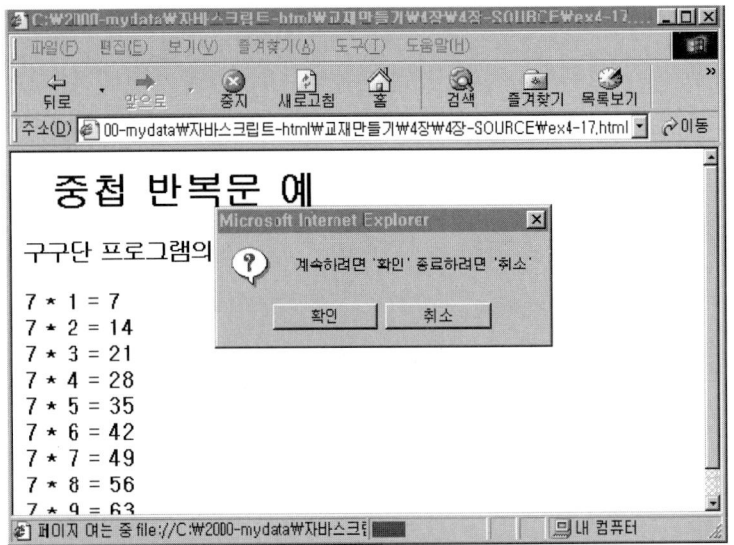

[프로그램 설명]

① confirm 대화상자에서 사용자가 확인(ok) 버튼을 누를 경우에 true 값이 ok_no 변수에 할당되고, 만일 취소(cancel) 버튼을 누를 경우에는 false 값이 ok_no 변수에 할당된다.

② while (ok_no == true);
사용자가 확인(ok) 버튼을 누르면 조건이 참이 되어 외부 반복문인 do와 while 사이가 반복 수행됨으로서 여기에 의존된 내부 for문이 수행되어 새로운 구구단이 출력된다. 만일 취소(cancel) 버튼을 눌렀으면 조건이 거짓이 되어 프로그램이 종료된다.

Chapter

함수(function) 사용하기

본 장에서는 먼저 프로그램 작성에 유용한 함수 개념과 장점을 간단히 살펴보고, 자바스크립트에서 자주 공통으로 사용되는 기능들을 미리 만들어 놓고 사용자에게 제공하는 몇 가지 내장 함수들의 사용법을 살펴본다.

마지막으로 사용자가 자신의 프로그램 내에서 자주 반복 이용되는 부분을 내장 함수처럼 정의 할 수 있는 사용자 정의 함수를 작성하는 방법과 다양한 예를 소개한다.

1 함수 개념과 장점

1.1 함수 개념

해결해야 할 프로그램이 크고 복잡한 문제이면 작고 의미있는 여러 개의 기능 중심의 부분 문제로 나누면서 전체를 해결해 나가면 프로그램의 설계가 단순해지기 때문에 프로그램을 이해하기 쉽고, 유지하기 쉽고, 수정하기 쉽다.

이와 같이 하나의 문제를 기능 중심의 여러 개의 작은 부분 문제들로 분해할 때 각 부분 문제와 관계된 여러 문장들의 집단을 함수(function)라 부른다.

1.2 함수를 사용할 때의 장점

① 복잡한 프로그램을 함수별로 나누어 여러 사람이 공동 작성할 수 있다.
② 프로그램 여러 곳에서 똑같은 처리 과정을 갖는 함수로 정의하여 반복 기술하지 않고 필요할 때마다 공동 이용할 수 있다.
③ 함수별로 손쉽게 오류를 찾을 수 있고 수정할 수 있다.
④ 프로그램의 설계가 단순해서 프로그램을 이해하기 쉽고, 유지보수하기가 쉽다.

2 자바스크립트 내장 함수

자바스크립트는 다른 언어와 같이 프로그램을 작성하는 과정에서 자주 공통으로 사용되는 기능들을 미리 만들어 놓고 사용자에게 제공하는 내장 함수(library function)들이 있다.
사용자는 프로그래밍을 작성하는 과정에서 필요한 내장 함수들을 호출하여 시간과 노력을 절감할 수 있다.

2.1 대화상자 기능을 갖는 내장 함수들 : alert(), confirm(), prompt()

1) 메시지 출력 대화상자 : alert() 함수

① alert() 함수는 메시지와 확인 버튼만으로 구성된 대화상자를 보여주는 내장 함수로서 경고나 인사말 등과 같은 정보가 있는 메시지를 출력하는 경우에 사용된다.

alert
("반갑습니다,
반갑습니다 !!!");

형 식	alert(메시지)
용 도	사용자의 요구를 받을 필요가 없는 정보가 담긴 메시지만을 출력시켜 주는 대화상자이다.
인 수	메시지 : 대화상자에 나타나는 메시지이다. 확인(ok) 버튼을 누를 경우 alert() 함수 명령이 종료한다.

alert() 함수의 사용법

② alert() 함수는 <br>, <p> 등과 같은 HTML 태그를 사용할 수 없으나 만일 메시지를 여러 라인으로 출력하고 싶을 때는 alert() 함수의 인수 내에 특수문자(escape sequence)인 "\n"을 사용한다. 즉, alert() 함수가 "\n"을 수

행할 때마다 alert() 대화상자에서 출력할 "\n"이후의 내용을 다음 라인으로 출력 위치를 변경하여 출력시킨다.

alert
(" 반갑습니다!
\n 반갑습니다 !!
\n 반갑습니다 !!!");

③ 특수 문자(escape sequence)인 "\n"는 출력 위치를 다음 라인으로 바꾸는 기능으로 연속적으로 "\n"를 2번 기술하면 한 라인이 공백 라인으로 출력된다.

alert(" 반갑습니다!   \n \n 반갑습니다 !!!");

2) 입력 대화상자 : prompt() 함수

① prompt() 내장 함수는 메시지, 확인, 취소 버튼 그리고 사용자로부터 자료를 입력받는데 사용하는 텍스트 박스로 구성되는 대화상자로서 사용자에게 문자열 자료를 입력받는데 사용한다.

② prompt() 함수가 실행되면 그림과 같은 대화상자가 나타난다. 여기서 사용자가 자료를 입력하면 num 변수에 입력한 자료가 문자열로 저장된다.

num = prompt
("1과 2중 하나를
입력하라", "1");

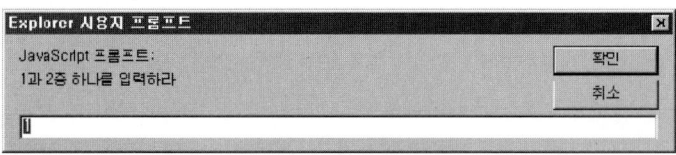

형식	[변수 =] prompt (메시지 [, 기본 입력 값])	prompt() 함수의 사용법
용도	사용자에게 문자열 자료를 입력받는데 사용하는 대화상자이다.	
인수	메시지 : 대화상자에 나타나는 메시지이다. 　　예) 그림에서 "1과 2중 하나를 입력하라" 부분이다. 기본 입력 값 : 자주 사용되는 입력 값을 기술하며, 생략할 수 있다. －자료를 입력하지 않고 확인 버튼을 누르거나 엔터키를 치면 앞의 그림에서 기본 입력 값인 1이 변수에 문자열로 저장된다. －기본 입력 값을 생략하면 undefined가 나타나며, 기본 입력 값을 ""로 기술하면 undefined가 나타나지 않는다.	
반환값 (return value)	・확인(ok) 버튼을 누를 경우 : 사용자 입력한 값이 반환되어 조건으로 사용하거나 변수에 할당할 수 있다. 주의 할 점은 사용자가 입력한 자료는 기본이 문자열형이다. ・취소(cancel) 버튼을 누를 경우 : null 값이 반환되어 조건으로 사용하거나 변수에 할당할 수 있다.	

3) 질문 메시지에 대한 응답 확인 대화상자 : confirm() 함수

① confirm() 내장 함수는 사용자가 에게 질문 메시지를 보여 주고 사용자가 선택한 확인 또는 취소 버튼에 따라 프로그램을 진행해 나갈 때 사용하는 대화상자이다.

② confirm() 함수을 실행시키면 그림과 같은 confirm 대화상자가 나타난다. 여기서 사용자가 확인(ok) 버튼을 누를 경우에 ok_no 변수에 true 값이 할당되고, 만일 취소(cancel) 버튼을 누를 경우에는 false 값이 할당된다.

ok_no = confirm("번호가 잘못되었다.!!　계속하려면 '확인' 종료하려면 '취소'");

HTML과 JAVAScript

confirm() 함수의 사용법	형식	confirm(메시지)
	용도	사용자에게 질문 메시지를 보여주고 응답을 확인하고 싶을 때 사용하는 대화상자이다.
	인수	메시지 : 대화상자에 나타나는 메시지이다.
	반환값 (return value)	·확인(ok) 버튼을 누를 경우 : true 값이 반환되어 조건으로 사용하거나 변수에 할당할 수 있다. ·취소(cancel) 버튼을 누를 경우 : false 값이 반환되어 조건으로 사용하거나 변수에 할당할 수 있다.

4) alert(), confirm(), prompt() 함수의 사용 예

prompt() 대화상자에 암호를 입력한 후 암호가 일치하면 심마니 사이트로 이동하고, 암호가 틀리면 confirm() 대화상자에 의해 다시 암호를 입력할 것인지 또는 취소할 것인지를 확인하는 예로서, 사용자가 암호를 모를 경우에 confirm() 대화상자에서 취소(cancel) 버튼을 누르면 "암호를 기억한 후 방문해 주세요!!!"라는 메시지를 갖는 alert 대화상자가 나타난다.

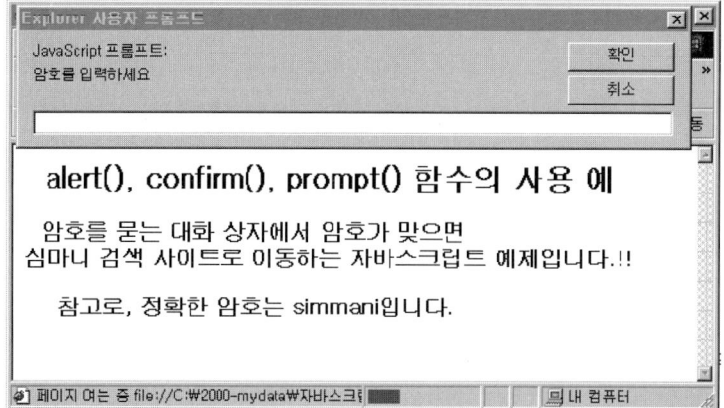

암호를 입력받기 위해 prompt 대화상자가 실행된 예

[프로그램 : ex5-1.html]

〈HTML〉
〈BODY〉
〈h2〉 alert(), confirm(), prompt() 함수의 사용 예   〈p〉
〈h3〉 암호를 묻는 대화상자에서 암호가 맞으면 〈br〉
심마니 검색 사이트로 이동하는 자바스크립트 예제입니다.!!〈p〉
〈p〉   참고로, 정확한 암호는 simmani입니다.〈/p〉

함수(function) 사용하기 5

```
<SCRIPT language="JavaScript">
    var ok_no;
    do {
        // 사용자가 암호를 입력하면 passwd 변수에 암호가 문자열로 저장된다.
        passwd=prompt("암호를 입력하세요","");
        if (passwd == "simmani")
                // 암호가 일치하면 심마니 검색 사이트로 이동한다.
                location.href = "http://www.simmani.com";
            else
        // 암호가 틀린 경우에 confirm 대화상자가 나타난다.
            ok_no = confirm("암호가 틀립니다. !!  \n\n다시 암호를 입력하려면
            '확인' 종료하려면 '취소'");
    } while(ok_no == true) ;
        if (ok_no == false)  alert("암호를 기억한 후 방문해 주세요 !!!");
</SCRIPT>
</BODY>
</HTML>
```

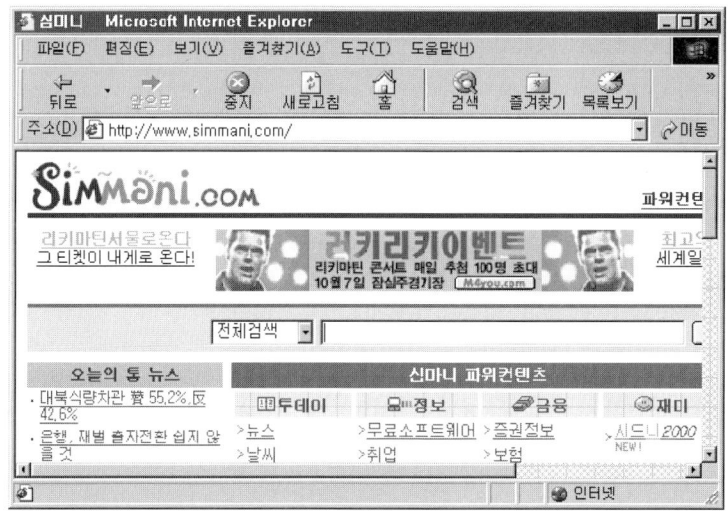

암호가 정확할 때
심마니 사이트로
이동한 예

[프로그램 설명]

① 사용자가 prompt 대화상자에서 암호를 입력하면 passwd 변수에 암호가 문자열로 저장 된다. if문에서 passwd 변수에 저장된 암호가 일치하면 location.href = "http://www. simmani.com"; 명령이 수행되어 심마니 검색 사이트로 이동한다.

② location.href 명령은 HTML의 a(anchor) 태그와 유사한 기능으로 location은 현재 열

려진 윈도우의 URL 주소에 관한 정보를 갖는 객체이고, href는 location 객체의 속성으로 주어진 URL 주소(http://www.simmani.com)로 이동한다.

③ 암호가 틀린 경우에 confirm 대화상자가 나타난다. 여기서 사용자가 확인(ok) 버튼을 누를 경우에 ok_no 변수에 true 값이 할당되고, 만일 취소(cancel) 버튼을 누를 경우에는 false 값이 할당된다.

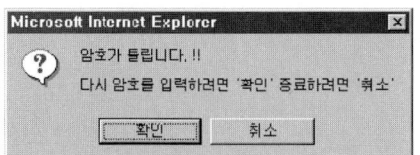

④ while (answer == true);
사용자가 암호를 다시 입력하기 위해 확인(ok) 버튼을 눌렀으면 조건이 참이 되어 do와 while 사이가 반복 수행되기 때문에 암호를 입력받는 prompt 대화상자가 다시 호출된다. 만일 취소(cancel) 버튼을 눌렀으면 조건이 거짓이 되어 do와 while의 반복 구간을 벗어난다.

⑤ 사용자가 암호를 모를 경우에 취소(cancel) 버튼을 눌렀으면 ok_no 변수에 false 값이 할당되어 있기 때문에 다음과 같은 alert 대화상자가 나타난다.

2.2 수식 계산에 사용되는 편리한 함수 : eval()

eval(evaluation) 함수는 문자열로 입력된 수식을 계산하여 주는 편리한 함수이다.

eval() 함수의 사용법

형식	eval(문자열 수식)
용도	문자열 수식을 인수로 기술하면 문자열을 수식으로 변환한 후에 수식 계산을 수행하여 준다.
인수	문자열 수식: 수식 계산에 사용할 문자열을 상수 또는 변수로 기술한다.

① "10 * 5"와 같은 문자열 수식을 eval() 함수의 인수로 입력하면 문자열을 수식으로 변환한 후에 계산을 수행하여 "50"이라는 결과를 나타낸다.

document.write(eval(10 * 5)); // 50이 출력된다.

② eval() 함수는 prompt() 함수와 같은 입력 대화상자를 통해 입력받은 수식을 처리할 때 아주 편리하다. 향후에 실제 계산기와 같은 프로그램을 만들 때 eval() 함수는 아주 유용하게 사용된다.

③ prompt() 대화상자에 계산할 수식을 입력하면 eval() 함수를 사용하여 그 결과를 보여준 후에 confirm 대화상자를 사용하여 수식 계산을 계속 할 것인지 여부를 확인하는 예이다.

계산할 수식
"200 / 4 + 600 * 2 - 4"를 입력한 예

[프로그램 : ex5-2.html]

```
<HTML>
<BODY >
<h3>  수식 계산에 사용되는 편리한 eval() 함수 사용 예<p>
<SCRIPT language="JavaScript">
var compute_string;
do {
    compute_string = prompt("계산할 수식을 입력하시요", "");
    // 입력된 문자열 수식을 계산한다.
    result = eval(compute_string);
    document.write("<h4>" + compute_string  + " = "  + result +"<br>");
     ok_no = confirm("계속 계산하려면  '확인' 종료하려면 '취소'");
      } while(ok_no == true) ;
</SCRIPT>
</BODY>
</HTML>
```

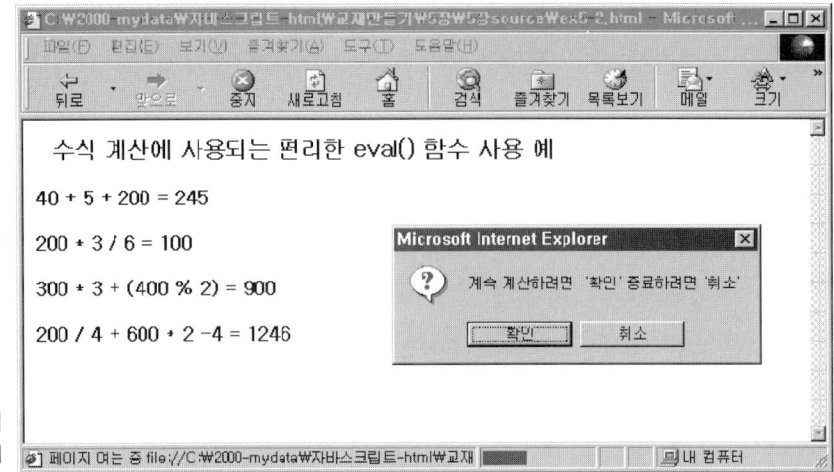

eval() 함수에 의해
수식을 계산하는 예

[프로그램 설명]

① "200 / 4 + 600 * 2 - 4"와 같은 문자열 수식을 eval() 함수의 인수로 입력하면 문자열을 수식으로 변환한 후에 계산을 수행하여 1246이라는 결과를 나타낸다.

② while (ok_nor == true);
사용자가 다른 수식을 계산하기 위해 confirm() 대화상자에서 확인(ok) 버튼을 눌렀으면 조건이 참이 되어 do와 while 사이가 반복 수행되며, 만일 취소(cancel) 버튼을 눌렀으면 조건이 거짓이 되어 do와 while의 반복 구간을 벗어나서 프로그램이 종료된다.

2.3 문자열을 정수/실수로 변환하는 함수와 문자와 숫자를 구별하는 함수 : parseInt()와 parseFloat()

1) 문자열을 정수로 변환하는 함수 : parseInt()

① 문자열을 정수로 변환하는 내장 함수로서 입력된 문자열을 10진수, 2진수, 8진수, 16진수의 정수로 변환한다. 주의할 점은 어떤 진수로 변환이 되어도 결과는 10진수 정수로 출력된다

```
// 문자열 "120"이 10진수로 변환되어 10진수 120으로 출력된다.
document.write( parseInt("120", 10) );
/* 문자열 "100"이 2진수로 변환되어 10진수 6으로 출력된다. 즉, parseInt() 함수를 사용하면 2진수 문자열로 할당한 후 10진수로 그 결과를 볼 수 있다. */
document.write( parseInt("100", 2) );
```

② 문자열에 숫자 문자가 아닌 일반 문자가 들어간 경우에는 문자열의 앞에 있는 숫자만 인정하고 그 뒤에 있는 모든 숫자나 문자는 무시된다는 점에 주의해야 한다.

```
// 114가 출력된다.
document.write( parseInt("114tel03ab"), 10 );
```

③ 실수 문자열 값은 소수 부분이 절단된 정수로 변환된다.

```
// 3으로 출력된다.
document.write( parseInt("3.14159");
```

형식	parseInt(문자열 [, 진수])
용도	문자열을 정수로 변환하는 내장 함수로 입력된 문자열을 10진수, 2진수, 8진수, 16진수 정수로 변환한다.
인수	문자열 : 정수로 변환할 문자열을 적는다. 진수 : 변환할 진수(10, 2, 8, 16진수)로서 10진수로 변환할 때는 생략해도 된다.

parseInt() 함수의 사용법

④ parseInt() 함수의 사용 예이다.

[프로그램 : ex5-3.html]
```
<HTML>
<BODY >
<h2>  parseInt() 함수의 사용 예 <p>
<h4>문자열 "101"을 10진수, 2진수, 8진수, 16진수의 정수로 변환한 결과를 출력하는 예이다.<p>
    <SCRIPT language="JavaScript">
num_string = "101";
// 10진수 정수로 변환한다.
num = parseInt(num_string);    //   num = parseInt(num_string,10); 와 동일
document.write ( num_string + " 문자열을  10진수 정수로 변환해도  " + num + "이다.<p>");
// 2진수 정수로 변환한 후 결과는 10진수로 출력된다.
num = parseInt(num_string,2);
```

```
document.write ( num_string + " 문자열을 2진수로 변환한 후 10진수로 출력하면 " + num + "이다.<p>");
// 8진수 정수로 변환한 후 결과는 10진수로 출력된다.
num = parseInt(num_string,8);
document.write ( num_string + " 문자열을 8진수로 변환한 후 10진수로 출력하면 " + num + "이다.<p>");
// 16진수 정수로 변환한 후 결과는 10진수로 출력된다.
num = parseInt(num_string,16);
document.write ( num_string + " 문자열을 16진수로 변환한 후 10진수로 출력하면 " + num + "이다.<p>");
```

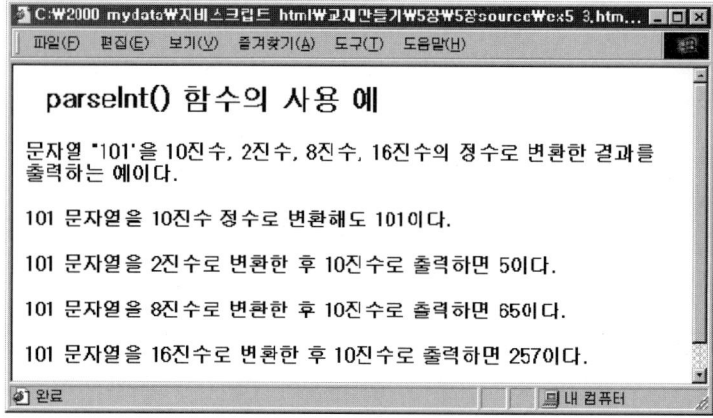

2) 문자열을 실수로 변환하는 함수 : parseFloat()

① 문자열을 실수(=부동 소수점)로 변환하는 내장 함수이다.

```
// 23.44가 출력된다.
document.write( parseFloat("23.44") );
```

② 문자열에 숫자 문자가 아닌 일반 문자가 들어간 경우에는 문자열의 앞에 있는 숫자만 인정하고 그 뒤에 있는 모든 숫자나 문자는 무시된다는 점에 주의해야 한다.

```
// 3.14159가 출력된다.
document.write( parseFloat("3.14159pi3ab") );
```

형식	parseFloat(문자열)
용도	문자열을 실수로 변환하는 내장 함수이다.
인수	문자열 : 실수로 변환할 문자열을 적는다.

parseFloat() 함수의 사용법

prompt() 함수에서 parseInt()/parseFloat() 함수를 사용해야 하는 이유

prompt() 함수에 입력된 자료는 문자열형 자료이기 때문에 prompt() 대화상자를 사용하여 입력받은 자료를 수치로 사용할 때는 문자열을 정수/실수로 변환하는 parseInt()/parseFloat() 함수를 예와 같이 사용해야 한다.

[예] compute_string = prompt("계산할 수식을 입력하시요", "");
　　　// prompt() 함수에서 입력받은 문자열 자료를 정수로 변환한다.
　　　int_num = parseInt(compute_string);
　　　// prompt() 함수에서 입력받은 문자열 자료를 실수로 변환한다.
　　　float_num = parseFloat(compute_string);

2.4 문자인지 숫자인지를 구별하는 함수 : isNaN()

isNaN(= is Not a Number) 함수는 문자인지 숫자인지를 구별하는 함수로서 테스트 값이 문자이면 "true"를 숫자이면 "false"로 결과를 나타낸다.

// "100"은 false로 출력되어 숫자임을 알 수 있다.
num = isNaN("100");
document.write (num); // false로 출력된다.

// "string"은 true가 출력되어 문자임을 알 수 있다.
document.write (isNaN("string"));

// "10kkk"와 같이 숫자와 문자가 혼합되어 있으면 true가 출력되어 문자로 판단한다.
document.write (isNaN("10kkk"));

isNaN() 함수의 사용법	형식	isNaN(테스트값)
	용도	문자인지 숫자인지를 구별하는 함수이다.
	인수	변수, 문자인지 숫자인지를 테스트할 값을 변수, 상수, 식으로 기술할 수 있다.
	반환값	true : 문자일 때 반환되는 값이다. false : 숫자일 때 반환되는 값이다.

2.5 일정 시간 경과한 후에 자동으로 명령을 실행시키는 함수 : setTimeout()

① setTimeout() 함수는 타이머(timmer) 기능처럼 일정 시간을 설정한 다음에 설정한 시간이 경과하고 나면 자동으로 특정 명령을 실행시키는 함수이다.

② setTimeout() 함수는 홈페이지를 만드는데 있어서 일정 시간이 지나면 자동으로 다른 홈페이지로 이동하게 하거나 주기적으로 시간 등을 체크해야 하는 프로그램 등에서 다양한 효과를 낼 수 있기 때문에 많이 사용되고 있다.

setTimeout() 함수의 사용법	형식	setTimeout(명령, 시간)
	용도	타이머(timmer) 기능처럼 일정 시간을 설정한 다음에 설정한 시간이 경과하고 나면 특정 명령을 실행시키는 함수이다.
	인수	・명령 : 일정 시간이 경과한 후에 실행할 명령으로서 보통 기능을 갖는 함수를 적는다. 주의할 점은 명령 인수는 따옴표(")로 양쪽을 막아서 기술해야 한다. ・시간 : 일정한 대기 시간을 기술하는데 시간 단위는 micro second이다. (ms, 1/1000초) 예 : setTimeout("location.href = 'http://www.hanmir.com' ", 5000);
	반환값	setTimeout() 함수에서 설정한 시간을 해제할 때 사용하는 식별자로서 clearTimeout() 함수에서 사용된다.

1) 5초가 지난 후에 한미르 검색 사이트로 자동 이동하는 예

① setTimeout("location.href = 'http://www.hanmir.com' ", 5000); 명령에서 첫 번째 인수인 location.href는 URL 주소(http://www.simmani.com)인 한미르 검색 사이트로 이동하라는 명령이고, 두 번째 인수인 5000은 ms 단위로서 5초를 의미한다.

② 이 프로그램을 실행시킨 후 setTimeout() 함수는 5초가 지나면 자동으로 한 미르 검색 사이트로 이동된다.

```
[프로그램 : ex5-4.html]
<HTML>
<BODY >
<h2>   setTimeout() 함수의 사용 예 <p>
<SCRIPT language="JavaScript">
// 5 초가 지난 후에 한미르 검색 사이트로 이동한다. 5000은 ms 단위로서 5초이다.
setTimeout("location.href = 'http://www.hanmir.com' ", 5000);
</SCRIPT>
</BODY>
</HTML>
```

5초가 지난 후에 자동으로
한미르 검색 사이트로
이동한 결과

2) 5초 간격으로 alert() 대화상자가 자동으로 3번 수행되는 예

① for문의 제어 변수인 n은 5000에서 15000까지 5000씩 증가하면서 for문을 3번 반복시킨다. 이 때마다 for문 내의 setTimeout("alert(msg)", n); 명령이 계속 3번 실행된다. 즉, 3번 setTimeout() 함수가 실행될 때마다 alert() 대화상자가 나타나는 시간을 5초(5000ms), 10초(10000ms), 15(15000ms)초로 설정한다.

② 이 프로그램을 실행시킨 후 5초가 지나면 첫 번째 대화상자가 나타난다. 여기서 빠르게 확인 버튼을 클릭하면 약 5초 후에 두 번째 대화상자가 나타나고, 다시 빠르게 확인 버튼을 클릭하면 약 5초 후에 세 번째 대화상자가 나타난다.

[프로그램 : ex5-5.html]

```
<HTML>
<BODY >
<h2>   setTimeout() 함수의 사용 예 <p>
<h4> 5초 간격으로 alert() 대화상자가 3번 반복 수행되는 예이다.<br>
대화상자가 나타나면 "빠르게" 확인 버튼을 클릭하시오. <p>
<SCRIPT language="JavaScript">
  msg = "안녕하세요 !!  \n\n제홈페이지를 방문해 주셔서 감사합니다";
  msg = msg + "\n\n 대화상자가 나타나면 '빠르게' 확인 버튼을 클릭하시오.";
  // 5초 간격으로 메시지 대화상자가 나타나도록 시간 설정을 하였다.
  for (n = 5000; n <= 15000 ; n=n+5000)
     setTimeout("alert(msg)", n);
</SCRIPT>
</BODY>
</HTML>
```

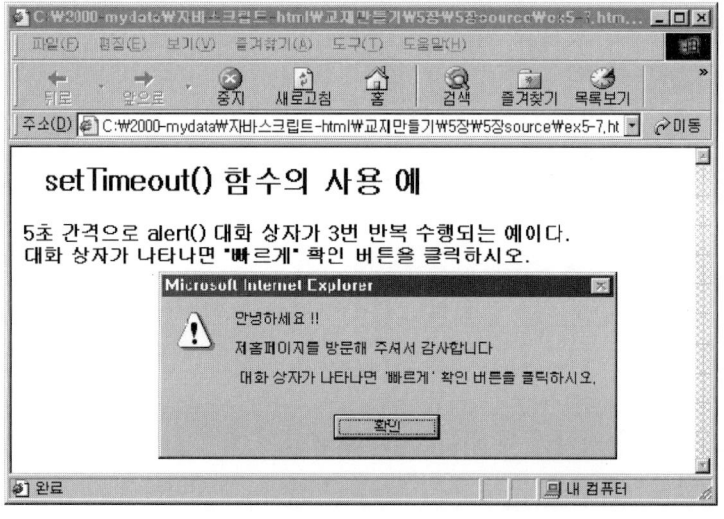

2.6 일정 시간 간격마다 명령이 반복 실행되는 함수 : setInterval()

① setInterval() 함수는 일정한 시간이 지난 후에 단지 한 번만 실행시켜 주는 setTimeout() 함수와 다르게 한 번 시간을 설정하여 두면 설정된 시간 간격마다 setInterval() 함수에서 정의한 명령이 반복 실행되는 함수이다.

② setInterval("alert('안녕')", 3000);

3(300ms) 간격마다 "alert('안녕')"이는 명령이 반복 실행되는 setInterval() 함수를 수행시킨 명령이다. 즉, setInterval() 함수에 의해 3초(3000ms) 간격으로 alert() 대화상자가 확인 버튼을 클릭할 때마다 계속 반복적으로 수행된다.

형식	setInterval(명령, 시간)
용도	한 번 시간을 설정하여 두면 설정된 시간 간격마다 setInterval() 함수에서 정의한 명령이 반복 실행된다.
인수	·명령 : 일정 시간이 경과한 후에 반복 실행할 명령으로서 보통 기능을 갖는 함수를 적는다. 주의할 점은 명령 인수는 따옴표(")로 양쪽을 막아서 기술해야 한다. ·시간 : 반복 실행할 시간 간격을 기술하는데 시간 단위는 micro second이다. (ms, 1/1000초) 예 : setInterval("window.status=new Date()", 1000);
반환값	setInterval(명령, 시간) 함수에서 설정한 시간을 해제할 때 사용하는 식별자로서 clearTimeout() 함수에서 사용된다. 사용 예는 2.7절의 clearTimeout() 함수에 기술되어 있다.

setInterval() 함수의 사용법

1) 브라우저의 상태바에 현재 날짜와 시간이 1초마다 반복 출력되는 시계 만들기

setInterval() 함수에 의해 "Mon Oct 2 17:15:40 UTC+0900 2000"와 같은 형식의 시계가 브라우저의 하단 상태바에 1초(1000ms) 간격마다 반복 수행되어 시계가 동작되는 효과를 나타내는 예이다.

[프로그램 : ex5-6.html]
〈HTML〉
〈BODY〉
〈h2〉   setInterval() 함수의 사용 예 〈p〉
〈h4〉 setInterval() 함수로 브라우저의 상태바에 현재 날짜와 시간을 〈br〉출력시키는 시계가 실행되는 예이다. 〈p〉
    화면 하단의 시계가 실행되고 있는 상태바를 보세요 !!!!
    〈SCRIPT language="JavaScript"〉
    /* 1초 간격으로 setInterval() 함수가 실행되어 브라우저의 하단 상태바에 현재 날짜와 시간을 출력하는 시계가 실행된다. */
setInterval("window.status=new Date()", 1000);

```
</SCRIPT>
</BODY>
</HTML>
```

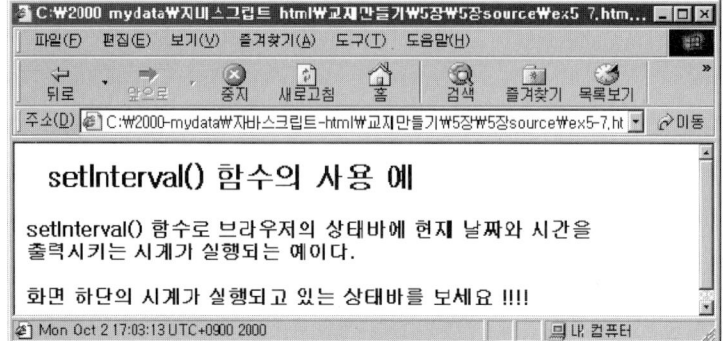

브라우저의 상태바에
현재 날짜와 시간이
실행되는 예

[프로그램 설명]

① setInterval("window.status=new Date()", 1000);

1초(1000ms) 간격마다 "window.status=new Date()"라는 명령이 반복 실행되는 setInterval() 함수를 수행시킨 명령이다.

② window.status=new Date()

window 객체는 웹 브라우저 자체를 의미하며, status는 window 객체의 속성으로서 브라우저 하단의 상태 표시줄에 new Date() 명령이 실행되어 출력된다.

③ new Date()

Date는 6, 7장에서 배우게 될 자바스크립트에 미리 내장된 객체로서 날짜, 시간 등의 정보를 처리하는 용도의 속성과 메소드로 구성되어 있다.

자바스크립트에서 객체를 사용하기 위해서는 먼저 사용하고자 하는 객체를 new라는 연산자를 이용하여 해당 객체의 인스턴스(instance)를 생성시켜 주어야 한다. 여기서 인스턴스란 변수를 선언한 것처럼 객체가 자신의 속성과 메소드를 갖고 메모리에 생성되는 구체화된 실체를 의미한다.

즉, new Date()를 수행하면 "Mon Oct 2 17:15:40 UTC+0900 2000"와 같은 형식의 날짜, 시간 정보를 갖는 Date 객체의 인스턴스가 만들어진다. 여기서 UTC(Universal Time Coordinated)는 세계 협정 시간을 의미한다.

④ setInterval("window.status=new Date()", 1000);

결과적으로 setInterval() 함수는 new Date()를 수행한 결과인 "Mon Oct 2 17:15:40 UTC+0900 2000"의 정보가 window.status 명령에 의해 브라우저의 상태바에 1초(1000ms) 간격마다 반복 수행되어 시계가 동작되는 효과를 나타낸다.

2.7 시간 설정을 해제하는 함수 : clearTimeout()

① clearTimeout() 함수는 일정 시간이 경과한 후에 명령을 실행시키는 setTimeout() 함수나 시간 간격으로 명령을 실행시키는 setInterval() 함수가 동작되지 못하도록 설정된 시간을 해제시키는 함수이다.
② setInterval() 함수를 실행할 때나 setTimeout() 함수를 무한 반복시키거나 순환적(recursive) 함수로 계속 실행시키게 되면 프로그램이 무한 반복되어 강제 종료시켜야 되는 경우가 발생한다. 이러한 문제를 해결하기 위해 clearTimeout() 함수를 사용한다.

형식	clearTimeout(식별자)
용도	setTimeout() 함수나 setInterval() 함수에 의해 설정된 시간을 해제시키는 함수로서 해제된 setTimeout() 함수의 명령은 수행되지 않는다.

인수	식별자 : setTimeout() 함수를 실행할 때 정의되는 변수이다.
	예 : id = setTimeout("alert('안녕')", 2000); // id가 식별자이다.
	     clearTimeout(id)

clearTimeout() 함수의 사용법

1) clearTimeout() 함수로 setTimeout() 함수의 명령을 해제시키는 예

setTimeout() 함수로 5초 후에 환영 메시지 대화상자가 나타나도록 명령을 수행시킨 후 다음 명령인 clearTimeout() 함수로 시간 설정을 해제하여 메시지 대화상자가 나타나지 않도록 한 예이다.

[프로그램 : ex5-7.html]
```
〈HTML〉
〈BODY〉
〈h2〉    clearTimeout() 함수의 사용 예 〈p〉
〈h4〉 setTimeout() 함수로 5초 후에 메시지 대화상자가 나타나도록〈br〉
  명령을 수행시킨 후 다음 명령인 clearTimeout() 함수로 〈br〉
시간 설정을 해제하여 메시지 대화상자가 나타나지 않도록 한 예이다.〈br〉
〈SCRIPT language="JavaScript"〉
  msg = "안녕하세요 !! ";
      /* 5초 후에 메시지 대화상자가 나타나도록 작업을 설정한다.
        이 때 설정된 식별자 작업 id 변수는 reset_time_id이다. */
  reset_time_id =   setTimeout("alert(msg)", 5000);
```

```
        /* 식별자 작업 id로 setTimeout() 함수가 동작할 수 없도록 설정된 시간을 해
    제한다.*/
        clearTimeout(reset_time_id);
〈/SCRIPT〉
〈/BODY〉
〈/HTML〉
```

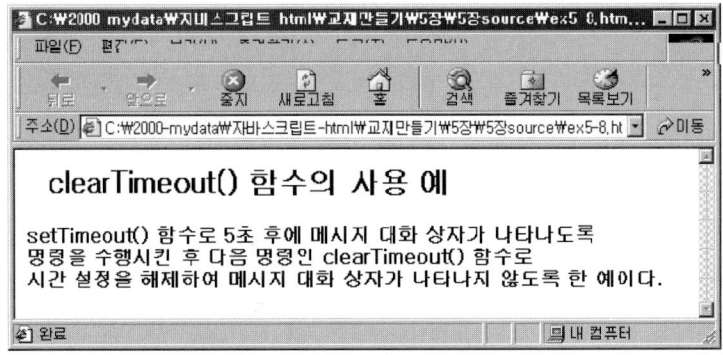

[프로그램 설명]

① reset_time_id = setTimeout("alert(msg)", 5000)

　setTimeout() 함수는 5초 후에 환영 메시지 대화상자가 나타나도록 설정한 명령이다. 여기서 5초 후에 설정된 식별자 작업 id를 reset_time_id 변수에 저장한다. 여기서 setTimeout() 함수에 5초 후에 실행되도록 설정된 작업의 식별자 id를 reset_time_id 변수에 저장한다.

② clearTimeout(reset_time_id)

　clearTimeout() 함수는 5초 후에 실행될 setTimeout() 함수가 동작할 수 없도록 clearTimeout() 함수에 식별자 작업 id가 저장된 reset_time_id 변수를 사용하여 설정된 시간을 해제한다.

2) 버튼을 사용하여 clearTimeout() 함수로 setInterval() 함수의 명령을 해제시키는 예

setInterval() 함수에 의해 "Mon Oct 2 17:15:40 UTC+0900 2000"와 같은 형식의 시계를 브라우저 하단의 상태바에 1초(1000ms) 간격마다 반복 실행시킨 후에 사용자가 시계 멈추기 버튼을 클릭하면 clearTimeout() 함수를 호출시켜 setInterval() 함수의 시간 설정이 해제되어 시계를 멈추는 예이다.

[프로그램 : ex5-8.html]

```
<HTML>
<BODY>
<h2>   setInterval() 함수에 clearTimeout() 함수를  사용한 예 <p>
<h4> setInterval() 함수로 브라우저 하단의 상태바에 현재 날짜와 시간을 <br>
출력시키는시계를 실행시킨 후에 사용자가 시계 멈추기 버튼을 클릭하면  <br>
 clearTimeout() 함수로 setInterval() 함수의 시간 설정이 해제되어 시계가 멈추는 예
이다.<p>
<SCRIPT language="JavaScript">
 /* 1초간격으로 setInterva() 함수가 실행되어 브라우저의 상태바에 시계가 실행된
다. */
reset_time_id =   setInterval("window.status=new Date()", 1000);
</SCRIPT>
<FORM>
 시계 멈추기 버튼을 클릭하면  clearTimeout() 함수가 호출되어 시계가 멈춘다. <P>
   <INPUT TYPE="button" VALUE="시계 멈추기  버튼 " onClick="clearTimeout
    (reset_time_id)">
</FORM>
<P> 화면 하단에서 시계가 실행되고 있는 상태바를 보세요 !!!!
</BODY>
</HTML>
```

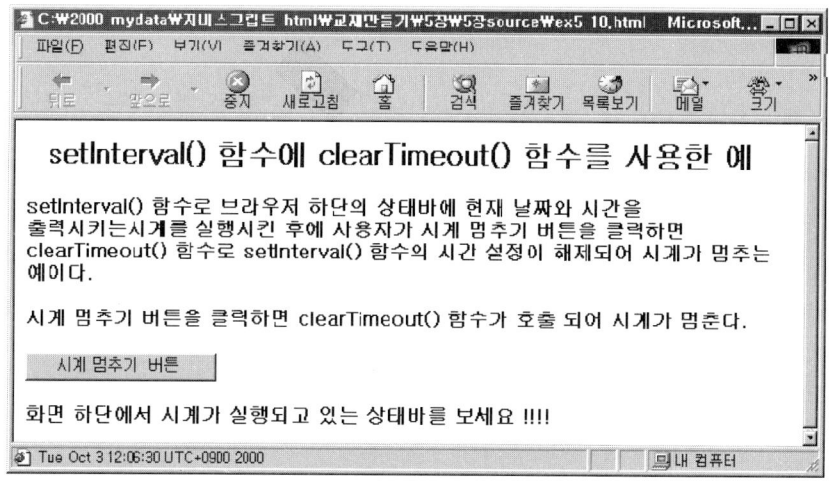

[프로그램 설명]

① reset_time_id = setInterval("window.status=new Date()", 1000);

setInterval() 함수는 new Date()를 수행한 결과인 "Mon Oct 2 17:15:40 UTC+0900 2000"의 정보가 window.status 명령에 의해 브라우저의 상태바에 1초(1000ms) 간격마다 반복 수행되어 시계가 동작된다.

여기서 setInterval() 함수에 의해 1초 간격으로 실행되도록 설정된 작업의 식별자 id를 reset_time_id 변수에 저장한다.

② 〈INPUT TYPE="button" VALUE="시계멈추기버튼" onClick="clearTimeout (reset_time_id)"〉

"시계멈추기버튼"을 사용자가 클릭하면 onClick 이벤트 핸들러가 cliarTimeout() 함수를 호출한다.

③ clearTimeout(reset_time_id)

1초(1000ms) 간격마다 반복 실행되도록 설정된 setInterval() 함수가 동작할 수 없도록 clearTimeout() 함수에 식별자 작업 id가 저장된 reset_time_id 변수를 사용하여 설정된 시간을 해제시킨다. 즉, 시계 동작을 멈추게 한다.

3. 사용자 함수 정의 방법 : function 문

지금까지 자바스크립트에서 제공하는 내장 함수 사용법을 살펴보았다. 본절에서는 사용자가 필요에 의해 자신의 프로그램 내에서 자주 반복 이용되는 부분을 내장 함수처럼 정의하여 프로그램 여러 곳에서 필요할 때마다 호출하여 편리하게 사용할 수 있는 사용자 정의 함수를 작성하는 방법을 살펴보자.

3.1 사용자 함수를 정의하는 방법

사용자의 용도와 목적에 맞게 독립된 기능을 수행하는 함수는 다음과 같은 형식으로 정의한다.

```
function 함수명([전달받는 인수 리스트)]) {
    명령문(들);
    [return 식;]
}
```

```
<HEAD>
  <SCRIPT language="JavaScript">
    function sample() {
        document.write("사용자 함수 정의의 간단한 예입니다.");
        }
  </SCRIPT>
</HEAD>
```

① 함수가 정의되기 전에 함수가 사용되는 것을 방지하기 위해서 함수는 반드시 <HEAD> ....</HEAD> 태그 사이에 정의해야만 한다.
② function은 함수임을 알려주는 키워드로서 반드시 기술해야 한다.
③ 함수명은 사용자가 정의하는 함수의 이름으로서 변수 이름 만들기의 규칙과 동일하다.
④ 전달받는 인수 리스트(argument list)는 함수가 특별한 기능을 수행하는데 필요한 초기 값 역할을 하는 자료로서 여러 개의 인수가 필요할 때는 콤마(,)를 통해 구분하면 되고, 인수가 필요 없으면 생략하면 된다.
　함수를 정의할 때 기술되는 전달받는 인수를 가인수(formal argument)라 하고, 함수를 호출할 때 기술되는 인수를 실인수(actual argument)라 한다. 그리고 인수를 다른 용어로 매개 변수(parameter)라고 흔히 부른다.
⑤ 명령문(들)은 함수에서 실행되는 자바스크립트 명령들로서 중괄호 { } 내에 기술된다. 중괄호 { } 내의 모든 명령이 실행되어 "}"를 만나면 함수는 종료되면서 호출한 곳으로 복귀하게 된다.
⑥ 만일 함수를 호출한 곳으로 함수의 실행 결과를 반환(return)하고 싶으면 이 경우에 [return 식]을 사용한다. 여기서 식(expression)은 함수를 호출한 곳으로 반환되는 값이 된다.
⑦ return 명령은 실행 결과를 호출한 곳으로 반환(return)할 때도 사용하지만 함수의 처리를 종료할 때도 사용한다. 즉, 함수 내에 return 명령을 적으면 함수는 무조건 종료되면서 호출한 곳으로 복귀하게 된다.

3.2 함수를 호출하는 방법

정의된 함수를 필요할 때 호출하는 방법은 다음 형식과 같다.

```
[변수=] 함수명([전달할 인수 리스트]);
```

```
sample();
result = sample();
intNum = parseFloat("23.44")
```

① 함수명은 호출하여 실행하고자 하는 함수의 이름으로서 반드시 정의된 함수 이름을 정확하게 기술하여야 한다.
② 정의된 함수로 전달할 인수 리스트(= 실인수, actual argument)는 함수를 실행하는데 필요한 초기 값들로서 호출한 함수로 전달된다. 전달할 인수가 여러 개일 때는 콤마(,)를 통해 구분하면 되고, 실인수가 필요 없으면 생략하면 된다. 실인수는 함수의 정의에서 기술한 가인수와 1:1로 대응되어야 한다.
③ [변수=]는 호출한 함수의 실행 결과를 특정 변수에 반환(return)받고 싶을 때 사용한다. 실행 결과를 변수에 반환(return)받고 싶지 않으면 생략한다.

4 인수 전달이 필요 없는 함수 사용예

4.1 입력된 수식을 계산하는 함수 사용 예

prompt() 대화상자에 계산할 수식을 입력하면 eval() 함수를 사용하여 계산 결과를 보여주는 compute()라는 사용자 함수를 정의한 후에 confirm 대화상자를 사용하여 수식 계산을 계속 할 것인지 여부를 확인해 가면서 compute() 함수를 호출하는 예이다.

[프로그램 : ex5-9.html]
```html
<HTML>
<HEAD>
<SCRIPT language="JavaScript">
/* prompt() 대화상자에 계산할 수식을 입력하면 eval() 함수를 사용하여 그 결과를
보여주는 함수를 compute() 이름으로 정의한다. */
 function compute() {
   var compute_string;
   compute_string = prompt("계산할 수식을 입력하시요", "");
   /* eval() 함수는 입력된 문자열 수식을 수치 수식으로 변환한 후 계산 결과를
       result에 저장한다. */
   result = eval(compute_string);
   document.write("<h4>" + compute_string + " = " + result +"<br>");
 }
   </SCRIPT>
   </HEAD>

<BODY >
<h3>  인수가 없는 함수 사용의 예<p>

<SCRIPT language="JavaScript">
   do {
    // 함수를 호출한다.
    compute();
    ok_no = confirm("계속 계산하려면 '확인' 종료하려면 '취소'");
    } while(ok_no == true) ;
</SCRIPT>
</BODY>
</HTML>
```

[프로그램 설명]

① 함수가 정의되기 전에 함수가 사용되는 것을 방지하기 위해서 함수는 반드시 〈HEAD〉 ....〈/HEAD〉 태그 사이에 정의해야만 한다. 그래서 입력된 계산 결과를 보여주는 compute()라는 사용자 함수를 〈HEAD〉 … 〈/HEAD〉 태그 사이에 정의하였다.

② 프로그램이 처음 실행되면 〈BODY〉와 〈/BODY〉 태그 사이에 기술된 do와 while문의 첫 번째 명령인 인수 전달이 필요 없는 compute() 함수를 호출된다. compute() 함수는 prompt() 대화상자에 계산할 수식을 입력하면 eval() 함수를 사용하여 계산 결과를 보여주는 기능을 수행한다.

③ 사용자가 또 다른 수식을 계산하고 싶으면 confirm() 대화상자에서 확인(ok) 버튼을 눌러서 do와 while 사이를 반복 수행시켜 사용자 정의 함수인 compurte() 함수를 다시 호출시킨다. 만일 취소(cancel) 버튼을 누르면 반복 조건이 거짓이 되어 do와 while의 반복 구간을 벗어나서 프로그램이 종료된다.

4.2 버튼 클릭 이벤트에 의해 수식 계산 함수를 호출하는 예

"5-9.html" 프로그램에서는 do와 while문 내에 confirm 대화상자를 사용하여 수식 계산을 계속 할 것인지 여부를 확인해가면서 compute() 함수를 반복 호출하였다.

본절에서는 사용자가 계산하고 싶을 때마다 버튼을 클릭하여 compute() 함수를 호출하여 수식 계산을 수행하는 예로서 반복문이 필요 없기 때문에 프로그램 구조가 아주 단순해진다.

[프로그램 : ex5-10.html]
```
<HTML>
<HEAD>
<SCRIPT language="JavaScript">
/* prompt() 대화상자에 계산할 수식을 입력하면 eval() 함수를 사용하여 계산 결과
를 alert() 대화상자에 출력하는 함수를 정의한다. */
  function compute() {
    var compute_string;
    compute_string = prompt("계산할 수식을 입력하시요", "");
    // eval() 함수는 입력된 문자열 수식을 수치 수식으로 변환한 후 계산한다.
    result = eval(compute_string);
    alert( compute_string + " = " + result );
    }
</SCRIPT>
</HEAD>
<BODY >
<h3>   버튼 이벤트에 의해 수식 계산 함수를 호출하는 예<p>
<FORM>
" 계산 할래요?" 버튼을 클릭할 때마다 수식을 계산하는 compute() 함수가 호출되어
계산 결과를 alert() 대화상자에 출력한다.<p>
<INPUT   TYPE="button"   VALUE="계산할래요? "   onClick="compute()">
</FORM>
</BODY>
</HTML>
```

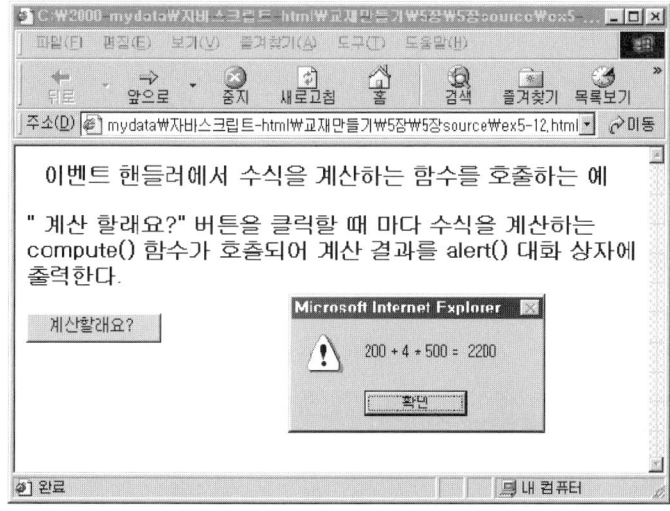

[프로그램 설명]

① 〈INPUT TYPE="button" VALUE="계산할래요? " onClick="compute()"〉
"계산할래요?" 버튼을 사용자가 클릭하면 onClick 이벤트 핸들러가 compute() 함수를 호출하여 계산 결과를 alert() 대화상자에 출력한다.
② 주의할 점은 document.write() 명령으로 계산 결과를 출력하면 결과가 새로운 웹 페이지에 출력되기 때문에 alert() 대화상자에 계산 결과를 출력하였다.

5 함수 사용에서 주의할 지역 변수와 전역 변수의 사용 방법

자바스크립트 프로그램에서 변수를 사용하는 방법은 함수 내에서만 유효한 지역(local) 변수와 프로그램 전체에서 유효한 전역(global) 변수로 나눌 수 있다.

5.1 지역 변수

① 함수를 정의한 후에 함수 내에 키워드 var를 사용하여 변수를 선언하면 그 변수는 함수 내에서만 유효한 지역 변수가 된다. 즉, 함수 내에 키워드 var를 사용하여 선언한 변수는 해당 함수를 벗어나서 밖에서 사용하면 변수에 할당된 기억 장소는 사라지게 되므로 의미없는 변수가 된다.

```
function input_name() {
// var로 선언한 name 변수는 함수 input_name()에서만 유효한 지역 변수이다.
    var name;
    name = prompt("당신의 이름은 ?", "");
}
```

② 함수에서만 의미있는 변수들은 지역 변수로 선언하여 사용하면 기억 장소의 활용률도 높이고, 함수의 독립성도 증진시킬 수 있으며, 변수 이름도 함수가

여러 개 사용될 때 서로 다른 함수에서 같은 이름으로 자유롭게 중복 정의하여 사용할 수 있다.

5.2 전역 변수

① 함수 내에서 var로 선언한 변수를 제외한 모든 변수는 프로그램 어디에서나 유효한 전역 변수가 된다.
② input_name() 함수에서 사용하는 name 변수는 var에 의해 선언하지 않았기 때문에 프로그램어디에서나 유효한 전역 변수이며, var를 사용하여 선언한 tel 변수 역시 함수 밖에서 선언된 변수이기 때문에 전역 변수이다.

```
function input_name() {
        name = "임성준";
        }
var tel;
```

5.3 함수에서 지역 변수 사용시 주의할 점

함수 내에서 키워드 var를 사용하여 선언한 변수는 해당 함수를 벗어나서 밖에서 사용하면 유효하지 않기 때문에 함수를 호출한 곳에서 사용할 수 없음을 알려주는 예이다.

[프로그램 : ex5-11.html]
```
<html>
<head>
 <script language = "javascript">
/* 함수에서 name 변수는 var에 의해 선언하였기 때문에 함수에서만 유효한 지역 변수이고, var로 선언하지 않은 tel 변수는 프로그램어디에서나 유효한 전역 변수이다.
*/
    function  name_tel() {
          var name;
          name = "임성준";
```

```
            tel = "02-703-0830"; }
</script>
</head>
<body>
<script language = "javascript">
    // 함수 호출
    name_tel();
    /* 출력할 name 변수는 name_tel() 함수에서만 유효한 지역 변수이기 때문에
    출력되지 않는다.*/
    alert("당신의 이름은 " + name  + "이고 전화번호는 " + tel + "이다");
</script>
</body>
</html>
```

이름이 함수내의 지역 변수로 선언되었기 때문에 함수밖에서 사용될 때 출력되지 않은 예

[프로그램 설명]

① "임 성준"이 저장된 name 변수는 name_tel() 함수에서만 유효한 지역 변수이기 때문에 name_tel() 함수를 벗어나면 name 변수의 기억 장소는 없어지기 때문에 함수 밖에 있는 alert() 메시지 대화상자에 "임 성준"이 출력되지 않는다.

② name_tel() 함수를 벗어나서 alert() 함수의 인수로 기술된 name 변수의 이름은 동일하지만 프로그램 전체에 유효한 전역 변수로서 전혀 별개의 기억 장소가 된다.

즉, alert() 함수의 인수로 기술된 name 변수에는 어떤 값도 저장하지 않았으므로 출력되지 않는다. 지역 변수를 사용할 때 주의해야 할 점이다.

③ alert() 메시지 대화상자에 name 변수를 사용하여 "임 성준"을 출력시키려면 name_tel() 함수에 지역 변수로 선언된 name 변수를 var로 선언하지 않고 tel 변수처럼 전역 변수로 사용하거나 지역 변수 값을 함수 호출한 곳으로 반환하는 return 명령을 사용하여 해결할 수 있다. 이는 다음절에서 자세히 설명된다.

함수에 return 명령 사용하기

6.1 return 명령을 사용하는 경우

① 함수를 호출한 곳으로 함수의 실행 결과를 반환(return)하고 싶을 때 [return 식] 형태로 사용한다. 여기서 식(expression)은 함수를 호출한 곳으로 반환되는 값이 된다.
② return 명령은 실행 결과를 호출한 곳으로 반환(return)할 때 주로 사용하지만 함수의 처리를 종료할 때도 사용한다. 즉, 함수 내에 return 명령을 만나면 무조건 함수는 종료되면서 호출한 곳으로 복귀하게 된다.

6.2 함수의 결과 값을 return 문에 반환하는 예

함수 내의 prompt() 대화상자에서 입력받은 이름을 return문을 사용하여 함수를 호출한 곳으로 반환한 후 return문으로 반환한 이름을 환영 메시지에 출력하는 예이다.

[프로그램 : ex5-12.html]

```
<html>
<head>
<script language = "javascript">
  function input_name() {
     /* name 변수는 var에 의해 선언하였기 때문에 input_name() 함수에서만
     유효한 지역 변수이다. */
     var name;
     name = prompt("당신의 이름은 ?", "");
     /* prompt() 대화상자에서 입력받은 이름을 return문을 사용하여 호출한 곳으로
     반환한다. */
     return name;
  }
```

HTML과 JAVAScript

```
</script>
</head>
<body>
<h3>  return 문에 결과를 반환하는 함수 사용의 예<p>
    <script language = "javascript">
 /* input_name() 함수를 호출한 후 input_name() 함수에서 return문으로
 반환한 값을 return_name 변수에 전달받는다. */
 return_name = input_name();
 alert( return_name + " 씨  !!!  \n\n 제홈페이지를 방문하셨군요 !.  \n\n환
영합니다");
</script>
</body>
</html>
```

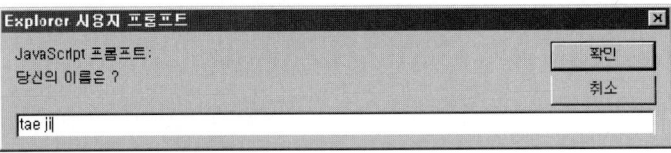

함수에서 이름을
입력받는 예

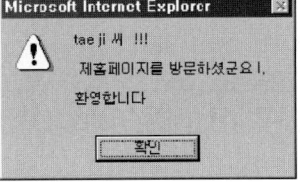

함수에서 이름을
return문으로
전달받아
환영메시지를 출력한 예

[프로그램 설명]

① return name;

   input_name() 함수 내의 prompt() 대화상자에서 입력받은 이름을 지역 변수 name에 저장한 후 return문을 사용하여 호출한 곳으로 반환한다.

② return_name = input_name();

   input_name() 함수를 호출한 후 input_name() 함수에서 return문으로 반환한 name 변수 값을 return_name 변수에 전달받는다.

③ input_name() 함수에서 전달받은 return_name 변수 값을 alert() 대화상자에 출력한다.

6.3 return 명령으로 함수를 종료시키는 예

① 함수 내에 return 명령이 실행되면 함수는 무조건 종료되면서 호출한 곳으로 복귀하게 된다.
② 버튼을 클릭할 때마다 구구단을 실행하는 gugudan() 함수가 호출된 후 prompt() 대화상자에서 "취소" 버튼을 클릭하면 return 명령이 수행되어 구구단을 실행하는 gugudan() 함수가 중간에서 종료되는 예이다.

[프로그램 : ex5-13.html]

```
〈HTML〉
〈HEAD〉
〈SCRIPT language="JavaScript"〉
function gugudan() {
 var dan = prompt(" 몇 단 ? \n 실행을 취소하고 싶으면 '취소' 버튼을 클릭", "");
       /* 구구단 실행을 취소하기 위해 "취소" 버튼을 클릭하면 지역 변수 dan에
       "null" 값이 저장된다. 이 때 "구구단  실행을 취소했습니다. !!"라는 메시지 박
       스를 출력한 후에 retun 문을 실행시켜 함수를 종료시킨다. */
         if (dan == null)
     {alert("구구단 실행을 취소했습니다.  !!" );
     return;   }
      var connect_result = "[ " + dan + " 단 실행결과 ] \n\n"
      for (number =1; number 〈= 9; number++)
        { var result = dan * number;
           connect_result = connect_result+ (dan+"*"+number+"="+ result +"\n");
           }
       alert(connect_result );         }
〈/SCRIPT〉
〈/HEAD〉
〈BODY〉
〈h3〉 반환값 없이 return 명령만을 기술하여 함수를  종료시키는 예
〈h4〉  이벤트 핸들러에서 구구단 프로그램을 실행시키는 함수를 호출한다.
〈FORM〉
"구구단을 실행 할래요?" 버튼을 클릭할 때마다 구구단을 출력하는  gugudan() 함수
가 호출되어 결과를 alert() 대화상자에 출력한다.〈p〉
〈INPUT TYPE="button"  VALUE=" 구구단을 실행 할래요? "  onClick="gugudan()"〉
〈/FORM〉
```

〈h4〉 prompt 대화상자에서 구구단을 실행시키고 싶지 않으면 "취소" 버튼을 클릭한다.
　　　〈/BODY〉〈/HTML〉

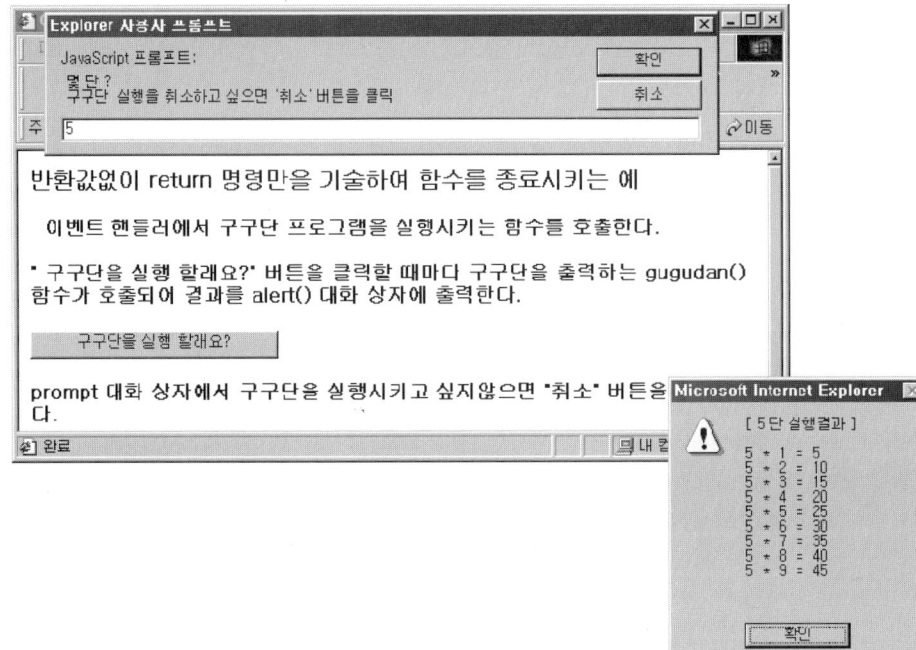

"구구단을 실행 할래요?"
버튼을 클릭한 후
5단을 입력한 예

[프로그램 설명]

① 〈INPUT TYPE="button" VALUE=" 구구단을 실행 할래요? " onClick="gugudan()"〉
"구구단을 실행 할래요?" 버튼을 클릭하면 구구단을 실행하는 gugudan() 함수가 호출된다.

② 구구단 실행을 취소하기 위해 prompt() 대화상자에서 "취소" 버튼을 클릭하면 지역 변수 dan에 "null" 값이 저장된다.

③ return;
dan 변수가 "null"(=if (dan == null))이면 "구구단 실행을 취소했습니다. !!"라는 메시지 박스를 출력한 후에 retun문이 실행되어 함수를 호출한 곳으로 복귀하면서 함수를 gugudan() 종료한다. 즉, retun문이 실행되면 함수의 다음 명령들은 실행되지 않고 함수가 종료된다.

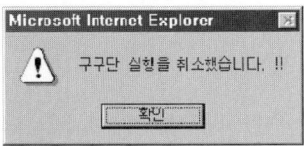

④ connect_result = connect_result + (dan + "*" + number + " = " + result + "\n");

"5*1 = 5\n 5*2 = 10\n … 5*9 = 45\n"와 같이 구구단의 실행 결과를 connect_result 변수에 하나로 결합시키는 명령이다. 이는 하나의 alert() 메시지 대화상자에 구구단의 결과를 출력시키기 위해서이다.

만일 구구단의 실행 결과를 하나의 문자열로 결합시키지 않으면 9개의 메시지 대화상자가 나타난다. 여기서 "\n"은 다음 라인으로 출력 위치를 변경하는 특수 문자이다.

⑤ 함수에 정의된 dan, connect_result, connect_result 변수들은 gugudan() 함수에서만 사용되면 되기 때문에 var로 선언하여 gugudan() 함수에서만 유효한 지역 변수로 선언하였다. 즉, 다른 곳에서는 사용할 수 없는 변수들로서 함수가 종료되면 이 변수들의 기억 장소는 없어진다.

7 인수 전달이 필요한 함수 사용 방법

함수를 호출하는 곳에서 함수에서 필요한 자료를 전달할 때 인수(argument)를 사용한다. 이러한 인수들에 의한 자료 전달을 매개 변수 전달(parameter passing) 방식이라 부르기도 한다.

7.1 인수를 전달하는 방법

인수는 호출 함수에 기술되는 전달할 실인수(actual argument)와 함수 정의 부분에 기술되는 전달받는 가인수(formal argument)로 구분한다.

```
                         실인수들
함수 호출 →        test( a,   b,   "lhk",   100)
                    ↕    ↕     ↕       ↕
함수 정의 →   function test( a,   c,   name,   e)
                         가인수들
```

① 인수들은 함수가 특별한 기능을 수행하는데 필요한 초기 값 역할을 하는 자료

로서 여러 개의 인수가 필요할 때는 콤마(,)를 통해 구분하면 되고, 인수가 필요 없으면 생략하면 된다.
② 전달할 실인수는 함수의 정의에서 기술한 가인수와 1:1로 대응되어야 한다.
③ 가인수와 실인수의 이름은 동일해도 되고 동일하지 않아도 상관없다.

7.2 인수 전달 방식 : 값 호출 방식과 참조 호출 방식

함수간의 인수 전달 방식은 값 호출 방식과 참조 호출 방식이 있는데 자바스크립트에서 값 호출 방식이 기본이다.

1) 값 호 출(Call by value) 방 식

① 값 호출 방식은 인수를 전달할 때 실인수의 값 자체를 가인수로 전달하는 방식으로 전달받은 가인수를 함수에서 변화시켜도 호출하는 곳에 있는 실인수는 변화되지 않고 그대로 유지된다.
② 함수 내에서 가인수를 변경하여도 함수 밖에서는 변경된 값이 영향을 끼치지 못하는 방식으로서 실인수와 가인수가 서로 다른 기억 장소라고 생각하면 이해하기 쉽다.

2) 참 조 호 출(Call by reference) 방 식

① 참조 호출 방식은 인수를 전달할 때 실인수의 주소를 전달하는 방식으로 전달받은 가인수를 함수에서 변화시키면 호출하는 곳에 있는 실인수도 같이 변화된다.
② 함수 내에서 가인수를 변경하면 함수 밖의 실인수도 변경되는 인수 전달 방식으로 실인수와 가인수가 같은 기억 장소라고 생각하면 된다. 이러한 인수 전달 방식은 C 언어에서는 포인터를 사용하고 있다.

7.3 입력받은 이름과 전화번호를 인수로 전달한 후 출력하는 예

prompt() 대화상자에서 입력받은 이름과 전화번호를 함수에 인수로 전달한 후

alert() 대화상자에 출력하는 예이다.

[프로그램: ex5-17.html]
```
<html>
<head>
<script language = "javascript">
 /* 이름과 전화 번호를 irum과 tel이라는 인수로 전달받는다. */
 function write_msg(irum, tel) {
   alert("당신의 이름은 " + irum + "이고 \n\n 전화번호 는 " + tel + "이다"); }
</script>
</head>
<body>
<h3> 함수에 인수를 전달하는 예
<script language = "javascript">
    name = prompt("당신의 이름은 ?", "");
    tel = prompt("당신의 전화번호는 ?", "");
    /* 입력받은 이름과 전화 번호를 name과 tel이라는 인수로 전달한다. */
    write_msg(name, tel)
</script>
</body>
</html>
```

이름과 전화번호를
인수로 전달받은 후
출력한 예

[프로그램 설명]

① write_msg(name, tel)
   prompt() 대화상자에서 입력받은 이름(name 변수)과 전화 번호(tel 변수)를 write_msg 함수를 호출하면서 인수로 전달한다.

② function write_msg(irum, tel)
   입력받은 이름인 name 인수를 다른 이름인 irum 인수로 전달받고, 입력 받은 전화 번호인 tel 인수를 같은 이름인 tel로 전달받는다. 즉, 가인수와 실인수의 이름은 동일해도 되지만 같지 않아도 상관없다.

③ alert("당신의 이름은 " + irum + "이고 \n\n 전화번호 는 " + tel + "이다");
   인수로 전달받은 irum과 tel 인수를 출력한다.

7.4 두 정수를 교환하는 예를 통한 값 호출 방식에 대한 이해

함수간의 인수 전달 방식은 값 호출 방식과 참조 호출 방식이 있다고 하였다. 자바스크립트에서는 인수 전달 방식 중에 인수를 전달할 때 실인수의 값을 가인수로 전달하는 방식으로 전달받은 가인수를 함수에서 변화시켜도 호출하는 곳에 있는 실인수는 변화되지 않고 그대로 유지되는 값 호출 방식이 기본이다.

값 호출 방식에 대한 이해를 위하여 두 정수 x, y의 값을 인수로 받아들여 교환하는 함수 swap()을 호출하는 프로그램의 실행 과정을 살펴보자.

```
[프로그램 : ex5-15.html]
<html>
<head>
<script language = "javascript">
/* 인수로 전달받은 두 정수를 교환하는 함수. */
function swap(x , y) {
    var temp;
    document.write(" 함수에서 교환전의 두수 : x = " + x + " y = " + y + "<br>");
    // 두수 교환
    temp = x;
    x = y;
    y = temp;
    document.write("함수에서 교환후의 두수 :  x = " + x + " y = " +  y+ "<p>");
  }
</script>
</head>
<body>
<h3> 두수를 교환하는 예를 통하여 인수 전달에서 값 호출 방식을 이해시키는  예
<p>
참고 => 자바스크립트에서 인수 전달 방식은 기본이 값 호출 방식이다. !!!! <p>

<script language = "javascript">
   x = 10;
   y = 20
   document.write("호출하는 곳에서   교환전의 두수 : x = "+ x +" y = "+ y +"<p>");
   swap(x,y);
```

```
    document.write("호출하는 곳에서 교환후의 두수 : x = " + x + " y =  " +  y);
</script>
</body>
</html>
```

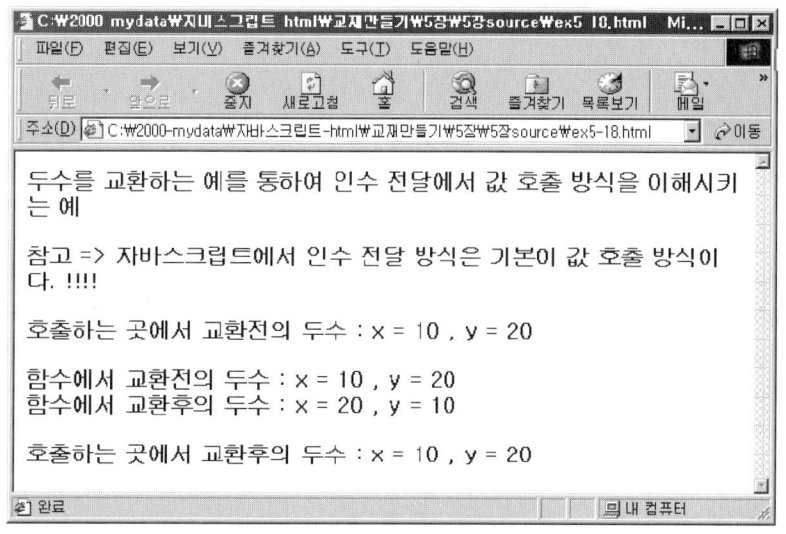

인수 전달로 두 수를
교환하는 과정에서의
출력 결과

주의

실행 결과에서 함수에서 교환 후의 두 수는 20과 10으로 교환되었지만 호출하는 곳에서 교환 후의 두 수는 10과 20으로 교환되지 않았음에 주의해야 한다.

[프로그램 설명]

① swap(x,y);
두 정수를 교환하는 swap() 함수를 호출하면서 두 정수 x와 y의 값인 10과 20인 실인수를 swap() 함수로 전달한다.

② function swap(x, y)
swap() 함수에서 실인수 x, y를 같은 이름인 가인수 x, y로 전달받는다. 자바스크립트에서 인수 전달은 기본이 값 호출(call by value) 방식을 사용하기 때문에 실인수나 가인수가 이름은 동일하게 x와 y이어도 서로 다른 기억 장소가 된다.
즉, 가인수 x, y 기억 장소는 실인수와는 별개의 다른 기억 장소인 x에 값 10을, y에 값 20을 전달받는다.

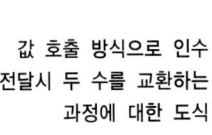
값 호출 방식으로 인수 전달시 두 수를 교환하는 과정에 대한 도식

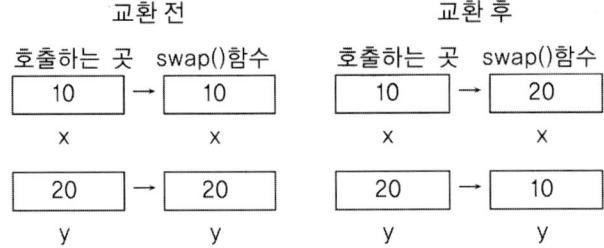

③ temp = x;   x = y;   y = temp;
위의 3 명령은 실인수와는 다른 기억 장소인 가인수 x값과 y값을 교환한다. 즉, 그림의 교환 후와 같이 가인수 x에 20, y에 10으로 교환되나 호출하는 곳의 실인수 x, y는 다른 기억 장소이기 때문에 원래 값은 교환되지 않는 10과 20을 유지하고 있다.

④ 따라서, 교환 후에는 출력 결과와 같이 원래 변수인 실인수 x와 y의 값은 교환되지 않고 그대로 있고 가인수 x와 y의 값만이 교환된다. 이에 대한 도식을 참조하라.

8 함수의 순환적 호출(recursive call)

함수는 직접적, 또는 간접적으로 자기 자신을 호출할 수 있다. 자기 자신을 직접적으로 호출하는 방법을 직접 순환(direct recutsion) 호출이라고 하고, 다른 함수에서 간접적으로 자기 자신을 호출하는 방법을 간접 순환(indirect recursion) 호출이라고 한다.
참고로, 순환(recursion)을 되부름, 재귀 등과 같은 용어로 부르기도 한다.

8.1 직접 순환 함수의 예

자신의 함수 내에서 자기 자신을 직접 다시 호출하는 예로서 프로그램의 일정 기능을 반복해야 할 때 for, while문과 같은 반복문을 기술하지 않고도 아주 단순하게 반복 효과를 볼 수 있다. 이러한 장점 때문에 직접 순환 함수 호출은 자바스크립트 프로그래밍에서 자주 이용되는 구조이다.

1) 단순한 직접 순환 호출 함수의 예

[프로그램 : ex5-20.html]

```
<html>
<head>
<script language = "javascript">
/* confirm() 대화상자에서 '확인' 버튼을 클릭하면 confirm() 대화상자를 계속 다시
호출하는 함수로서 '취소'버튼을 클릭하면 종료한다. */
function direct() {
    ok_no = confirm("자기 자신을 다시 호출하려면 '확인' 종료하려면 '취소'");
    if (ok_no == true )
        direct(); /* 자기 자신인 direct() 함수를 다시 호출 */
    else
        return; /* direct() 함수를 종료 */            }
</script>
</head>
<body>
<h3> 자기 자신을 계속 다시 호출하는 직접 순환 함수의 예<p>
"직접 순환 함수의 예" 버튼을 클릭하면 자기 자신을 다시 호출하는 직접 순환 함수
가 처음 실행된다. <p>
<FORM>
<INPUT TYPE="button" VALUE="직접 순환 함수의 예" onClick="direct()">
</FORM>
<h4> confirm() 대화상자에서 '확인' 버튼을 클릭하면 자기 자신을 계속 다시 호출하
    는 함수로서 '취소'버튼을 클릭하면 종료한다.<p></body></html>
```

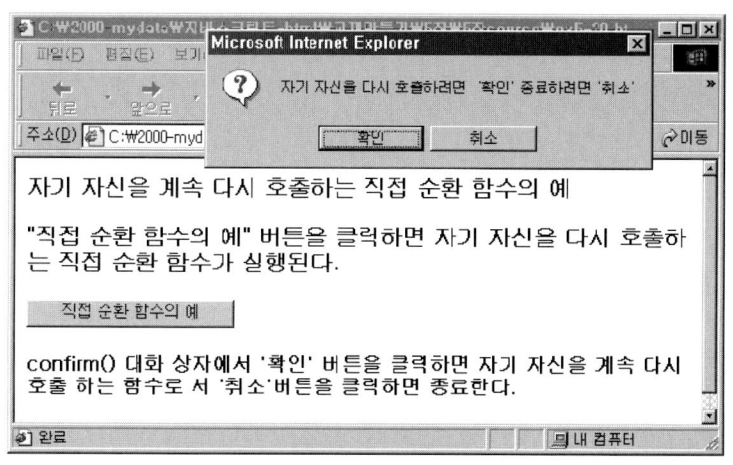

confirm() 대화상자에서
'확인' 버튼을 클릭하면
confirm() 대화상자가
계속 호출되는
직접 순환 함수의 예

[프로그램 설명]
① dierect() 함수의 실행부에서 confirm() 대화상자를 보여준 후 '확인' 버튼을 클릭하면 confirm() 대화상자가 계속 호출하는 직접 순환 함수의 예이다.
② 직접 순환 함수를 작성할 때 주의할 점은 함수 내에서 자기 자신을 계속 호출하기만 하면 프로그램은 무한히 반복 실행되므로 프로그램을 강제 종료시켜야 된다. 그러므로 if문 등의 조건에 따라 return 명령을 실행시켜 순환 함수의 실행을 정상적으로 종료시켜야 한다.

2) 암호 확인 함수를 직접 순환 호출하는 예

반복문을 기술하지 않고 암호가 틀릴 때마다 사용자 선택하면 암호를 확인하는 passwd_check() 함수를 직접 순환 호출시켜 아주 단순하게 반복 효과를 볼 수 있는 예이다.

[프로그램 : ex5-17.html]

```
<HTML>
<HEAD>
<SCRIPT language="JavaScript">
    function passwd_check(){
  var ok_no;
  passwd=prompt("암호를 입력하세요","");
  if (passwd == "simmani")
        {location.href = "http://www.simmani.com";
        return; // 함수를 종료시키면서 복귀시킨다.}
  ok_no = confirm("암호가 틀립니다. !!  \n\n다시 암호를 입력하려면 '확인', 종료하려면 '취소'");
  if  (ok_no == true)
  /* 암호를 확인하는 자기 자신 함수를 다시 호출함 */
        passwd_check();
     else
        alert("암호를 기억한 후 방문해 주세요 !!!");
  }
</SCRIPT>
</HEAD>
<BODY >
<h2>  직접 순환 함수의 사용 예
```

```
<p>
<h3>암호를 묻는 대화상자에서 암호가 맞으면 심마니 검색 사이트로 이동하며, <br>
암호가 틀릴 때마다 사용자 선택에 의해 암호를 확인하는 함수가 순환 호출되어 <br>
암호 확인 대화상자가 다시 나타나는   자바스크립트 예제입니다.!!<p>
<p>    참고로, 정확한 암호는 simmani입니다.</p>
<SCRIPT  language="JavaScript">
passwd_check();
</SCRIPT>
</BODY>
</HTML>
```

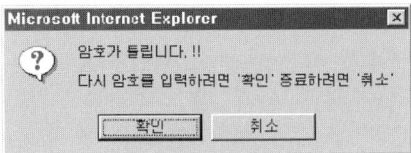

[프로그램 설명]

① passwd_check() 함수가 호출되어 암호가 일치하면 location.href = "http://www.simmani.com"; 명령이 수행되어 심마니 검색 사이트로 이동한다.

② return;
암호가 일치하면 심마니 검색 사이트로 이동하는 location.href 명령을 수행시키고 함수를 종료시켜야 한다.

③ 암호가 틀린 경우에 confirm 대화상자가 나타난다. 여기서 사용자가 확인(ok) 버튼을 누를 경우에 ok_no 변수에 true 값이 할당되고, 만일 취소(cancel) 버튼을 누를 경우에는 false 값이 할당된다.

④ 사용자가 암호를 다시 입력하기 위해 확인(ok) 버튼을 눌렀으면 if문의 조건이 참이 되어 자기 자신의 passwd_check() 함수를 다시 직접 순환 호출시켜서 암호를 입력받는 과정을 반복한다. 즉, 반복문이 필요없다.

3) 1+2+3+ ··· +n 까지의 합을 인수 전달에 의한 순환 호출 함수로 구하는 예

1부터 5까지의 합을 sum(5)라 가정하고 순환적으로 5까지의 합을 구하는 과정을 다음에 나타내었다. sum을 함수로 정의하고 5를 함수의 인수로 활용하면 인수 5가 1씩 감소하면서 1이 될 때까지 자신의 함수를 순환적으로 반복 호출한 후 역대입하여 sum(5)의 결과가 구해짐을 알 수 있다.

```
        함수 호출 순서              반환되는 값

    sum(5) = 5 + sum(4)      5 + (4+3+2+1)

    sum(4) = 4 + sum(3)      4 + (3+2+1)

    sum(3) = 3 + sum(2)      3 + (2+1)

    sum(2) = 2 + sum(1)      2 + (1)

    sum(1) = 1               1
```

1 + 2 + 3 + 4 + 5를
구하는 순환적인 과정

따라서, 1 + 2+ ⋯ + n을 구하는 수학적인 함수를 다음과 같이 정의할 수 있다.

$$sum(n) = n + sum(n-1) \quad (단, sum(1) = 1)$$

위에 정의된 수학적인 함수를 자바스크립트에서는 다음과 같이 함수 내에 if문을 사용하여 순환적으로 기술할 수 있다.

[프로그램 : ex5-18.html]

```html
<html>
<head>
<script language = "javascript">
    /* 1 + 2+ ⋯ + n을 순환적으로 구하는 함수 */
    function sum(n) {
        var hap;
        if (n == 1)
            hap = 1;
        else
            hap = n + sum(n-1);
        return hap; /* 결과 값을 반환한다. */    }
</script>
</head>
<body>
<h3> 1 + 2 + 3 + ⋯ + n까지의 합을 인수 전달에 의한 직접 순환 함수로 구하는 예<p>
```

이 프로그램을 다시 실행하려면 브라우저 상단의 "새로고침" 버튼을 클릭하시오 !!
⟨script⟩
    n = prompt(" 마지막 숫자 를 입력하라 ?", "");
    /* prompt() 함수로 입력받은 문자열형 자료이므로 정수로 형변환한다. */
    n = parseInt(n);
    hap = sum(n);
    alert(" 1 + 2 + ⋯ + " + (n−1) + " " + " + n + " = " + hap);
⟨/script⟩
⟨/body⟩
⟨/html⟩

```
Microsoft Internet Explorer
 1 + 2 + ⋯ + 99 + 100 = 5050
   확인
```

[프로그램 설명]

① 1 + 2 + ⋯ + n을 순환적으로 구하는 sum() 함수에서 hap = 1은 수학적으로 sum(1) = 1을 의미이며, sum(n) = n + sum(n−1)은 hap = n + sum(n − 1)로 기술되었다.

② 인수가 1씩 감소하면서 순환적으로 sum함수를 반복 호출한 후 n이 1이 되면 최종 결과를 구하기 위하여 역대입하는 과정은 시스템이 내부적으로 스택을 사용하여 해결해 준다.

인수 전달에 의한 직접 순환 호출 함수의 이해

순환적이라는 의미는 주어진 문제가 같은 과정의 반복 형태로 변경되어 결과를 구할 수 있으면 순환적인 문제라고 한다. 인수 전달에 의한 직접 순환 호출 함수는 순환적인 문제에서 각 반복 과정의 결과는 이전 반복 과정의 결과에 의존하는 경우이다.
예를 들어, 계단을 오를 때 1번째 계단에서 2번째 계단을 오르고, 2번째 계단에서 3번째 계단을 오르고, ⋯, i번째 계단에서 i+1번째 계단을 오르면서 더 올라갈 계단이 없으면 멈춘다.
이것은 몇 번째 계단에서 몇 번째 계단을 올라가는 중이냐는 반복의 연속 문제가 된다. 즉, n개의 계단을 올라갈 때 계단 오르기의 반복 과정을 함수로 작성하면, 인수만 i에서 i+1로 변하면서 i값이 n이 될 때까지 반복 과정을 호출하게 하면 된다.

8.2 간접 순환 함수 방식으로 n^m을 구하는 예

자바스크립트에는, 2^3, 5^7 등의 n^m을 구하는 산술 연산자는 없으나 자바스크립트에는 n^m을 구하는 지수 함수인 pow(n, m)이 있다. pow(n, m) 함수는 자바스크립트에서 삼각 함수, 지수 함수, 제곱근 함수 등과 같이 일반 수학 연산에 사용하는 Math라는 내장 객체에서 제공하는 메소드 역할의 함수로서 7장에서 자세히 설명된다.

본절에서는 n값과 m 값을 입력받는 input_data() 함수와 n^m을 계산하는 power(n, m) 함수가 상호 반복적으로 간접 호출하는 순환 개념을 이용하여 사용자가 한 번만 버튼을 클릭하면 원할 때까지 반복적으로 n^m을 구하는 프로그램을 작성한 예이다.

[프로그램 : ex5-19.html]

```
<html>
<head>
<script language = "javascript">
/* input_data() 함수에서 인수로 전달받은 n과 m을 사용하여 n의 m승을 구한 후
   새  로운 n의 m승을 구하기 위하여 input_data() 함수를 간접 호출하는 예 */
function power(n , m) {
    /* n의 m승을 구하는 과정은 n을 m번 반복적으로 곱하는 것이다 */
    result = 1;
    for ( i =1; i <= m; i++)
        result = result * n;
    msg = n+ "의 " + m + "승은 " + result + "이다.\n\n 계속하려면 '확인' 종료하려면 '취소'"
    ok_no = confirm(msg);
    if (ok_no ==   true )
        input_data();  /* input_data() 함수를 간접 호출 */
    else
        return;       /* 함수를 종료한다 */
}
/* n과 m을 입력받은 후에 을 계산하여 출력하는 power(n, m) 함수를 호출한다. */
function  input_data() {
    n = prompt("n의 m승 중에서 n을 입력하라 ?", "");
    m = prompt("n의 m승 중에서 m을 입력하라 ?", "");
```

Math 내장 객체의 지수 함수인 pow(n, m)을 사용하여 3^2은 다음처럼 표현하여 구한다.
document.write(Math. pow(3, 2)) // 9가 출력된다.

```
        power(n, m);         //  power(n, m) 함수를 호출
        alert("good bye !!!");
    }
</script>
</head>
<body>
<h3>  n의 m승( = n <sup> m </sup>)을 구하는 간접 순환 함수 실행 예<p>
"간접 순환 함수 방식으로 n의 m승을 구할래요?" 버튼을 클릭하면 n <sup> m
</sup> 을 구하기 위한 n값과 m 승값을 입력받는 input_data()와 n <sup> m </sup>
을 계산하는 power(n, m) 함수가 상호 반복적으로 호출된다. <p>
<FORM>
<INPUT TYPE="button" VALUE="간접 순환 함수 방식으로 n의 m승을 구할래요?"
onClick="input_data()">
</FORM>
```

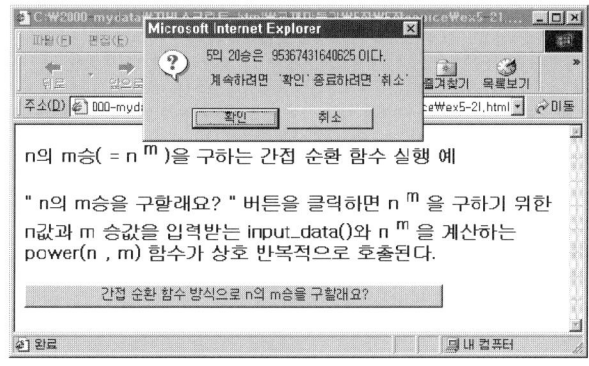

n^m을 반복적으로 구하는
간접 순환 함수의
실행 예

[프로그램 설명]

① n값과 m승 값을 입력받는 input_data() 함수는 n^m을 계산하여 출력하는 power(n, m) 함수를 간접적으로 호출하며, power(n, m) 함수는 confirm() 대화상자에서 "확인" 버튼을 클릭하면 input_data() 함수를 간접적으로 상호 반복 호출한다.

② 즉, "n의 m승을 구할래요? " 버튼을 한 번 클릭한 후 사용자가 계속을 구하려고 하면 input_data() 함수와 power(n, m) 함수가 상호 반복적으로 순환 호출되면서 계속 실행된다.

③ for (i =1; i <= m; i++) result = result * n;
n^m을 구하는 power(n, m) 함수에서 for문은 n의 m승을 구하기 위하여 n을 m번 반복적으로 곱하는 명령이다. 주의할 점은 n^m의 결과가 저장되는 result 변수의 초기 값은 곱한 결과가 누적되어야 하기 때문에 반드시 1이어야 한다.

④ 참고로, n ^m는 n^m을 표현하는 HTML 태그이다.

[프로그램이 종료되는 과정의 이해]

① 사용자가 반복되는 이 프로그램을 종료하려면 confirm() 대화상자에서 "취소" 버튼을 클릭한다. 이는 power(n, m) 함수의 실행부에 있는 confirm() 함수의 결과가 "false"가 되어 return 명령이 실행된다.
② return 명령이 실행되면 power(n, m) 함수가 종료되면서 호출한 input_data() 함수로 복귀한다.
③ input_data() 함수에서 power(n, m) 함수를 호출한 다음 명령은 alert() 함수 명령이므로 프로그램 종료를 알리는 alert() 메시지 대화상자가 실행된다.

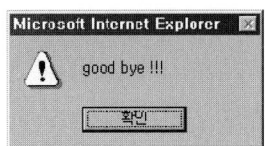

④ alert() 함수가 실행된 후 input_data() 함수의 다음 명령은 더 이상 없으므로 input_data() 함수의 마지막임을 나타내는 중괄호("}")가 수행되어 input_data() 함수를 처음 호출한 곳으로 복귀되면서 프로그램은 종료한다.

Chapter
객체 개념과 기본적인 객체 사용 방법

현재 인기있는 자바스크립트, Visual C++, JAVA, Visual BASIC 등과 같은 프로그래밍 언어의 가장 큰 특징은 객체를 사용하는 프로그래밍 언어라는 점이다. 그러므로 최근의 언어를 잘 사용하는 방법은 객체 개념을 잘 이해하고, 활용해 나가는 것이다.

1. 먼저 객체에 대한 기본적인 이해를 돕기 위해 개괄적이고 구체적인 개념들과 자바스크립트 프로그래밍을 하는데 매우 유용하게 사용되는 핵심(Core) 내장 객체와 클라이언트 측(client-side)의 웹 브라우저에서 사용하는 자바스크립트 객체들을 전반적으로 소개한다.
2. 내장 객체를 생성하여 관련 속성과 메소드를 사용하는 방법과 프로그램에서 필요한 객체를 사용자가 스스로 정의한 후에 사용하는 일반적인 방법 등을 상세히 설명해 나간다.
3. JavaScript 1.1에서부터 기존 객체에 prototype을 사용하여 새로운 속성이나 메소드를 추가하는 방법을 설명한다.

1 객체 개념 이해하기

1.1 객체(Object)란?

객체(Object)라는 단어는 그리 어려운 단어가 아니다. 사전을 찾아보면 물건, 사물, 대상 등 다양하게 정의되어 있으나 실생활에서 식별할 수 있는 사물은 다 객체라고 생각하면 된다. 즉, 우리의 실생활에서 식별할 수 있는 사람, 개, 소, 탁자, 연필, 자동차, 배, 자전거, 원, 그림 등은 모두 객체이다.

단지 프로그래밍 언어에서는 실생활에서 사용하는 자동차, 버스, 의자 등과 같은 객체를 사용하는 것이 아니고 주로 프로그래밍에 필요한 요소들인 버튼, 텍스트박스, 폼, 마우스, 스크롤바, 이미지, 문자열, 윈도우, 스택 등과 같은 객체를 사용한다는 것뿐이지 프로그래밍 언어에서 이야기하는 객체도 바로 실생활에서 이야기하는 객체와 동일하다.

단지 이러한 객체를 사용할 때 프로그래밍 문법에 의해 형식에 맞추어서 표현되고, 컴퓨터 프로그램에 사용되는 요소들이 주로 객체가 된다는 것이 다를 뿐이다.

1.2 객체의 속성(attribute)과 메소드(method)

하나의 객체는 객체의 특성을 나타내는 속성(property, attribute)과 객체의 행위(behavior)를 나타내는 메소드(method)로 구성된다. 즉, 하나의 객체는 속성과 메소드들로 결합된 단위이다.

1) 속성과 메소드에 대한 일반적인 예

① 사람이라는 객체를 예로 든다면 사람의 특성을 나타내는 이름, 나이, 성, 주소, 몸무게, 키 등의 다양한 속성과 행위를 나타내는 '걷는다', '말한다', '운동한다' 등과 같은 메소드로 구성할 수 있다.

② 우리가 흔히 사용하는 마우스라는 객체를 예로 든다면, 마우스의 속성으로는

스크린상의 (x, y) 좌표 값이나 마우스 종류 등이 있을 수 있고, 마우스의 메소드로는 '버튼을 누른다', '마우스를 움직인다' 등으로 구성할 수 있다.

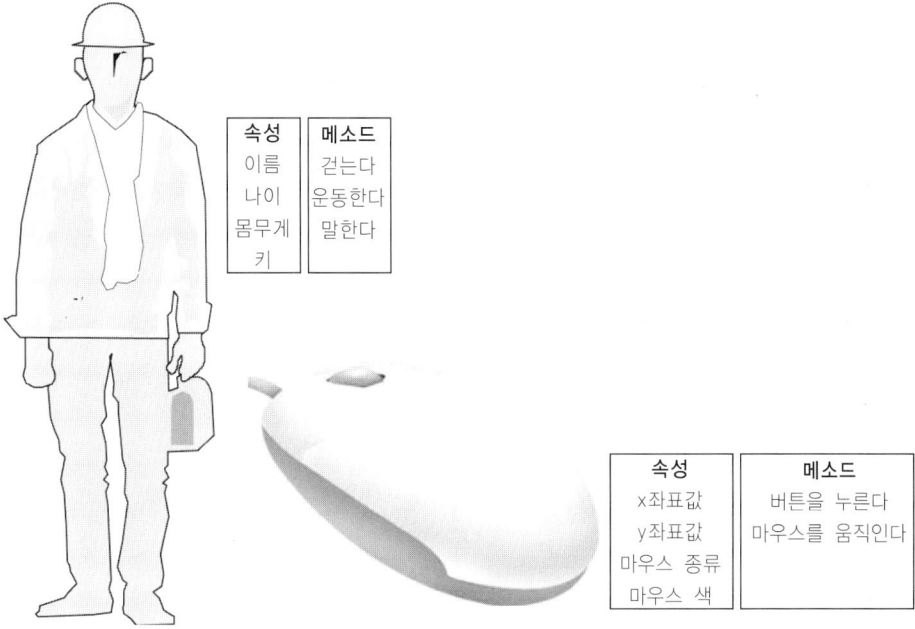

2) Math 객체의 속성과 메소드에 대한 예

자바스크립트에서 미리 제공하는 내장 객체인 Math를 예로 들어보자. Math(mathematics) 객체는 삼각 함수, 지수 함수, 제곱근 함수, 로그 함수 등과 같이 일반 수학 연산에 사용하는 객체이다.

① Math 객체는 PI(π =3.14159…), E(자연 대수(natural logarithms)의 밑수 = 2.7182818…) 등의 수학 연산에 사용되는 상수 역할의 속성들이 정의되어 있다.
② Math 객체는 sin, cos, sqrt(square root ; 제곱근), pow(지수 함수), exp, log 등을 구해주는 메소드로 구성되어 있다.

3) 속성과 메소드의 역할

① 속성은 객체의 특성을 나타내는 자료 역할을 하기 때문에 자료의 값을 저장하

는 변수들로 생각하면 된다. 실제 객체에 구성되는 속성은 변수나 또 다른 객체가 될 수 있다.

② 메소드는 해당 자료인 속성 값을 근거로 객체들의 행위인 연산을 수행하는 역할의 프로그램 단위로서 5장에서 배운 함수로 생각하면 된다. 즉, 함수와 메소드는 동일하나 차이점으로 객체와 관련된 함수를 메소드라 부른다.

결과적으로 객체(object)는 객체의 특성을 나타내는 자료 역할의 속성들과 해당 자료에 대한 연산(operation)을 포함하는 메소드들로 구성된 개체(entity)라고 한다.

4) 속성과 메소드에 대한 다른 용어들

① 속성은 다른 용어로 자료나 자료 구조 또는 인스턴스(instance) 변수라 부른다. 보통 어떤 객체에서 명사로 정의되면 속성이다.

② 메소드의 다른 용어로는 함수, 연산(operation), 프로시저(procedure), 멤버 함수(member function) 등으로 부른다. 보통 어떤 객체에서 동사로 정의되면 메소드이다.

2 자바스크립트에서 미리 제공하는 객체들

자바스크립트 역시 프로그래밍에 필요한 모든 객체들을 완벽하게 제공하지는 않지만 자바스크립트 개발자가 미리 만들어서 제공하는 객체만을 잘 사용하여도 훌륭한 자바스크립트 프로그래밍을 할 수 있다.

자바스크립트에서 제공하는 객체들에는 어떤 것들이 있는지 기본적인 핵심(Core) 내장 객체와 네비게이터나 익스플로러 등과 같이 클라이언트 측(client-side)의 웹 브라우저에서 사용하는 자바스크립트 객체들을 간단하게 살펴보자.

2.1 핵심(Core) 내장 객체

자바스크립트에는 표와 같이 날짜와 시간을 다루는데 사용하는 Date 객체나 문자열을 처리하는데 사용하는 String 객체, 배열을 처리하는데 사용하는 Array 객체 등의 미리 정의된 내장 객체들을 제공하고 있다.

이들은 클라이언트 측이나 서버 측(server-side)에서 모두 사용할 수 있는 객체이기 때문에 미리 정의된 핵심(core) 객체라 보통 부르며, 7장에서 주로 학습할 내용들의 객체들이다.

객체	용도
Date	날짜와 시간을 다루는데 사용하는 객체
String	문자열을 처리하는데 사용하는 객체
Math	일반 수학 연산에 사용하는 객체
Array	배열 처리에 사용하는 객체
Arguments	함수가 호출될 때 함수 내의 인수(arguments)들에 대한 정보들을 알아내기 위해 사용하는 객체
Function	함수로서 컴파일될 자바스크립트 코드의 문자열을 명시하는데 사용하는 객체
Number	수치 상수의 최대 값이나 최소 값 등의 속성을 갖는 객체
Screen	현재 보고있는 웹 페이지의 화면 해상도나 색상 등에 관한 정보를 제공하는 객체

자바스크립트의 내장 객체들

2.2 클라이언트 측의 웹 브라우저에서 사용하는 자바스크립트 객체들

① 네비게이터나 익스플로러 등과 같은 웹 브라우저에 하나의 HTML 문서가 실행되면 자신의 HTML 문서를 토대로 속성 값을 갖는 그림과 같은 많은 자바스크립트 객체가 생성된다.

부언하면, 클라이언트 측(client-side)의 웹 브라우저에서 사용하는 자바스크립트 객체들이란 웹 서버가 다운로드한 HTML 문서에 그림의 자바스크립트 객체들이 포함되어 있으면 클라이언트 웹 브라우저가 번역해서 실행할 수 있는 객체들을 말한다.

② Window, Frame, document, location, history 등의 자바스크립트 객체는

클라이언트 측(client-side)의 웹 브라우저에서 사용하는 객체들의 계층 구조이며, 이러한 객체들의 사용 방법은 8장부터 자세히 설명된다.

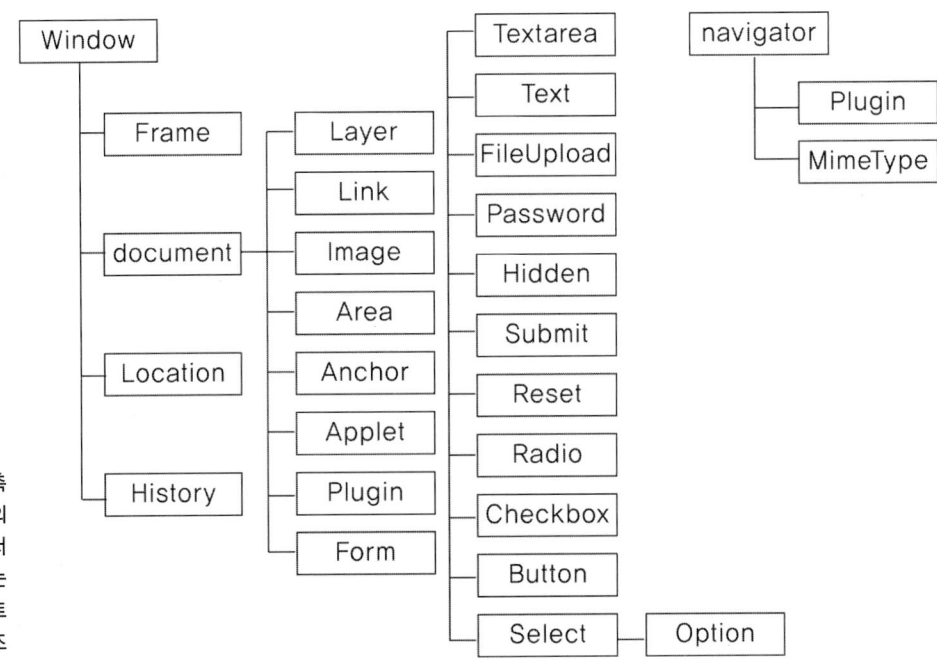

클라이언트 측(client-side)의 웹 브라우저에서 사용하는 자바스크립트 객체들의 계층구조

※ 본 그림은 "http://developer.netscape.com/docs/manuals/js/client/jsguide/"에서 인용하였다.

클라이언트 측(client-side)의 웹 브라우저에서 사용하는 자바스크립트의 상위 객체들

객체	용도
window	부모 역할을 하는 가장 상위 레벨의 객체로서 웹 브라우저 자체를 말한다. window 객체는 모든 다른 객체에 적용되는 속성들과 메소드를 가지고 있으면서 문서에 구성되는 다수의 자식 윈도우(=프레임)를 생성할 수 있다.
Frame	frame은 window 내에 포함된 프레임(=자식 윈도우)에 대한 정보를 제공하는 객체로서 window와 동일한 속성과 메소드를 가지고 있다. window와의 차이점은 단지 출력이 해당 프레임으로만 출력되는 것이다.
document	문서의 타이틀, 배경색, 폼, 링크, 자바 애플릿 등과 같은 문서의 내용물을 처리하는 객체이다.
location	현재 연결된 URL의 속성을 가지고 있는 객체이다.
history	사용자가 이전에 연결했던 URL을 저장하고 있는 객체이다.

3 객체지향 언어 표현 방법

3.1 기본적인 객체지향 언어 표현 방법

기본적인 객체지향 언어 표현 방법은 document.write() 명령에서 사용해 보았듯이 맨 처음에 사용할 객체 이름을 적고, 그 다음에 구분 역할의 연산자인 .(period)를 적은 후 해당 객체에서 사용할 수 있는 속성 또는 메소드를 적는다.

```
객체이름.속성      예: Math.PI
객체이름.메소드    예: Math.sqrt(25)
```

기본적인 객체지향 언어 표현 방법

① 객체지향 언어 표현 방법에서 .(period)이라는 연산자는 객체에 속한 속성이나 메소드를 지정하는 역할로서 "."(period) 연산자 왼쪽에는 사용할 객체 이름이 나오고 오른쪽에는 객체의 속성이나 메소드를 적는다.
② 객체이름은 Math 객체처럼 정적(static 또는 전역) 객체일 때와 인스턴스(instance 또는 지역) 객체일 때에 객체이름을 기술하는 방법이 차이가 난다. 이에 대한 자세한 내용은 4절에서 설명된다.

3.2 계층적인 관계를 사용하는 객체지향 언어 표현 방법

Window, Frame, document, location, history 등과 같은 클라이언트 측(client-side)의 웹 브라우저에서 사용하는 객체들은 계층 관계를 가지고 있다.
이러한 객체들의 표현 방법은 다음과 같이 부모 객체와 자식 객체 순으로 '.' 연산자에 의해 계층적인 관계를 구분하면서 표현한다. 이는 하나의 객체가 또 다른 객체를 속성으로 구성할 수 있기 때문인데 이에 대한 내용은 본장의 8절에서 자세히 설명된다.

부모객체.자식객체.속성	예: document.form.button.value
부모객체.자식객체.메소드	예: window.document.write("example")

① document 객체의 부모 객체는 window 객체이며 write()는 document 객체의 메소드이다.

window.document.write("계층적인 관계를 사용하는 객체지향 언어 표현 방법")

② window 객체의 자식은 document이고, document 객체의 자식은 form이고, form 객체의 자식은 button이고, value는 button 객체의 속성이다.

window.document.form.button.value

③ window는 웹 브라우저 자체를 의미하는 가장 상위 레벨의 객체로서 다음과 같이 생략할 수 있다.

document.write("계층적인 관계를 사용하는 객체지향 언어 표현 방법")
document.form.button.value

4 인스턴스 객체와 정적 객체

객체의 유형을 인스턴스(instance) 객체와 정적(static) 객체로 구분할 수 있다. 자바스크립트에서 객체를 사용하는 방법은 객체의 유형에 따라 차이가 있기 때문에 먼저 이들의 차이점을 이해하여 보자.

4.1 인스턴스(instance) 객체

① 인스턴스 객체란 프로그램 논리에 따라 자신의 데이터를 갖고 서로 다른 메모리에 생성되는 지역 객체를 의미한다.
② 예를 들어, 자바스크립트에서 날짜와 시간을 처리하는데 제공하는 Date 객체를 사용해서 나이를 계산한다고 생각하여 보자. 나이를 계산하려면 태어난 연도를 자료로 갖는 Date 객체와 현재의 연도를 갖는 Date 객체를 생성해서 나이 계산을 해야 한다.
  이와 같이 같은 종류의 Date 객체이기는 하지만 프로그램 논리에 따라 서로 다른 자신의 연도를 가지고 메모리상에 별개의 Date 객체로 생성되는 객체를 인스턴스 객체라 한다.
③ Date, String, Array 등과 같이 필요에 따라 서로 다른 메모리에 생성되는 인스턴스 객체를 지역(local) 객체라 부르기도 한다.

4.2 정적(static) 객체

① 객체란 서로 다른 메모리에 생성되는 인스턴스 객체를 생성할 필요없이 항상 하나의 객체만을 생성하여 프로그램에서 처리할 수 있는 시스템 객체를 의미한다.
② 예를 들어 자바스크립트에서 수학 연산을 위해 제공하는 Math 객체에 정의된 속성인 PI($\pi=3.14159\cdots$), E(자연 대수의 밑수=$2.7182818\cdots$) 등은 변하지 않는 자료이기 때문에 항상 하나의 객체만을 생성하여 원하는 수학 연산을 수행시키면 된다. 이러한 객체를 정적 객체라 부른다.
③ 정적 객체의 또 다른 예로, 웹 브라우저 자체를 의미하는 window 객체나, 문서의 내용을 처리하는 document 객체 등은 항상 프로그램 중에 하나의 객체로만 생성되어 있으면 된다.
④ Math, window, document 등과 같은 정적 객체를 프로그램상에 전역적으로 사용된다고 하여 전역(global) 객체 또는 시스템 객체라 부른다.

5 정적(static) 객체 사용 방법

① Math, window, document 등과 같이 프로그램상에 전역적으로 사용되는 정적(static) 객체를 사용할 때는 new 연산자와 생성자 함수를 사용하여 인스턴스 객체를 생성하지 않고, 다음 예와 같이 직접 객체 이름에 속성 또는 메소드를 기술하여 사용한다.

```
Math.PI
Math.sin(30)
Math.sqrt(2)
document.write("정적 객체")
window.status("top-level static object")
```

② 자바스크립트에서 제공하는 Math 객체는 삼각 함수, 지수 함수, 제곱근 함수 등과 같이 일반 수학 연산에 사용하는 정적인 내장 객체이다. Math 객체에 정의되어 있는 상수 역할의 속성인 PI(π=3.14159...)와 제곱근을 구해주는 sqrt() 메소드, 지수 함수 역할의 pow() 메소드, 삼각 함수 중 sin() 메소드를 활용하는 간단한 예를 살펴보자.

[프로그램 : ex6-1.html]

```
<HTML>
    <HEAD>
        <TITLE>자바스크립트 테스트</TITLE>
<SCRIPT LANGUAGE="JavaScript">
// PI 속성값을 출력한다.
document.write("PI =  " + Math.PI + "<br>")
// 반지름이 3인 원의 둘레를 구한다
var circum = 2 * Math.PI * 3
document.write( "반지름이 3인 원의 둘레는 " +  circum + "  이다.<br>")
/* 원의 면적을 구하기 위하여 Math 객체의 PI 속성과 pow() 메소드를 사용한다. $3^2$은 pow(3, 2)로 표현한다. */
```

```
                var area = Math.PI * Math.pow(3, 2)
                document.write( "반지름이 3인 원의 면적은 " +  area + "  이다.<br>")
                // 제곱근 sqrt() 메소드를 사용한 예
                var sqr  = Math.sqrt(25)
                document.write("25의 제곱근은 " + sqr + "이다.<br>")
                // sin 30도를 구하기 위하여 sin() 메소드를 사용한 예
                var degree  = 30 * (Math.PI / 180)
                document.write("sin 30도는 " + Math.sin(degree) + "이다.<br>")
            </SCRIPT>
        </HEAD>
</HTML>
```

[실행 결과]

PI = 3.141592653589793
반지름이 3인 원의 둘레는 18.84955592153876 이다.
반지름이 3인 원의 면적은 28.274333882308138 이다.
25의 제곱근은 5이다.
sin 30도는 0.49999999999999994이다.

[프로그램 설명]

① 반지름이 3인 원의 면적(=πr²)을 구하기 위하여 지수 함수 역할의 pow() 메소드를 사용한다. 3²은 pow(3, 2)로 표현한다.
   area = Math.PI * Math.pow(3, 2)
② √25를 구하기 위하여 제곱근 함수 역할의 sqrt(25) 메소드를 사용한다.
   var sqr = Math.sqrt(25)
③ sin(), COS() 등과 같은 삼각 함수에서 사용하는 단위는 라디안(radian)이므로 라디안에 (π/180)을 곱하여 도(degree)로 환산하여야 한다. 30라디안을 30도로 환산한다.
   var degree = 30 * (Math.PI / 180)

6 인스턴스 객체 사용 방법

인스턴스 객체를 사용하기 위해서는 정적 객체 사용 방법과 다르게 먼저 프로그램에서 사용할 객체를 생성한 후에 사용해야 한다.

6.1 인스턴스 객체 생성 방법

인스턴스 객체를 생성하는 방법은 다음과 같이 두 단계를 거쳐 객체를 생성한다.

> 1단계 : 객체를 생성하는 생성자 함수(constructor function)를 정의한다.
>   생성자 함수를 정의하는 방법은 7절에서 설명된다.
> 2단계 : 생성자 함수에 new 연산자를 사용하여 객체를 생성한다.
>   예: new Date() // Date 객체가 생성된다.

인스턴스 객체를 생성하는 일반적인 단계

6.2 생성자 함수란?

① 생성자 함수는 생성할 객체의 속성과 메소드를 정의하기 위해 사용되는 함수로서 생성자 함수를 만드는 방법은 5장에서 자세히 배운 사용자 함수를 정의하는 방법과 동일하다.
② 생성자 함수의 이름은 객체 이름과 일치시키지 않아도 되지만 동일하게 작성하는 것이 일반적인 관례이다.
③ 보통 객체를 생성하는 생성자 함수는 인수의 유무나 인수의 개수 등에 따라 여러 종류의 생성자 함수를 정의하여 다양한 객체를 생성할 수 있다.

6.3 내장 객체를 생성하는 방법 : 인스턴스(Instance)

① 자바스크립트에서 Date, Math, Array, String 등과 같은 내장 객체를 사용하기 위하여 내장 객체를 생성할 때는 생성자 함수(constructor function)를 정의하는 단계는 생략하고, 예와 같이 바로 생성자 함수에 new 연산자를 사용하여 객체를 생성하면 된다.

```
new Date()   // Date 객체가 생성된다.
new Array("one", "two") // "one"과 "two"를 배열 요소로 갖는 Array 객체가 생성된다.
```

② 내장 객체는 자바스크립트 개발자가 미리 생성자 함수를 미리 정의하여 놓았기 때문에 프로그래머는 사용할 내장 객체의 생성자 함수 이름만 알고 있으면 된다.
③ 생성자 함수에 new 연산자를 사용하여 새로운 객체를 생성하는 행위를 인스턴스화(instantiation)되었다고 하고, 생성된 객체를 인스턴스(instance)라고 한다.

6.4 Date 객체 사용 예 : 인스턴스(instance)

1) Date 객체의 용도

Date 객체는 자바스크립트에서 날짜와 시간을 다루는데 사용되는 내장 객체로서 홈페이지에 달력이나 시계를 만들거나 홈페이지의 초기 화면에 현재의 날짜와 시간을 표시하는데 많이 사용한다.

2) Date 객체를 생성하는 예

Date 객체의 생성자 함수 이름은 객체 이름과 동일하게 Date이다. 생성자 함수 Date()에 new 연산자를 사용해서 Date 객체를 하나 생성한 후 이를 today라는 변수에 할당하였다.

```
today = new Date()
```

① Date()와 같이 괄호 내에 어떤 인수도 지정해주지 않고 객체를 생성하면 자동적으로 현재 시스템의 날짜와 시간을 갖는 객체가 생성된다.

② 현재 시스템의 날짜와 시간을 갖는 Date 객체를 생성한 후 today라는 변수에 할당하였다고 언급하였으나 객체지향 개념에서는 기억 장소를 배당하여 실제 새로운 객체를 생성하는 행위를 인스턴스화(instantiation)되었다고 하고, 생성된 객체를 인스턴스(instance)라고 한다.

③ Date 객체를 생성하여 그 내용을 출력한 예이다.

> UTC(Universal Time Coordinated)는 세계 협정 시간을 의미한다.

[프로그램 : ex6-2.html]
```
today = new Date()
document.write("현재 시스템의 날짜와 시간 : " + today + "<br>") )
```

[실행 결과]
현재 시스템의 날짜와 시간 : Wed Nov 1 18:59:38 UTC+0900 2000

④ today = new Date()를 수행하면 "Mon Oct 2 17:15:40 UTC+0900 2000"와 같은 형식의 날짜, 시간 정보를 갖는 Date 객체의 인스턴스가 그림과 같이 메모리에 생성된다.

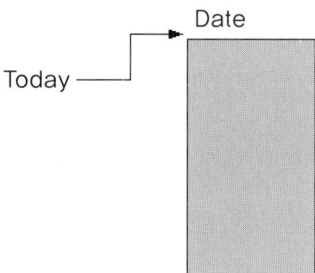

today = new Date()가 실행한 후의 메모리 상태

Date 객체의 인스턴스가 생성되면 today라는 변수가 현재 시스템의 날짜와 시간을 갖는 Date 인스턴스를 가리키게 된다. today와 같은 변수는 생성된 객체를 가리키는데 사용하는 객체 포인터(object pointer)로서 객체 이름 역할을 한다. 짧게 today 객체라 하면 된다.

6.5 Date 객체를 생성한 후 메소드를 사용하는 예

① Date, Math, Array, String 등과 같은 내장 객체는 자바스크립트 개발자가 미리 생성자 함수를 미리 정의하여 놓았듯이 여러 가지 속성과 메소드를 미리 만들어 놓았다. 프로그래머는 이들의 용도를 알고만 있으면 필요할 때 바로 사용하기만 하면 된다.

② Date 객체에는 속성은 없으나 날짜와 시간에 관해 편리한 작업을 할 수 있는 메소드들을 표에 일부 소개하였다. 본절에서는 년/월/일을 추출하는 메소드 몇 개만 사용해보고, 나머지 사용 방법은 7장의 Date 객체 사용법에서 기술한다.

메소드	용도
getYear()	Date 객체(=인스턴스)에서 연도를 추출한다.
getMonth()	0에서 11 사이의 정수로 월을 추출한다. (주의할 점은 0이 1월, 1이 2월, … , 10이 11월, 11이 12월이다.)
getDate()	1에서 31 사이의 정수로 일을 추출한다.

Date 객체의 메소드들

③ 연도를 추출하는 getYear(), 월을 추출하는 getMonth(), 일을 추출하는 getDate() 메소드를 사용하여 년/월/일을 출력한 예이다.

[프로그램 : ex6-3.html]
```
// 현재의 날짜와 시간이 저장되는 Date 인스턴스를 생성하는 예
today = new Date()
// 연도를 추출하여 year 변수에 할당
year = today.getYear()
document.write(" 연도 : " + year + "<br>")
// getMonth() 메소드에서 추출된 결과는 0이 1월, 1이 2월이기 때문에 더하기 1을 하
여야 해당 월이 된다.
month = today.getMonth() + 1
document.write(" 월 : " + month + "<br>")
    // 일을 추출하여 date 변수에 할당
day = today.getDate()
document.write(" 일 : " + day + "<br>")
```

```
[실행 결과]
연도 : 2000
월 : 10
일 : 5
```

6.5 서로 다른 생성자 함수를 사용하는 Date 객체 사용 예

 보통 객체를 생성하는 생성자 함수는 객체 이름과 동일하나 인수의 유무나 인수의 개수 등에 따라 여러 종류의 생성자 함수가 존재한다. 이러한 서로 다른 생성자 함수를 사용하여 다양한 객체를 생성할 수 있다. Date 객체를 예로서 살펴보자.

1) Date 객체의 생성자 함수 종류들

① 자바스크립트 개발자가 미리 정의한 Date 객체의 생성자 함수 종류는 다음과 같이 다양하다.

Date 객체의 생성자 함수 종류
```
Date()
Date(year, month, day)
Date(year, month, day, hours, minutes, seconds)
Date("month day, year, hours:minutes:seconds")
```

② new Date()와 같이 어떤 인수도 지정하지 않으면 자동적으로 현재 시스템의 날짜와 시간을 갖는 객체를 생성하기도 하고, 년, 월, 일, 시, 분, 초 등을 인수로 사용하여 특정한 날짜와 시간을 갖는 객체를 생성할 수도 있다.

③ 1999년 12월 25일 15시 30분 4초를 갖는 Date 객체를 생성할 때는 생성자 함수 중에서 Date (year, month, day, hours, minutes, seconds)를 사용하여 특정 날짜와 시간을 갖는 인스턴스 객체를 설정할 수 있다.

```
today = new Date (1999, 12, 25, 15, 30, 4);
```

2) 특정한 년/월/일로 설정된 Date 객체를 생성하여 출력한 예

Date(year, month, day)의 생성자 함수를 사용하여 특정한 년/월/일을 설정한 객체를 생성한 후 연도를 추출하는 getYear(), 월을 추출하는 getMonth(), 일을 추출하는 getDate() 메소드를 사용하여 년/월/일을 출력한 예이다.

[프로그램 : ex6-4.html]
```
<HTML>
<HEAD>
<TITLE>자바스크립트 테스트</TITLE>
<SCRIPT LANGUAGE="JavaScript">
//특정 날짜와 시간을 설정한 Date 객체를 사용한 예
today = new Date(2010, 11, 25);
document.write(" 새롭게 설정한 날짜와 시간 : " + today + "<br>")
// 연도를 추출하여 year 변수에 할당
year = today.getYear()
// getMonth() 메소드에서 추출된 결과는 0이 1월, 1이 2월이기 때문에 더하기 1을 하
여야 해당 월이 된다.
month =  today.getMonth() + 1
// 일을 추출하여 date 변수에 할당
date =  today.getDate()
document.write("새롭게 설정한 날짜는 " + year + "년 " + month + " 월 " +  date
+ " 일이다<br>")
</SCRIPT>
</HEAD>
</HTML>
```

[실행 결과]
새롭게 설정한 날짜와 시간 : Sat Dec 25 00:00:00 UTC+0900 2010
새롭게 설정한 날짜는 2010년 12월 25일이다.

7 사용자가 객체를 정의한 후 사용하는 방법

자바스크립트에서 객체를 생성하는 가장 일반적인 방법은 다음과 같이 두 단계를 거쳐서 객체를 생성한다고 하였다.

> 1단계 : 객체를 생성하는 생성자 함수(constructor function)를 정의한다.
> 2단계 : 생성자 함수에 new 연산자를 사용하여 객체를 생성한다.

6절에서는 1단계의 생성자 함수를 정의할 필요가 없는 내장 객체를 생성하여 사용하는 방법을 설명하였으나 본절에서는 사용자가 요구하는 객체를 생성하는 생성자 함수를 정의한 후에 객체를 생성하여 사용하는 과정을 설명해 나간다.

7.1 속성만으로 구성되는 객체를 생성하는 예

> 본서에서 객체를 생성하는 모든 예에서 사용되는 생성자 함수의 이름은 항상 객체 이름과 동일하게 작성하였다.

자바스크립트에서 제공하지 않는 객체를 사용하기 위해서는 먼저 객체를 생성하는 생성자 함수를 정의해야만 한다. 생성자 함수란 객체의 속성과 메소드를 정의하기 위해 사용되는 함수로서 5장에서 자세히 배운 사용자 함수를 정의하는 방법과 동일하다. 본절에서는 속성만으로 구성되는 학생 객체를 생성하는 생성자 함수를 정의하는 예를 살펴본다.

1) 학생 객체를 생성하기 위한 제약 조건

학생 객체의 특성을 나타내는 속성으로는 여러 가지가 존재하겠으나 본 예에서는 단순하게 학번, 이름, 학과 만을 속성으로 갖는다고 가정하고, 학생 객체의 이름을 Student로, 학번 속성은 number로, 이름 속성은 name으로, 학과 속성은 department라 결정한다.

2) 학생 객체의 생성자 함수(Student) 정의하기

학번(number), 이름(name), 학과(department)만을 속성으로 갖는 학생 객체를 생성하는 생성자 함수인 Student는 다음과 같다. 이는 5장에서 배운 사용자 함수를 정의하는 방법과 유사하나 this라는 예약어를 사용해야 하는 것이 조금 특별하다.

```
function Student(num, name, dept) {
    this.number = num;
    this.name = name;
    this.department = dept;
}
```

> 학번(number), 이름(name), 학과(department)만을 속성으로 갖는 학생 객체를 생성하는 생성자 함수 Student를 정의한 예

① this는 현재 생성된 객체(=인스턴스)인 자기 자신을 참조할 수 있도록 가리키는 표현으로 this는 자바스크립트, C++, 자바 등 모든 객체지향 언어에서 사용되는 아주 요긴한 표현 방법이다.
② 생성자 함수 Student는 학생 객체를 생성하는 명령에서 인수로 제공하는 속성 값인 학번, 이름, 학과를 num, name, dept 인수로 전달받는다.

```
oneStudent = new Student("2000126", "임성준", "전산과");
```

③ 위의 명령으로 생성자 함수 Student가 호출되면 학번, 이름, 학과의 속성 값으로 사용되는 실인수 "2000126", "임성준", "전산과"를 가인수 num, name, dept로 대응되어 각각 전달받는다.
④ 생성자 함수 내의 "this.number = num" 명령에 의해 받아들인 첫 번째 인수 num은 학번 속성인 number로 저장되고, "this.name = name" 명령에 의해 두 번째 인수 name은 이름 속성은 name으로 저장되고, "this.department = dept" 명령에 의해 세 번째 인수 dept는 학과 속성은 department에 저장되어 학생 객체가 생성된다.

oneStudent =
new Student
("2000126", "임성준",
"전산과")가 실행된 후의
생성된 객체의
메모리 상태

oneStudent → Student 객체

(속성이름)	(속성 값)
number	2000126
name	임성준
department	전산과

⑤ 생성자 함수 내의 "this.number = num" 명령에 의해 첫 번째 인수로 전달된 num(=2000126)을 학번 속성인 number에 저장된다. 여기서 this는 oneStudent라는 이름으로 현재 생성 중인 객체를 참조하는 의미이다. "this.name = name" 명령에 의해 두 번째 인수 name(=임성준)을 이름 속성인 name으로 저장하고, "this.department = dept" 명령에 의해 세 번째 인수 dept(=전산과)를 학과 속성인 department에 저장하여 그림과 같은 객체로 생성된다.

⑥ 정리하면, "oneStudent = new Student("2000126", "임성준", "전산과")" 명령으로 하나의 학생 인스턴스를 생성하면, 학번 속성 값이 "2000126", 이름 속성 값이 "임성준", 학과 속성 값이 "전산과"인 정보를 갖는 Student 인스턴스가 메모리에 생성되면서 이를 oneStudent라는 변수가 가리킨다.

3) this 표현의 편리함 이해하기

객체 자기 자신을 참조할 수 있는 this라는 표현은 객체 지향 언어에서 자주 사용되는 가장 요긴한 표현 방법으로서 특히, 객체를 생성하는 생성자 함수에서는 반드시 필요하다. this 표현이 생성자 함수에서는 왜 반드시 필요한지 그 편리함을 알아보자.

① oneStudent = new Student("2000126", "임성준", "전산과"); 명령에 의해 그림과 같이 학생 객체를 oneStudent가 가리킨다. 이 명령이 실행되면서 호출되는 생성자 함수 Student 내의 "this.number = num" 명령은 oneStudent.number = num이 되어 oneStudent가 가리키는 인스턴스 객체의 number 속성에 인수로 전달받은 num(=2000126)을 저장한다.

6 객체 개념과 기본적인 객체 사용 방법

oneStudent → Student 객체

number	2000126
name	임성준
department	전산과

② 만일 그 후에 anotherStudent = new Student("1992140", "임홍준", "산업디자인과");라는 명령으로 새로운 학생 객체를 또 하나 생성하면, 그림과 같은 또 다른 인스턴스 객체를 anotherStudent가 가리킨다. 이 명령이 실행되면서 호출되는 생성자 함수 Student 내의 "this.number = num" 명령은 이 때는 anotherStudent.number = num이 되어 anotherStudent가 가리키는 인스턴스 객체의 number 속성에 인수로 전달받은 num(=1992140)을 저장한다.

anotherStudent → Student 객체

number	1992140
name	임홍준
department	산업디자인과

③ 이와 같이 현재 명령에 의해 실행되는 객체를 가리키는 this 표현을 통하여 편리하게 프로그래머가 원하는 다양한 객체를 생성해나갈 수 있다.

> **일상 생활에서도 자주 사용하는 this 표현**
>
> this라는 표현은 일상 생활에서도 자주 사용한다. 예를 들어 저자가 강의하는 중에 학생들에게 질문을 할 때 학생들의 이름을 매번 호명하지 않아도 손으로 학생들을 가리키면서 "학생이 대답을 해보시오"라고 요구하는 표현이 바로 일상 생활에서의 this 표현이다.
>
> 부언하면, 매번 학생의 이름을 부르지 않고 새로운 학생을 가리키면서 "학생이 대답을 해보시오"하면 새롭게 가리키는 학생이 "this"이다. 즉, 새롭게 가리킨 학생이 현재의 인스턴스 객체가 되는 것이다.

> **주의**
>
> **정적 객체들은 this 표현을 사용하지 못한다.**
>
> 생성자 함수에 new 연산자를 사용하여 객체를 생성하지 않고 Math.PI, document.write("정적 객체")와 같은 표현 방법으로 객체를 사용하는 Math, window, document 등의 정적(static) 객체들은 this 표현을 사용하지 못한다.
>
> 부언하면, 수학 연산에 사용되는 Math 객체, 웹 브라우저 자체를 의미하는 window 객체, 문서의 내용을 처리하는 document 객체 등과 같은 정적 객체들은 시스템상에 전역적으로 유일하게 항상 하나의 객체로만 존재하고 있으면 되기 때문에 this 표현을 사용할 이유가 없다.

7.2 사용자 정의 객체를 사용하는 예

① oneStudent와 anotherStudent라는 이름의 두 명의 학생 객체를 생성한 후에 "." 연산자를 사용하는 객체지향 언어 표현 방법(=객체이름.속성)을 사용하여 두 객체의 속성들을 출력하는 예이다.

[프로그램 : ex6-5.html]

```
<HTML>
<HEAD>
<TITLE>"객체이름.속성" 표현 방법으로 Student 객체의 속성을 출력하는 예</TITLE>
<SCRIPT LANGUAGE="JavaScript">
// Student 객체의 생성자 함수
function Student(num, name, dept) {
    this.number = num;
    this.name = name;
    this.department = dept;   }
/* 학번 속성이 "2000126", 이름 속성이 "임성준", 학과 속성이 "전산과"인 학생 객체를 생성한 후 oneStudent 변수가 가리킨다. oneStudent는 객체이름 역할을 한다.*/
oneStudent = new Student("2000126", "임성준", "전산과");

// oneStudent 객체의 학번, 이름, 학과 속성을 출력한다.
document.write("학번 : " + oneStudent.number + "    ")
document.write("이름 : " + oneStudent.name + "    ")
```

```
document.write("  과 :  " + oneStudent.department + "<br>")
/* anotherStudent라는 이름의 인스턴스 객체를 생성한다. */
anotherStudent = new Student("1992140", "임홍준", "산업디자인과")

// anotherStudent 객체의 학번, 이름, 학과 속성을 출력한다.
document.write("학번 :  " + anotherStudent.number + "   ")
document.write("이름 :  " + anotherStudent.name   + "   ")
document.write("  과 :  " + anotherStudent.department + "<br>")
</SCRIPT>
</HEAD>
</HTML>
```

[실행 결과]

학번 : 2000126, 이름 : 임성준,   과 : 전산과
학번 : 1992140, 이름 : 임홍준,   과 : 산업디자인과

② 학생 객체를 생성한 후 이름 속성 값과 학과 속성 값을 수정하여 출력하는 예이다.

[프로그램 : ex6-6.html]
```
<HTML>
<HEAD>
<TITLE>Student 객체의 속성 값을 수정하여 출력하는 예</TITLE>
<SCRIPT LANGUAGE="JavaScript">
// Student 객체의 생성자 함수
function Student(num, name, dept) {
    this.number = num;
    this.name = name;
    this.department = dept;
}

/* 학번 속성이 "2000126", 이름 속성이 "임성준", 학과 속성이 "전산과"인 학생 객체
를 생성한 후 oneStudent 변수가 가리킨다.*/
oneStudent = new Student("2000126", "임성준", "전산과");

oneStudent.name = "홍길동"          // 이름 속성 값을 "홍길동"으로 수정한다.
```

```
oneStudent.department = "무술과"    // 학과 속성 값을 "무술과"로 수정한다.
// 학번, 이름, 학과 속성을 출력한다.
document.write("학번 : " + oneStudent.number + "<br>")
document.write(" 수정된 이름 : " + oneStudent.name + "<br>")
document.write(" 수정된 학과 : " + oneStudent.department + "<br>")
</SCRIPT>
</HEAD>
</HTML>
```

[실행 결과]

학번 : 2000126
수정된 이름 : 홍길동
수정된 학과 : 무술과

7.3 배열 표현으로 객체의 속성을 사용하는 예

배열 표현이란 동일한 객체 이름 하에 관련된 자료를 [] 내에 첨자로 구분하거나 속성 이름으로 구분하여 표현하는 편리한 방법으로서 7장의 Array 객체를 다룰 때 자세히 설명된다. 본절에서는 단지 배열 표현이 객체의 속성을 어떻게 표현하는지 사용법만을 살펴보기로 하자.

① oneStudent = new Student("2000126", "임성준", "전산과")

oneStudent라는 이름을 가진 객체의 속성을 참조하는 표현 방법에는 a)와 같이 "객체이름.속성" 표현 방법과 b)와 같이 객체이름 옆에 [] 내에 첨자를 사용하는 배열 표현 그리고 c)와 같이 객체이름 옆에 [] 내에 속성 이름을 문자열로서 사용하는 참조 배열(associative array) 표현 방법이 있다.

객체의 속성을 참조하는 동일한 표현 방법들		
a) 객체이름.속성 표현	b) 객체 이름 옆의 [] 내에 첨자를 사용하는 배열 표현	c) 객체 이름 옆의 [] 내에 속성 이름을 사용하는 참조 배열 표현
oneStudent.number	= oneStudent[0]	= oneStudent["number"]
oneStudent.name	= oneStudent[1]	= oneStudent["name"]
oneStudent.department	= oneStudent[2]	= oneStudent["department"]

② 객체이름 옆에 [] 내에 첨자를 사용하는 배열 표현 방법은 생성자 함수에 정의된 첫 번째 속성인 학번(=number)의 첨자가 0이 되고, 두 번째 속성인 이름(=name)의 첨자가 1이 되고, 세 번째 속성인 과(department)의 첨자가 2가 된다. 즉, 생성자 함수에 정의된 속성의 순서는 첨자 0부터 1씩 증가하게 된다.
③ oneStudent 객체의 과 속성인 department에 "소프트웨어 개발과"라는 속성 값을 할당할 때 다음의 표현들은 모두 동일한 효과를 나타낸다.

```
oneStudent.department = "소프트웨어 개발과"
oneStudent[2] = "소프트웨어 개발과"
oneStudent["department"] = "소프트웨어 개발과"
```

oneStudent라는 객체를 생성한 후에 oneStudent["department"]와 같이 객체 이름 옆에 [] 내에 속성 이름을 문자열로서 사용하는 참조 배열(associative array) 표현 방법으로 각 속성을 출력하는 예이다.

[프로그램 : ex6-7.html]
```
<HTML>
<HEAD>
<TITLE>참조 배열(associative array) 표현 방법으로 각 속성을 출력하는 예</TITLE>
<SCRIPT LANGUAGE="JavaScript">
// Student 객체의 생성자 함수
function Student(num, name, dept) {
    this.number = num;
    this.name = name;
    this.department = dept;
}
/* oneStudent라는 객체 이름으로 학생 객체를 생성한다. */
oneStudent = new Student("2000126", "임성준", "전산과");

/* 학번, 이름, 학과 속성을 객체 이름 옆의 []내에 속성 이름을 사용하는 참조 배열 표현으로 출력한다. */
document.write("학번 :  " + oneStudent["number"] + "<br>")
document.write("이름 :  " + oneStudent["name"]  + "<br>")
```

```
document.write("  과 :  " + oneStudent["department"] + "<br>")
</SCRIPT>
</HEAD>
</HTML>
```

[실행 결과]
학번 : 2000126
이름 : 임성준
 과 : 전산과

7.4 for ... in 반복문을 사용하여 객체의 속성 알아내기

1) for ... in 반복문

4장에서 어떤 조건에 따라 반복하는 while, do ... while, for문을 배웠었다. 본절에서는 어떤 객체에 구성되어 있는 모든 속성들의 수만큼 자동으로 반복 처리하여 객체의 속성을 알아내는데 편리한 for ... in 반복문을 살펴보자.

```
for ( 변수 in 객체 )
  {
    객체의 속성을 알아내기 위한 반복 처리될 명령문(들);
    }
```

① for 다음에는 각 속성의 이름을 가리킬 수 있는 변수를 정의한다.
② in 다음에는 속성을 알고자 하는 특정 객체 이름을 정의한다.
③ for ... in 반복문은 객체에 구성된 속성의 수만큼 자동 반복된다.
④ for ... in 반복문의 내부에 객체[변수]와 같은 참조 배열 표현으로 객체의 모든 속성들을 알아낼 수 있다.

2) for ... in 반복문으로 객체의 속성을 알아내는 예

for ... in 반복문은 in 다음에 기술한 객체의 속성을 보여주는 기능을 가진 명령으로서 Student 객체를 생성한 후 모든 속성을 알아내는데 사용되는 for ... in 반

6 객체 개념과 기본적인 객체 사용 방법

복문의 사용법을 살펴보자.

for ... in 반복문 내에 참조 배열 표현을 사용하여 Student 객체의 모든 속성 이름과 속성 값을 출력하는 예이다.

[프로그램 : ex6-8.html]
```
<HTML>
<HEAD>
<TITLE>for ... in 반복문을 사용하여 Student 객체의 모든 속성을 출력하는 예</TITLE>
<SCRIPT LANGUAGE="JavaScript">
function Student(num, name, dept) {
    this.number = num;
    this.name = name;
    this.department = dept;
    }
</SCRIPT>
</HEAD>
<BODY>
<SCRIPT LANGUAGE="JavaScript">
oneStudent = new Student("2000126", "임성준", "전산과");
    for  ( property  in oneStudent)
    {
    document.write(" 속성 이름 = " +  property)
    document.write(", 속성 값 = " + oneStudent[property] + "<br>")
    }
</SCRIPT>
</BODY>
</HTML>
```

[실행 결과]
```
속성 이름 = number, 속성 값 = 2000126
속성 이름 = name, 속성 값 = 임성준
속성 이름 = department, 속성 값 = 전산과
```

3) oneStudent라는 객체의 모든 속성을 출력하는 for ... in 반복문에 대한 설명

```
for ( property  in oneStudent)
    { document.write("속성 값 = " + oneStudent[property] + "<br>")
    }
```

① oneStudent라는 객체는 학번 속성인 number와 이름 속성인 name 그리고 학과 속성인 department 순으로 구성되어 있기 때문에 for ... in 반복문은 자동으로 3번 반복 수행된다.
② for ... in 반복문이 처음 실행되면 in 다음에 기술한 oneStudent 객체의 첫 번째 속성인 "number"가 property 변수에 저장되기 때문에 document.write 문장의 괄호에 기술된 인수 중에 참조 배열 표현인 oneStudent[property]는 oneStudent["number"]로 수행되어 학번 속성 값인 "2000126"이 출력된다.
③ for ... in 반복문이 두 번째 실행되면 in 다음에 기술한 oneStudent 객체의 두 번째 속성인 "name"이 property 변수에 저장되기 때문에 document.write 문장의 괄호에 기술된 인수 중에 참조 배열 표현인 oneStudent[property]는 oneStudent["name"]으로 수행되어 이름 속성 값인 "임성준"이 출력된다.
④ for ... in 반복문이 마지막 세 번째 실행되면 in 다음에 기술한 oneStudent 객체의 세 번째 속성인 "department"가 property 변수에 저장되기 때문에 document.write 문장의 괄호에 기술된 인수 중에 참조 배열 표현인 oneStudent[property]는 oneStudent["department"]으로 수행되어 학과 속성 값인 "전산과"가 출력된다.

7.5 객체에 메소드를 정의하는 방법 익히기

하나의 객체는 객체의 특성을 나타내는 자료 역할의 속성(property, attribute)들과 객체의 행위(behavior)를 나타내는 메소드(method)들로 구성되는 하나의 단위라고 하였다. 지금까지 속성으로만 구성되는 객체를 생성하는 방법을 살펴보았다. 본절에서는 속성 값을 근거로 어떤 기능을 수행하는 메소드가 구성되는 객체를 생성하는 방법을 설명하려고 한다.

1) 메소드와 함수의 차이점

메소드는 객체들의 행위인 연산들을 속성 값을 근거로 구현한 프로그램 단위로서 5장에서 자세히 배운 함수로 생각하면 된다. 단지 일반적인 함수와의 차이점으로 메소드는 특정 객체와 관련된 하나의 함수라는 점이고, this 표현을 사용한다는 점이다.

2) 본절의 예로 사용할 display 메소드란?

① 학번(number), 이름(name), 학과(department) 속성만을 갖는 학생 객체 Student의 속성을 출력하기 위해서 객체를 생성할 때마다 매번 불편하게 document.write() 함수를 사용하였다. 만일 객체의 속성을 출력하는 함수를 미리 메소드로 정의해 놓았다면 매우 편리하게 필요할 때마다 간단하게 정의된 메소드를 호출하여 학생 객체들의 속성을 출력할 수 있을 것이다.

② 다음과 같은 형식으로 학생 객체의 세 가지 속성을 출력하여 주는 display라는 이름의 함수를 정의한 후 display 함수를 Student 객체에서 사용하는 메소드로서 등록하는 방법과 그 사용법을 단계적으로 설명해 나간다.

> 학번이 [1992140] 인 학생의 이름은 [임홍준]이고, [산업디자인과] 소속이다.

학생 객체의 속성을 출력하여 주는 display 메소드의 출력 형식

3) Student 객체에서 메소드로 사용할 display 함수를 정의하는 방법

① 학생 객체의 모든 속성을 출력하여 주는 display 함수는 다음과 같이 사용자 함수를 정의하는 방법과 동일하게 정의하면 된다.

```
// 학생 객체의 모든 속성을 출력하는 메소드로 등록되는 함수
function display() {
    document.write("학번이 [" + this.number)
    document.write("] 인 학생의 이름은 [" + this.name + " ]이고, [")
     document.write( this.department + "]  소속이다. <br>")
    }
```

학생 객체의 모든 속성을 출력하여 주는 display 메소드

② 메소드로 사용할 함수를 정의할 때 주의할 점은 생성자 함수를 정의할 때와 같이 this 표현을 사용하여야 한다는 점이다.

③ 부언하면, 현재 생성된 객체의 속성을 출력하기 위하여 oneStudent, twoStudent 등과 같이 서로 다른 인스턴스 객체들을 생성한 후에 display 메소드는 oneStudent.display(), twoStudent.display() 등과 같이 "객체이름. 메소드" 표현으로 호출되어 사용되기때문에 display 메소드 내에는 현재 객체 자기 자신을 참조하는 this 표현을 사용하여야만 서로 다른 이름의 인스턴스 속성들이 출력될 수 있다.

4) 생성자 함수 내에 display() 함수를 메소드로 등록시키는 방법

① 메소드는 객체와 관련된 하나의 함수이기 때문에 앞에서 정의한 display() 함수를 Student 객체에서 사용할 수 있는 메소드임을 Student 객체의 생성자 함수 내에 다음과 같은 형식으로 등록시켜야 한다.

```
this.메소드이름 = 함수이름
예) this.display = display;
```

② Student 객체의 생성자 함수의 마지막 줄에 display() 함수가 Student 객체에서 사용할 수 있는 메소드임을 형식과 같이 "this.display = display"를 기술하였다.

```
// Student 객체에 메소드를 추가한 생성자 함수
function Student(num, name, dept) {
        this.number = num;
        this.name = name;
        this.department = dept;
        // display() 함수가 Student 객체에서 사용할 수 있는 메소드임을 등록한다.
        this.display = display;
        }
```

Student 객체에 display() 함수가 메소드로 등록된 생성자 함수

5) Student 객체에 등록된 display() 메소드를 사용하는 예

① anotherStudent = new Student("1992140", "임홍준", "산업디자인과") 와 같이 객체를 생성한다.

② anotherStudent 객체의 모든 속성을 출력하는 display() 메소드를 "anotherStudent.display()"과 같이 "객체이름.메소드" 표현으로 호출하여 실행시킨다.

두 명의 학생 객체를 생성한 후 이들의 모든 속성을 출력하여 주는 display() 메소드를 사용하는 예이다.

[프로그램 : ex6-9.html]

```
<HTML>
<HEAD>
<TITLE>Student 객체에 등록한 display() 메소드를 사용하는 예</TITLE>
<SCRIPT LANGUAGE="JavaScript">
// Student 객체의 생성자 함수
function Student(num, name, dept) {
    this.number = num;
    this.name = name;
    this.department = dept;
    /* 학생 객체의 모든 속성을 출력하는 메소드 등록 */
    this.display = display;
    }
    // 학생 객체의 모든 속성을 출력하는 메소드 역할의 함수 정의
function display() {
    document.write("학번이 [" + this.number)
    document.write("] 인 학생의 이름은 [" + this.name + " ]이고, [")
    document.write( this.department + "]  소속이다. <br>")
}
</SCRIPT>
</HEAD>
<BODY>
<SCRIPT LANGUAGE="JavaScript">
oneStudent = new Student("2000126", "임성준", "전산과");
anotherStudent = new Student("1992140", "임홍준", "산업디자인과")
```

```
/* oneStudent 객체의 모든 속성을 출력하는 display() 메소드를 호출 */
oneStudent.display()
/* anotherStudent 객체의 모든 속성을 출력하는 display() 메소드를 호출 */
anotherStudent.display()
    </SCRIPT>
</BODY>
</HTML>
```

[실행 결과]

학번이 [2000126] 인 학생의 이름은 [임성준]이고, [전산과] 소속이다.
학번이 [1992140] 인 학생의 이름은 [임홍준]이고, [산업디자인과] 소속이다.

함수 이름과 메소느의 이름은 딜라도 상관없다.

Student 객체에 display() 함수가 동일한 이름의 display() 메소드로 등록하였기 때문에 display() 메소드를 "anotherStudent.display()"와 같이 호출하였다.
만일 생성자 함수에서 "this.print = display"와 같이 display() 함수를 print() 라는 다른 이름의 메소드로 등록했을 때는 "anotherStudent.print()"와 같이 호출하여 사용하면 된다.

6) 인수가 있는 새로운 메소드를 정의하는 예

학생 객체 이름과 학과 속성을 수정하여 다음과 같은 형식으로 출력하는 modify_display 메소드를 Student 객체에 등록시켜서 필요할 때마다 편리하게 호출하여 사용하는 예를 살펴보자.

modify_display 메소드의 출력 형식

학번이 [1992140] 인 학생의 수정된 이름은 [서태지]이고, 수정된 학과는 [대중음악과]이다.

① anotherStudent = new Student("1992140", "임홍준", "산업디자인과") 와 같이 생성된 객체의 이름을 "임홍준"에서 "서태지"로 학과는 "산업디자인과"에서 "대중음악과"로 수정하기 위하여 anotherStudent.modify_display ("서태지", "대중음악과")와 같이 "객체이름.메소드(인수)" 표현을 사용하는 예이다.

② modify_display 메소드는 display 메소드와 다르게 이름과 학과 속성을 수정하기 위해서는 호출 함수에 기술되는 이름과 학과를 다음과 같이 인수로 받아들여야 한다는 점이다.

```javascript
/*학생 객체의 이름과 학과 속성을 수정한 후 출력하는 메소드 역할의 함수 정의*/
function modify_display(irum, dept) {
    // 이름 속성을 수정한다.
    this.name = irum
    // 학과 속성을 수정한다.
    this.department = dept
    // 학번 출력
    document.write( "학번이 [" + this.number)
    // 수정된 이름 출력
    document.write("] 인 학생의 수정된 이름은 [" + this.name + " ]이고, ")
    // 수정된 학과 출력
    document.write("수정된 학과는  [" + this.department + "]이다. <p>")
}
```

생성된 Student 객체의 이름과 학과 속성을 수정하여 출력하는 함수 정의

두 명의 학생 객체를 생성한 후 이들의 원래 속성을 출력하여 주는 display() 메소드와 이름과 학과 속성을 수정한 후 출력하는 modify_display() 메소드를 사용하는 예이다.

[프로그램 : ex6-10.html]

```html
<HTML>
<HEAD>
<TITLE>자바스크립트 테스트</TITLE>
<SCRIPT LANGUAGE="JavaScript">
// Student 객체의 생성자 함수
function Student(num, name, dept) {
    this.number = num;
    this.name = name;
    this.department = dept;
/*  학생 객체의 속성을  출력하는 메소드 등록*/
    this.display = display;
```

```
    /* 학생 객체의 이름과 학과 속성을  수정한 후  출력하는 메소드 등록*/
        this.modify_display = modify_display;            }
// 학생 객체의 모든 속성을 출력하는 메소드 역할의 함수 정의
function display() {
    document.write("학번이 [" + this.number)
    document.write("] 인 학생의 이름은 [" + this.name + " ]이고, [")
    document.write( this.department + "] 소속이다. <br>") }
/*학생 객체의 이름과 학과 속성을 수정한 후 출력하는 메소드 역할의 함수정의*/
function modify_display(irum, dept) {
    this.name = irum
    this.department = dept
        document.write( "학번이 [" + this.number)
    document.write("] 인 학생의 수정된 이름은 [" + this.name + " ]이고, ")
    document.write("수정된 학과는 [" +  this.department + "]이다. <p>")          }
</SCRIPT>
</HEAD>
<BODY>
<SCRIPT LANGUAGE="JavaScript">
    oneStudent = new Student("2000126", "임성준", "전산과");
    anotherStudent = new Student("1992140", "임홍준", "산업디자인과")
    // 원래 속성 출력
    oneStudent.display()
    // "홍길동"과 "무술과"로 이름과 학과 속성을 수정하여 출력
    oneStudent.modify_display("홍길동", "무술과")
    // 원래 속성 출력
    anotherStudent.display()
    // "서태지", "대중음악과"로 이름과 학과 속성을 수정하여 출력
    anotherStudent.modify_display("서태지", "대중음악과")
</SCRIPT>
</BODY>
</HTML>
```

[실행 결과]

학번이 [2000126]인 학생의 이름은 [임성준]이고, [전산과] 소속이다.
학번이 [2000126]인 학생의 수정된 이름은 [홍길동]이고, 수정된 학과는 [무술과]이다.
학번이 [1992140] 인 학생의 이름은 [임홍준]이고, [산업디자인과] 소속이다.

> 학번이 [1992140] 인 학생의 수정된 이름은 [서태지]이고, 수정된 학과는 [대중음악과]이다.

[프로그램 설명]

① 이미 생성되어 있는 anotherStudent라는 이름의 객체를 이름은 "서태지"로 학과는 "대중음악과"로 수정하기 위하여 anotherStudent.modify_display("서태지", "대중음악과")와 같이 modify_display 메소드를 호출하면, 호출 메소드에 기술된 "서태지"와 "대중음악과"라는 실인수를 modify_display 함수에서는 irum과 dept라는 가인수에 각각 전달받는다.

② modify_display 함수 내에 "this.name = irum" 명령 설명
　이름과 학과 속성을 수정하기 위한 anotherStudent라는 이름의 인스턴스가 현재 객체이기 때문에 현재의 객체 자신을 참조하는 this 표현을 사용하여 인수로 전달받은 irum 변수에 있는 "서태지"를 Student 객체의 이름 속성 변수인 name에 할당한다.

③ 학과 속성을 수정하는 "this.department = dept" 명령도 같은 맥락으로 이해하면 된다.

7.6 기존 객체에 prototype을 사용하여 속성이나 메소드를 추가하는 방법

JavaScript 1.1부터 기존 객체에 prototype이라는 속성을 사용하여 새로운 속성이나 메소드를 추가할 수 있다. 이를 살펴보자.

1) prototype을 사용하여 새로운 속성이나 메소드를 추가하는 문법 형식

다음과 같이 기존 객체에 prototype으로 새로운 속성이나 메소드를 설정하고 나면 그 후에 생성되는 모든 인스턴스 객체는 새로운 속성이나 메소드를 사용할 수 있는 객체가 된다.

```
constructor_function.prototype.name = value 또는 function_name
```

> 기존 객체에 prototype을 사용하여 새로운 속성이나 메소드를 추가하는 문법 형식

① constructor_function : 새로운 속성이나 메소드를 추가하길 원하는 기존 객체의 생성자 함수 이름을 기술한다.

② prototype : name에 기술되는 이름이 기존 객체에 추가되는 새로운 속성이나 메소드임을 알려주는 JavaScript 1.1부터 사용되는 속성이다.

③ name : 새롭게 추가될 속성이나 메소드 이름을 기술한다.

④ value : 속성이 새롭게 추가될 때 속성에 필요한 초기 값을 설정한다. 만일 초기 값을 기술할 필요가 없을 때는 null로 정의한다.

⑤ function_name : 메소드가 새롭게 추가될 때 메소드로 수행될 함수 이름을 정의한다.

2) prototype을 사용하여 새로운 속성을 추가하는 예

Student 객체는 학번(number), 이름(name), 학과(department) 속성으로 구성되어 있었다. 본예에서 Student 객체에 prototype을 사용하여 학년을 저장하는 속성인 grade를 새롭게 추가하는 과정을 살펴보기로 하자.

① Student 객체에 prototype을 사용하여 학년을 저장하는 속성을 grade라는 이름의 속성으로 추가한다. grade 속성의 초기 값은 null로 정의하였다.

```
Student.prototype.grade = null
```

② 이 후에 생성되는 모든 Student 객체의 인스턴스는 grade 속성을 사용할 수 있다. 즉, "oneStudent = new Student("2000126", "임성준", "전산과")" 명령으로 하나의 학생 객체를 생성하면, 그림과 같이 number(학번), name(이름), department(학과) 속성 외에 초기 값을 null로 갖는 grade(학년) 속성으로 구성되는 Student 인스턴스가 메모리에 생성되면서 이를 oneStudent라는 변수가 가리킨다.

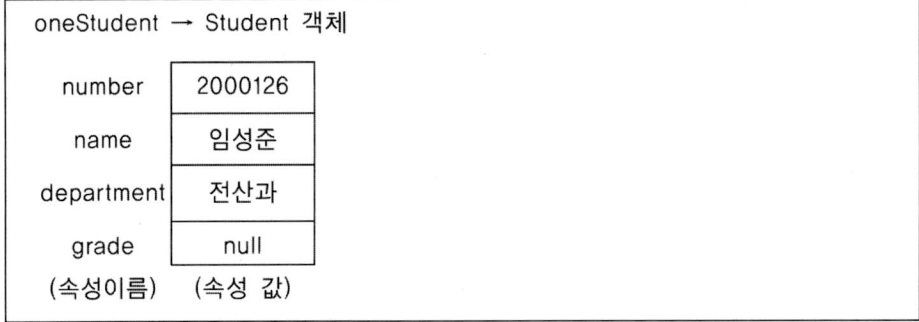

초기 값을 null로 갖는 grade 속성이 추가된 Student 객체의 인스턴스

③ oneStudent 객체의 grade 속성에 "1학년"이라는 속성 값을 부여한다.

```
oneStudent.grade = "1학년"
```

Student 객체에 grade 속성을 추가하는 한 후 for ... in 반복문에 참조 배열 표현을 사용하여 속성들을 출력하는 예이다.

[프로그램 : ex6-11.html]

```html
<HTML>
<HEAD>
<TITLE>prototype을 사용하여 새로운 속성을 추가하는 예</TITLE>
<SCRIPT LANGUAGE="JavaScript">
// Student 객체의 생성자 함수
function Student(num, name, dept) {
    this.number = num;
    this.name = name;
    this.department = dept;
    }
</SCRIPT>
</HEAD>
<BODY>
<SCRIPT LANGUAGE="JavaScript">
    // Student 객체에 prototype을 사용하여 학년 속성인 grade를 추가한다.
    Student.prototype.grade = null
    oneStudent = new Student( "2000126", "임성준", "전산과");
    // oneStudent 객체에 grade 속성에 "1학년" 속성 값을 부여한다.
    oneStudent.grade = "1학년"
        // oneStudent 객체의 모든 속성을 출력한다.
    for ( property in oneStudent)
      { document.write( property + " = " + oneStudent[property] + ", " ) }
        document.write("<br>")
    anotherStudent = new Student("1992140","서태지", "대중음악과")
    // anotherStudent 객체에 grade 속성에 "4학년" 속성 값을 부여한다.
    anotherStudent.grade = "4학년"
    // anotherStudent 객체의 모든 속성을 출력한다.
    for ( property in anotherStudent)
          {document.write( property + " = " + anotherStudent[property] + ", "
)}
</SCRIPT>
</BODY>
</HTML>
```

[실행 결과]

number = 2000126, name = 임성준, department = 전산과, grade = 1학년,
number = 1992140, name = 서태지, department = 대중음악과, grade = 4학년,

3) prototype을 사용하여 새로운 메소드를 추가하는 예

날짜와 시간을 다루는데 사용되는 Date 객체의 메소드들은 다양하나 오늘이 무슨 요일이라고 알려주는 메소드는 구현되어 있지 않다.

본 예에서는 Date 내장 객체에 prototype을 사용하여 "오늘은 월요일입니다."와 같이 출력해주는 메소드를 displayWeek라는 이름으로 새롭게 추가하는 과정을 살펴본다.

① 먼저 "오늘은 월요일입니다."와 같이 출력해주는 메소드 역할의 새로운 함수를 printWeek()라는 이름으로 다음과 같이 사용자 함수로 정의한다.

```
function printWeek() {

/* Date 인스턴스 객체의 요일을 0 에서 6 사이의 정수로 추출하여 day 변수에 저장한다. */
day = this.getDay()

/* day 변수의 값에 따라 week 변수에 "일", "월", "화", ..., "토" 중 한 값을 week 변수에 선택하여 저장한다. */
    switch (day) {
        case 0 :
            week = "일";    break;
        case 1 :
            week = "월";    break;
        case 2 :
            week = "화";    break;
        case 3 :
            week = "수";    break;
        case 4 :
            week = "목";    break;
```

```
                case 5 :
                        week = "금";          break;
                case 6 :
                        week = "토";          break;
        }
        document.write("오늘은 " +  week + "요일 입니다." )
}
```

② Date 객체에서 제공하여 주는 기존 메소드 중에는 getDay()는 0에서 6사이의 정수로 한 주 내의 요일을 추출한다. getDay() 메소드의 결과에서 0은 일요일, 1은 월요일, 2는 화요일, …, 5는 금요일, 6은 토요일이다. 즉, "오늘은 월요일입니다."와 같이 출력해주는 printWeek() 함수는 기존 getDay() 메소드를 활용하고 있다.

③ Date 객체에 prototype을 사용하여 "오늘은 월요일입니다."와 같이 출력해주는 printWeek()라는 함수를 displayWeek라는 메소드로 새롭게 추가 등록한다. 여기서는 메소드 역할의 함수 이름(=printWeek)을 메소드(=displayWeek)와 다르게 정의하였으나 메소드 이름과 함수 이름을 동일하게 정의해도 상관없다.

```
Date.prototype.displayWeek   = printWeek
```

④ 생성되어 있는 Date 객체나 이후에 생성되는 모든 Date 객체의 인스턴스는 displayWeekgrade 메소드를 사용할 수 있다. 예로서 오늘의 날짜와 시간이 저장되는 today라는 이름의 Date 객체를 생성한 후 today 객체에 요일을 출력하여 주는 displayWeek 메소드를 호출하여 실행할 수 있다.

```
today = new Date()
today.displayWeek()
```

⑤ Date 내장 객체에 prototype을 사용하여 "오늘은 월요일입니다."와 같이 출력해주는 displayWeek 메소드를 새롭게 추가한 후 사용하는 예제이다.

[프로그램 : ex6-12.html]

```
<HEAD>
<TITLE>prototype을 사용하여 새로운 메소드를 추가하는 예</TITLE>
<SCRIPT LANGUAGE="JavaScript">
// 오늘이 무슨 요일인지를 출력해주는 메소드 역할의 함수
function printWeek() {
    day =  this.getDay()
    switch (day) {
    case 0 :
         week = "일";         break;
    case 1 :
         week = "월";         break;
    case 2 :
         week = "화";         break;
    case 3 :
         week = "수";         break;
    case 4 :
         week = "목";         break;
    case 5 :
         week = "금";         break;
    case 6 :
         week = "토";         break;
    }
   document.write("오늘은 " +  week + "요일입니다." )
}
/* 날짜와 시간을 다루는 Date 객체에 오늘의 요일을 출력하여 주는 메소드 역할의
printWeek 함수를 displayWeek라는 새로운 메소드로 등록한다. */
Date.prototype.displayWeek  = printWeek
// 오늘의 날짜와 시간이 저장되는 today라는 이름의 Date 객체를 생성
today = new Date()
// today라는 이름의 객체에 요일을 출력하여 주는 displayWeek 메소드를 호출하여
실행
    today.displayWeek()
    </SCRIPT>
    </HEAD>
    </HTML>
```

[실행 결과]
오늘은 수요일 입니다.

객체를 다른 객체의 속성으로 정의하는 방법

속성은 객체의 특성을 나타내는 자료 역할을 하기 때문에 대부분의 속성은 하나의 자료의 값을 저장하는 변수들로 정의하였다. 그래서 지금까지 살펴본 객체에 구성된 속성은 변수 역할로 정의하였으나 본절에서는 좀더 다양하게 하나의 객체를 다른 객체의 속성으로 정의하여 사용하는 방법을 살펴보려고 한다.

본절에서는 지금까지 예로 사용한 학번(number), 이름(name), 학과(department) 속성으로 구성된 Student 객체를 School이라는 객체의 속성으로 정의하는 예를 살펴본다.

8.1 School 객체에서 정의할 속성들과 메소드

School 객체는 학교이름(name)과 주소(address)와 Student 객체가 속성으로 구성되며, School 객체의 속성을 다음과 같은 형식으로 출력하는 display라는 메소드를 등록하여 사용하는 예이다.

[경기도]에 위치한 [J 대학교] 학생 중에서 학번이[2000001] 인 학생의 이름은 [조성모]이고, [대중음악과] 소속이다.

School 객체의 속성을 출력하는
display 메소드

8.2 School 객체에 속성들과 메소드를 정의하는 방법

① 먼저 School 객체의 속성으로 사용할 Student 객체의 생성자 함수를 정의한다.

```
// Student 객체의 생성자 함수
function Student(num, name, dept) {
    this.number = num;
    this.name = name;
    this.department = dept;   }
```

② School 객체의 속성인 학교 이름(name)과 주소(address)와 Student 객체를 속성으로 구성하는 School 객체의 생성자 함수를 정의한다.

```
// School 객체의 생성자 함수
function School( name, address, student) {
    this.name = name;
    this.address = address;
    // Student 객체를 속성으로 등록한다.
    this.student = student;
}
```

③ School 객체의 속성을 출력하는 메소드 역할의 display() 함수를 정의한다.

```
function display() {
    document.write( "[" + this.address + "]에 위치한  [" )
    document.write( this.name + "]  학생중에서 " )
    document.write("학번이[" + this.student.number)
    document.write("] 인 학생의 이름은 [" + this.student.name + " ]이고,  [")
    document.write( this.student.department + "]  소속이다. <P>")
}
```

> **display() 함수 내의 "this.student.name"과 같은 표현에 대한 설명**
>
> - display() 함수 내에서 주의해야 할 표현은 "this.student.name"과 같은 표현이다. this는 생성된 School 인스턴스 객체를 의미하고, student는 School 객체의 속성으로 정의된 Student 객체의 인스턴스를 의미하며, number는 Student 객체의 이름 속성인 name을 의미한다.
> - 동일한 이름의 name 속성을 표현하는 "this.name"과 "this.student.name"의 차이점을 설명하면 "this.name"의 표현은 생성된 School 객체의 학교 이름 속성인 name을 의미하며, "this.student.name"은 Student 객체의 학생 이름 속성인 name을 의미한다.
> - 참고로, School 객체가 생성된 메모리 상태를 나타내는 다음 그림을 참조하면 이해가 쉬울 것이다.

④ School 객체에서 사용할 display() 함수를 School 객체의 생성자 함수에 메소드로 등록한다.

```
// School 객체의 생성자 함수
function School( name, address, student) {
this.name = name;
this.address = address;
this.student = student;
// display 함수를 메소드로 등록한다.
this.display = display;
}
```

8.3 School 객체를 생성한 후 속성과 display() 메소드를 사용하는 방법

① 먼저 School 객체에서 사용할 Student의 인스턴스 객체를 생성한다.

```
oneStudent = new Student("2000001", "조성모", "대중음악과");
```

② anySchool = new School("J 대학교", "경기도", oneStudent) 명령을 실행하면 다음과 같은 anySchool 이라는 이름의 School 객체의 인스턴스가 생성된다. 여기서 3번째 인수가 Student 객체의 인스턴스 이름인 oneStudent를 기술하였음에 주의하라.

```
              anySchool →              School 객체

                      name     |  J 대학교   |
                      address  |  경기도    |
                               | number     | 2000001    |
                      student  | name       | 조성모      |   Student 객체
                               | department | 대중음악과  |   ←oneStudent
```

anySchool이라는 이름의 School 객체가 생성된 메모리 상태

(School 객체의 속성 이름) (Student 객체의 속성 이름)

③ School 객체의 속성을 참조하는 방법은 다음과 같다.
School 객체를 생성하는 다음의 두 명령의 실행 효과는

```
oneStudent = new Student("2000001", "조성모", "대중음악과");
anySchool = new School("J 대학교", "경기도", oneStudent)
```

다음과 같이 각 속성들을 참조하여 관련 속성값을 부여하는 명령들과 동일한 효과를 나타낸다.

```
anySchool.name = "J 대학교"
anySchool.address = "경기도"
anySchool.student.number = "2000001"
anySchool.student.name = "조성모"
anySchool.student.department = "대중음악과"
```

계층적으로 객체 관계를 표현하는 이유

객체에 또 다른 객체를 속성으로 부여할 수 있기 때문에 보통 객체 지향 표현은 "부모객체.자식객체.속성" 또는 "부모객체.자식객체.메소드"와 같이 부모 객체와 자식 객체 순으로 "."(period) 연산자를 사용하여 다음 예와 같이 계층적인 객체 관계를 구분하면서 표현하게 된다.

```
anySchool.student.name = "조성모"
document.write("계층적인 관계를 사용하는 객체지향 언어 표현 방법")
document.form.button.value = "버튼"
```

④ Student 객체를 속성으로 갖는 School 인스턴스를 생성한 후 School 인스턴스의 모든 속성 값을 출력하는 display 메소드와 for.. in 반복문으로 School 인스턴스의 모든 속성을 출력하는 예이다.

[프로그램 : ex6-13.html]

```
<HTML>
<HEAD>
<TITLE>객체를 다른 객체의 속성으로 정의하는 예</TITLE>
<SCRIPT LANGUAGE="JavaScript">
// School 객체의 생성자 함수로서 학교 이름과 주소 그리고 Student 객체를 속성
으로 갖는다.
function School( name, address, student) {
    this.name = name;
    this.address = address;
    // Student 객체를 속성으로 등록한다.
    this.student = student;
    // display 함수를 메소드로 등록한다.
    this.display = display;
        }
    // Student 객체의 생성자 함수
function Student(num, name, dept) {
    this.number = num;
    this.name = name;
    this.department = dept;
    }

// School 객체의 속성을 출력하는 메소드 역할의 함수 정의
function display() {
    document.write( "[" + this.address + "]에 위치한 [" )
    document.write( this.name + "] 학생중에서 " )
    document.write("학번이[" + this.student.number)
    document.write("] 인 학생의 이름은 [" + this.student.name + " ]이고, [")
    document.write( this.student.department + "] 소속이다. <P>")
    }
</SCRIPT>
</HEAD>
<BODY>
```

```
<SCRIPT LANGUAGE="JavaScript">
// Student의 인스턴스를 생성한다.
oneStudent = new Student("2000001", "조성모", "대중음악과");
// School의 인스턴스를 생성한다. 3번째 인수가 Student 인스턴스의 이름인
oneStudent이다.
anySchool = new School("J 대학교", "경기도", oneStudent);

// School의 인스턴스인 anySchool에 모든 속성을 출력하는 display 메소드를 호출
한다.
document.write("  <h3> *display 메소드를 실행한 결과* </h3>" )
anySchool.display()

// for .. in 반복문으로 School 인스턴스인 anySchool의 모든 속성을 출력한다.
document.write ("<h3> *anySchool의 모든 속성을 출력하는 for…in 반복문의 결과*
</h3>" )
for ( property in anySchool )
    { document.write ("속성 이름="  + property )
      document.write (", 속성 값="  + anySchool[property]  + "<br>") }
</SCRIPT>
</BODY>
</HTML>
```

[실행 결과]

display 메소드를 실행한 결과

[경기도]에 위치한 [J 대학교] 학생중에서 학번이[2000001] 인 학생의 이름은 [조성모]이고, [대중음악과] 소속이다.

anySchool의 모든 속성을 출력하는 for .. in 반복문의 결과

속성 이름=name, 속성 값=J 대학교
속성 이름=address, 속성 값=경기도
속성 이름=student, 속성 값=[object Object]
속성 이름=display, 속성 값=function display() {document.write("[" + this.address + "]에 위치한 [") document.write(this.name + "] 학생중에서") document.write("학번이[" + this.student.number) document.write("]인 학생의 이름은 [" + this.student.name + "]이고, [") document.write(this.student.department + "] 소속이다.") }

[프로그램 설명]

① for .. in 반복문으로 School 인스턴스인 anySchool의 모든 속성을 출력한 결과에서 "속성 이름=student, 속성 값=[object Object]"은 School 객체의 속성인 student는 객체임을 나타내는 것이다.

② for .. in 반복문으로 School 인스턴스인 anySchool의 모든 속성을 출력한 결과에서 "속성 이름=display ...." 부분은 display가 속성이 아니라 메소드이기 때문에 메소드 역할의 display() 함수에 정의된 모든 코딩 내용이 출력되었다.

9 객체 제거하기 : delete 연산자

자바스크립트 1.0에서는 생성된 객체를 제거할 수 없었기 때문에 프로그램이 종료될 때까지 실제 사용하지 않는 객체도 메모리에 남아 있었다. 그러나 자바스크립트 1.1에서부터는 delete 연산자를 사용하여 불필요한 객체를 즉시 제거할 수 있다.

9.1 delete 연산자를 사용하여 객체를 제거하는 방법

① delete 연산자는 불필요한 객체를 제거할 뿐만 아니라 객체의 속성도 제거할 수 있다. 또한 일반 변수도 제거할 수 있다.

```
delete 객체이름  // 객체를 제거한다.
delete 객체이름.속성  // 객체에 구성된 속성을 제거한다.
delete 객체이름[첨자] // 7장에서 언급되는 배열 객체인 Array에서 특정 요소를 제거한다.
delete 변수이름 // 변수를 제거한다.
```

> delete 연산자를 사용하여 객체나 속성을 제거하는 방법

② delete 연산자가 정상적으로 수행되면 결과 값으로 true가 반환(return)되고, 만일 delete 연산자가 시스템에 문제가 있어서 수행될 수 없을 때는 결과 값으로 false가 반환된다.

9.2 객체를 제거하는 예

① 오늘의 날짜와 시간이 저장되는 today라는 이름의 Date 객체를 생성

```
today = new Date()
```

② delete 연산자를 사용하여 today 객체를 제거한다.

```
delete today
```

9.3 객체가 정상적으로 제거되었는지 확인하는 예

① 오늘의 날짜와 시간이 저장되는 today라는 Date 객체를 생성

```
today = new Date()
```

② today 객체의 내용을 출력해본다.

```
document.write(today + "<br>")
```

③ delete 연산자를 사용하여 today 객체를 제거한 후 정상적으로 제거 여부를 delete_confirm 변수에 저장한다. 만일 today 객체가 정상적으로 제거되었으면 delete_confirm 변수에 true가 저장되고, 그렇지 않으면 false가 저장된다.

```
delete_confirm = delete today
```

④ 조건문으로 제거 여부를 확인한다.

```
if ( delete_confirm == true )
document.write("객체가 제거되었습니다.<br>")
else
document.write("객체가 제거되지 않았습니다.<br>")
```

[프로그램 : ex6-14.html]

```
<HTML>
    <HEAD>
        <TITLE>자바스크립트 테스트</TITLE>
        <SCRIPT LANGUAGE="JavaScript">
    // 오늘의 날짜와 시간이 저장되는 today라는 Date 객체를 생성
            today = new Date()
            document.write(today + "<br>")
    // today 객체를 제거한 후 정상적으로 제거 여부를 delete_confirm 변수에 저
장한다.
            delete_confirm = delete  today

    // today 객체가 정상적으로 제거되었으면 delete_confirm 변수에 true가 저장
된다.
            if ( delete_confirm == true )
                document.write("객체가 제거되었습니다.<br>")
              else
                document.write("객체가 제거되지 않았습니다.<br>")

    // 제거된 today 객체의 내용을 출력해본다.
            document.write(today + "<br>")
        </SCRIPT>
    </HEAD>
</HTML>
```

[실행 결과]

Fri Nov 17 15:21:29 UTC+0900 2000
객체가 제거되었습니다.

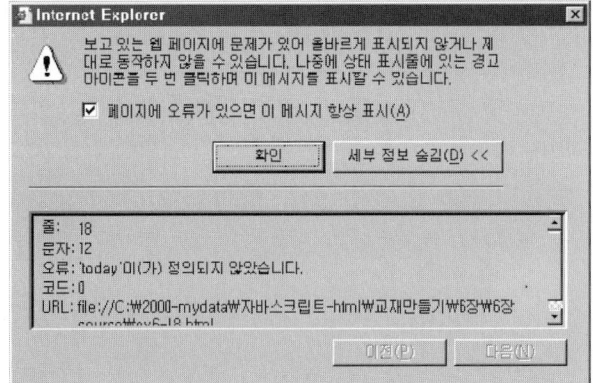

delete 연산자에 의해 제거된 today 객체의 내용을 출력할 때 발생하는 오류 메시지

9.4 객체의 속성과 변수를 제거하는 예

① 객체 초기 생성자(Object initializer)를 사용하여 oneStudent라는 이름의 학생 객체를 생성한다.

```
oneStudent= { number : "2000001", name : "조성모", department : "대중음악과" }
```

② oneStudent 객체의 학번 속성을 제거한다.

```
delete oneStudent.number
```

③ oneStudent 객체의 이름 속성을 제거한다.

```
delete oneStudent.name
```

④ 변수 x를 제거한다.

```
x = 100
delete x
```

주의

미리 정의된 객체의 속성은 제거할 수 없다.
PI, E, SQRT2, .LN10 등과 같이 내장 객체에 미리 정의된 속성은 제거할 수 없다. 만일 다음과 같이 delete 연산자를 사용하여 Math 객체에 정의되어 있는 PI 속성을 제거하려면 제거할 수 없다는 결과로 false가 출력된다.

delete_confirm = delete Math.PI // PI 속성을 제거한다.
document.write(delete_confirm) // 제거할 수 없다는 결과로 false가 출력된다.

delete 연산자를 사용하여 객체의 속성과 변수를 제거하는 경우와 미리 정의된 내장 객체의 속성은 제거할 수 없음을 알려주는 예이다.

[프로그램 : ex6-15.html]

```
<HTML>
<HEAD>
<TITLE>delete 연산자를 사용하여 객체의 속성과 변수를 제거하는 예</TITLE>

<SCRIPT LANGUAGE="JavaScript">
        /* 객체 초기 생성자(Object initializer)를 사용하여 oneStudent라는 이름
의 학생 객체를 생성한다. */
 oneStudent = { number : "2000001", name : "조성모", department : "대중음악과
" }
// for .. in 반복문으로  oneStudent 객체의 모든 속성을 출력한다.
document.write ("<h3> *oneStudent 객체의 모든 속성을 출력한 결과* </h3>" )
for ( property in oneStudent )
      document.write ( oneStudent[property]  + ",  ")

// oneStudent 객체의 학번 속성을 제거한다.
delete oneStudent.number
    // for .. in 반복문으로  oneStudent라는 객체의 모든 속성을 출력한다.
document.write ("<h3> * oneStudent 객체에서 학번 속성이 제거된  결과* </h3>" )
for ( property in oneStudent )
      document.write ( oneStudent[property]  + ",  ")

// oneStudent 객체의 이름 속성을 제거한다.
delete oneStudent.name
```

```
// for .. in 반복문으로 oneStudent라는 객체의 모든 속성을 출력한다.
document.write ("<h3> *oneStudent 객체에서 학번과 이름 속성이 제거된 결과* </h3>" )
for ( property in oneStudent )
    document.write ( oneStudent[property]  + ",  ")

x = 100
// 변수 x를 제거한다.
delete x

// Math 객체에 정의되어 있는 PI 속성을 제거해보면 제거할 수 없다는 결과로 false
가 출력된다.
document.write ("<h3> *내장 객체에 정의된 속성은 제거할 수없다는 예* </h3>" )
delete_confirm = delete Math.PI

if ( delete_confirm == true )
    document.write("<br> Math 객체에 정의된 PI 속성이 제거되었습니다.")
  else
    document.write("<br> Math 객체에 정의된 PI 속성이 제거되지 않았습니다.")
</SCRIPT>
</HEAD>
</HTML>
```

[실행 결과]

oneStudent 객체의 모든 속성을 출력한 결과
 2000001, 조성모, 대중음악과,

* oneStudent 객체에서 학번 속성이 제거된 결과*
 조성모, 대중음악과,

oneStudent 객체에서 학번과 이름 속성이 제거된 결과
 대중음악과,

내장 객체에 정의된 속성은 제거할 수없다는 예

Math 객체에 정의된 PI 속성이 제거되지 않았습니다.

Chapter 7
핵심 내장 객체 다루기

본장에서는 자바스크립트 프로그래밍을 하는데 있어서 클라이언트 측(client-side)의 웹 브라우저나 서버 측(server-side)의 웹 브라우저에서도 모두 유용하게 사용되는 핵심 내장 객체(predefined core object)를 다루는 방법을 상세히 설명한다.

1 핵심 내장 객체(predefined core object)의 종류

현재 인기 있는 자바스크립트, Visual BASIC, Visual C++, JAVA 등의 객체지향 또는 객체 기반 언어들은 소프트웨어 개발에 필요한 부품인 객체를 완전하게 제공하지는 못하고 있다.

자바스크립트 역시 프로그래밍에 필요한 모든 객체들을 완벽하게 제공하지는 못하지만 자바스크립트 개발자가 미리 만들어서 제공하는 객체만을 잘 사용하여도 훌륭한 자바스크립트 프로그래밍을 할 수 있다고 하였다.

자바스크립트에는 배열을 처리하는데 사용하는 Array 객체, 문자열을 처리하는데 사용하는 String 객체, 날짜와 시간을 다루는데 사용하는 Date 객체, 일반 수학 연산에 사용하는 Math 객체 등 미리 정의된 내장 객체들을 제공하고 있다. 이들은 클라이언트 측이나 서버 측(server-side)의 웹 브라우저에서 모두 사용할 수 있는 객체이기 때문에 미리 정의된 핵심 객체(predefined core object)라 부르며 짧게 내장 객체라 한다.

자바스크립트의 핵심 내장 객체

속성	설명
Array	Array는 관련된 자료를 편리하게 처리할 수 있도록 도움을 주는 중요한 프로그래밍 요소인 배열 객체로서 잘 다루어야 한다. 그래서 본장에서는 배열 객체인 Array 사용법을 나름대로 자세히 기술하였다.
String	문자열을 처리하는데 사용하는 객체
Date	날짜와 시간을 다루는데 사용하는 객체
Math	일반 수학 연산에 사용하는 객체
Function	자바스크립트 1.1부터 구현된 한 줄 정도의 단순한 기능의 함수를 생성하는 객체이다.
Arguments	자바스크립트 1.0에서는 함수가 호출될 때 함수 내의 인수(arguments)들에 대한 정보들을 알아내기 위해 사용되는 객체였으나 자바스크립트 1.1부터는 Function 객체의 속성으로 변경되었다. 본서에서는 Function 객체의 속성으로 설명된다.
Number	문자로 표현된 숫자를 계산하는 숫자로 변환해주는 객체로서 최대 값이나 최소 값 등의 수치 상수의 속성을 갖고 있다.

2 배열 객체 : Array

지금까지 작성된 프로그램들의 변수 활용 방식은 sum, irum 등과 같이 각각의 변수마다 하나의 값만을 할당하는 단순 변수를 사용하여 자료를 처리였으나 많은 응용 프로그램에서 처리해야 할 많은 자료들은 공통된 성질에 의해 상호 관련성이 존재한다.

그러므로 관련된 자료들을 단순 변수를 활용하여 일일히 변수명을 정의하면서 프로그램을 작성하기에 너무나 번거럽고 복잡하여 실제 프로그램을 작성하기 어려운 경우가 발생하게 된다.

이러한 경우에 상호 관련성이 있는 공통된 성격의 많은 자료들을 하나의 동일한 변수명(=배열명)을 부여하여 서로 다른 자료들을 규칙적인 첨자(subscript)로 구분함으로써 프로그램을 짧고 단순하게 작성할 수 있도록 하는 배열(array) 객체를 사용한다.

2.1 배열의 필요성에 대한 예

배열 표현은 모든 프로그래밍 언어에서 빠질 수 없는 매우 중요한 요소이다. 그러면 배열 표현이 왜 중요하고 반드시 필요한 요소인가를 이해하기 위하여 80명 학생의 자바스크립트 시험에 대한 석차를 부여하는 성적 처리 프로그램을 작성한다고 가정하여 보자.

① 단순 변수를 사용한다면 80명에 대한 script 점수를 저장할 수 있는 80개의 변수명을 서로 다르게 구분해야 되고 특정 학생의 석차를 구하기 위해서 나머지 79명의 script 점수와 비교하기 위해 79개의 조건문인 IF문이 활용되어야 한다.

② 결국, 전체 학생의 석차를 기술하기 위해서는 80 * 79개의 IF문을 활용해야 한다면 프로그램은 복잡하고 길어져서 실제적인 프로그램 작성이 어렵다.

③ 이와 같은 문제는 80명의 script 점수를 저장하기 위한 하나의 배열을 사용하

면 중첩된 FOR문 내에 하나의 IF문을 활용하여 모든 학생의 석차를 쉽게 구할 수 있다.

2.2 Array 객체를 생성하는 방법

1) Array 객체의 생성자 함수들

자바스크립트 1.1부터(넷스케이프 버전 3.0부터) 배열을 생성하는데 사용할 수 있는 Array라는 객체를 제공하기 시작하였다. Array 객체를 사용하여 배열을 만드는 생성자 함수의 종류는 다음과 같다.

Array 객체의 생성자 함수 종류들

① Array(배열크기)
② Array()
③ Array(요소0, 요소1, … , 요소n)
  - 자바스크립트 1.2부터(넷스케이프 커뮤니케이터 버전 4.0부터) 가능함

2) Array(배열크기) 생성자 함수 사용 방법

프로그램에서 요구되는 배열의 크기를 미리 결정하면서 Array 객체를 생성하는 방법이다.

① script = new Array(6)

  script = new Array(6)과 같이 Array 객체를 생성하면 script라는 이름의 동일한 변수명으로 6개의 연속된 기억장소를 할당받는다. 이를 배열 선언이라 부른다.

script = new Array(6) 명령에 의해 Array 객체로 생성된 배열 script의 예

```
script[0] 
script[1] 
script[2] 
script[3] 
script[4] 
script[5] 
```

② 여기서는 편리하게 script를 배열 변수명이라 표현하였으나 정확하게는 Array 객체 이름이 된다. 이와 같이 배열 객체가 생성되면 script[0], script[1] 등과 같이 script라는 공통된 이름 옆의 [] 괄호 내에 0에서 5까지의 첨자를 사용하여 관련된 자료를 취급할 수 있다. 첨자(subscript)를 보통 인덱스(index)라 부르기도 한다.

> 자바스크립트에서는 Array 객체를 사용하여 script와 같은 배열 객체를 생성하면 배열의 첫 번째 요소는 첨자 0부터 생성된다.

③ script 배열의 4번째 요소 값으로 40을 저장하는 예이다.

script[4] = 40

④ script 배열은 6개의 자료를 저장할 수 있는 배열이나 14번째의 배열 요소에 값을 저장하면 배열의 크기는 15개의 요소를 저장할 수 있는 크기로 자동 증가된다.

script[14] = 50

script[0]	script[1]	………	script[13]	script[14]
		………		50

🔍주의

넷스케이프 커뮤니케이터 버전 4.0 이상에서 주의할 점

넷스케이프 커뮤니케이터 버전 4.0 이상을 사용할 때 <SCRIPT> 태그의 LANGUAGE 옵션에 "JavaScript1.2"라고 정의한 후에 score = new Array(10)라고 정의하면 10개의 자료를 저장할 수 있는 배열 score를 생성하지 않고, 배열의 크기가 1인 배열로 생성되어 score 배열의 첫 번째 요소가 10인 값을 갖는 배열로 생성된다.

만일 익스플로러에서 실행하면 undefined로 출력된다.

```
<SCRIPT LANGUAGE="JavaScript1.2">
score = new Array(10)
// 넷스케이프 커뮤니케이터 버전 4.0 이상에서는 10으로 출력 된다.
document.write ( script[0] + "<br>")
<SCRIPT>
```

[실행 결과]
10

⑤ script 과목을 시험 본 6명 학생의 총점과 평균을 구하는 예로서 배열 객체를 사용할 때 첨자를 규칙적으로 반복시키기 위해 FOR문이 유용하게 사용됨을 알 수 있다.

[프로그램 : ex7-1.html]

```html
<HTML>
<HEAD>
<TITLE>자바스크립트 테스트</TITLE>
</HEAD>
<BODY>
<SCRIPT LANGUAGE="JavaScript">
total = 0
/* script라는 이름의 동일한 변수명으로 6개의 연속된 기억장소를 할당받는 배열 객
체인 Array를 생성한다. */
script = new Array(6)
for ( n = 0; n < 6; n++)
{
/* FOR문이 반복할 때마다 반복 변수 n 값에 따라 prompt() 대화상자에 문자열로 입
력된 학생의 스크립트 점수를 정수로 변환하여 배열 script[n]에 점수를 저장한다.
*/
script[n] = parseInt(prompt((n+1) + " 번 학생의 스크립트 점수를 입력하시오", ""))

/* FOR문이 반복할 때마다 반복 변수 n 값에 따라 배열 script[n]에 저장된 n 번째
점수를 total 변수에 누적시키면서 총점을 구한다. */

total = total + script[n]
}

average = total / n
alert("총점은 = " + total + " 평균은 = " + average)
</SCRIPT>
</BODY>
</HTML>
```

[프로그램 설명]

```
for ( n = 0; n < 6; n++)
    { script[n] = parseInt((prompt( (n+1) + " 번 학생의 스크립트 점수를 입력하시
    오", ""))
      total = total + script[n] }
```

① FOR 반복문이 처음 실행되면 반복 여부를 제어하는 n 변수는 0값을 가지고 prompt() 대화상자에 문자열로 입력된 1번 학생의 스크립트 점수를 parseInt() 함수에 의해 정수로 변환하여 배열 script의 첫 번째 방인 script[0]에 저장한다.

② FOR문이 반복할 때마다 반복 여부를 제어하는 n 변수의 값에 따라 prompt() 대화상자에서 입력한 점수를 parseInt() 함수에 의해 정수로 변환한 후 배열 script의 n 번째 방인 script[n]에 저장한다.

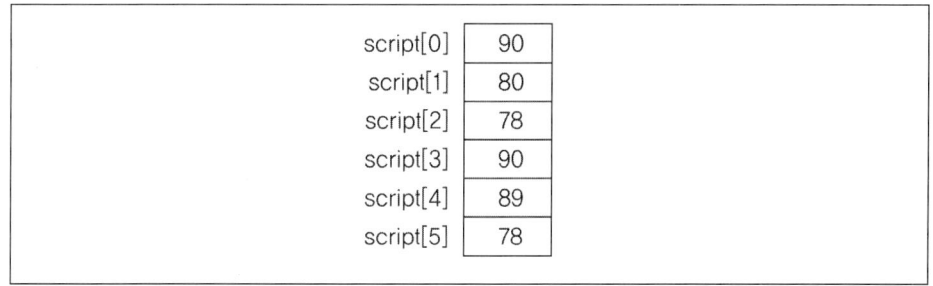

배열 script에 자료가 저장된 예

③ total = total + script[n]

FOR문이 반복할 때마다 반복 여부를 제어하는 n 변수의 값에 따라 배열 script[n]에 저장된 n 번째 점수를 total 변수에 누적시키면서 총점을 구한다.

3) Array() 생성자 함수를 사용하는 방법 : ex7-2.html

배열의 크기를 결정할 수 없을 때 Array 객체를 생성하는 방법으로서 프로그램 실행 중에 배열의 몇 번째 요소에 값을 저장하느냐에 따라 배열의 크기는 자동으로 증가된다.

① 배열의 크기를 결정하지 않는 채 script 배열을 생성한다.

```
script = new Array()
```

② script 배열의 크기를 결정하지 않는 채 생성한 후에 script 배열의 5번째 요소에 60을 저장하면 script 배열의 크기는 그림과 같이 자동으로 6이 된다.

```
script[5] = 60
```

script[0]	
script[1]	
script[2]	
script[3]	
script[4]	
script[5]	60

③ script 배열의 요소 값들을 출력시키면 0번째 요소부터 4번째 요소까지는 어떤 값도 저장되지 않았기 때문에 "undefined"로 출력된다.

length 속성

Array 객체의 속성에는 배열의 크기를 알려주는 length 속성이 있다. for문의 조건식에 script.length와 같이 표현하면 script 배열의 크기가 6이기 때문에 length의 속성 값은 6이 된다.

// 일반 for문으로 배열 객체인 script의 요소 값들을 length 속성을 사용하여 출력한 예이다.

```
for ( i= 0;   i < script.length;  i++)
    document.write ( " script[" + i + "]   =  "+ script[i]  + "<br>")
```

[실행 결과]
```
script[0] = undefined
script[1] = undefined
script[2] = undefined
script[3] = undefined
script[4] = undefined
script[5] = 4
```

④ 객체의 속성값을 자동으로 출력하는 for .. in 반복문으로 배열 script의 요소

인 속성 값을 출력한 예로서 for .. in 반복문을 사용하면 일반 for문과 다르게 실제 저장된 배열의 요소 값만을 출력한다.

// 객체의 속성값을 출력하는 for .. in 반복문으로 배열 객체인 script의 요소인 속성 값을 출력한다.

```
for ( property in  script)
    document.write (" script[" + property + "]  =  "+ script[property]  + "〈br〉")
```

[실행 결과]
script[5] = 4

4) Array(요소0, 요소1, …, 요소n) 생성자 함수를 사용하는 방법 : ex7-3.html

배열에서 사용할 초기 요소 값을 부여하면서 Array 객체를 생성하는 새로운 방법으로서 자바스크립트 1.2부터(넷스케이프 커뮤니케이터 버전 4.0부터) 가능한 방법이다.

① weekArray 배열은 "일", "월", "화", "수", "목", "금", "토"를 초기 요소 값으로 갖는 배열로 생성된다.

weekArray = new Array ("일", "월", "화", "수", "목", "금", "토")

weekArray[0]	일
weekArray[1]	월
weekArray[2]	화
weekArray[3]	수
weekArray[4]	목
weekArray[5]	금
weekArray[6]	토

② 생성자 함수와 new 연산자를 사용하지 않고도 "["와 "]" 사이에 배열의 초기 요소 값을 기술하여 배열 객체를 생성할 수도 있다.

weekArray = ["일", "월", "화", "수", "목", "금", "토"]

2.3 Array 객체에 정의된 속성을 사용하는 방법

Array 객체는 배열의 크기를 알려주는 length 속성과 프로그래머가 Array 객체에 추가하고 싶은 새로운 속성이나 메소드있을 때 추가해주는 prototype 속성 두 가지가 정의되어 있다.

Array 객체의 속성

속성	기능
length	생성된 배열의 크기를 알려주는 속성
prototype	Array 객체에 추가하고 싶은 새로운 속성이나 메소드있을 때 추가해주는 속성

1) length 속성을 사용한 예

[ex7-3.html]
```
weekArray = new Array ("일", "월", "화", "수", "목", "금", "토")
document.write ("<br> * weekArray의 길이 = " + weekArray.length )

document.write ("<br> * Array 객체의 크기를 알려주는 length 속성을 사용하여 weekArray의 요소 값을 출력한 예 * <br>" )
for ( i= 0;  i < weekArray.length; i++)
document.write ( " weekArray[" + i + "] = "+ weekArray[i] + "<br>")
```

[실행 결과]
* weekArray의 길이 = 7
* Array 객체의 크기를 알려주는 length 속성을 사용하여 weekArray의 요소 값을 출력한 예 *
weekArray[0] = 일
weekArray[1] = 월
weekArray[2] = 화
weekArray[3] = 수
weekArray[4] = 목
weekArray[5] = 금
weekArray[6] = 토

2) prototype 속성을 사용한 예 : ex7-3.html

prototype 속성은 JavaScript 1.1부터 기존 객체에 새로운 속성이나 메소드를 추가해주는 속성으로서 모든 객체들이 공통적으로 사용할 수 있는 속성이다. 6장에서 prototype 속성에 대하여 자세히 기술했었다.

① Array 객체에 prototype 속성을 사용하여 배열의 용도를 알려주는 discriptor라는 새로운 속성을 추가한다. discriptor 속성의 초기 값은 null로 정의한다.

```
weekArray = new Array ("일", "월", "화", "수", "목", "금", "토")
Array.prototype.discriptor = null
```

② weekArray 배열의 용도를 discriptor 속성에 속성값을 정의한 후 출력한다.

```
weekArray.discriptor = "일주일의 요일 이름이 저장된 배열입니다."
document.write ("<h3> * weekArray의 새로운 속성인 discriptor의 속성 값을 출력한 결과* </h3>" )
document.write ("weekArray[discriptor] = " + weekArray["discriptor"] + "<br>")
document.write ("<h3> * 객체의 모든 속성값을 자동으로 출력하는 for .. in 반복문으로 weekArray배열의 모든 속성 값을 출력한 결과* </h3>")
    for (property in weekArray)
    document.write("weekArray[" + property + "]="+weekArray[property]+"<br>")
```

[실행 결과]

* weekArray의 새로운 속성인 discriptor의 속성 값을 출력한 결과*
weekArray[discriptor] = 일주일의 요일 이름이 저장된 배열입니다.

* 객체의 모든 속성값을 자동으로 출력하는 for .. in 반복문으로 weekArray배열의 모든 속성 값을 출력한 결과*
    weekArray[0] = 일
    weekArray[1] = 월
    weekArray[2] = 화
    weekArray[3] = 수
    weekArray[4] = 목
    weekArray[5] = 금
    weekArray[6] = 토
    weekArray[discriptor] = 일주일의 요일 이름이 저장된 배열입니다.

2.4 Array 객체에 정의된 메소드를 사용하는 방법

Array 객체에 정의된 메소드들은 다음과 같다. 이들의 사용법을 살펴보자.

Array 객체의
메소드 종류

메소드	기능
join([분리문자])	배열에 들어 있는 요소 값들을 모두 결합하여 하나의 문자열로 만드는 메소드이다. 배열의 요소 값들을 문자열로 결합시킬 때 분리 문자로 사용되는 문자를 인수로 기술할 수 있다. 만일 인수를 지정하지 않으면 기본 분리 문자는 ','(comma)이다.
toString()	join() 메소드와 같이 배열 요소 값들을 모두 결합하여 하나의 문자열로 만드는 메소드로서 기본 분리 문자는 ','(comma)를 사용한다. 참고로, toString() 메소드는 모든 자바스크립트의 내장 객체에 적용되는 메소드이다.
sort([함수])	배열의 요소 값들을 올림차순으로 정렬시켜주는 메소드이다. 배열의 요소 값들을 정렬할 때 요소 값들을 비교하는데 사용되는 함수를 인수로 기술할 수 있다. 만일 인수를 지정하지 않으면 문자열들은 사전(dictionary)이나 전화 번호부 순서에 따라 올림 차순 정렬이 수행된다.
reverse()	배열의 요소 값들의 순서를 역 순서로 변경하여 주는 메소드이다.
concat(배열)	두 개의 배열을 하나의 배열로 결합하여 새로운 배열을 만드는 메소드로서, 자바스크립트 1.2(넷스케이프 4.0부터)부터 추가된 기능이다.
slice (시작, 마지막)	배열 요소의 일부를 추출하여 하나의 새로운 배열을 만드는 메소드로서 첫 번째 인수는 추출할 배열의 시작 요소의 배열 위치이고, 두 번째 인수는 추출할 부분의 마지막 배열의 위치를 지정하게 한다.

1) join() 메소드의 사용 예 : ex7-4.html

배열에 들어 있는 요소 값들을 모두 결합하여 하나의 문자열로 만드는 메소드로서 배열의 요소 값들을 결합시킬 때 분리자로 사용되는 문자를 인수로 기술할 수 있다. 만일 인수를 지정하지 않으면 기본 분리 문자는 ','(comma)이다.

① "일", "월", "화", "수", "목", "금", "토"와 같이 초기 요소 값이 저장된 weekArray 배열을 생성한다.

```
weekArray = new Array ("일", "월", "화", "수", "목", "금", "토")
```

② 배열의 요소 값들을 하나의 문자열로 결합시킬 때 join() 메소드 내에 분리 문자 인수를 지정하지 않고 weekArray 배열의 요소 값들을 결합시킨다. 인수를 지정하지 않으면 기본 분리 문자는 ','(comma)이다.

```
weekStr = weekArray.join()
document.write (weekStr + "<br>")
```

[실행 결과]
일,월,화,수,목,금,토

③ weekArray 배열의 요소 값들을 분리 문자 "/"를 사용하여 결합시킨다.

```
weekStr = weekArray.join("/")
document.write ( weekStr + "<br>")
```

[실행 결과]
일/월/화/수/목/금/토

④ weekArray 배열의 요소 값들을 분리 문자 ""(null)를 사용하여 결합시킨다. 이는 실행 결과와 같이 분리 문자를 사용하지 않은 효과가 나타난다.

```
weekStr = weekArray.join("")
document.write (weekStr + "<br>")
```

[실행 결과]
일월화수목금토

2) toString() 메소드의 사용 예 : ex7-4.html

join() 메소드와 같이 배열 요소 값들을 모두 결합하여 하나의 문자열로 만드는 메소드로서 기본 분리 문자는 ','(comma)를 사용한다.

> toString() 메소드는 자바스크립트의 모든 내장 객체에 적용되는 메소드이다.

```
weekArray = new Array ("일", "월", "화", "수", "목", "금", "토")
weekStr  =   weekArray.toString()
document.write ( weekStr  + "<br>")
```

[실행 결과]
일,월,화,수,목,금,토

3) sort() 메소드의 사용 예

sort([함수]) 메소드는 배열의 자료들을 정렬시켜주는 메소드로서 인수없이 정렬시키면 문자열들은 사전(dictionary)이나 전화 번호부 순서에 따라 올림차순으로 정렬을 자동 수행한다. 그러나 숫자인 경우는 비교하는 함수를 정의한 후에 인수로 기술해야 만 정확한 정렬을 수행시킬 수 있다.

● 알파벳을 정렬시키는 예 : ex7-5.html

알파벳을 정렬시키는 예로서 사전(dictionary)이나 전화 번호부 순서에 따라 올림차순으로 자동 정렬이 수행된다.

① alphaArray 배열을 생성한 후 출력한다.

```
alphaArray = new Array ("e", "a", "b", "d", "c")
document.write("<br>*정렬전의 원래 배열*<br>")
for (property in alphaArray)
    document.write( alphaArray[property] + " ")
```

② 인수없는 sort() 메소드를 사용하여 사전(dictionary)이나 전화 번호부 순으로 alphaArray 배열을 올림차순으로 정렬시킨 후 출력한다.

```
alphaArray.sort()
document.write ("<br>*정렬이 수행된 후의 배열*<br>")
for ( property in alphaArray )
    document.write( alphaArray[property] + "  ")
```

[실행 결과]
정렬전의 원래 배열

```
  e a b d c
*정렬이 수행된 후의 배열*
  a b c d e
```

● 한글을 정렬시키는 예 : ex7-5.html
한글을 정렬시키는 예로서 가, 나, 다 순으로 올림차순 정렬이 수행된다.

① nameArray 배열을 생성한 후 출력한다.

```
nameArray = new Array( "서태지", "조성모", "김건모", "임성준", "나훈아", "태진아")
document.write ("<br>*정렬전의 원래 배열*<br>")
for ( property in  nameArray )
    document.write( nameArray[property]  + "  ")
```

② 인수없는 sort() 메소드를 사용하여 사전(dictionary)이나 전화 번호부 순서와 같이 가, 나, 다 순으로 nameArray 배열을 올림차순으로 정렬시킨 후 출력한다.

```
nameArray.sort()
document.write("<br>*정렬이 수행된 후의 배열*<br>")
for ( property in  nameArray )
    document.write( nameArray[property]  + "  ")
```

[실행 결과]
```
*정렬전의 원래 배열*
 서태지 조성모 김건모 임성준 나훈아 태진아
*정렬이 수행된 후의 배열*
 김건모 나훈아 서태지 임성준 조성모 태진아
```

● 동일한 자리수로 구성된 숫자 배열을 정렬하는 예 : ex7-6.html
숫자를 정렬시키는 예로서 숫자의 자리수가 50, 13, 25, 45, 30 등과 같이 동일하게 두 자리수로 구성된 숫자 배열이라면 문자열과 같이 인수없는 sort() 메소드를 사용하여 사전(dictionary)이나 전화 번호부 순으로 올림차순 정렬을 자동으로 수행시킬 수 있다.

500, 13, 2215, 45, 30999 등과 같이 숫자의 자리수가 서로 다르면 비교 함수를 정의하여 이를 인수로 정의해야 만 정확한 정렬이 수행된다. 이에 대한 예제는 다음에서 설명한다.

① numberArray 배열을 생성한 후 출력한다.

```
numberArray = new Array (50, 13, 25, 45, 30)
document.write("<br>*정렬전의 원래 배열*<br>")
for ( property in  numberArray )
    document.write( numberArray[property]  + "  ")
```

② 동일한 자리수로 구성된 숫자 배열이기 때문에 문자열 배열의 정렬처럼 인수 없이 sort() 메소드를 사용하여 numberArray 배열을 올림차순으로 정렬한 후 출력시킨다.

```
numberArray.sort()
document.write ("<br>*동일한 자리수로 구성된 숫자 배열의 정렬이 수행된 후의 배열 *<br>")
for ( property in  numberArray )
    document.write( numberArray[property]  + "  ")
```

[실행 결과]
정렬전의 원래 배열
 50 13 25 45 30
동일한 자리수로 구성된 숫자 배열의 정렬이 수행된 후의 배열
 13 25 30 45 50

500, 13, 2215, 45, 30999 을 사전(dictionary) 순으로 정렬하면 13, 2215, 30999, 45, 500으로 정렬된다.
이는 사전에서 위에 숫자를 찾는다고 생각하면 쉽게 이해할 수 있다.

● 서로 다른 자리수로 구성된 숫자 배열을 정렬하는 예 : sort(비교함수명) : ex7-7.html

정렬할 숫자 배열내의 자료가 500, 13, 2215, 45, 30999 등과 같이 숫자 자리수가 서로 다르면 문자열과 같이 사전(dictionary) 순으로는 크기 정렬이 될 수 없기 때문에 비교 함수를 정의한 후 sort(비교함수명)와 같이 sort 메소드에 비교 함수를 인수로 정의해야 만 정확한 정렬이 수행된다.

① 올림차순으로 숫자 정렬을 위해 비교 함수를 만드는 방법

```
// 올림차순으로 숫자 정렬에 필요한 비교 함수
function compareNumber(a, b) {
    return a - b
}
```

compareNumber와 같이 비교 함수를 정의하면 배열 내의 숫자 자료는 compareNumber 함수의 return 값에 따라 올림차순 정렬을 수행한다. compareNumber 함수에서 인수로 받아들이는 a와 b는 정렬 방법에 따라 비교되는 배열 내의 두 자료들이다. 즉, 배열 내의 모든 자료이 정렬되기 위해서는 정렬 방법에 따라 두 자료들이 서로 비교되면서 위치 이동이 이루어져야 하는데 작은 값이 배열의 낮은 첨자로 이동하는 올림차순 정렬을 수행하는 비교 방법이다.

- compareNumber(a, b) 함수의 결과가 0보다 적으면, a > b인 경우이기 때문에 b는 a보다 배열의 낮은 첨자로 정렬된다.
- compareNumber(a, b) 함수의 결과가 0이면, a = b인 경우이기 때문에 배열 내의 자기 위치에 있으면 된다.
- compareNumber(a, b) 함수의 결과가 0보다 크면, a < b인 경우이기 때문에 b는 a보다 배열의 높은 첨자로 정렬된다.

만일 숫자 배열을 내림차순으로 정렬시키고자 할 때는

비교 함수에서 "rerum b-a"로만 변경하여 주면 된다.
```
function compareNumber(a, b) {
    return b -a
}
```

② numberArray 배열을 생성한 후 출력한다.

```
numberArray = new Array (523, 7, 456, 123, 34, 3690, 12345, 30)
document.write("<br>*정렬전의 원래 배열*<br>")
for ( property in  numberArray )
    document.write( numberArray[property]   + "  ")
```

③ 비교 함수인 compareNumber 함수를 sort() 메소드의 인수로 사용하여 numberArray 배열을 올림차순으로 정렬한 후 출력시킨다.

```
numberArray.sort(compareNumber)
document.write("<br>* 비교 함수를 인수로 사용하여 올바르게 정렬이 수행된 배열
```

```
    *<br>")
for ( property in  numberArray )
    document.write( numberArray[property] + "   ")
```

④ 인수없이 sort() 메소드를 사용하여 사전순으로 numberArray 배열을 잘못 정렬시킨 예를 출력시킨다.

```
numberArray.sort()
document.write("<br>*사전순으로 잘못 정렬이 수행된 배열*<br>")
for ( property in  numberArray )
    document.write( numberArray[property] + "   ")
```

[실행 결과]

정렬전의 원래 배열
 523 7 456 123 34 3690 12345 30
비교 함수를 인수로 사용하여 올바르게 정렬이 수행된 배열
 7 30 34 123 456 523 3690 12345
사전순으로 잘못 정렬이 수행된 배열
 123 12345 30 34 3690 456 523 7

4) reverse() 메소드의 사용 예 : ex7-8.html

배열의 요소 값들의 순서를 역 순서로 변경하여 주는 메소드이다. 즉, 첫 번째에 있는 배열 요소를 제일 마지막 요소로 보내고, 제일 마지막에 있는 요소가 처음 요소로 변경된다.

① 알파벳으로 구성된 배열을 reverse() 메소드를 사용하여 역순으로 변경하는 예이다.

```
alphaArray = new Array ("e", "a", "b", "d", "c")
document.write("<br>*원래 배열 순서*<br>")
for ( property in  alphaArray )
    document.write( alphaArray[property] + "   ")
    // reverse() 메소드에 의해 역순으로 변경한다.
alphaArray.reverse()
```

```
document.write("<br>*reverse() 메소드에 의해 역순으로 변경된 배열*<br>")
for ( property in  alphaArray )
    document.write( alphaArray[property]  + "  ")
```

[실행 결과]
원래 배열 순서
 e a b d c
reverse() 메소드에 의해 역순으로 변경된 배열
 c d b a e

sort()와 reverse() 메소드를 사용한 내림차순 정렬 방법

인수없이 사용하는 sort() 메소드는 사전순으로 올림차순 정렬이 수행된다. 만일 내림차순으로 정렬을 해야 하는 경우에 sort() 메소드로 먼저 올림차순 정렬을 수행한 후에 reverse() 메소드를 적용하면 편리하게 내림차순으로 정렬을 수행시킬 수 있다.

② 이름으로 구성된 배열을 sort() 메소드와 reverse() 메소드를 사용하여 내림차순으로 정렬하는 예이다.

```
// nameArray 배열을 생성한 후 출력한다.
nameArray = new Array ("서태지", "조성모", "김건모", "임성준", "나훈아", "태진아")
document.write("<br>*정렬전의 원래 배열*<br>")
for (property in nameArray)
    document.write(nameArray[property] + "  ")
// sort() 메소드를 사용하여 nameArray 배열을 올림차순으로 정렬시킨 후 출력한다.
nameArray.sort()
document.write("<br>*올림차순 정렬이 수행된 후의 배열*<br>")
for ( property in  nameArray )
    document.write(nameArray[property]  + "  ")
    //reverse() 메소드를 사용하여 nameArray 배열을 내림차순으로 정렬한다.
nameArray.reverse()
document.write("<br>*reverse() 메소드로 내림차순 정렬이 수행된 후의 배열*<br>")
for ( property in  nameArray )
    document.write(nameArray[property]  + "  ")
```

```
[실행 결과]
*정렬전의 원래 배열*
  서태지 조성모 김건모 임성준 나훈아 태진아
*올림차순 정렬이 수행된 후의 배열*
  김건모 나훈아 서태지 임성준 조성모 태진아
*reverse() 메소드로 내림차순 정렬이 수행된 후의 배열*
  태진아 조성모 임성준 서태지 나훈아 김건모
```

5) concat() 메소드의 사용 예 : ex7-9.html

두 개의 배열을 결합하여 하나의 새로운 배열을 만드는 메소드로서, 자바스크립트 1.2(넷스케이프 4.0부터) 추가된 기능이다.

① summerArray와 winterArray 배열을 생성한다.

```
summerArray = new Array ("june", "july", "august")
winterArray = new Array ("december", "january", "february")
```

② summerArray 배열에 concat() 메소드의 인수로 기술한 winterArray 배열을 결합하여 새로운 summerWinterArray 배열을 생성한다.

```
summerWinterArray = summerArray.concat(winterArray)
```

③ summerArray와 winterArray 배열의 내용이 결합된 새로운 summerWinterArray 배열을 출력한다.

```
document.write ("<br>*concat 메소드에 의해 합쳐진 배열*<br>")
for ( property in  summerWinterArray )
    document.write ( summerWinterArray[property] + " ")
```

```
[실행 결과]
*concat 메소드에 의해 합쳐진 배열*
  june july august december january february
```

6) slice() 메소드 사용예 : ex7-10.html

slice(시작, 마지막) 메소드는 배열 요소의 일부를 추출하여 하나의 새로운 배열을 만드는 메소드로서 첫 번째 인수는 추출할 배열의 시작 위치이고, 두 번째 인수는 추출할 배열의 마지막 위치를 지정한다.

주의할 점은 마지막 위치의 배열 요소는 추출되지 않는다는 것이고, 만일 추출할 위치를 지정하는 인수 값이 음수인 경우에는 배열의 뒤에서부터의 위치가 된다.

① monthArray 배열을 생성한다.

```
monthArray = new Array ("june", "july", "august", "december", "january", "february")
```

② monthArray 배열을 출력한다.

```
document.write ("<br>*monthArray 배열*<br>")
for ( property in  monthArray )
    document.write ( monthArray[property] + " ")
```

③ slice 메소드를 사용하여 monthArray 배열의 0번째 요소인 "june"에서부터 2번째 요소인 "august"까지 추출하여 summeArray란 새로운 배열로 생성한다. 주의할 점은 두 번째 인수로 기술된 마지막 요소인 3번째 배열 요소는 추출되지 않는다.

```
summeArray =   monthArray.slice(0, 3)
```

④ monthArray에서 추출된 summeArray 배열을 출력한다.

```
document.write ("<br>*monthArray에서 추출된 summeArray 배열*<br>")
for ( property in  summerArray )
    document.write ( summerArray[property] + " ")
```

[실행 결과]
monthArray 배열
 june july august december january february

```
*monthArray에서 추출된 summeArray 배열*
june july august
```

2.5 배열 내의 자료들을 정렬해보기

2.4절에서 배열의 자료들을 정렬시켜주는 sort() 메소드를 편리하게 사용해보 았다. 여기서는 배열 다루는 능력을 배양시키기 위해 배열의 자료들을 정렬해나 가는 방법 중에서 선택 정렬 방법을 이해해보자.

1) 선택 정렬(selection sort) 방법 개요

선택 정렬은 가장 간단한 정렬 방법 중의 하나로 내림 차순 정렬을 가정해 보자.

① 배열의 첫번째 요소를 기준 자료로 선택하여 배열의 나머지 요소들과 하나 하나 비교하여 만일 기준 자료가 비교 자료 보다 작으면 교환하고 그렇지 않 으면 다음 배열 요소의 자료와 비교를 진행해 나간다.
  마지막 배열 요소의 자료와 비교가 끝나면 배열의 첫 번째 요소에는 전체 자 료 중 가장 큰값이 저장되게 된다(1단계).
② 1단계 과정에서 배열의 첫 번째 요소에는 가장 큰 자료가 저장되었으므로 비 교대상에서 제외하고 배열의 두 번째 요소를 기준 자료로 선택하여 나머지 자 료들과 하나 하나 1단계와 같이 비교하여 배열의 두 번째 요소인 기준 자료에 가장 큰값을 저장한다(2단계).
③ 이와 같이 기준 자료의 선택을 단계마다 변경하면서 n−1번째 기준 자료와 n 번째 자료의 비교가 끝나면 내림 차순 정렬이 끝난다.

2) 선택 정렬(selection sort)의 예

5개의 정렬되지 않은 원시 자료가 배열 score에 입력되어 있을 때 내림차순으 로 정렬되는 과정을 살펴보자.

score[0]	score[1]	score[2]	score[3]	score[4]
90	75	100	80	85

① 1단계

score[0]가 기준 자료가 되어 score[1] ... score[4]까지 비교하면서 교환(swap) 여부를 수행한다.

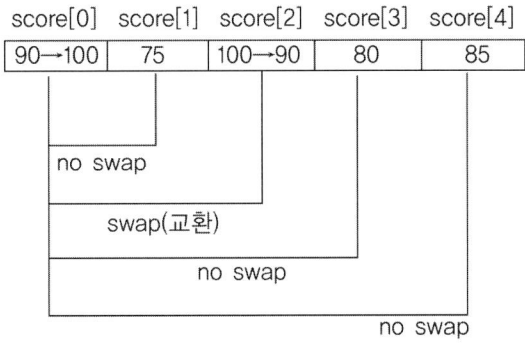

② 2단계

score[0]은 1단계를 거쳐 가장 큰값으로 결정되었으므로 비교 대상에서 제외하고 score[1]이 기준 자료가 되어 score[2] ... score[4]까지 비교하면서 교환 여부를 수행한다.

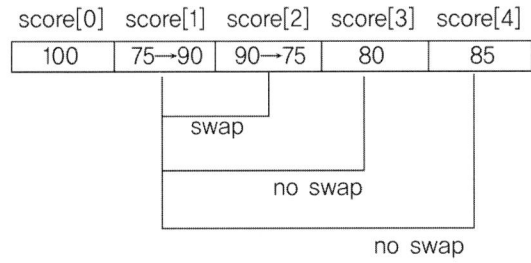

③ 3단계

score[1]은 2단계를 거쳐 가장 큰값으로 결정되었으므로 비교 대상에서 제외하고 score[2]가 기준 자료가 되어 score[3]과 score[4]를 비교하면서 교환 여부를 수행한다.

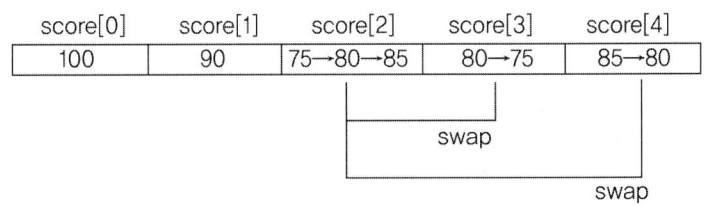

④ **4단계**

score[2]는 3단계를 거쳐 가장 큰값으로 결정되었으므로 비교 대상에서 제외하고 score[3]이 기준 자료가 되어 score[4]와 비교하여 교환 여부를 수행하면 내림차순 정렬이 완료된다.

score[0]	score[1]	score[2]	score[3]	score[4]
100	90	85	75→80	80→75

swap

배열 score가 내림차순으로 정렬된 최종상태

score[0]	score[1]	score[2]	score[3]	score[4]
100	90	85	80	75

3) 교환 방법

프로그램을 작성하다 보면 정렬하는 과정에서와 같이 두 자료간에 교환이 이루어져야 하는 경우가 자주 발생한다.

① 단순 변수 a와 b를 교환하는 과정

```
temp = a
a = b
b = temp
```

② 배열 변수 score(i)와 score(j)를 교환하는 과정

```
temp = score(i)
score(i) = score(j)
score(j) = temp
```

4) 선택 정렬(selection sort) 프로그램

5개의 정렬되지 않은 원시자료를 배열 score에 입력하여 선택 정렬 알고리즘에 의해 내림 차순으로 정렬하는 프로그램이다.

[프로그램 : ex7-11.html]
```
<HTML>
<HEAD>
<TITLE>내림 차순 선택 정렬 프로그램</TITLE>
</HEAD>
<BODY>

<SCRIPT  LANGUAGE="JavaScript">
    // 내림 차순 선택 정렬 프로그램
    score = new  Array (150, 170, 20, 140, 30)
    document.write ("** 정렬되지 않은 원시 자료 **<br>")
    for ( i = 0;  i < score.length ; i++ )
        document.write ( score[i]  + "  ")
    // 선택 정렬 과정
    //  i는 기준 자료 첨자 변수이고 j는 비교 자료 첨자 변수이다.
    for ( i = 0;  i < score.length-1 ; i++ )
        // 배열 score[i]의 기준 자료와 나머지 모든 비교 자료들을 하나씩
        // 비교하면서  score[i] < score[j]이면 교환을 수행한다.
        for ( j = i + 1;  j < score.length ; j++ )
            if (score[i] < score[j] )
                { temp = score[i]
                  score[i]  = score[j]
                  score[j] = temp
                }
    document.write ("<br>** 내림 차순으로 정렬된 자료 **<br>")
    for ( i = 0;  i < score.length ; i++ )
        document.write ( score[i]  + "  ")
</SCRIPT>
</BODY>
</HTML>
```

[실행 결과]
** 정렬되지 않은 원시 자료 **
  150 170 20 140 30
** 내림 차순으로 정렬된 자료 **
  170 150 140 30 20

올림차순으로 정렬할 때는 선택 정렬 과정의 if 문에서 조건식을 (score[i] < score[j])에서 (score[i] > score[j])로 변경하기만 하면 된다.

2.6 2차원 배열(two dimensional array) 다루기

행(row)과 열(column)의 테이블 형태로 구성되는 2차원 배열 구조를 다루는 예를 설명한다.

1) 2차원 배열을 생성하는 방법

4개의 행과 5개의 열로 구성된 20개의 자료를 저장할 수 있는 2차원 배열 table을 생성하는 과정을 살펴보자. Visual BASIC, C 언어 등의 다른 언어에서는 2차원 배열을 쉽게 선언할 수 있으나 자바스크립트는 다음과 같이 두 단계를 걸쳐 조금 불편하게 2차원 배열을 생성한다.

	제0열	제1열	제2열	제3열	제4열
제0행	table[0,0]	table[0,1]	table[0,2]	table[0,3]	table[0,4]
제1행	table[1,0]	table[1,1]	table[1,2]	table[1,3]	table[1,4]
제2행	table[2,0]	table[2,1]	table[2,2]	table[2,3]	table[2,4]
제3행	table[3,0]	table[3,1]	table[3,2]	table[3,3]	table[3,4]

2차원 배열 table의 예

① 먼저 4개의 크기를 갖는 1차원 table 배열을 생성한다. 즉, 위의 그림에서 행 역할을 하는 배열이다.

```
table = new Array[4]
```

② for문을 사용하여 행의 수만큼 반복시키면서 각 행마다[= table[0], table[1], table[2], table[3]] 5개의 크기를 갖는 2차원 table 배열을 생성한다. 즉, 그림과 같이 4개의 행과 5개의 열로 구성된 20개의 자료를 저장할 수 있는 2차원 배열 table이 생성된다.

```
for [ row = 0;   row < 4; row++]
    table[row] = new Array[5]
```

> **다른 언어에서 2차원 배열 선언하는 방법**
>
> ① Visual BASIC에서 2차원 배열 table을 선언한 예
>   dim table(0 to 3, o to 4) as integer
> ② C 언어에서 2차원 배열 table을 선언한 예
>   int table(4, 5);

2) 2차원 배열에서 자료를 처리하는 방법

① 2차원 배열의 구성은 행과 열로 구분되기 때문에 2차원 배열에 관련된 자료를 처리할 때 행 중심으로 처리할 것인지 열 중심으로 처리할 것인지 프로그래머가 결정을 하여야 한다.
② 중첩 반복문을 통해 우리는 내부 반복문은 외부 반복문에 의존하여 반복한다는 사실을 알고 있다.
③ 만일 행중심으로 임의의 2차원 배열에 관련된 자료를 저장하려면 열의 반복이 내부 반복문으로 수행되고 행의 반복이 외부 반복문으로 수행되어야 한다.
④ 반대로 열 중심으로 임의의 2차원 배열에 관련된 자료를 저장하려면 반대로 수행시키면 된다. 즉, 행의 반복이 내부 반복문으로 수행되고 열의 반복이 외부 반복문으로 수행되어야 한다.

3) 행(row) 중심으로 2차원 배열의 자료를 처리하는 예 : ex7-12.html

20개의 자료를 저장할 수 있는 2차원 배열 number를 선언하여 배열의 요소에 행 중심으로 1에서부터 1씩 증가시켜 20까지의 숫자를 저장한 후 출력하여 보자.

① 먼저 4개의 행과 5개의 열로 구성된 20개의 자료를 저장할 수 있는 2차원 배열 number를 생성한다.

```
number = new Array(4)
for ( row = 0;   row < 4; row++)
    number[row] = new Array(5)
```

② 행(row) 중심으로 2차원 배열에 저장하는 경우는

(number[0,0], number[0,1], ... number[0,4]
number[1,0], number[1,1], ... number[1,4],
number[2,0], number[2,1], ... number[2,4],
number[3,0], number[3,1], ... number[3,4])순으로 저장해야 한다.

	0열	1열	2열	3열	4열
제0행	1	2	3	4	5
제1행	6	7	8	9	10
제2행	11	12	13	14	15
제3행	16	17	18	19	20

③ 행 중심으로 1에서부터 1씩 증가시켜 20까지의 숫자를 2차원 배열에 저장하려면 열의 반복이 내부 반복문으로 수행되고 행의 반복이 외부 반복문으로 수행되어야 한다.

```
var n =0
for ( row = 0;   row < 4; row++)
    for ( col = 0;  col < 5; col++)
        {
            n++
            number[row][col] =  n
        }
```

④ 2차원 배열 number 내용을 출력하려면 행 중심으로 출력해야 한다. 즉, 열의 반복이 내부 반복문으로 수행되고 행의 반복이 외부 반복문으로 수행되어야 한다.

```
document.write( " -----  0 열  1 열  2 열  3 열  4 열 <br>")
for ( row = 0;   row < 4; row++)
    { document.write( row  + " 행 : ")
    for ( col = 0;  col < 5; col++)
        {
            if (number[row][col] < 10 )
                document.write( "[  " + number[row][col] + "  ]")
```

```
                else
                    document.write( "[" + number[row][col] + "]")
        }
    document.write( "<br>")
}
```

[실행 결과]

```
-----   0열  1열  2열  3열  4열
0 행 : [ 1 ][ 2 ][ 3 ][ 4 ][ 5 ]
1 행 : [ 6 ][ 7 ][ 8 ][ 9 ][10 ]
2 행 : [11 ][12 ][13 ][14 ][15 ]
3 행 : [16 ][17 ][18 ][19 ][20 ]
```

⑤ 2차원 배열 number에 저장된 각 행의 합을 구해보자. 각 행의 합을 구하는 문제도 행 중심으로 열의 요소들을 누적해야 하기 때문에 열의 반복이 내부 반복문으로 수행되고 행의 반복이 외부 반복문으로 수행되어야 한다.

```
document.write( "<p> 각  행의 합 구하기" + "<br>")
for ( row = 0;   row < 4; row++)
    {   var sum = 0
    for ( col = 0;  col < 5; col++)
        sum = sum + number[row][col]
        document.write( row + " 행의 합 = " + sum + "<br>")  }
```

[실행 결과]

```
각 행의 합 구하기
0 행의 합 = 15
1 행의 합 = 40
2 행의 합 = 65
3 행의 합 = 90
```

문자열 처리 객체 : String

지금까지 문자열을 다룰 때 문자열과 문자열을 결합하여 주는 + 연산자 하나만 사용하였지만 본절에서는 다양하게 문자열을 처리할 수 있는 속성과 메소드를 갖고있는 String 객체에 대하여 살펴본다.

3.1 String 객체 생성 방법

String 객체를 생성하는 방법은 두 가지가 있다.

① 생성자 함수에 new 연산자를 사용하여 String 객체를 생성하는 방법

```
str = new String( "문자열만들기" )
str = new String( '문자열만들기' )
```

② 간편하게 이중 따옴표(" ")나 단일 따옴표('')를 사용하여 String 객체를 생성하는 방법

```
str = "문자열만들기"
str = '문자열만들기'
```

3.2 String 객체의 속성 사용법

String 객체의 속성에는 문자열의 길이를 알려주는 length 속성과 프로그래머가 String 객체에 추가하고 싶은 새로운 속성이나 메소드있을 때 추가해주는 prototype 속성 두 가지가 정의되어 있다.

String 객체의 속성

속성	기능
length	문자열의 길이를 알려주는 속성
prototype	String 객체에 추가하고 싶은 새로운 속성이나 메소드있을 때 추가해주는 속성

1) length 속성의 사용 예

[프로그램 : ex7-13.html]
```
str = "문자열다루기"
document.write( str + "의 문자 개수 : "+ str.length)
```

[실행 결과]
문자 개수 : 6

2) prototype 속성의 사용 예 : ex7-13.html

① String 객체에 prototype 속성을 사용하여 배열의 용도를 알려주는 discriptor 라는 새로운 속성을 추가한다. discriptor 속성의 초기 값은 null로 정의한다.

```
String.prototype.discriptor = null
weekString = new String ("일월화수목금토")
```

② weekString 문자열 객체의 용도를 discriptor 속성에 속성값을 정의한다.

```
weekString.discriptor = "일주일의 요일 이름이 저장된 문자열 객체입니다."
document.write ("<h3> * weekString의 새로운 속성인 discriptor의 속성 값을 출력한 결과* </h3>" )
document.write (" weekString[discriptor] = " + weekString["discriptor"] + "<br>")
```

[실행 결과]
* weekString의 새로운 속성인 discriptor의 속성 값을 출력한 결과*
　　weekString[discriptor] = 일주일의 요일 이름이 저장된 문자열 객체입니다.

3.3 문자 모양에 변화를 주는 String 객체의 메소드 사용법

홈페이지에 사용되는 문자열들을 강조하거나 깜박이게 하거나 등의 문자 모양에 변화를 주는 String 객체의 메소드들은 다음과 같다.

String 객체에서 문자의 모양에 변화를 주는 메소드 종류

메소드	기능	동일한 기능의 HTML 태그
big()	글자를 좀 더 크게	〈BIG〉 글자 〈/BIG〉
small()	글자를 좀 더 작게	〈SMALL〉 글자 〈/SMALL〉
blink()	깜박임	〈BLINK〉 글자 〈/BLINK〉
bold()	볼드체	〈B〉 글자 〈/B〉
fixed()	타자기체	〈TT〉 글자 〈/TT〉
italics()	이탤릭체	〈I〉 글자 〈/I〉
strike()	글자 가운데에 줄긋기	〈STRIKE〉 글자 〈/STRIKE〉
sub()	아래 첨자	〈SUB〉 글자 〈/SUB〉
sup()	윗 첨자	〈SUP〉 글자 〈/SUP〉
fontcolor("색")	글자 색	〈FONT COLOR="색"〉 글자 〈/FONT〉
fontsise("크기")	글자 크기	〈FONT SIZE = "2"〉 글자 〈/FONT〉

1) 문자 모양에 변화를 주는 String 객체의 메소드 사용 예

[프로그램 : ex7-14.html]

```
document.write(" BIG ".big() + "〈BR〉")
document.write(" SMALL ".small() + "〈BR〉")
document.write(" BLINK ".blink() + "〈BR〉")
document.write(" BOLD ".bold() + "〈BR〉")
document.write(" FIX ".fixed() + "〈BR〉")
document.write(" ITALICS ".italics() + "〈BR〉")
document.write(" STRIKE ".strike() + "〈BR〉")
document.write(" SUBSCRIPT" + "iii".sub() + "〈BR〉")
document.write(" SUPERSCRIPT " + " 111 ".sup() + "〈BR〉")
document.write(" FONTCOLOR = GREEN ".fontcolor("red") + "〈BR〉")
document.write(" FONTCOLOR = BLUE ".fontcolor("blue") + "〈BR〉")
document.write(" FONTCOLOR = RED ".fontcolor("green") + "〈BR〉")
document.write(" FONT SIZE 1 ".fontsize(1) + "〈BR〉")
document.write(" FONT SIZE 2 ".fontsize(2) + "〈BR〉")
```

문자열에 깜박임을 주는 blink() 메소드는 넷스케이프에서만 실행되고 익스플로러에서는 실행되지 않고, 아래첨자와 위첨자로 만들어주는 sub()와 sup() 메소드는 왼쪽에 문자가 있어야 효과가 나타난다.

```
document.write(" FONT SIZE 3 ".fontsize(3) + "<BR>")
document.write(" FONT SIZE 4 ".fontsize(4) + "<BR>")
document.write(" FONT SIZE 5 ".fontsize(5) + "<BR>")
document.write(" FONT SIZE 6 ".fontsize(6) + "<BR>")
```

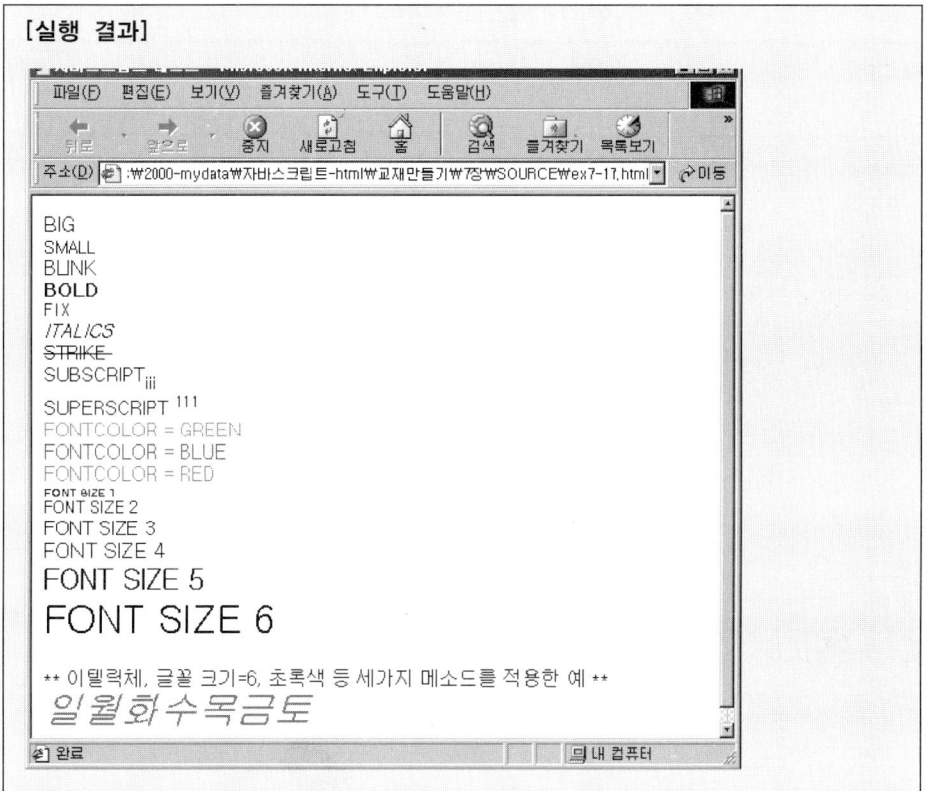

2) 문자 모양에 변화를 주는 메소드를 혼합하여 사용한 예

문자열 객체인 weekString에 '.' 연산자로 구분하여 italics()과 fontsize(6) 그리고 fontcolor("green")를 적용한 예이다.

[ex7-14.html]
```
document.write("<p>   ** 이탤릭체, 글꼴 크기=6, 초록색 등 세가지 메소드를 적용한 예 ** <BR>")
weekString = new String ("일월화수목금토")
document.write( weekString.italics().fontsize(6).fontcolor("green") + "<BR>" )
```

3.4 문자열 처리에 사용되는 String 객체의 메소드 사용법

문자열의 일부를 추출하거나 문자열 중에서 특정 문자를 찾는 등의 문자열 처리에 편리함을 주는 String 객체의 메소드들은 다음과 같다.

문자열 처리에 사용되는 String 객체의 메소드

메소드	기능
charAt(인덱스)	찾고자하는 문자의 위치인 인덱스(index)를 인수로 부여하면 해당 위치의 문자를 찾아주는 메소드이다. 주의할 점은 문자열의 첫 번째 문자는 인덱스 0이다.
indexOf("문자열")	문자열에 포함된 특정 문자열의 위치를 왼쪽에서부터 검색하여 위치를 알려주는 메소드이다.
lastIndexOf("문자열")	lastindexOf("문자열") 메소드는 indexOf("문자열") 메소드와 동일한 기능을 수행하나 단지 차이점은 검색하는 시작 위치가 오른쪽(=last)이라는 점이다. 즉, 문자열에 포함된 특정 문자열의 위치를 오른쪽에서부터 검색하여 위치를 알려주는 메소드이다.
subString(시작, 마지막)	문자열 중에서 부분 문자열을 추출하는 메소드로서 첫 번째 인수는 추출할 문자열의 시작 위치를 가리키고 두 번째 인수는 추출할 마지막 위치를 가리킨다. 주의할 점은 마지막 위치의 문자는 추출되지 않는다.
subStr(시작, 길이)	substr(시작, 길이) 메소드는 substring(시작, 마지막)과 유사하게 부분 문자열을 추출하는 메소드이나 차이점으로 첫 번째 인수는 시작 위치를 가리키고 두 번째 인수는 시작 위치에서부터 몇 문자를 추출하라는 길이를 기술한다는 점이다.
toLowerCase()	문자열을 소문자로 변환한다.
toUpperCase()	문자열을 대문자로 변환한다.
concat("문자열")	두 개의 문자열을 하나의 문자열로 결합하여 새로운 문자열을 만드는 메소드로서, 자바스크립트 1.2(넷스케이프 4.0부터)부터 추가된 기능이다.
split(분리문자)	split(분리문자) 메소드는 문자열을 첫 번째 인수로 기술한 분리 문자를 기준으로 여러 개의 문자열로 나누어 새로운 배열로 생성하는 메소드이다.

1) charAt(인덱스) 메소드 사용 예 : ex7-15.html

charAt()는 찾고자하는 문자의 위치인 인덱스를 인수로 부여하면 해당 위치의 문자를 찾아주는 메소드로서, 주의할 점은 문자열의 첫 번째 문자는 인덱스 0에 위치한다.

① charAt(0) 메소드는 "javascript" 문자열의 0 번째 문자인 "j" 를 출력한다.

```
str = "javascript"
document.write( str + "에 있는 0 번째 문자는 " +  str.charAt(0) + "이다<br>" )
```

[실행 결과]
javascript에 있는 0 번째 문자는 j이다.

② length 속성과 charAt() 메소드를 사용하여 "javascript" 문자열의 모든 위치의 문자를 출력한다.

```
for ( i= 0;   i < str.length; i++)
   document.write( str + "에 있는 " + i + "번째 문자는 \"" + str.charAt(i) + "\'이다<br>" )
```

[실행 결과]
javascript에 있는 0번째 문자는 'j'이다
javascript에 있는 1번째 문자는 'a'이다
javascript에 있는 2번째 문자는 'v'이다
javascript에 있는 3번째 문자는 'a'이다
javascript에 있는 4번째 문자는 's'이다
javascript에 있는 5번째 문자는 'c'이다
javascript에 있는 6번째 문자는 'r'이다
javascript에 있는 7번째 문자는 'i'이다
javascript에 있는 8번째 문자는 'p'이다
javascript에 있는 9번째 문자는 't'이다

2) indexOf("문자열") 메소드 사용 예 : ex7-16.html

문자열에 포함된 특정 문자열의 위치를 왼쪽에서부터 검색하여 위치를 알려주는 메소드이다.

① indexOf("a") 메소드는 "javascript" 문자열 중에서 "a" 문자열을 왼쪽부터 검색하여 첫 번째 위치에 있는지를 알려준다. "javascript" 문자열에는 "a"가 2개 있으나 왼쪽부터 검색한 첫 번째 문자 "a"의 위치를 찾아준다.

```
str = "javascript"
document.write(str + "에 있는 \"a\" 문자열의 위치는 " + str.indexOf("a")+ "이다
<br>")
```

[실행 결과]
javascript에 있는 "a" 문자열의 위치는 1이다.

② "javascript" 문자열 중에는 "k"라는 문자가 없다. "k" 문자의 위치를 검색하면 없는 문자이기 때문에 "-1"을 결과 값으로 반환받는다. 즉, 없는 문자를 검색한 결과는 -1로 검사하면 된다.

```
found = str.indexOf("k")
if (found != -1)
document.write( str + "에 있는 \"k\" 문자열의 위치는 " + str.indexOf("k") + "이다<br>" )
  else
    document.write( str + "에 \"k\"는 없는 문자이다.<br>" )
```

[실행 결과]
javascript에 "k"는 없는 문자이다.

③ indexOf("script") 메소드는 "javascript" 문자열 중에서 "script" 문자열을 왼쪽부터 검색하여 4번째 위치에 있는지를 알려준다. 이는 찾고자 하는 "script" 문자열의 첫 번째 문자인 "s"가 "javascript" 문자열의 4번째 위치에 있기 때문이다.

```
document.write( str + "에 있는 \"script\" 문자열의 위치는 " +   str.indexOf("script") + "이다<br>" )
```

[실행 결과]
javascript에 있는 "script" 문자열의 위치는 4이다

문자열에 있는 동일한 문자 찾는 방법 : ex7-16.html

"javascript" 문자 "a"가 2개 있다. 2개 존재하는 문자 "a"의 위치를 찾아보자. "javascript". indexOf("a", 2) 과 같이 두 번째 인수를 기술하면 "javascript" 문자열에서 문자 "a"의 위치를 찾을 때 2번째 문자부터 찾으라는 의미가 된다. 이를 반복문과 함께 이용하여 2개 존재하는 문자 "a"의 위치를 찾아보자.

```
document.write( str + "에 있는 \"a\" 문자의 위치는 <br>" )
for ( i= 0;  i  < str.length; i++)
        if (str.indexOf("a", i) != -1)
                { document.write( str.indexOf("a", i) +  "번째, " )
                // 찾고나면 찾을 위치를 조정해야 한다.
                i = str.indexOf("a", i)  }
document.write( "에 있다<br>" )
```

[실행 결과]
javascript에 있는 "a" 문자의 위치는 1번째, 3번째, 에 있다

3) lastindexOf("문자열") 메소드 사용 예 : ex7-16.html

lastindexOf("문자열") 메소드는 indexOf("문자열") 메소드와 동일한 기능을 수행하나 단지 차이점은 검색하는 시작 위치가 오른쪽(=last)이라는 점이다. 즉, 문자열에 포함된 특정 문자열의 위치를 오른쪽에서부터 검색하여 위치를 알려주는 메소드이다.

① lastindexOf("a") 메소드는 "javascript" 문자열 중에서 "a" 문자열을 오른쪽부터 검색하여 3 번째 위치에 있는지를 알려준다. "javascript" 문자열에는 "a"가 2개 있으나 오른쪽부터 검색된 첫 번째 문자인 "a"의 위치를 찾아준다. 이때 주의할 점은 "javascript" 문자열의 첫 번째 문자인 "j"의 위치는 인덱스 0이다.

```
str = "javascript"
document.write( str + "에 있는 \"a\" 문자열의 위치는 " +  str.lastIndexOf("a") + "이다<br>" )
```

> [실행 결과]
> javascript에 있는"a" 문자열의 위치는 3 이다

② lastIndexOf("script") 메소드는 "javascript" 문자열 중에서 "script" 문자열을 오른쪽부터 검색하여 4번째 위치에 있는지를 알려준다. "javascript" 문자열의 첫 번째 문자는 인덱스 0에 위치하기 때문에 찾고자하는 "script" 문자열의 첫 번째 문자인 "s"가 4번째 위치에 있기 때문이다.

```
document.write( str + "에 있는 \"script\" 문자열의 위치는 " + str.lastIndexOf
("script") + "이다<br>" )
```

> [실행 결과]
> javascript에 있는 "script" 문자열의 위치는 4이다

4) substring(시작, 마지막) 메소드 사용 예 : ex7-17.html

substring(시작, 마지막)은 말 그대로 문자열 중에서 부분 문자열을 추출하는 메소드로서 첫 번째 인수는 추출할 문자열의 시작 위치를 가리키고 두 번째 인수는 추출할 마지막 위치를 가리킨다. 주의할 점은 마지막 위치의 문자는 추출되지 않는다

① "javascript" 문자열 중에서 0번째와 3 번째 사이의 부분 문자열을 추출하라는 예이다.

```
str = "javascript"
document.write( str + "에 있는 0번째와 3 번째 사이의 부분 문자열은 " + str.
substring(0, 4) + "이다<br>" )
```

> [실행 결과]
> javascript에 있는 0번째와 3 번째 사이의 부분 문자열은 java이다

> **ex7-17.html**
>
> substring(시작, 마지막) 메소드에서 str.substring(4, 0)처럼 substring(마지막, 시작)과 같이 인수의 순서가 바뀌어도 결과는 동일하게 나타난다. 주의할 점은 마지막 위치의 배열 요소는 추출되지 않는다
>
> document.write(str + "에 있는 3번째와 0 번째 사이의 부분 문자열은 " + str.substring(4, 0) + "이다
")
>
> [실행 결과]
> javascript에 있는 3번째와 0 번째 사이의 부분 문자열은 java이다

② "javascript" 문자열을 한 문자씩 증가시키면서 출력하는 예이다.

```
var n = 0
for ( i= 0;    i <= str.length; i++)
document.write( str.substring(0, i) + "<br>")
```

[실행 결과]
j
ja
jav
java
javas
javasc
javascr
javascri
javascrip
javascript

5) **substr(시작, 길이) 메소드 사용 예 : ex7-18.html**

substr(시작, 길이) 메소드는 substring(시작, 마지막)과 유사하게 부분 문자열을 추출하는 메소드이나 첫 번째 인수는 시작 위치를 가리키고 두 번째 인수는 시작 위치에서부터 추출할 문자의 수를 기술한다는 점이다.

① "javascript" 문자열 중에서 4번째 위치부터 6문자를 부분 문자열로 추출하는 예이다.

```
str = "javascript"
document.write( str + "에 있는 4번째 위치에서 6문자는 " + str.subst(4, 6) + "이다<br>" )
```

[실행 결과]
javascript에 있는 4번째 위치에서 6문자는 script이다

② "javascript" 문자열을 한 문자씩 증가시키면서 출력하는 예이다.

```
var n = 0
for ( i= 0;   i <= str.length; i++)
document.write( str.substr(0, i) + "<br>")
```

[실행 결과]
j
ja
jav
java
javas
javasc
javascr
javascri
javascrip
javascript

6) toLowerCase()과 toUpperCase() 메소드 사용 예 : ex7-19.html

toLowerCase와 toUpperCase 메소드는 문자열의 모든 문자들을 소문자로 변환하거나 대문자로 변환할 때 사용하는 메소드이다.

① 소문자로 변환하는 예이다.

```
str = "JAVASCRIPT"
document.write( str + "의 소문자는 " + str.toLowerCase() + "이다<br>" )
```

[실행 결과]
JAVASCRIPT의 소문자는 javascript이다

② 대문자로 변환하는 예이다.

```
str = "javascript"
document.write( str + "의 대문자는 " + str.toUpperCase() + "이다<br>" )
```

[실행 결과]
javascript의 대문자는 JAVASCRIPT이다

7) concat("문자열") 메소드 사용 예 : ex7-20.html

두 개의 문자열을 하나의 문자열로 결합하여 새로운 문자열을 만드는 메소드로서, 자바스크립트 1.2(넷스케이프 4.0부터)부터 추가된 기능이다.

① summer 문자열과 winter 문자열을 생성한다.

```
summer ="june,july,august"
winter  = "december,january,february"
```

② summer 문자열에 winter 문자열을 concat() 메소드의 인수로 기술하여 새로운 summerWinter 문자열 생성한다.

```
summerWinter = summer.concat(winter)
document.write( summer + "문자열과 " + winter + " 문자열을 결합한 결과는 " + summerWinter + " 문자열이다 <br>" )
```

[실행 결과]
june,july,august문자열과 december,january,february 문자열을 결합한 결과는
june,july,augustdecember,january,february 문자열이다

8) split([분리문자]) 메소드 사용 예 : ex7-21.html

split(분리문자) 메소드는 문자열을 인수로 제공하는 분리 문자를 기준으로 여러 개의 문자열로 나눈 후 나누어진 문자열을 가지고 배열로 생성하는 메소드이다. 즉, split(분리문자)에 의해 나누어진 여러 개의 문자열은 새롭게 생성되는 배열의 각 요소가 된다.

● 분리 문자 ,(comma)를 사용하는 split() 메소드 사용 예

① 문자열 winterString을 생성한다.

```
winterString = "december,january,february".
```

② 문자열 winterString을 분리 문자 ,(comma)를 사용하여 "december", "january", "february"와 같이 각 문자열로 나눈 후 분리된 각 문자열을 새로운 winterArray 배열의 요소로 생성한다.

```
winterArray = winterString.split(",")
```

③ 문자열 winterString과 winterArray 배열의 내용을 출력한다.

```
document.write ("<br>문자열 winterString 의 내용 : " + winterString + "<br>")
document.write ("<br>*문자열 winterString이 ,(comma)에 의해 분리되어 새로 생성된 winterArray 배열의 내용*<br>")
for ( property in  winterArray )
document.write("winterArray["+property + "] =" + winterArray[property] + "<br>")
```

[실행 결과]

문자열 winterString 의 내용 : december,january,february
문자열 winterString이 ,(comma)에 의해 분리되어 새로 생성된 winterArray 배열의 내용
winterArray[0] = december
winterArray[1] = january
winterArray[2] = february

● 분리 문자 " "(공백)을 사용하는 split() 메소드 사용 예

① 문자열 sentenceString을 생성한다

    sentenceString = "To be or not to be that is question"

② 문자열 sentenceString을 분리 문자 " "(공백)을 사용하여 각 문자열로 나눈 후 분리된 각 문자열을 새로운 sentenceArray 배열의 요소로 생성한다.

    sentenceArray = sentenceString.split(" ")

③ 문자열 sentenceString과 sentenceArray 배열의 내용을 출력한다.

```
document.write ("<br>문자열 sentenceString 의 내용 : " + sentenceString+ "<br>")
document.write ('<br>*문자열 sentenceString이 " "(공백)에 의해 분리되어 새로 생성된 sentenceArray 배열의 내용*<br>')
for ( property in  sentenceArray )
   document.write("sentenceArray[" + property + "] = " + sentenceArray[property] + "<br>")
```

[실행 결과]

문자열 sentenceString 의 내용 : To be or not to be that is question
문자열 sentenceString이 " "(공백)에 의해 분리되어 새로 생성된 sentenceArray 배열의 내용
sentenceArray[0] = To
sentenceArray[1] = be
sentenceArray[2] = or
sentenceArray[3] = not
sentenceArray[4] = to
sentenceArray[5] = be
sentenceArray[6] = that
sentenceArray[7] = is
sentenceArray[8] = question

3.5 하이퍼링크에 사용되는 String 객체의 메소드 사용법

String 객체에서 하이퍼텍스트 링크를 위해 사용되는 메소드에는 두 가지 종류가 있다.

하이퍼 텍스트 링크에 사용되는 String 객체의 메소드들

메소드	기능	동일한 기능의 HTML 태그
anchor ("#특정단어")	HTML 문서에 내용이 많을 경우 link() 메소드로 바로 이동할 수 있는 "#특정단어"를 지정하는데 사용되는 메소드이다.	⟨A NAME="#특정단어"⟩ 글자 ⟨/A⟩
link ("위치")	"위치"에 기술된 특정 HTML 문서나 문서내의 anchor() 메소드에 의해 지정된 "#특정단어"로 이동할 때 사용하는 메소드이다.	⟨A HREF="위치"⟩ 글자 ⟨/A⟩

● anchor()와 link() 메소드 사용 예 : ex7-22.html

① 하이퍼링크 부분인 "검색엔진 서비스"를 클릭하면 HTML 문서 내에 anchor() 메소드로 지정한 "#serach"로 이동한다.

```
document.write("검색엔진 서비스".link("#serach") + "⟨BR⟩")
```

② 하이퍼링크 부분인 "7장 자바스크립트 의 내장 객체"를 클릭하면 HTML 문서 내에 anchor() 메소드로 지정한 "#chapter7"로 이동한다.

```
document.write(" 7장 자바스크립트 의 내장 객체".link("#chapter7") + "⟨P⟩")
document.write("⟨BR⟩⟨BR⟩⟨BR⟩⟨BR⟩⟨BR⟩⟨BR⟩⟨BR⟩⟨BR⟩⟨BR⟩")
document.write("⟨BR⟩⟨BR⟩⟨BR⟩⟨BR⟩⟨BR⟩⟨BR⟩⟨BR⟩⟨BR⟩⟨BR⟩")
```

③ link() 메소드에 의해 직접 이동할 수 있는 곳으로 "#serach"라고 지정한다.

```
document.write(" 검색 엔진 서비스".anchor("#serach") + "⟨P⟩")
```

④ 하이퍼링크 부분인 "한미르"를 클릭하면 "http://www.hanmir.com" 사이트로 이동한다.

```
document.write("한미르".link("http://www.hanmir.com") + "⟨BR⟩")
```

```
document.write("야후".link("http://www.yahoo.com") + "<BR>")
document.write("심마니".link("http://www.simmani.com") + "<P>")
document.write("<BR><BR><BR><BR><BR><BR><BR><BR><BR>")
```

⑤ link() 메소드에 의해 직접 이동할 수 있는 곳으로 "#chapter7"이라고 지정한다.

```
document.write("제7장 자바스크립트 의 내장 객체".anchor("#chapter7") + "<BR>")
```

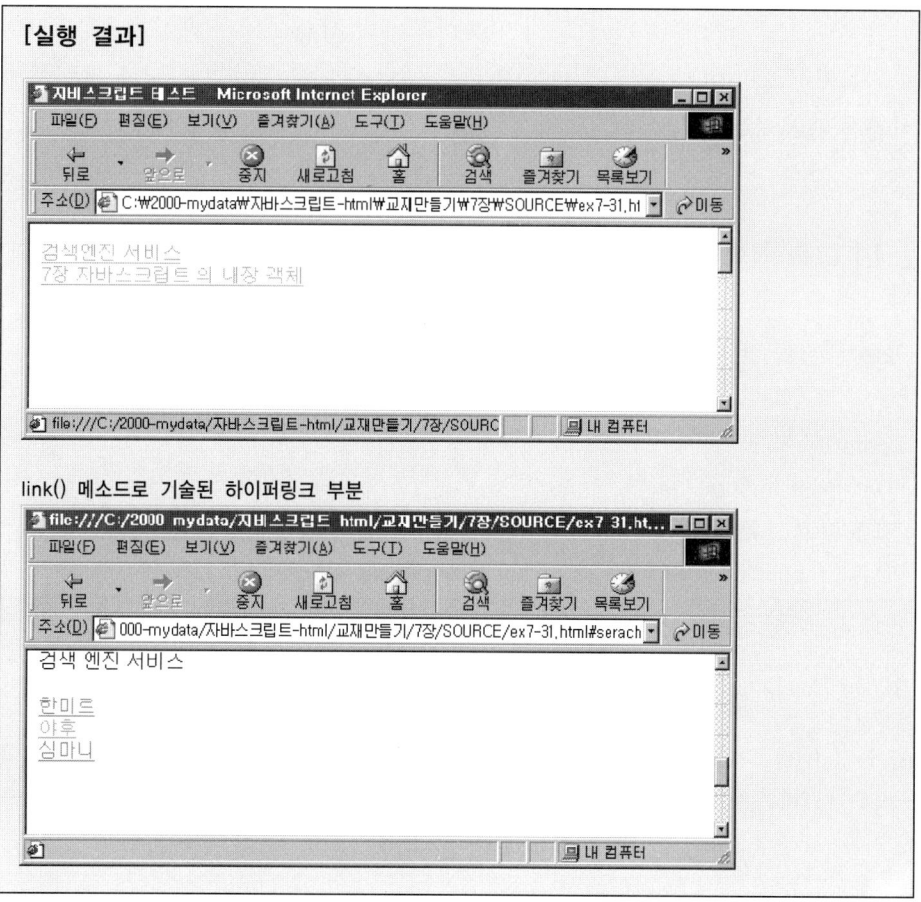

[실행 결과]

link() 메소드로 기술된 하이퍼링크 부분

"검색엔진 서비스"를 클릭한 후 이동한 HTML 문서 내의 "검색 엔진 서비스" .anchor("#serach") 부분

4 날짜와 시간을 다루는 객체 : Date 객체

Date 객체는 자바스크립트에서 날짜와 시간을 다루는데 사용되는 내장 객체로서 웹 브라우저가 실행되는 컴퓨터의 날짜와 시간을 알아낼 수도 있고, 특정 날짜와 시간을 설정해 놓을 수도 있다.

이와 같이 Date 객체는 날짜와 시간을 다루는데 사용되는 객체이기 때문에 내 홈페이지에 달력이나 시계를 만들거나 홈페이지의 초기 화면에 현재의 날짜와 시간을 표시하는데 많이 사용한다.

4.1 Date 객체 생성 방법

Date 객체를 생성하는 생성자 함수 종류는 다음과 같다.

Date 객체의
생성자 함수 종류

```
Date()
Date(year, month, day)
Date(year, month, day, hours, minutes, seconds)
Date("month day, year hours:minutes:seconds")
```

1) new Date() : ex7-23.html

new Date()와 같이 어떤 인수도 지정하지 않으면 자동적으로 현재 시스템의 날짜와 시간을 갖는 객체를 생성한다.

```
today = new Date()
document.write( today + "<br>")
```

[실행 결과]
Mon Dec 11 14:07:25 UTC+0900 2000

2) Date(year, month, day) : ex7-23.html

년, 월, 일을 인수로 사용하여 특정한 년, 월, 일로 설정된 날짜 객체를 생성할 수 있다. 시, 분, 초를 인수로 기술하지 않았기 때문에 시, 분, 초는 0으로 설정된다.

```
// 1997년 5월 5일로 설정된 날짜 객체를 생성한다.
today = new Date(1997, 4, 5)
document.write( today + "<br>")
```

[실행 결과]
Mon May 5 00:00:00 UTC+0900 1997

3) Date(year, month, day, hours, minutes, seconds) : ex7-23.html

년, 월, 일, 시, 분, 초를 인수로 사용하여 특정한 날짜와 시간을 갖는 객체를 생성할 수 있다.

```
// 1997년 12월 21일 10시 6분 7초로 설정된 날짜 객체를 생성한다.
today = new Date(1997, 11, 21, 10, 6, 7)
document.write( today + "<br>")
```

[실행 결과]
Sun Dec 21 10:06:07 UTC+0900 1997

4) Date("month day, year hours:minutes:seconds") : ex7-23.html

"월 일, 년 시: 분: 초"를 문자열 인수로 사용하여 특정한 날짜와 시간을 갖는 객체를 생성할 수 있다. 여기서 주의할 점은 month(월)에 대한 인수는 예와 같이 영어로 월을 기술하여야 한다.

```
// 1995년 11(=December)월 21일 10시 6분 17초로 설정된 날짜 객체를 생성한다.
today = new Date("December  21, 1995 10: 6: 17")
document.write( today + "<br>")
```

[실행 결과]
Thu Dec 21 10:06:17 UTC+0900 1995

4.2 Date 객체의 메소드 종류와 사용 예

날짜와 시간에 관해 편리한 작업을 할 수 있는 Date 객체의 다양한 메소드들은 다음과 같다.

Date 객체의 메소드

메소드	기능
getYear()	Date 객체(=인스턴스)에서 연도를 추출한다.
getMonth()	0에서 11 사이의 정수로 월을 추출한다. (주의할 점은 0이 1월, 1이 2월, …, 10이 11월, 11이 12월이다.)
getDate()	1에서 31 사이의 정수로 일을 추출한다.
getDay()	0에서 6 사이의 정수로 한 주 내의 요일을 추출한다. (주의할 점은 일요일=0, 월=1, 화=2, …, 금=5, 토=6이다.)
getHours()	0에서 23 사이의 시간을 추출한다.
getMinutes()	0에서 59 사이의 분을 추출한다.
getSeconds()	0에서 59 사이의 초를 추출한다.
getTime()	1970년 1월 1일 이후 시간을 milisecond(1000분의 1초) 단위로 나타낸 값을 추출한다.
setYear(연도)	연도를 설정한다.
setMonth(월)	월(0~11)을 설정한다. (주의할 점은 0이 1월, 1이 2월, …, 10이 11월, 11이 12월이다.)
setDate(일)	한 달 내의 일(1~31)을 설정한다.
setDay(요일)	요일(0~6)을 설정한다. (주의할 점은 일요일=0, 월=1, 화=2, …, 금=5, 토=6이다.)
setHours(시간)	시간(0~23)을 설정한다.
setMinutes(분)	분(0~59)을 설정한다.
setSeconds(초)	초(0~59)를 설정한다.
setTime(milisecond)	milisecond(1000분의 1초) 단위로 날짜와 시간을 설정한다.

1) **Date 인스턴스에서 년/월/일/시/분/초을 추출하는 메소드를 사용하는 예 : ex7-24.html**

① 현재의 날짜와 시간이 저장되는 Date 인스턴스를 생성한다.

```
today = new Date()
```

② getYear() 메소드로 연도를 추출한다.

```
year = today.getYear()
document.write(" 연도  :    " + year + "<br>")
```

[실행 결과]
연도 : 2000

③ getMonth() 메소드에서 추출된 결과는 0이 1월, 1이 2월이기 때문에 더하기 1을 하여야 해당 월이 된다.

```
month =  today.getMonth() + 1
document.write(" 월  :    " + month  + "<br>")
```

[실행 결과]
월 : 12

④ getDate() 메소드로 일을 추출한다.

```
date =  today.getDate()
document.write(" 일  :    " +  date  +"<br>")
```

[실행 결과]
일 : 11

⑤ getHours() 메소드로 시간을 추출한다.

```
hours = today.getHours()
document.write(" 시 :  " + hours + "<br>")
```

[실행 결과]
시 : 14

⑥ getMinutes() 메소드로 분을 추출한다.

```
minutes = today.getMinutes()
document.write(" 분 :  " + minutes + "<br>")
```

[실행 결과]
분 : 29

⑦ getSeconds() 메소드로 초를 추출한다.

```
seconds = today.getSeconds()
document.write(" 초 :  " + seconds + "<br>")
```

[실행 결과]
초 : 8

2) 오늘이 무슨 요일이라고 알려주는 예 : ex7-25.html

Date 객체의 메소드들은 다양하나 오늘이 무슨 요일이라고 알려주는 메소드는 구현되어 있지 않다. 본 예에서는 Date 객체의 getDay() 메소드와 요일이 저장된 배열을 활용하여 "오늘은 월요일입니다."와 같이 출력해주는 프로그램이다.

① 오늘의 날짜와 시간이 저장되는 today라는 이름의 Date 객체를 생성한다.

```
today = new Date()
```

② Date 객체에서 제공하는 getDay() 메소드는 0에서 6 사이의 정수로 한 주 내의 요일을 추출한다.

```
day = today.getDay()
```

③ getDay() 메소드의 결과에서 0은 일요일, 1은 월요일, 2는 화요일, …, 5는 금요일, 6은 토요일이다. 이와 대응되는 요일 이름을 갖는 weekArray 배열을 생성한다.

```
weekArray = new Array ("일", "월", "화", "수", "목", "금", "토")
```

④ getDay() 메소드의 결과를 weekArray 배열의 첨자로 사용하면 오늘이 무슨 요일인지 알 수 있다.

```
week = weekArray[day]
```

⑤ 출력한다.

```
document.write("오늘은 " + week + "요일 입니다.<br>" )
```

[실행 결과]
오늘은 월요일 입니다.

3) 현재 시간을 상태바에 나타내는 예 : ex7-26.html

① 오늘의 날짜와 시간이 저장되는 today라는 Date 객체에서 시, 분, 초를 추출하여 문자열로 만든 후 브라우저 상태바에 출력시키는 showTime() 함수를 정의한다.

```
function showTime() {
    var today = new Date()
    /* 시, 분, 초를 추출하여 문자열로 결합한다.*/
    var clockTime = "현재 시간은 "+ today.getHours()
    clockTime = clockTime + "시 " + today.getMinutes()+ "분 "
    clockTime = clockTime + today.getSeconds()+ "초입니다"
    /* 시, 분, 초를 추출하여 문자열로 만든 현재 시간을 상태바에 출력시킨다. */
    window.status = clockTime;         }
```

② HTML 문서가 처음 실행될 때 자동으로 동작하는 onLoad 이벤트 핸들러가 1초(=1000 miliseconds) 간격마다 showTime() 함수를 호출하는 setInteval() 함수를 실행시킨다.

`<BODY onLoad=" setInterval('showTime()', 1000)">`

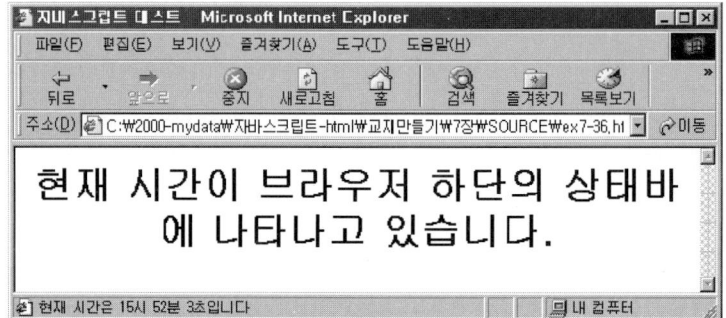

현재 시간이 상태바에 출력되는 예

4.3 Date 객체를 활용하여 만년 달력 만들기 : ex7-27.html

Date 객체의 다양한 메소드들을 활용하여 만년 달력을 만들어 가는 과정을 살펴보자.

① 1월에서 12월까지의 각 달에 대한 최대 일을 배열의 요소로 구성하고, 일단 2월은 28일 가정한다. 그리고 오늘의 날짜와 시간이 저장되는 today라는 Date 객체를 생성한다.

```
monthDays = new Array(31, 28, 31, 30, 31, 30, 31, 31, 30,  31, 30, 31);
today = new Date();
```

② 윤년 여부를 검사하기 위해 연도를 추출한 후 윤년 여부를 검사하여 윤년이면 2월 달을 monthDays 배열에 29일로 설정한다. 윤년 여부를 검사하는 방법은 연도가 4로는 나누어지면서 100으로 나누어지지 않거나 400으로 나누어지는 연도가 윤년이다.

```
year = today.getYear()
if (((year % 4 == 0) && (year % 100 != 0)) || (year % 400 == 0))
    monthDays[1] = 29;
```

③ 윤년을 고려했기 때문에 이번 달이 몇 일까지 있는지 monthDays 배열에서 조사하여 nDays에 저장한다.

```
nDays = monthDays[today.getMonth()];
```

④ 이번 달의 1일을 firstDay에 설정한다. 즉, firstDay는 달력으로 출력할 달의 1일로 설정된다.

```
firstDay = today;
firstDay.setDate(1);
```

⑤ 달력으로 출력할 달의 1일에 대한 요일을 조사한다. 이는 출력할 달의 1일을 해당 요일에 출력시키기 위해서 startDay에 기억시켜 둔다.

```
startDay = firstDay.getDay();
```

⑥ <TABLE> 태그를 사용하여 이달의 달력을 출력해 나간다. 일주일은 7일이므로 달력의 한 행은 7개의 칸을 만들고, 몇년, 몇월, 요일을 제목으로 출력한다.

```
document.writeln("<CENTER>");
```

```
document.write("<TABLE BORDER>");
document.write("<TR><TH COLSPAN=7>");
document.write(year + "년 " + (today.getMonth()+1) + "월" );
document.write("<TR><TH>일<TH>월<TH>화<TH>수<TH>목<TH>금<TH>토");
```

⑦ 실제 요일이 출력될 첫 행을 만들기 시작하고, column 변수 값을 0부터 1씩 증가시키다가 7이 되면 즉, 7칸을 만들면 새로운 행을 추가한다.

```
document.write("<TR>");
column = 0;
```

⑧ 이번 달의 1일이 해당 요일에 출력되어야 하기 때문에 달력으로 출력할 첫 주의 요일 중 1일전까지는 blank로 칸을 만든다.

```
for (i=0; i<startDay; i++)
    {    document.write("<TD>");
         /* column 변수 값을 1씩 증가시킨다. */
         column++; }
```

⑨ 달력으로 출력할 때 오늘을 빨간색으로 강조하기 위해 오늘이 몇 일인지 조사한다.

```
thisDay = today.getDate();
```

⑩ 1일부터 달력으로 출력할 달이 몇 일까지 있는지를 저장한 nDays까지 1씩 증가하면서 반복적으로 달력에 칸을 만들면서 출력해나간다. column 변수 값은 1씩 증가되다가 7이 되면 새로운 행을 추가하고 column 변수 값을 0로 다시 초기화한다.

```
for (i=1; i<=nDays; i++)
    {    document.write("<TD>");
         /* 오늘은 빨간 글자로 출력한다. */
         if (i == thisDay)  document.write("<FONT COLOR=red>")
         document.write(i);
```

```
                    if ( i == thisDay )   document.write("</FONT>")
                    /* column 변수 값을 1씩 증가시킨다. */
                    column++;
                    // column 변수 값이 7되면 다음 주에 대한 새로운 행을 만든다.
                    if (column == 7)
                        {  document.write("<TR>");
                            column = 0;        }
                }
    document.write("</TABLE>");
    document.writeln("</CENTER>");
```

5

수학 연산에 사용하는 객체 : Math 객체

Math(Mathematics) 객체는 삼각 함수, 지수 함수, 제곱근 함수, 로그 함수 등과 같이 일반 수학 연산에 사용하는 객체이다.

5.1 Math 객체는 정적(static) 객체이다.

① Math 객체는 프로그램 상에 전역적으로 사용되는 정적(static) 객체이기 때문에 Array, String, Date 객체처럼 new 연산자와 생성자 함수를 사용하여 인스턴스 객체를 생성하지 않고, 직접 Math 객체 이름에 속성 또는 메소드를 기술하여 사용해야 한다.

② Math 객체를 생성하는 예이다.

```
Math.PI
Math.sin(30)
Math.sqrt(2)
```

5.2 Math 객체의 속성과 사용 방법

① Math 객체에 정의된 속성들은 수학 연산에 사용되는 상수들로서 다음과 같다.

Math 객체에 정의된 속성들

속성	속성 값
PI	원주율 (π=3.14159...)
E	오일러 상수, 자연 대수의 밑수 = 2.7182818..
LN10	밑수가 10인 자연 로그 = 2.302585..
LN2	밑수가 2인 자연 로그 = 0.6931471...
SQRT1_2	$\sqrt{1/2}$= 0.7071067...
SQRT2	$\sqrt{2}$= 1.41421...
LOG10E	밑수가 10인 E 로그 = 0.43429448...
LOG2E	밑수가 2인 E 로그 = 1.442695...

② Math 객체의 모든 속성들을 사용한 예 : ex7-28.html

```
document.write("PI : " + Math.PI + "<BR>")
document.write("E : " + Math.E + "<BR>")
document.write("LN10 : " + Math.LN10 + "<BR>")
document.write("LN2 : " + Math.LN2 + "<BR>")
```

```
document.write("SQRT1_2 : " + Math.SQRT1_2 + "<BR>")
document.write("SQRT2 : " + Math.SQRT2 + "<BR>")
document.write("LOG10E : " + Math.LOG10E + "<BR>")
document.write("LOG2E : " + Math.LOG2E + "<BR>")
```

[실행 결과]

PI : 3.141592653589793

E : 2.718281828459045

LN10 : 2.302585092994046

LN2 : 0.6931471805599453

SQRT1_2 : 0.7071067811865476

SQRT2 : 1.4142135623730951

LOG10E : 0.4342944819032518

LOG2E : 1.4426950408889633

5.3 Math 객체의 메소드와 사용 방법

Math 객체는 삼각 함수, 지수 함수, 제곱근 함수 등과 같이 일반 수학 연산에 사용하는 다양한 메소드로 구성되어 있다.

메소드	의미	메소드	의미
sin(x)	sine 함수	log(x)	로그 함수
cos(x)	cosine 함수	pow(x, y)	지수 함수
tan(x)	tangent 함수	sqrt(x)	제곱근 함수
asin(x)	arc sine 함수	random()	난수 함수
acos(x)	arc cosine 함수	round(x)	소수 부분이 0.5이거나 크면 반올림하는 함수
atan(x)	arc tangent 함수		

floor(x)	무조건 소수이하를 버리고 x와 같거나 x보다 작으면서 가장 큰 정수를 취하는 함수.
	ex) floor(6.7) = 6
	    floor(-6.7) = -7
		ceil(x)	무조건 소수 이하를 반올림 하는 함수
			ex) ceil(6.1) = 7
			    ceil(-6.1) = -6

abs(x)	절대값	max(x, y)	x, y 중 큰 수 리턴
exp(x)	E에 대한 지수 함수	min(x, y)	x, y 중 작은 수 리턴

수학 연산에 사용하는 Math 객체의 다양한 메소드

1) 각종 삼각 함수의 30도를 구하는 예 : ex7-29.html

삼각 함수에서 사용하는 단위는 라디안(radian)이므로 라디안에 $(\pi/180)$을 곱하여 도(degree)로 환산하여야 한다.

```javascript
// 30라디안을 30도로 환산한다.
var degree = 30 * (Math.PI / 180)
document.write("sin 30도 : " + Math.sin(degree) + "<br>")
document.write("cos 30도 : " + Math.cos(degree) + "<BR>")
document.write("tan 30도 : " + Math.tan(degree) + "<BR>")
document.write("asin 30도 : " + Math.asin(degree) + "<BR>")
document.write("acos 30도 : " + Math.acos(degree) + "<BR>")
document.write("atan 30도 : " + Math.atan(degree) + "<BR>")
```

[실행 결과]
```
sin 30도 : 0.49999999999999994
cos 30도 : 0.8660254037844387
tan 30도 : 0.5773502691896257
asin 30도 : 0.5510695830994463
acos 30도 : 1.0197267436954502
atan 30도 : 0.48234790710102493
```

2) 다양한 Math 메소드의 사용 예 : ex7-30.html

```javascript
document.write("-10의 절대값 : " + Math.abs(-10) + "<BR>")
```

[실행 결과]
```
-10의 절대값 : 10
```

```javascript
document.write("오일러 상수인 E(=2.718..)의 3승 : " + Math.exp(3) + "<BR>")
```

[실행 결과]
```
오일러 상수인 E(=2.718..)의 3승 : 20.085536923187668
```

```
document.write("10의 3승 : " + Math.pow(10, 3) + "<BR>")
```

[실행 결과]
10의 3승 : 1000

```
document.write("2의 로그 : " + Math.log(2) + "<BR>")
```

[실행 결과]
2의 로그 : 0.6931471805599453

```
document.write("20의 제곱근: " + Math.sqrt(20) + "<BR>")
```

[실행 결과]
20의 제곱근: 4.47213595499958

```
document.write("10.7의 반올림 : " + Math.round(10.7) + "<BR>")
```

[실행 결과]
10.7의 반올림 : 11

```
//10.3은 반올림되지 못한다. 즉, 소수 부분이 0.5이거나 클때만 반올림하는 함수이다.
document.write("10.3의 반올림 : " + Math.round(10.3) + "<BR>")
```

[실행 결과]
10.3의 반올림 : 10

```
document.write("6.7의 버림함수 : " + Math.floor(6.7) + "<BR>")
```

[실행 결과]
6.7의 버림함수 : 6

```
document.write("-6.7의 버림함수 : " + Math.floor(-6.7) + "<BR>")
```

[실행 결과]
-6.7의 버림함수 : -7

> 🔍 **주의**
>
> floor() 함수는 무조건 소수이하를 버리고 x와 같거나 x 보다 작으면서 가장 큰 정수를 취하는 함수로서 양수일 때는 문제가 없으나 음수일 때는 주의해야 한다. 예를 들어 floor(-6.7)에서 -6.7보다 작으면서 가장 큰 정수는 -7이다. -6은 -6.7보다 큰 정수이다. 참고로, floor(-6.0)은 -6이다.

```
document.write("6.1의 올림함수 : " + Math.ceil(6.1) + "<BR>")
```

[실행 결과]
6.1의 올림함수 : 7

```
document.write("-6.1의 올림함수 : " + Math.ceil(-6.1) + "<BR>")
```

[실행 결과]
-6.1의 올림함수 : -6

> 🔍 **주의**
>
> ceil() 함수는 floor() 함수와는 반대 기능으로 무조건 소수이하를 반올림하는 함수로서 x와 같거나 x 보다 크면서 가장 적은 정수를 취하는 함수이다. 양수일 때는 문제가 없으나 음수일 때는 주의해야 한다. 예를 들어 ceil(-6.7)에서 -6.7보다 크면서 가장 적은 정수는 -6이다. -7은 -6.7보다 작은 정수이다. 참고로, ceil(-6.0)은 -6이다.

```
document.write("10과 8중 큰 수 : " + Math.max(10, 8) + "<BR>")
```

[실행 결과]
10과 8중 큰 수 : 10

```
document.write("10과 8중 작은 수: " + Math.min(10, 8) + "<BR>")
```

[실행 결과]
10과 8중 작은 수: 8

3) 난수를 발생시키는 random() 메소드 사용 예 : ex7-31.html

● **난수의 발생 범위**

난수를 발생시키는 random() 메소드를 실행시키면 실행 결과처럼 (0 < 난수 < 1)사이의 난수를 발생시킨다.

```
document.write("난수 발생 예: " + Math.random() + "<BR>")
```

[실행 결과]

난수 발생 예: 0.7442770331041999

● **1과 6 사이의 난수를 10번 발생시킨 예 : ex7-31.html**

1과 6 사이의 난수를 발생하게 하는 경우의 수식은 다음과 같다. 이를 살펴보자.

```
Math.floor(Math.random() * 6) + 1
```

① random() 함수에 의하여 0과 1사이의 난수가 발생시킨다.
   Math.random()
② 여기에 6을 곱한 후 floor() 함수를 사용하여 정수를 취하면 0과 5사이의 정수가 된다.
   Math.floor(Math.random() * 6)
③ 여기서, 다시 1을 더하면 1과 6사이의 난수가 된다.
   Math.floor(Math.random() * 6) + 1

```
<SCRIPT language="JavaScript">
   document.write(" <h2>(발생한 난수) --> (난수 * 6) --> (1에서 6사이의 난수)</h3>")
   for (i = 1; i <= 10; i++)
   { n = Math.random()
     document.write( n + " -> " + (n*6) + " ----> " + (Math.floor(n*6) + 1) + " <BR>") }
   </SCRIPT>
```

[실행 결과]
```
(발생한 난수)    ---->    (난수 * 6)      -->    (1에서 6사이의 난수)
0.2002752204509977  -->  1.201651322705986  ---------->  2
0.5142443391162557  -->  3.085466034697534  ---------->  4
0.8819318245141972  -->  5.291590947085183  ---------->  6
0.2838481527877062  -->  1.703088916726237  ---------->  2
0.3555173838867172  -->  2.133104303320303  ---------->  3
0.5598801337186565  -->  3.359280802311939  ---------->  4
0.4604008280207423  -->  2.762404968124453  ---------->  3
0.9195475027273507  -->  5.517285016364104  ---------->  6
0.7407228069141273  -->  4.444336841484763  ---------->  5
0.0545393361928282  -->  0.327236017156969  ---------->  1
```

6 함수를 생성하는 객체 : Function 객체

Function 객체는 자바스크립트 1.1부터 구현된 한 줄 정도의 단순한 기능의 함수를 생성하는 객체로서 5장에서 배운 사용자 함수를 정의하는 것과 유사하다. 차이점으로는 Function 객체를 사용하여 다양한 기능의 함수를 정의하기가 어렵고, 함수로서 생성될 자바스크립트 명령은 문자열로 명시해야 한다.

6.1 Function 객체에 의해 함수를 정의하는 방법과 사용 예

한 줄 정도의 단순한 기능의 함수를 생성하는 Function 객체의 문법은 다음과 같다.

단순한 함수를 생성하는 Function 객체의 문법

변수 = new Function([인수1] [,인수2] .... [,인수n], 함수몸체)

① 변수는 함수 이름 역할을 한다.

② 함수 기능에 필요한 만큼 문자열로 가인수를 기술한다. 필요없으면 생략한다.
③ 함수 몸체 부분은 실행할 자바스크립트 명령을 기술하는 곳으로 문자열로 기술해야 한다.

1) **Function 객체에 의해 두 수를 더하는 함수를 정의한 예** : ex7-38.html

Function 객체를 사용하여 두 수를 인수로 전달받아 더하는 add 함수를 정의한 예이다.

```
add = new Function( "a", "b", "return a + b")
```

① add 변수는 함수 이름 역할을 한다.
② "a"와 "b"는 두수를 전달받는 가인수이다. 반드시 문자열로 기술해야 한다.
③ "return a + b"는 실행할 함수 몸체 부분으로 인수로 전달받은 두수 "a"와 "b"를 더하여 결과를 호출한 곳으로 return 문을 사용하여 결과를 반환한다. 함수 몸체 부분 역시 반드시 문자열로 기술해야 한다.
④ 인수를 전달하는 방식은 5장에서 자세히 기술한 값 호출(call by value) 방식이다.

> Function 객체에 의해 함수를 정의할 때는 가인수 부분과 함수 몸체 부분을 반드시 문자열로 기술해야 한다.

2) **add 함수를 호출하는 예** : ex7-32.html

① Function 객체를 사용하여 두 수를 인수로 전달받아 더하는 함수를 정의한다.

```
add = new Function( "a", "b", "return a + b")
```

② 두 수 10과 5를 인수로 전달하여 add 함수를 호출한다.

```
result = add(10, 5)
document.write(result + "<br>")
```

[실행 결과]
15

6.2 Function 객체의 arguments 속성 중심의 사용 방법

Function 객체에는 다양한 속성들이 존재하나 정의된 함수의 인수(arguments)들에 대한 정보를 알려주는데 유용하게 사용하는 arguments 중심의 속성들은 다음과 같다.

arguments 속성

arguments 속성은 원래 자바스크립트1.0에서는 함수가 호출될 때 함수 내의 인수(arguments)들에 대한 정보들을 알아내기 위해 사용되는 객체였으나 자바스크립트1.1부터는 Function 객체의 속성으로 귀속되었다. 많은 자바스크립트 책들이 독립된 arguments 객체로 설명하고 있으나 본서에서는 자바스크립트 1.1부터는 Function 객체의 속성으로 포함되었기 때문에 Function 객체의 속성으로 설명된다.

인수들에 대한 정보를 알려주는 Function 객체의 속성들

속성	기능
arguments	함수 내에 전달된 인수들의 값을 arguments라는 이름의 배열로 전달받는다. 즉, 함수 내에 전달된 인수들의 값은 배열 arguments의 요소로 구성된다.
arguments.length	함수 내에 실제 전달된 인수들의 개수를 확인할 때 사용한다.
length	함수에 반드시 전달할 인수의 개수가 몇 개인지 확인할 때 사용한다. 즉, 함수를 만들 때 정의한 인수의 개수를 말한다.

1) 함수에 정의된 인수와 실제 함수에 전달된 인수의 개수를 확인하는 예 : ex7-33.html

① 두 수를 인수로 전달받아 더하는 add 함수를 정의한다.
② add 함수 내에 반드시 전달할 정확한 인수의 개수를 length 속성을 사용하여 출력시킨다. 즉, add 함수에 정의된 인수의 개수는 2개이다.
③ add 함수 내에 실제 전달된 인수들의 개수를 확인할 때 사용하는 arguments.length 속성을 사용하여 실제 전달된 인수들의 개수를 출력시킨다.

```
function add(a, b) {
    document.write("add 함수에 반드시 전달할 인수의 수 : " + add.length + "<br>")
    document.write( "실제 전달받은 인수의 수 : " + arguments.length + "<br>")
    return a + b     }
```

length 속성

length 속성은 add.length와 같이 함수이름.length로 기술해야 하나, arguments.length 속성은 원래 arguments 객체에서 자바스크립트 1.1부터 Function 객체의 속성으로 귀속되었기 때문에 정확하게는 add.arguments.length으로 기술해야 하나 함수이름을 생략해도 무방하다.

주의

실제 전달된 인수들의 개수를 확인해야 하기 때문에 arguments.length 속성은 반드시 함수 내에서만 사용해야 하고, 함수를 만들 때 정의한 인수의 개수를 확인하는 length 속성은 필요에 따라 함수안이나 바깥에서 사용해도 무방하다.

④ 정확하게 두개의 인수를 add 함수로 전달하는 경우이다.

```
result = add(20, 100)
document.write("더한 결과 : " + result + "<p>")
```

[실행 결과]
add 함수에 전달할 인수의 수 : 2
실제 전달받은 인수의 수 : 2
더한 결과 : 120

⑤ add 함수로 부정확하게 인수를 하나만 전달하는 경우이다.

```
document.write( "add 함수에 전달할 인수의 수 : " + add.length + "<br>")
result = add(20)
document.write("더한 결과 : " + result + "<p>")
```

[실행 결과]
add 함수에 전달할 인수의 수 : 2

NaN은 Not A Number이다.	실제 전달받은 인수의 수 : 1 더한 결과 : NaN

2) 함수에 부정확하게 인수가 전달될 때 오류 메시지를 출력하는 예 : ex7-34.html

두 수를 인수로 전달받아 더하는 add 함수에 부정확하게 인수가 전달될 때 오류 메시지를 출력하는 경우를 추가하여 수정한 예이다.

① add 함수 내에 기술된 if문의 조건인(add.arguments.length == add.length)는 실제 전달된 인수들의 개수인 arguments.length 결과와 add 함수에 반드시 전달할 정확한 인수의 개수인 add.length의 결과가 틀리면 오류 메시지를 return 한다.

```
function add(a, b) {
    if ( add.arguments.length == add.length)
        return a + b
    else
        result = "add 함수에 인수의 수가 " + arguments.length + "개로 잘못 전달되었습니다 <br>"
    return result
}
```

② add 함수로 부정확하게 인수를 하나만 전달하는 경우이다.

```
document.write( "add 함수에 전달할 인수의 수 : " + add.length + "<br>")
result = add(20)
document.write("더한 결과 : " + result + "<p>")
```

[실행 결과]
add 함수에 전달할 인수의 수 : 2
더한 결과 : add 함수에 인수의 수가 1개로 잘못 전달되었습니다

③ 정확하게 두 개의 인수를 add 함수로 전달하는 경우이다.

```
result = add(20, 100)
```

```
document.write("더한 결과 : " + result + "<p>")
```

[실행 결과]
더한 결과 : 120

3) arguments 속성을 사용하여 함수에 전달된 인수를 출력하는 예 : ex7-35.html

함수에 인수를 전달하면 arguments라는 이름의 배열로 전달된다. 즉, 함수 내에 전달된 인수들의 값은 배열 arguments의 요소로 구성된다.

arguments 속성

arguments 속성은 arguments 배열이라 생각하고 2절에서 배운 배열 처리와 동일한 방법으로 처리하면 되고, 전달된 첫 번째 인수는 Array 객체와 동일하게 arguments[0]에 저장된다.

① add 함수 내에 기술된 for문은 전달된 첫 번째 인수가 arguments[0]에 저장되기 때문에 실제 전달된 인수들의 개수인 (arguments.length-1)까지 반복 처리하여 arguments 배열의 내용을 출력하면 된다.

```
function add(a, b) {
    document.write("<h4>전달받은 인수를 출력한 결과</h4>")
    for (i = 0; i < arguments.length; i++)
        document.write( "arguments[" + i + "] = " + arguments[i] + "<br>")
    return a + b
}
```

[실행 결과]
전달받은 인수를 출력한 결과
arguments[0] = 20
arguments[1] = 100

② 두 개의 인수를 add 함수로 전달하는 경우이다.

```
result = add(20, 100)
document.write("더한 결과 : " + result + "<p>")
```

[실행 결과]

더한 결과 : 120

4) arguments 속성을 사용하여 여러 개의 문자열을 분리문자로 결합하는 예 :
   ex7-36.html

분리문자와 여러 개의 문자열을 인수로 받아들이는 함수를 정의한 후에 분리 문자를 사용하여 여러 개의 문자열을 하나로 결합하는 경우를 arguments 속성을 활용하여 작성하여 보자.

① 여러 개의 문자열을 인수로 받아들이는 함수 이름을 myJoin이라 하자. 단 함수의 첫 번째 인수는 여러 개의 문자열을 하나로 문자열로 결합할 때 사용하는 분리문자이다.

```
function myJoin() {
    /* 첫 번째 인수(arguments[0])는 여러 개의 문자열을 하나로 join할 때 사용하
      는 분리문자이다. */
    separator = arguments[0]
    /* 분리 문자를 제외한 전달받은 두 번째 인수(arguments[1])부터 마지막 인수
      (arguments[arguments.length-1])까지의 arguments 배열의  문자열을 출력
      해본다. */
    document.write("<h4>분리 문자를 제외한 인수 출력</h4>")
    for (i=1; i < arguments.length; i++)
        document.write("arguments[" + i + "] = " + arguments[i] + "<br>")
    /* 분리 문자를 사용하여 두 번째 인수(arguments[1])부터 마지막 인수
      (arguments[arguments.length-1])까지 joinString이라는 문자열로 join해나
      간다.*/
    var joinString = ""
    for (i=1; i < arguments.length; i++)
        joinString = joinString + arguments[i] + separator
        return joinString
    }
```

② 분리 문자를 공백으로 사용하여 여러 개의 문자열을 하나로 결합하는 myJoin 함수를 호출한 후 출력한다.

```
result = myJoin(" ", "To", "be", "or", "not", "to", "be", "that", "is", "question")
document.write("<h4>공백으로 결합된 결과 : " + result + "<br></h4>")
```

[실행 결과]
분리 문자를 제외한 인수 출력
arguments[1] = To
arguments[2] = be
arguments[3] = or
arguments[4] = not
arguments[5] = to
arguments[6] = be
arguments[7] = that
arguments[8] = is
arguments[9] = question
공백으로 결합된 결과 : To be or not to be that is question

③ 분리 문자를 ,(comma)로 사용하여 여러 개의 문자열을 하나로 결합하는 myJoin 함수를 호출한 후 출력한다.

```
result = myJoin(",", "일", "월", "화", "수", "목", "금", "토")
document.write("<h4>,(comma)로 결합된 결과 : " + result + "<br></h4>")
```

[실행 결과]
분리 문자를 제외한 인수 출력
arguments[1] = 일
arguments[2] = 월
arguments[3] = 화
arguments[4] = 수
arguments[5] = 목
arguments[6] = 금
arguments[7] = 토
,(comma)로 결합된 결과 : 일,월,화,수,목,금,토,

7 숫자 객체 : Number 객체

문자로 표현된 숫자 단어를 계산할 수 있는 실제 숫자로 변환해주는 객체로서 자바스크립트에서 사용할 수 있는 최대 값이나 최소 값 등의 수치 상수의 속성을 갖고 있다.

7.1 문자열로 된 숫자를 계산할 수 있는 실제 숫자로 변환해 주는 예 : ex7-37.html

① 문자열 숫자 "123"을 계산할 수 있는 실제 숫자 123으로 변환한다.

```
document.write('문자열  "123"  :  ' + Number("123") + "<BR>");
```

[실행 결과]
문자열 "123" : 123

② 문자열 숫자 "7123"과 "1456"를 숫자로 변환하여 계산하는 예이다.

```
document.write(' 문자열  "7123" + "1456"  =  ')
document.write( Number("7123") + Number("1456") + "<BR>");
```

[실행 결과]
문자열 "7123" + "1456" = 8579

③ "string"과 같이 숫자 문자열이 아닌 경우 오류를 발생시키지 않고 NaN(Not A Number)라는 메시지를 출력한다.

```
document.write(' "string"과 같이 숫자 문자열이 아닌 경우  : ' + Number("string") + "<BR>");
```

[실행 결과]
"string"과 같이 숫자 문자열이 아닌 경우 : NaN

7.2 Number 객체의 속성 사용 예 : ex7-38.html

Number 객체는 자바스크립트에서 사용할 수 있는 최대 값이나 최소 값 등의 수치 상수의 속성을 갖고 있다.

속성	기능
MAX_VALUE	자바스크립트에서 사용할 수 있는 최대 숫자 값을 갖는 속성
MIN_VALUE	자바스크립트에서 사용할 수 있는 최소 숫자 값을 갖는 속성
POSITIVE_INFINITY	자바스크립트에서 사용할 수 있는 양의 무한대 값을 갖는 속성으로 Infinity로 출력된다.
NEGATIVE_INFINITY	자바스크립트에서 사용할 수 있는 음의 무한대 값을 갖는 속성으로 -Infinity로 출력된다.
NaN	문자열이 아닌 경우에 출력되는 속성

Number 객체가 가지고 있는 정적인 수치 상수의 속성들

① MAX_VALUE 속성 사용 예

```
maxNum = Number.MAX_VALUE
document.write( "자바스크립트에서 사용할 수 있는 최대 숫자 : " + maxNum + "
<BR>");
```

[실행 결과]
자바스크립트에서 사용할 수 있는 최대 숫자 : 1.7976931348623157e+308

② MIN_VALUE 속성 사용 예

```
minNum = Number.MIN_VALUE
document.write( "자바스크립트에서 사용할 수 있는 최소 숫자 : " + minNum + "
<BR>");
```

[실행 결과]

자바스크립트에서 사용할 수 있는 최소 숫자 : 5e-324

③ POSITIVE_INFINITY 속성 사용 예

```
positiveNum = Number.POSITIVE_INFINITY
document.write( "자바스크립트에서 사용할 수 있는 양의 무한대 : " + positiveNum + "<BR>");
```

[실행 결과]

자바스크립트에서 사용할 수 있는 양의 무한대 : Infinity

④ NEGATIVE_INFINITY 속성 사용 예

```
negativeNum = Number.NEGATIVE_INFINITY
document.write( "자바스크립트에서 사용할 수 있는 음의 무한대 : " + negativeNum + "<BR>");
```

[실행 결과]

자바스크립트에서 사용할 수 있는 음의 무한대 : -Infinity

⑤ NaN 속성 사용 예

```
notANum = Number.NaN
document.write('숫자 문자열이 아닌 경우 : ' + notANum + "<BR>");
```

[설명]

숫자 문자열이 아닌 경우 : NaN

Chapter

폼 관련 입력 양식 객체들과 이벤트 다루기

본장에서는 폼, 버튼, 텍스트 박스, 라디오 버튼, 리스트 박스, 체크박스 등과 같은 폼 관련 입력 양식 객체들을 다루는 방법을 이벤트 처리와 함께 설명한다.

1 입력 양식 객체들과 이벤트 종류

자바스크립트 객체들의 계층 구조는 그림과 같이 웹 브라우저 자체를 나타내는 가장 상위 객체인 Window를 중심으로 Frame, document, location, history 등의 HTML 페이지의 구조와 비슷한 형태의 계층 구조를 가지고 있다.

자바스크립트 객체들의 계층 관계는 부모-자식 객체의 관계로서 어떤 객체를 접근하기 위해서는 상위 객체에서부터 계층 구조를 따라 하위 객체에 접근한다. 본장에서 학습하게 될 폼에 관련된 입력 양식 객체들은 HTML 문서의 내용물을 처리하는 document 객체의 자식인 FORM 객체와 FORM 객체를 부모로 하는 Textarea, Text, …, Button, Select 등의 폼 자식 객체들이다.

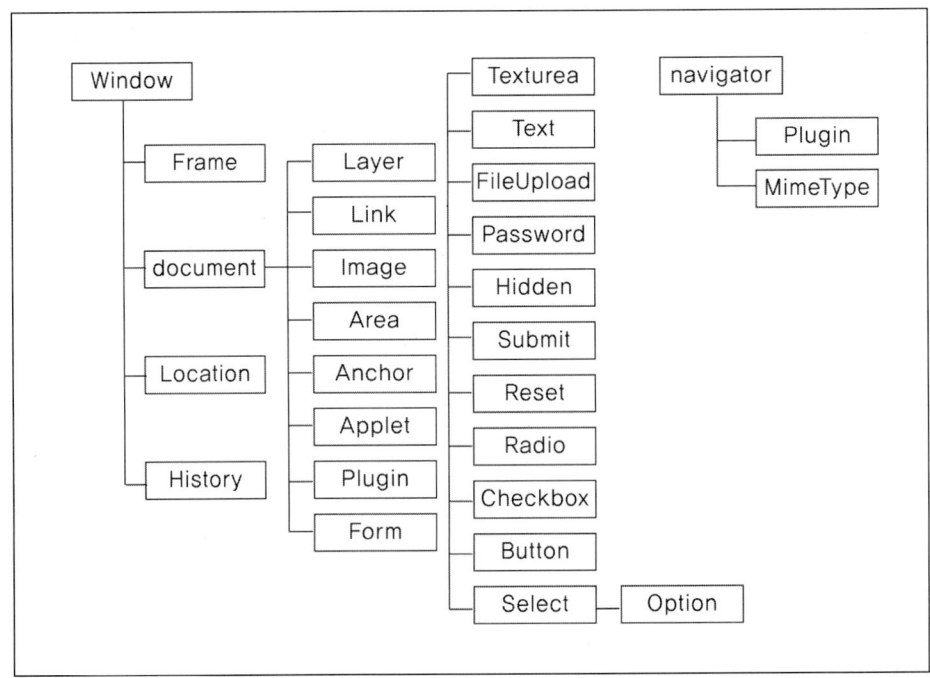

클라이언트 측의 웹 브라우저에서 사용하는 자바스크립트 객체들의 계층 구조

1.1 입력 양식 객체들을 생성하는 태그들

다음과 같은 HTML 태그들을 사용하여 폼, 버튼, 텍스트, 텍스트 영역, 라디오 버튼, 리스트 박스 등과 같은 입력 양식의 객체를 생성한다.

객체	폼과 입력 양식 객체를 생성하는 태그 종류
FORM	〈FORM〉 태그에 의해 자동 생성
text	〈INPUT type = "text"〉 태그에 의해 자동생성
password	〈INPUT type = "password"〉 태그에 의해 자동생성
textarea	〈TEXTAREA〉 태그에 의해 자동생성
FileUpload	〈INPUT type = "file"〉 태그에 의해 자동생성
radio	〈INPUT type = "radio"〉 태그에 의해 자동생성
checkbox	〈INPUT type = "checkbox"〉 태그에 의해 자동생성
button	〈INPUT type = "button"〉 태그에 의해 자동생성
submit	〈INPUT type = "submit"〉 태그에 의해 자동생성
reset	〈INPUT type = "reset"〉 태그에 의해 자동생성
select	〈SELECT〉 태그에 의해 자동생성

1.2 폼 관련 입력 양식에서 발생하는 이벤트 종류

폼, 버튼, 텍스트, 텍스트 영역, 라디오 버튼, 리스트 박스 등과 같은 입력 양식에서 발생할 수 있는 이벤트들은 다음과 같다.

이벤트	이벤트 핸들러	이벤트 핸들러가 동작되는 경우
Click	onClick	사용자가 하이퍼링크나 버튼, 체크상자, 리셋(reset)이나 제출(submit) 버튼 등을 클릭할 때 동작한다.
Focus	onFocus	사용자가 마우스로 클릭이나 탭 키를 이용하여 다른 입력 양식 요소로 초점(Focus)을 옮길 때 동작하는 이벤트 핸들러로서, 이는 사용자가 데이터를 입력할 때와는 다른 경우이다.
Blur	onBlur	focus 이벤트 핸들러와는 정반대로서 현재 focus 상태에 있는 입력 양식에서 focus를 다른 곳으로 이동할 때 동작한다.
Change	onChange	텍스트(text), 텍스트 영역(text area)의 입력 양식에서 기존 입력되어 있는 자료를 사용자가 변경할 때 동작한다.
Select	onSelect	텍스트(text), 텍스트 영역(text area) 내에서 텍스트를 선택했을 때 동작한다.
MouseOver	onMouseOver	다른곳에서 하이퍼링크 부분으로 마우스가 위치할 때 동작한다.
MouseOut	onMouseOut	하이퍼링크 부분에서 마우스가 벗어날 때 동작한다.
Mousedown	onMousedown	링크 부분이나 버튼을 클릭했을 경우에 동작한다 (onclick과 동일하다.)
Mouseup	onMouseup	마우스 버튼을 클릭했다가 떼었을 경우에 동작한다.
submit	onsubmit	특정 폼의 자료를 서버로 전송시킬 때 동작한다.
reset	onReset	폼의 리셋 버튼을 클릭할 때 폼의 모든 입력 양식을 초기화 (reset)한다.
Abort	onAbort	이미지가 적재 중에 있는데 멈춤 버튼을 눌러 취소되었을 때 동작한다.
Keydown	onKeydown	키보드를 눌렀을 경우에 동작한다.
Keypress	onKeypress	키보드를 누르고 있을 경우에 동작한다.
Keyup	onKeyup	키보드를 눌렀다 떼었을 경우에 동작한다.

FORM 객체와 이벤트 다루기

2.1 FORM 객체

FORM 객체는 <FORM> 태그에 의해 생성되며 생성된 폼 객체를 자바스크립트 명령으로 처리할 때 사용하는 속성과 메소드 그리고 이벤트 핸들러는 표와 같다.

```
<FORM [name="FORM_name"]
    [target="target_window"]
    [action="cgi_url" | "asp_url" | "php_url"]
    [method= "get" | "post"]
    [enctype="MIME_type"]
    [onsubmit="자바스크립트 명령이나 함수"]>
    [onreset="자바스크립트 명령이나 함수"]>
</FORM>
```

FORM 객체의 속성과 메소드 그리고 이벤트 핸들러

		FORM 객체	
속성	name	FORM 태그 자체 이름으로 생략가능 하지만 같은 페이지에서 여러 개의 폼을 사용할 때 자바스크립트에서 특정 폼을 지정할 때 사용한다.	
	action	현재 폼에서 입력한 데이터를 전송 받아 처리해 줄 ASP나 CGI 프로그램의 URL을 기술한다.	
	target	폼에 구성된 입력 양식의 데이터를 서버로 보낸 후 ASP나 CGI 또는 PHP가 데이터를 처리한 후 그 결과를 나타낼 프레임(=윈도우)을 지정한다. 윈도우를 프레임으로 나누지 않는 경우는 생략하거나 "_self"를 기술한다.	
	method	폼에서 입력한 데이터가 ASP나 CGI 또는 PHP 프로그램으로 전송되는 방식을 지정한다. GET이나 POST 방식이 있다.	
	elements	〈FORM〉 태그 내에 구성된 모든 입력 양식을 elements라는 이름의 배열로 저장한다. 입력 양식의 이름을 모를 때 편리하게 사용할 수 있으며, 폼에 구성된 첫 번째 입력 양식은 elements[0]이다.	
메소드	submit()	입력된 데이터를 서버에 전송하기 위한 메소드(submit 버튼을 click한 것과 같은 역할이다)	
	reset()	입력 양식을 reset 시키는 메소드(reset 버튼을 click한 것과 같은 역할이다)	
이벤트 핸들러	onsubmit	사용자가 submit 버튼을 눌렀을 때	
	onreset	사용자가 reset 버튼을 눌렀을 때	

클라이언트와 웹 서버간에 폼의 자료를 주고 받으면서 상호작용하는 〈FORM〉 태그에 관련된 프로그램은 본서에서는 생략한다. 이는 독자의 컴퓨터에 웹 서버와 CGI, ASP 등의 프로그램이 설치되어야 만 실행해 볼 수 있기 때문이고 서버측 관련 프로그램을 작성하려면 많은 새로운 지식들이 요구되기 때문이다. 관심이 있는 독자는 CGI, ASP의 관련 서적을 탐독한 후에 진행해 보기 바란다.

2.2 〈FORM〉 태그 사용 예

```
<FORM name="myForm" method="post" action="http://www.domain.com/test.asp" >
</FORM>
```

① name 속성

폼의 이름을 myForm이라 하였다. 생략가능하지만 같은 페이지에서 여러 개의 폼을 사용할 때 자바스크립트에서 특정 폼을 지정할 때 사용한다.

② method 속성

폼에 입력된 데이터를 웹 서버에 설치된 ASP 프로그램으로 전송할 때 POST 방식을 사용한다.

③ action 속성

현재 폼에서 입력한 데이터를 전송받아 처리해 줄 웹 서버의 도메인 주소는 "www. domain.com"이고 처리할 ASP 프로그램은 "test.asp"이다.

2.3 〈FORM〉 태그 속성 이해

1) ASP란?

마이크로소프트사에서 개발한 확장자가 ASP(Active Server Page)인 프로그램은 기본적으로 HTML 언어를 사용하며, DB 등과 같이 특별한 기능이 필요할 때는 VBscript, Javascript와 같은 스크립트 언어를 함께 사용하는 프로그래밍이 가능한 웹 페이지를 말한다.

이러한 ASP 프로그램은 마이크로소프트사에서 개발한 웹 서버인 IIS(Intenet Information Server)에서만 동작하는 프로그램이다.

2) 웹 서버로 데이터를 전송하는 방식 : GET과 POST

① GET 방식

전송해야 하는 데이터가 소량인 경우 주로 사용된다. GET 방식을 이용하면 전송할 자료는 부호화(encoding)되어 QUERY_STRING이라는 환경 변수에 전달되고 서버측의 CGI, PHP, ASP 프로그램에서 해독(decoding)하여 사용하게 된다.

환경 변수 QUERY_STRING을 통해 전송되기 때문에 전송할 수 있는 데이터 길이에 제한이 있으며 전송도중 데이터의 내용이 사용자 브라우저 주소 창에 나타난다. 그러므로 암호와 같이 비밀을 요하는 데이터에 사용해서는 안된다.

http://localhost/FORMstart.php?name=Lhk

② POST 방식

사용자로부터 회원 가입, 입학원서 등과 같이 정보량이 많은 폼의 입력 자료를 웹 서버의 CGI, PHP, ASP 프로그램으로 전달하는 경우에 주로 사용한다.

즉, 전송 데이터 양에 제한이 있는 GET 방식보다는 사용자 브라우저에 제공되어 있는 FORM 태그를 이용하여 전송할 데이터 양에 제한을 받지 않고 브라우저에 나타나지 않는 POST 방식으로 전송하는 것이 편리하다.

2.4 FORM 객체 사용 예

1) FORM 객체의 속성과 메소드 사용 방법

FORM 객체는 window를 부모로 하는 document 객체의 자식 객체로서 FORM 객체의 속성과 메소드를 사용할 때는 다음과 같이 표현해야 한다.

> FORM 객체의 속성과 메소드를 사용할 때는 가장 상위 객체인 window는 생략가능하다. 또한 HTML 문서의 내용물을 처리하는 document 객체도 생략가능하나 일반적으로 기술하는 것이 바람직하다.

```
window.document.폼이름.속성
window.document.폼이름.메소드
```

2) FORM 객체의 속성과 메소드 사용 예 : ex8-1.html

① name 속성에 의해 폼의 이름을 "myForm"으로 지정하고, 폼에 입력한 데이터를 웹 서버에 전송하는 method 속성으로 "post" 방식을 택한 폼 객체를 <FORM> 태그에 의해 생성한 예이다.

```
<FORM name="myForm" method="post" >
</FORM>
```

② 폼의 이름인 name 속성 값과 method 속성 값을 참조하여 출력한 예이다.

```
<SCRIPT LANGUAGE="JavaScript">
document.write("document.myForm.name = " + document.myForm.name + "<br>")
document.write("document.myForm.method  = " + document.myForm.method + "<br>")
</SCRIPT>
```

[실행 결과]
```
document.myForm.name = myForm
document.myForm.method = post
```

③ 만일 폼의 이름을 지정하지 않았을 경우나 모를 때는 forms 배열을 사용하여 폼 객체의 속성과 메소드를 사용할 수 있다. forms 배열을 사용하여 name 속성 값과 method 속성 값을 참조하여 출력한 예이다. 웹 페이지에 구성된 첫 번째 폼은 forms[0]이다.

```
<SCRIPT LANGUAGE="JavaScript">
document.write("document.forms[0].name = " + document.forms[0].name+ "<br>")
document.write("document.forms[0].method =" + document.forms[0].method + "<br>")
</SCRIPT>
```

[실행 결과]
document.forms[0].name = myForm
document.forms[0].method = post

④ 만일 폼에 텍스트, 라디오 버튼 등의 입력 양식이 구성되어 있다고 가정했을 때 폼의 입력 양식에 입력되어 있는 자료를 웹 서버에 전송할 때는 submit() 메소드를 사용하면 된다.

```
<SCRIPT LANGUAGE="JavaScript">
    document.myForm.submit()
    // forms 배열을 사용하는 예
    document.forms[0].submit()
</SCRIPT>
```

3) **forms 배열과 elements 배열 사용 방법 : ex8-2.html**

폼과 버튼, 텍스트 등의 입력 양식 객체를 생성할 때 Name 속성으로 이름을 지정해야 한다. 그러나 이름을 지정하지 않았거나 이름을 모르는 경우는 forms 배열과 elements 배열의 인덱스를 이용하면 된다. elements 배열의 첨자는 0부터 시작한다.

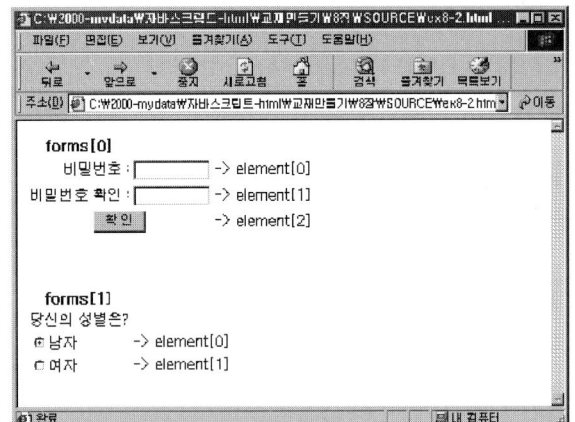

forms 배열과
elements 배열의 예

① 웹 페이지에 구성된 첫 번째 폼은 forms[0]이고, 두 번째 폼은 forms[1]이다.

② 첫 번째 폼인 forms[0]의 첫 번째 텍스트는 elements[0]이고, 두 번째 텍스트는 elements[1]이며, 세 번째 버튼은 elements[2]이다.

③ 두 번째 폼인 forms[1]의 첫 번째 라디오 버튼은 elements[0]이고, 두 번째 라디오 버튼은 elements[1]이다.

④ forms 배열과 elements 배열을 사용하여 첫 번째 폼의 이름(forms[0])과 입력 양식들의 이름을 name 속성을 사용하여 출력하는 예이다.

```
<SCRIPT LANGUAGE="JavaScript">
document.write("</H3>첫 번째 폼의 이름과 입력 양식 이름 출력</H3>")
document.write("document.forms[0].name = " + document.forms[0].name+ "<br>")
    document.write("document.forms[0].elements[0].name="
+ document.forms[0].elements[0].name + "<br>")
    document.write("document.forms[0].elements[1].name = "
+ document.forms[0].elements[1].name + "<br>")
    document.write("document.forms[0].elements[2].name = "
+  document.forms[0].elements[2].name + "<br>")
</SCRIPT>
```

[실행 결과]

첫 번째 폼의 이름과 입력 양식 이름 출력
document.forms[0].name = firstform
document.forms[0].elements[0].name = pwbox1

```
document.forms[0].elements[1].name = pwbox2
document.forms[0].elements[2].name = ok_btn
```

⑤ forms 배열과 elements 배열을 사용하여 두 번째 폼의 이름(forms[1])과 입력 양식들의 이름을 name 속성을 사용하여 출력하는 예이다.

```
<SCRIPT LANGUAGE="JavaScript">
  document.write("</H3>두 번째 폼의 이름과 입력 양식 이름 출력</H3>")
  document.write("document.forms[1].name = " + document.forms[1].name+ "<br>")
  document.write("document.forms[1].elements[0].name = " +
document.forms[1].elements[0].name + "<br>")
    document.write("document.forms[1].elements[1].name = " +
document.forms[1].elements[1].name + "<br>")
</SCRIPT>
```

폼과 폼 내에 구성된 입력 양식들의 이름을 몰라도 forms 배열과 elements 배열 표현을 사용하면 폼과 폼 내에 구성된 입력 양식들의 속성 값을 자바스크립트로 편리하게 알아낼 수 있다.

[실행 결과]
두 번째 폼의 이름과 입력 양식 이름 출력
document.forms[1].name = secondform
document.forms[1].elements[0].name = sex
document.forms[1].elements[1].name = sex

4) FORM 객체의 이벤트 핸들러 이해

① onsubmit 이벤트 핸들러

FORM 객체의 onsubmit 이벤트 핸들러는 submit 버튼을 클릭하거나 submit 메소드를 실행시켜 입력 양식에 입력되어 있는 데이터를 웹 서버로 전송시킬 때 발생되는 이벤트 핸들러이다.

즉, 예와 같이 onsubmit 이벤트 핸들러가 동작되면 데이터가 실제 전송되기 전에 onsubmit 이벤트 핸들러가 지정한 input_check() 함수가 실행된다.

```
<form action="http://www.domain.com/action.cgi" method="post"
  onsubmit="input_check()">
```

onsubmit 이벤트 핸들러가 필요한 이유는 실제로 데이터가 웹 서버로 전송되기 전에 사용자가 올바르게 데이터를 입력했는지 검사하기 위해서이다.

즉, 잘못된 암호 등을 입력한 경우라든가, 데이터를 누락한 경우에 웹 서버로 전송되기 전에 사용자에게 이 사실을 알려서 수정하게 함으로서 웹 서버의 부하를 경감시키는 중요한 역할을 한다.

onsubmit 이벤트 핸들러가 지정하는 함수를 구성할 때 주의할 점은 끝 부분에 반드시 true나 false를 반환해야 한다는 것이다.

true가 반환되면 실제로 데이터를 전송하게 되고, false가 반환되면 데이터를 전송하는 명령이 취소된다.

② onreset 이벤트 핸들러

onreset 이벤트 핸들러는 입력 양식에 있는 자료들을 초기화하기 위해 reset 버튼을 눌렀을 때 발생하는 이벤트 핸들러로서 onreset 이벤트 핸들러가 지정한 함수나 명령 등이 실행된다.

3 text 객체와 관련 이벤트 다루기

텍스트는 사용자로부터 한 줄 자리 문자열을 입력받기 위한 입력 양식으로, 버튼과 함께 가장 많이 사용되는 입력 양식이다.

3.1 text 객체

text 객체는 <INPUT> 태그의 type 속성을 text로 설정함으로써 생성되는 객체로서 text 객체를 자바스크립트 명령으로 처리할 때 사용할 수 있는 속성과 메소드 그리고 이벤트 핸들러는 표와 같다.

```
<INPUT type="text"
    [name="INPUT_name"]
    [value="value"]
    [size="number"]
    [maxlength="number"]
    [onChange="자바스크립트 명령이나 함수"]
    [onBlur="자바스크립트 명령이나 함수"]
    [onFocus="자바스크립트 명령이나 함수"]
    [onselect="자바스크립트 명령이나 함수"]>
```

text 객체의 속성과 메소드 그리고 이벤트 핸들러

	test 객체	
속성	form	텍스트 입력 양식을 포함하고 있는 폼 객체
	name	텍스트 입력 양식의 이름
	value	텍스트 입력 양식에 입력한 값
	defaultValue	처음 INPUT 태그가 value에 입력했던 값
	type	INPUT 태그에서 type에 입력된 값
메소드	focus()	텍스트 입력 필드 안으로 커서 옮기기
	blur()	텍스트 입력 필드 안에서 커서 제거하기
	select()	텍스트 입력 필드 안에 있는 모든 값 선택하기
이벤트 핸들러	onFocus	마우스나 탭으로 커서가 입력 필드 안에 들어갔을 때
	onBlur	마우스나 탭으로 커서가 입력 필드에서 나갔을 때
	onSelect	마우스로 입력 필드의 문자열을 선택했을 때
	onChange	텍스트 입력 양식의 값을 변경할 때

3.2 text 객체 사용 예

1) onfocus와 onblur 이벤트 핸들러를 사용한 예

텍스트 박스 안으로 마우스 커서를 옮기면 동작하는 onfocus 이벤트 핸들러가 지정한 메시지 대화상자가 나타난다. 반대로, 텍스트 박스 바깥으로 마우스 커서를 옮기면 동작하는 onblur 이벤트 핸들러가 지정한 메시지 대화상자가 나타나게 하는 예이다.

[프로그램 : ex8-3.html]

〈form〉
　　　당신의 이름은? 〈input type="text" size="10" onfocus="alert('onfocus 이벤트핸들러 \n\n 텍스트 박스 안으로 마우스 커서를 옮겨군요.')"
　　　onblur="alert('onblur 이벤트 핸들러 \n\n 텍스트 박스 바깥으로 마우스 커서를 옮겨군요.')"〉
〈/form〉

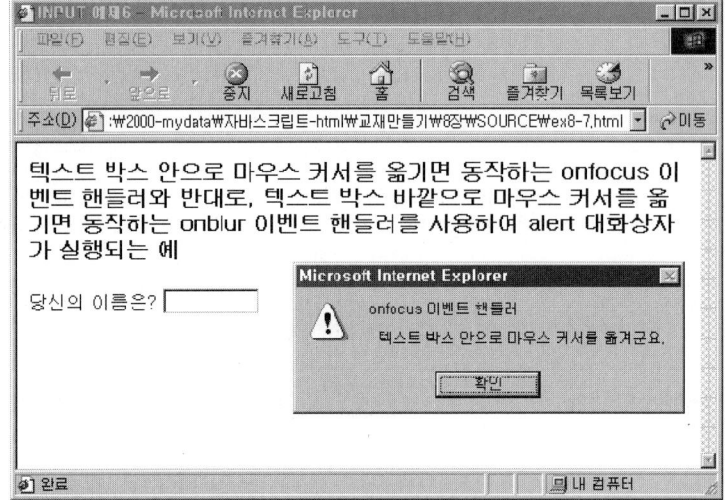

onfocus 이벤트 핸들러가 동작한 예

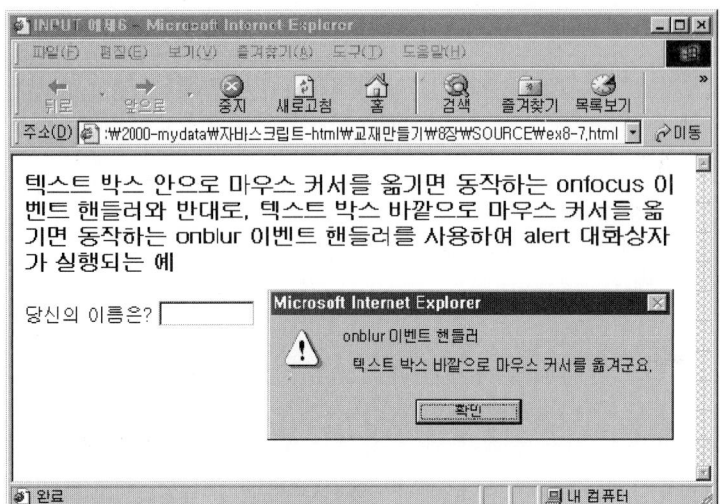

onblur 이벤트 핸들러가 동작한 예

2) onclick 이벤트 핸들러에서 지정한 사용자 정의 함수를 실행시킨 예

텍스트 박스 안에서 마우스를 클릭하면 동작하는 onclick 이벤트 핸들러가 지정한 사용자 정의 함수인 msg()가 호출되어 msg() 함수내의 alert 명령이 실행된 예이다.

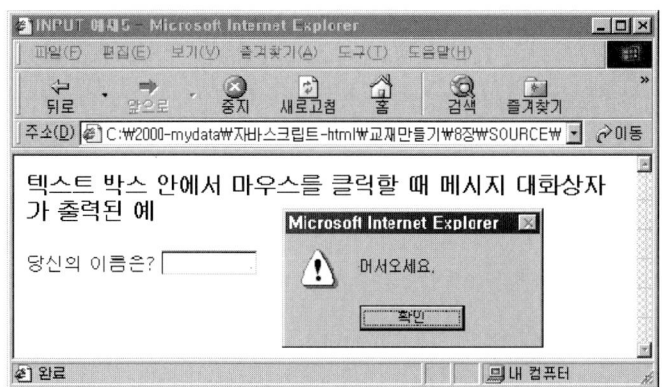

텍스트 박스 안에서 마우스를 클릭할 때 메시지 대화상자가 출력된 예

> **주의**
> 텍스트 박스 안에서 마우스를 클릭할 때 발생하는 onclick 이벤트 핸들러는 넷스케이프 브라우저에서는 지원되지 않고, 익스플로러 브라우저에서만 동작한다.

[프로그램 : ex8-4.html]

```
<html>
<head>
<script language="JavaScript">
    function msg()
        {   alert("어서오세요.");      }
</script>
</head>
<body>
 <form>
    당신의 이름은? <input type="text" size="10" onclick="msg()">
 </form>
</body>
</html>
```

3) focus() 메소드를 사용하는 예

① 이름을 입력하는 텍스트 박스 안에서 마우스를 클릭하면 발생하는 onclick 이벤트 핸들러가 지정한 사용자 정의 함수인 msg()가 호출된다. 호출된 msg() 함수 내의 첫 번째 명령인 alert() 함수가 실행되어 메시지 대화상자가 나타난다.

② 메시지 대화상자의 확인 버튼을 누르면 msg() 함수 내의 두 번째 명령(= document.forms[0].elements[1].focus())인 focus() 메소드가 실행되어 나이를 입력하는 텍스트 박스 안으로 커서가 자동으로 옮겨진다.

③ document.forms[0].elements[1]은 이름없이 정의된 두 번째 텍스트 입력상자를 참조하는 배열 표현이다.

[프로그램 : ex8-5.html]

```html
<html>
<head>
<script language="JavaScript">
    function msg()
    {   alert("어서오세요.");
        //나이를 입력하는 텍스트 박스로 커서가 자동으로 옮겨진다.
        document.forms[0].elements[1].focus();   }
</script>
</head>
<body>
<form>
    당신의 이름은? <input type="text" size="10" onclick="msg()">
<br>
    당신의 나이는? <input type="text" size="10">
</form>
</body>
</html>
```

```
┌─────────────────────────────────────────────────────────────┐
│ C:\backup폴더\자-바스크립트\html-자바스크립트\script\8장\ex8-5.html - Microsoft Internet Explore  _□×│
│ 파일(F) 편집(E) 보기(V) 즐겨찾기(A) 도구(T) 도움말(H)                                            │
│ ←뒤로  →  ⊗ ☆ ⟲ ⓠ검색 ⓕ즐겨찾기 ⓗ목록보기 ▤· ⏚ ■ · ▤                                        │
│ 주소(D) ⓔ C:\backup폴더\자바스크립트\html-자바스크립트\script\8장\ex8-5.html        ▼ ⇒이동    │
│ 연결  링크 사용자 정의  ⓔ Hotmail  ⓔ Windows  ⓔ Microsoft  ⓔ Windows Update  ⓔ 인터넷 시작  ⓔ 채널 가이드  »│
│                                                                                                │
│ 이름을 입력하는 텍스트 박스 안에서 마우스를 클릭하면 메시지 대화 상자가 나타난다.           │
│ 메시지 대화 상자에서 확인 버튼을 누르면 focus() 메소드가 실행되어 나이를 입력하는           │
│ 텍스트 박스 안으로 커서가 자동으로 옮겨진다.                                                 │
│                                                                                                │
│ 당신의 이름은? [        ]                                                                      │
│ 당신의 나이는? [        ]                                                                      │
│                                                                                                │
│ 주의!                                                                                         │
│ 텍스트 박스 안에서 마우스를 클릭할 때 발생하는 onclick 이벤트 핸들러는 넷스케이프 브라우저에서는 지원되지 않 │
│ 고, 익스플로러 브라우저에서만 동작한다.                                                     │
│                                                                                                │
│ ⓔ 완료                                                         ㅣ ⌂ 내 컴퓨터                  │
└─────────────────────────────────────────────────────────────┘
```

4) name 속성을 사용하여 "ex8-5.html"을 재작성한 예

프로그램 "ex8-5.html"에서 폼의 이름을 name 속성에 "myform"로, 이름을 입력받는 텍스트 박스의 이름을 "nametext".로, 나이를 입력받는 텍스트 박스의 이름을 "agetext"로 지정한 후 재작성한 경우는 다음과 같다.

[프로그램 : ex8-6.html]
```
〈script language="JavaScript"〉
function msg()
   { alert("어서오세요."); 
      //나이를 입력하는 텍스트 박스로 커서가 자동으로 옮겨진다.
      document.myform.agetext.focus();    }
〈/script〉
〈form name="myform"〉
   당신의 이름은? 〈input type="text" name="nametext" size="10" onclick="msg()"〉
   당신의 나이는? 〈input type="text" name="agetext" size="10"〉
〈/form〉
```

5) 폼 두 개를 만든 후 텍스트 박스에서 동작하는 onBlur, onChange 이벤트 핸들러를 사용하는 예

① 첫 번째 폼에 구성된 텍스트 박스에 영어 대문자를 입력한 후 마우스를 텍스트 박스에서 벗어나게 하면 onBlur 이벤트 핸들러가 지정한 makeLowerCase() 함수를 호출하여 텍스트 박스의 내용을 소문자로 변경한다.

```
<FORM NAME="form1">
    <INPUT TYPE="text" NAME="textbox" onBlur="makeLowerCase()">
</FORM>
```

② 두 번째 폼에 구성된 텍스트 박스에 value 속성을 사용하여 "lowercase"라는 영어 소문자를 미리 입력해 놓는다. 그리고 실행 중에 텍스트 박스에 입력된 값을 변경한 후에 마우스를 클릭하면 onChange 이벤트 핸들러가 지정한 makeUpperCase() 함수를 호출하여 대문자로 변경하는 예이다.

```
<FORM NAME="form2">
    <INPUT TYPE="text" NAME="textbox"
    VALUE="lowercase" onChange="makeUpperCase()">
</FORM>
```

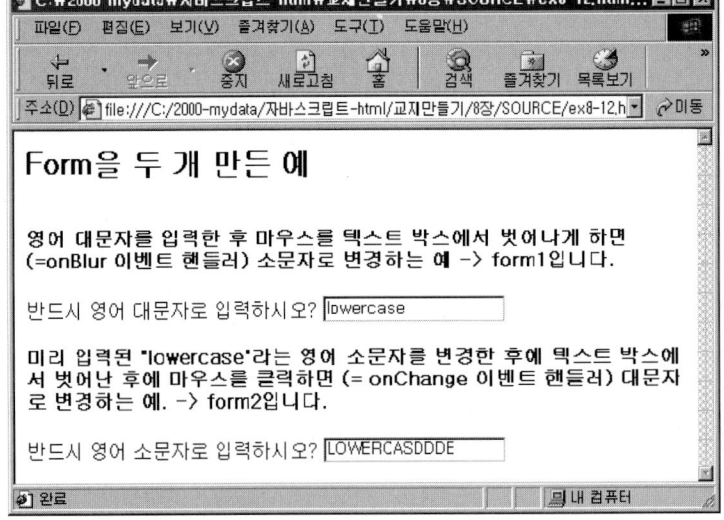

onBlur와 onChange 이벤트 핸들러에 의해 소문자와 대문자로 변경시킨 예

③ 영어 대문자를 소문자로 또는 반대로 변경하는 방법은 toLowerCase()와 toUpperCase() 메소드를 사용하여 해결한다.

④ 첫 번째 폼과 두 번째 폼에 구성된 텍스트 박스의 이름은 동일하게 textbox로 지정해도 영어 대문자를 소문자로 또는 반대로 변경하는 함수에서 사용할 때는 다음과 같이 어떤 폼의 텍스트 박스라고 표현하면 되기 때문에 이름이 같아도 무방하다.

document.form1.textbox.value
document.form2.textbox.value

[프로그램 : ex8-7.html]

```
<HTML>
<HEAD>
<SCRIPT LANGUAGE="JavaScript">
/* 영어 대문자를 소문자로 변경하는 함수 */
function makeLowerCase() {
    str = document.form1.textbox.value
    document.form1.textbox.value = str.toLowerCase()   }
/* 영어 소문자를 대문자로 변경하는 함수 */
function makeUpperCase() {
    var str = document.form2.textbox.value
    document.form2.textbox.value = str.toUpperCase()
    }
</SCRIPT>
</HEAD>
<BODY>
<H2> Form을 두 개 만든 예 </H2> <BR>
<FORM NAME="form1">
    <H4> 영어 대문자를 입력한 후 마우스를 텍스트 박스에서
    벗어나게 하면(=onBlur 이벤트 핸들러) 소문자로 변경하는 예
    -> form1입니다. </H4>
         반드시 영어 대문자로 입력하시오?
    <INPUT TYPE="text" NAME="textbox" onBlur="makeLowerCase()">
</FORM>
<FORM NAME="form2">
    <H4> 미리 입력된 "lowercase"라는 영어 소문자를 변경한 후에 텍스트 박스
    에서 벗어나서 마우스를 클릭하면(= onChange 이벤트 핸들러) 대문자로 변경
하는 예.
    -> form2입니다. </H4>
    반드시 영어 소문자로 입력하시오?
    <INPUT TYPE="text" NAME="textbox"
          VALUE="lowercase" onChange="makeUpperCase()">
</FORM>
</BODY>   </HTML>
```

4. button 객체와 관련 이벤트 다루기

버튼은 데이터 입력에 사용되지 않고 폼 동작을 제어하는데 사용되는 입력 양식이다.

4.1 button 객체

button 객체는 <INPUT> 태그의 type 속성을 button으로 설정함으로써 생성되는 객체로서 button 객체를 자바스크립트 명령으로 처리할 때 사용할 수 있는 속성과 메소드 그리고 이벤트 핸들러는 다음과 같다.

```
<INPUT type="button"
    name="name"
    value="value"
    [onClick="자바스크립트 명령이나 함수"]>
```

button 객체의 속성과 메소드 그리고 이벤트 핸들러

	button 객체	
속성	form	버튼 입력 양식을 포함하고 있는 폼 객체
	name	버튼 입력 양식의 이름
	value	버튼 입력 양식의 제목 용도로 사용되는 문자열 값
	type	INPUT 태그에서 type에 입력된 값
메소드	click()	버튼을 클릭시키는 메소드
이벤트 핸들러	onClick	버튼을 클릭할 때 동작하는 이벤트 핸들러

4.2 버튼 사용 예

1) onclick 이벤트 핸들러를 사용한 예

① 텍스트 박스 안에 이름을 입력한 후 "확인" 버튼을 클릭하면 onclick 이벤트 핸들러가 지정한 msg() 함수가 호출된다.

② 호출된 msg() 함수내의 alert() 함수가 실행되어 메시지 대화상자에 텍스트 박스에 입력한 이름을 출력한다. document.myform.textbox.value 표현은 텍스트 박스의 value 속성 값인 텍스트 박스에 입력된 이름을 참조하는 표현이다.

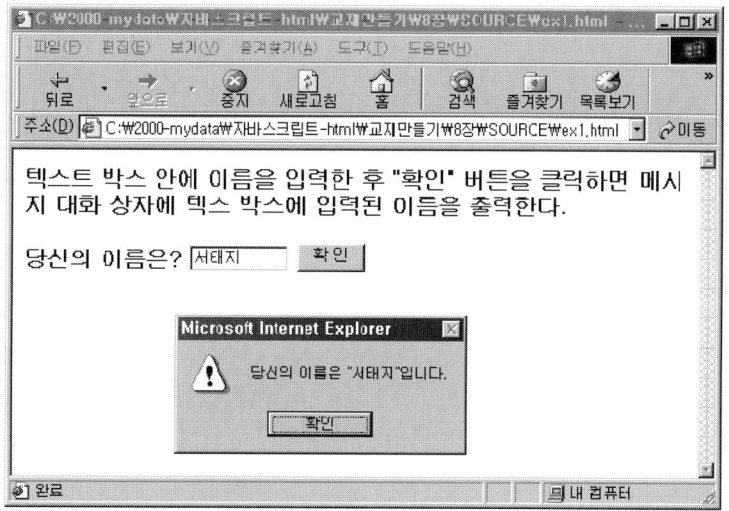

[프로그램 : ex8-8.html]

```
<html>
<head>
<script language="JavaScript">
  function msg()
     {    /* document.myform.textbox.value은 텍스트 박스에
       입력한 이름을 참조하는 표현이다. */
     alert("당신의 이름은 /"" + document.myform.textbox.value + "/"입니다.");
     }
</script>
</head>
<body>
```

```
<form name="myform">
    당신의 이름은? <input type="text" name="textbox" size="10">
    <input type="button" name="ok_button" value=" 확 인 " onclick="msg()">
</form>
</body>
</html>
```

2) onclick 이벤트 핸들러가 호출하는 msg() 함수에 this.form 표현으로 인수를 전달하는 예

프로그램 ex8-8.html에서 onclick 이벤트 핸들러가 호출하는 msg() 함수에 this.form 표현으로 인수를 전달하는 프로그램으로 재작성하여 보자.

[프로그램 : ex8-9.html]
```
<html>
<head>
<script language="JavaScript">
  function msg(form_name)
    { alert( "당신의 이름은 " + form_name.textbox.value + "입니다.");
    }
</script>
</head>
<body>
<form name="myform">
    당신의 이름은? <input type="text" name="textbox" size="10">
    <input type="button" name="ok_button" value=" 확 인 "
           onclick="msg(this.form)">
</form>
</body>
</html>
```

[프로그램 설명]

<input type="button" name="ok_button" value=" 확 인 " onclick="msg(this.form)">

① this는 객체 자신을 참조하는 표현으로 button 객체를 의미한다. button 객체는 폼에 포함된 입력 양식이기 때문에 msg() 함수와 같이 특정 함수의 인수로 전달한 후 msg() 함수 내에서 button 객체의 속성과 메소드만 사용한다면 this만을 인수로 전달하면 된

다.
② 그러나 지금 프로그램처럼 msg() 함수 내에서 폼에 구성된 다른 객체인 text 객체의 속성인 form_name.textbox.value와 같은 명령을 사용한다면 button과 text 객체를 포함하고 있는 폼 객체 자체를 의미하는 this.form을 인수로 전달해야 한다.
즉, this.form에서 this는 button 객체를 의미하고, form 속성은 button 객체를 포함하는 폼 객체인 myform을 언급한다.

this.form 대신에 this만을 msg() 함수의 인수로 전달할 때 오류가 발생하는 이유

만일 onclick="msg(this)와 같이 this를 인수로 전달되면 msg(form_name) 함수에 button 객체가 인수로 전달되기 때문에 form_name은 button 객체가 되어 form_name.textbox.value와 같은 표현은 실제 ok_button.textbox.value의 부적절한 표현이 되어 오류가 발생한다.
즉, 버튼 객체의 자식 객체가 텍스트 박스가 되는 오류가 발생한다.
그래서 함수내에서 button 객체의 속성과 메소드 뿐만 아니라 폼에 구성된 다른 객체의 속성과 메소드를 사용한다면 this.form이라는 표현을 사용하여 폼 자체를 인수로 전달해야 한다.

③ 만일 this.form을 인수로 사용하지 않으려면 onclick="msg(myform)"와 같이 폼 이름을 인수로 전달하면 된다. this.form의 표현은 하나의 문서에 여러 개의 폼이 구성되어 있을 때 매우 편리하게 사용할 수 있는 표현 방식이 된다.
④ onclick="msg()"와 같이 this.form을 인수로 전달하지 않으려면 onclick 이벤트 핸들러가 호출하는 msg() 함수 내의 명령은 document.myform.textbox.value 또는 document.forms[0].textbox.value와 같이 document 객체부터 계층적으로 길게 기술해야 한다.

🔍 주의

익스플로러 5.0 브라우저 이상에서는 onclick="msg()"와 같이 this.form을 인수로 전달하지 않아도 msg() 함수 내의 명령은 document를 생략하고 myform.textbox.value와 같이 짧게 기술해도 무방하다.
그러나 this.form을 인수로 전달하지 않고 넷스케이프 브라우저에서 사용할 때는 반드시 document.myform.textbox.value와 같이 길게 기술해야 한다.
그러므로 사용자가 어떤 브라우저를 사용할 지 모르기 때문에 익스플로러 브라우저나 넷스케이프 브라우저에서 정확한 동작이 수행되도록 항상 this.form을 인수로 전달하여 짧게 기술하는 것이 바람직하다.

5. reset 객체와 관련 이벤트 다루기

reset 버튼은 <FORM> 태그 안에 구성된 모든 입력 양식들의 값을 각 양식의 value 속성에 지정한 값으로 초기화하는 기능을 가지고 있는 버튼으로, value 속성에 지정한 값이 없을 때는 지우는 효과를 가지고 있다.
그러므로 폼 양식에 구성된 정보를 새롭게 다시 입력시키고 싶을 때 편리하게 사용된다.

5.1 reset 객체

reset 객체는 <INPUT> 태그의 type 속성을 reset으로 설정함으로써 생성되는 객체로서 reset 객체를 자바스크립트 명령으로 처리할 때 사용할 수 있는 속성과 메소드 그리고 이벤트 핸들러는 표와 같다.

```
<INPUT type="reset"
    name="name"
    value="value"
    [onClick="자바스크립트 명령이나 함수"]>
```

reset 객체의 속성과 메소드 그리고 이벤트 핸들러

		reset 객체	
속성	form	리셋 버튼 입력 양식을 포함하고 있는 폼 객체	
	name	리셋 버튼 입력 양식의 이름	
	value	리셋 버튼 입력 양식의 제목 용도로 사용되는 문자열 값	
	type	INPUT 태그에서 type에 입력된 값	
메소드	click()	리셋 버튼을 클릭시키는 메소드	
이벤트 핸들러	onClick	리셋 버튼을 클릭할 때 동작하는 이벤트 핸들러	

5.2 reset 버튼 사용 예

1) 텍스트 박스 안에 이름을 지우는 리셋 버튼 사용 예

① 텍스트 박스 안에 이름을 입력한 후 리셋 버튼인 "이름 지우기" 버튼을 클릭하면 텍스트 박스는 value 속성에 초기 값을 지정하지 않았기 때문에 입력된 이름이 지워지고 button은 value 속성에 지정한 값이 "확인"이기 때문에 그대로 유지된다.

② 텍스트 박스에 입력한 이름을 참조하는 정확한 표현은 document.myform.textbox.value이다.

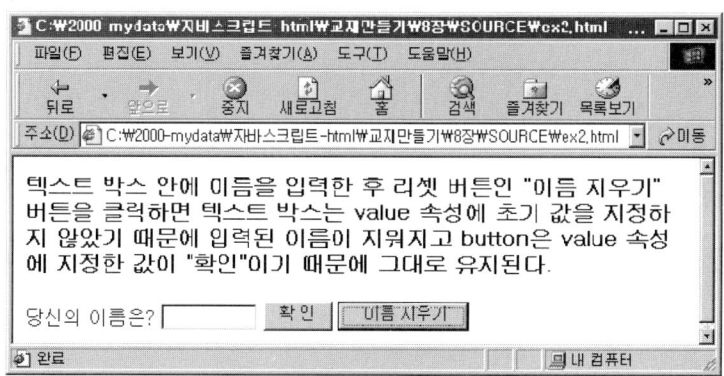

[프로그램 : ex8-10.html]
```
<html>
<head>
<script language="JavaScript">
  function msg()
    { alert("당신의 이름은 /"" + document.myform.textbox.value + "/"입니다.");
    }
</script>
</head>
<body>
<form name="myform">
    당신의 이름은? <input type="text" name="textbox" size="10">
    <input type="button" name="ok_button" value=" 확 인 " onclick="msg()">
    <input type="reset"  value=" 이름 지우기">
</form></body></html>
```

익스플로러 5.0 브라우저 이상에서는 document를 생략하고 myform.textbox.value로 표현해도 무방하다고 하였다.
그러나 넷스케이프 브라우저 사용자를 위하여 document.myform.textbox.value로 표현하는 것이 바람직하다.

2) 누락된 입력 자료를 확인하는 예

이름과 나이를 입력받아 메시지 대화상자에 출력하는 프로그램으로 사용자가 이름 또는 나이를 입력하지 않고 "확인" 버튼을 클릭하면 입력되지 않은 자료가 있음을 확인시켜주는 프로그램이다.

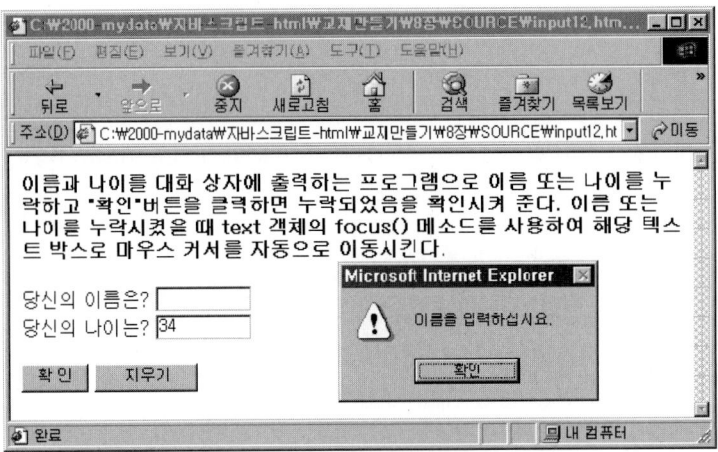

① 프로그램이 처음 실행될 때 onload 이벤트 핸들러에 text 객체의 focus() 메소드를 사용하여 이름을 입력받는 텍스트 박스로 마우스 커서를 자동으로 이동시킨다.

```
<body onload="document.myform.nametext.focus()">
```

② onclick 이벤트 핸들러가 호출하는 msg() 함수에 this.form 표현으로 인수를 전달하여 msg() 함수 내의 명령들을 document를 생략하면서 짧게 기술하게 하였다.

③ 이름 또는 나이를 누락시켰을 때도 text 객체의 focus() 메소드를 사용하여 해당 텍스트 박스로 마우스 커서를 자동으로 이동시킨다.

```
form_name.agetext.focus();
form_name.nametext.focus();
```

④ 이름이나 나이를 누락시켰을 경우에 결과가 출력되지 못하도록 return문을 사용하여 msg 함수를 종료시킨다.

[프로그램 : ex8-11.html]

```html
<html>
<head>
<script language="JavaScript">
    function msg(form_name)
       { // 이름을 누락시켰는지 여부 검사
    if (form_name.nametext.value != "")
           /* 이름을 입력했으면 나이를 입력받는 텍스트 박스로 마우스의 커서를
           이동시킨다. */
           form_name.agetext.focus();
       else
           { alert("이름을 입력하십시오.");
           /* 이름을 누락시켰기 때문에 이름을 입력받는 텍스트 박스로 마우스의
           커서를 이동시킨다. */
           form_name.nametext.focus();
           /* 이름을 누락시켰기 때문에 결과가 출력되지 못하도록 함수를 종료시
           킨다. */
           return }

    // 나이를 누락시켰는지 여부 검사
    if (form_name.agetext.value != "")
           form_name.nametext.focus();
       else
           { alert("나이를 입력하십시오.");
              form_name.agetext.focus();
              // 함수를 종료시킨다.
              return }
    str = "당신의 이름은 " + form_name.nametext.value + "이고, \n"
    str = str + "당신의 나이는  " + form_name.agetext.value + "이다."
    alert(str);
  }
</script>
</head>

<!-- onload 이벤트 핸들러로 프로그램이 실행될 때 text 객체의 focus() 메소드를 사
용하여 이름을 입력받는 텍스트 박스로 마우스 커서를 위치시킨다. -->
    <body onload="document.myform.nametext.focus()">
```

```
<form name="myform">
    당신의 이름은? <input type="text" name="nametext" size="10"><br>
    당신의 나이는? <input type="text" name="agetext" size="10"><br><br>
    <input type="button" name="ok_button" value=" 확 인 "
        onclick="msg(this.form)">
    <input type="reset"    value="   지우기   ">
</form>
</body>
</html>
```

> **주의**
> 이름이나 나이를 누락시켰을 경우에 결과가 출력되지 못하도록 return문을 사용하여 msg 함수를 반드시 종료시켜야 한다.

3) 버튼, 텍스트 박스, 리셋 버튼을 사용한 계산기 활용 예제

실제 계산기와 유사하게 버튼, 텍스트 박스, 리셋 버튼으로 설계된 계산기에서 숫자와 연산자의 버튼을 클릭하여 계산할 식(expression)을 텍스트 박스에 입력한 후 "계산하기" 버튼을 클릭하면 계산 결과를 텍스트 박스에 보여주고, 새로운 계산을 위하여 리셋 버튼을 클릭하면 텍스트 박스의 내용을 지우는 예이다.

[프로그램 : ex8-12.html]

```
<HTML>
<HEAD>
<TITLE>계산기 활용 예</TITLE>
<SCRIPT LANGUAGE="JavaScript">
/* "계산하기" 버튼을 클릭하면 호출되는 함수로서 텍스트 박스에 입력된 식을 계산
하여 결과를 텍스트 박스에 보여주는 함수이다 */
function compute(calculatorForm) {
    calculatorForm.textExpr.value = eval(calculatorForm.textExpr.value)
}

/* 계산기에서 숫자와 연산자의 버튼을 클릭할 때 호출되는 함수로서 각 버튼으로 입
력되는 숫자와 연산자를 하나의 문자열 식으로 결합하는 함수이다. */
function inputConcat(calculatorForm, str) {
    calculatorForm.textExpr.value = calculatorForm.textExpr.value  + str
}
</SCRIPT>
</HEAD>
<BODY>
<CENTER>
<H1> 계산기 활용 예 </H1>
<!-- 폼의 이름을 calculatorForm이라 한다. -->
<FORM   NAME="calculatorForm">
  <TABLE   BORDER=3>
   <!-- 계산기의 버튼 클릭에 의해 문자열 식이 입력되는 텍스트 박스를 구성하는
<INPUT> 태그로서 이름이 "textExpr"이다.-->
   <TD   COLSPAN=4>
   <INPUT   TYPE="text"   NAME="textExpr"   SIZE=25>
       <!-- 테이블에 7, 8, 9, / 버튼이 칸에 표시되는 새로운 행을 추가한다 -->
   <TR>

   < !-- 계산기에 숫자와 연산자 역할의 버튼들을 구성하는 <INPUT> 태그로서 각
버튼으로 숫자와 연산자를 클릭하면 클릭된 숫자와 연산자를 하나의 문자열로 결합
하는 함수인 inputConcat을 호출한다. -->

   <TD>
      <INPUT TYPE="button" VALUE="  7  "   SIZE=10
```

본 프로그램은 2장에서 맛보기 프로그램으로 소개한 예제이다. 2장의 프로그램과 차이점이 있다면 리셋 버튼을 활용하여 텍스트 박스의 내용을 지운다는 점이다.

```
                  onClick="inputConcat(calculatorForm, '7')">
      <TD>
         <INPUT TYPE="button" VALUE="   8   "
                  onClick="inputConcat(calculatorForm, '8')">
      <TD>
         <INPUT TYPE="button" VALUE="   9   "
                  onClick="inputConcat(calculatorForm, '9')">
      <TD>
         <INPUT TYPE="button" VALUE="   /   "
                  onClick="inputConcat(calculatorForm, '/')">

      <!-- 테이블에 4, 5, 6, * 버튼이 칸에 표시되는 새로운 행을 추가한다 -->
   <TR>
      <TD>
         <INPUT TYPE="button" VALUE="   4   "
                  onClick="inputConcat(calculatorForm, '4')">
      <TD>
         <INPUT TYPE="button" VALUE="   5   "
                  onClick="inputConcat(calculatorForm, '5')">
      <TD>
         <INPUT TYPE="button" VALUE="   6   "
                  onClick="inputConcat(calculatorForm, '6')">
      <TD>
         <INPUT TYPE="button" VALUE="   *   "
                  onClick="inputConcat(calculatorForm, '*')">

      <!-- 테이블에 1, 2, 3, - 버튼이 칸에 표시되는 새로운 행을 추가한다 -->
   <TR>
      <TD>
         <INPUT TYPE="button" VALUE="   1   "
                  onClick="inputConcat(calculatorForm, '1')">
      <TD>
         <INPUT TYPE="button" VALUE="   2   "
                  onClick="inputConcat(calculatorForm, '2')">
      <TD>
         <INPUT TYPE="button" VALUE="   3   "
                  onClick="inputConcat(calculatorForm, '3')">
```

```html
    <TD>
      <INPUT TYPE="button" VALUE=" - "
             onClick="inputConcat(calculatorForm, '-')">

<!-- 테이블에 0, ., +, % 버튼이 칸에 표시되는 새로운 행을 추가한다 -->
<TR>
<TD>
  <INPUT TYPE="button" VALUE="  0  "
         onClick="inputConcat(calculatorForm, '0')">
<TD>
   <INPUT TYPE="button" VALUE="  .  "
          onClick="inputConcat(calculatorForm, '.')">
<TD>
   <INPUT TYPE="button" VALUE="  +  "
          onClick="inputConcat(calculatorForm, '+')">
<TD>
   <INPUT TYPE="button" VALUE="  %  "
          onClick="inputConcat(calculatorForm, '%')">

<!-- 테이블에 " 계산하기 " 버튼과 " 지우기 " 리셋 버튼이 칸에 표시되는 새로운
행을 추가한다 -->
<TR>
<TD COLSPAN=2>
<!-- 입력된 식을 계산하기 위해 구성된 버튼으로 이 버튼을 클릭하면 계산 결과를
텍스트 박스에 보여주는 함수인 compute()를 호출한다. -->
    <INPUT TYPE="button" VALUE=" 계산하기 " onClick="compute(calculatorForm)">

<TD COLSPAN=2>
    <!-- "지우기" 리셋 버튼을 클릭하면 텍스트 박스에 입력된 식을 지운다. -->
    <INPUT TYPE="reset"   VALUE=" 지우기 ">
<TR>
</TABLE>
</FORM>
</CENTER>
</BODY>
</HTML>
```

HTML과 JAVAScript

[프로그램 설명]

① ⟨INPUT TYPE="button" VALUE=" 7 " SIZE=10
onClick="inputConcat(calculatorForm, '7')"⟩

- '7'값이 표시된 버튼을 클릭하면 동작하는 onClick 이벤트 핸들러가 지정한 텍스트 박스에 입력된 기존 내용과 '7' 값을 하나의 문자열로 결합하는 inputConcat() 함수를 호출한다.

- onClick="inputConcat(calculatorForm, '7')은 onClick 이벤트 핸들러가 inputConcat() 함수를 호출할 때 폼의 이름인 calculatorForm과 '7'이라는 두 개의 인수를 inputConcat 함수에 전달한다.

- 숫자 버튼들(0~9)과 연산자 버튼들(+, /, *, -, %)을 폼에 구성하는 ⟨INPUT⟩ 태그들은 이벤트 핸들러가 inputConcat 함수를 호출하는 것은 모두 동일하다. 단지 차이점은 두 번째 인수의 값만이 '7'이라는 값 대신에 자신의 값(0-9, +, /, *, -, %)을 가지고 inputConcat 함수에 전달된다.

> 폼의 이름인 첫 번째 인수인 calculatorForm 대신에 this.form이라고 인수를 전달해도 무방하다.

② ⟨INPUT TYPE="button" VALUE=" 계산하기 " onClick="compute(calculatorForm)"⟩

"계산하기"로 표시된 버튼을 클릭하면 onClick 이벤트 핸들러가 지정한 compute() 함수를 호출한다. compute() 함수는 텍스트 박스에 입력된 문자열 식을 실제 eval() 함수로 계산하여 그 결과를 텍스트 박스에 보여준다.

③ ⟨INPUT TYPE="reset" VALUE=" 지우기 "⟩

"지우기" 리셋 버튼을 클릭하면 value 속성이 지정 안된 텍스트 박스의 입력된 식을 지우고, 모든 버튼은 value 속성 값으로 재설정된다.

6 password 객체와 관련 이벤트 다루기

주로 암호 입력에 사용되는 한 줄 자리 문자열을 입력받는 텍스트 입력 양식으로서 사용자가 입력한 글자가 화면에 노출되지 못하도록 입력한 글자가 ******와 같은 형태로 나타나는 암호 입력 양식을 말한다.

6.1 password 객체

password 객체는 <INPUT> 태그의 type 속성을 password로 설정함으로써 생성되는 객체로서 password 객체를 자바스크립트 명령으로 처리할 때 사용할 수 있는 속성과 메소드 그리고 이벤트 핸들러는 표와 같다.

```
<INPUT type="text"
    [name="INPUT_name"]
    [value="value"]
    [size="number"]
    [maxlength="number"]
    [onBlur="자바스크립트 명령이나 함수"]
    [onFocus="자바스크립트 명령이나 함수"]>
```

password 객체의 속성과 메소드 그리고 이벤트 핸들러

		button 객체
속성	name	암호 입력 양식의 이름
	value	암호 입력 양식에 지정한 값
	defaultValue	처음 INPUT 태그를 정의할 때 value 속성에 지정했던 값
	type	INPUT 태그에서 type에 입력된 값
메소드	focus()	암호 입력 필드 안으로 커서 옮기기
	blur()	암호 입력 필드 안에서 커서 제거하기
	select()	암호 입력 필드 안에 있는 모든 값 선택하기
이벤트 핸들러	onFocus	마우스나 탭으로 커서가 입력 필드 안에 들어갔을 때
	onBlur	마우스나 탭으로 커서가 입력 필드에서 나갔을 때

6.2 password 사용 예

웹사이트에서 회원 가입을 하다보면 암호를 입력하게 한 후 한 번 더 암호를 입력하게 하여 일치 여부를 조사하는 암호 확인 과정이 반드시 있다. 이러한 암호 확인 과정을 중심으로 암호 입력 상자 사용법의 예를 살펴보자.

그리고 두 번 입력한 암호가 일치하지 않는 경우에 처음부터 다시 암호를 새롭게 입력시키기 위해 암호 입력 상자를 지우는 방법은 reset 버튼과 동일한 효과를 갖고 있는 폼 객체의 reset() 메소드로 수행시킨 예이다.

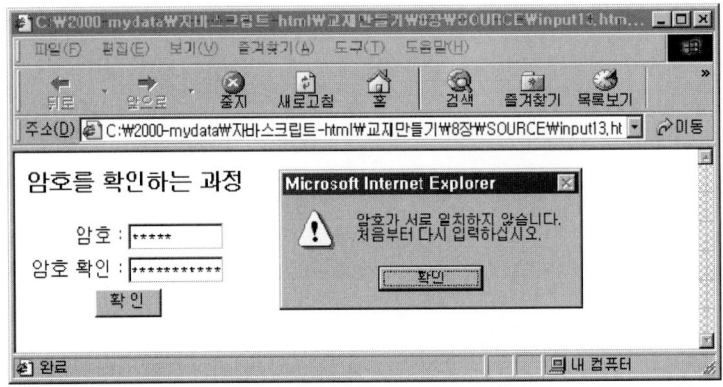

[프로그램 : ex8-13.html]

```
<html>
<head>
<script language="JavaScript">
            // 암호를 확인하는 함수
   function passwd_check(pwform)
     {    // 첫 번째 암호를 누락했을 경우
     if(pwform.pwbox1.value == "")
            { alert("암호를 입력하여 주십시요.");
            pwform.pwbox1.focus();
            // passwd_check 함수 종료
            return;   }
            // 확인하는 두 번째 암호를 누락했을 경우
     if(pwform.pwbox2.value == "")
   {alert("암호 확인을 위하여\n암호 확인란에도 암호를 한번 더 입력하여 주십시요.");
       pwform.pwbox2.focus();
```

```
        return; }

              // 첫 번째 암호와 두 번째 암호가 동일한지 확인하는 과정
     if(pwform.pwbox1.value == pwform.pwbox2.value)
        { alert("암호를 제대로 입력하셨습니다.");
          pwform.pwbox1.focus();
         return;      }
       else
         {alert("암호가 서로 일치하지 않습니다.\n처음부터 다시 입력하십시오.");
          /* 일치하지 않는 잘못 입력된 암호를 지우기 위해 폼에서 지원하는
             reset()  메소드를 수행시킨다. reset 버튼의 효과와 동일하다. */
          pwform.reset()
          pwform.pwbox1.focus();
         return; }
     }
</script>
</head>
/* 프로그램 실행시 첫 번째 암호 상자로 마우스의 커서를 위치시킨다. */
<body  onload="document.pwform.pwbox1.focus()">
<table border="0">
  <form name="pwform">
    <tr>
    <td align="right">암호 : </td>
    <td>  <input type="password" name="pwbox1" size="10" ></td>
    <tr>
    <td align="right">암호 확인 : </td>
    <td>  <input type="password" name="pwbox2" size="10"></td>
    <tr>
    <td colspan="2" align="center"><input type="button" name="ok_btn"
      value=" 확 인 " onclick="passwd_check(this.form)"></td>
  </form>
</table>
</body>
</html>
```

> **reset() 메소드**
> 두 번 입력한 암호가 일치하지 않는 경우 다시 암호를 입력시키기 위해 암호 입력 상자를 지우기 위해 폼에서 지원하는 reset() 메소드를 사용하였다. reset 버튼의 효과와 동일하다.
> pwform.reset() 대신에 pwform.pwbox1.value = ""와 pwform.pwbox2.value = "" 명령으로 기술해도 같은 효과를 나타낸다.

7 radio 객체와 관련 이벤트 다루기

라디오 버튼은 사용자에게 선택할 수 있는 항목들을 여러 개 나열해 주고 반드시 한가지만 선택할 때 사용하는 입력 양식이다. 만약 다른 항목을 선택하게 되면 기존에 선택된 항목은 자동으로 취소된다.

7.1 radio 객체

radio 객체는 <INPUT> 태그의 type 속성을 radio로 설정함으로써 생성되는 객체로서 radio 객체를 자바스크립트 명령으로 처리할 때 사용할 수 있는 속성과 메소드 그리고 이벤트 핸들러는 표와 같다.

```
<INPUT type="radio"
    name="group_name"
    value="value"
    [checked]
    [onBlur="자바스크립트 명령이나 함수"]
    [onFocus="자바스크립트 명령이나 함수"]
    [onClick="자바스크립트 명령이나 함수"]> 라디오 버튼 옆에 나타나는 문자열
```

	radio 객체	
속성	form	라디오 버튼 입력 양식을 포함하고 있는 폼 객체
	name	라디오 버튼의 이름으로 관련 그룹의 라디오 버튼들은 동일한 이름으로 지정되기 때문에 배열 표현으로 처리해야 한다.
	value	라디오 버튼에 할당하고 싶은 값
	length	같은 이름의 name 속성 값을 갖는 라디오 버튼의 수
	checked	라디오 버튼이 체크되었는지 여부를 검사할 수 있는 속성으로 체크되었으면 true이고, 그렇지 않으면 false이다.
	defaultChecked	〈INPUT〉 태그를 정의할 때 처음 체크되었던 라디오 버튼인지 여부를 검사할 수 있는 속성으로 처음 체크된 상태와 달라졌는지를 검사할 때 유용하다.
	type	〈INPUT〉 태그에서 type에 입력된 값
메소드	click()	라디오 버튼을 클릭시키는 메소드
이벤트 핸들러	onClick	라디오 버튼을 클릭하면 동작하는 이벤트 핸들러
	onBlur	라디오 버튼에서 벗어날 때 동작하는 이벤트 핸들러
	onFocus	라디오 버튼으로 위치시킬 때 동작하는 이벤트 핸들러

radio 객체의 속성과 메소드 그리고 이벤트 핸들러

7.2 radio 버튼 사용 예

1) 남성/여성을 구분하는 예

남성/여성을 체크할 수 있는 라디오 버튼을 만든 후 사용자 선택하고 나서 확인 버튼을 클릭하면 남성 또는 여성임을 메시지 대화상자에 출력하는 예이다.

① 라디오 버튼을 만들 때는 반드시 관련 라디오 버튼들의 이름을 지정하는 name 속성은 sex처럼 반드시 동일한 이름이어야 한다. 이렇게 동일한 이름으로 지정하면 sex는 배열 객체가 되어 남성용 라디오 버튼은 sex[0]가되고 여성용 라디오 버튼은 sex[1]이 된다.

    〈input type="radio" name="sex" value="male" checked〉남자
    〈input type="radio" name="sex" value="female"〉여자

② 남성용 라디오 버튼에 checked 속성을 지정하여 프로그램이 처음 실행될 때 남성용 라디오 버튼이 체크된 상태로 나타난다.
③ 어떤 라디오 버튼이 체크되었는지 유무를 판단할 때는 checked 속성을 사용한다. 체크되었으면 true이고, 그렇지 않으면 false이다.
④ 폼 이름이 sexform인 폼에서 남성용 라디오 버튼이 체크되었는지 유무를 판단하는 if문의 조건을 다음처럼 기술할 수 있다.

    if (sexform.sex[0].checked == true) 또는 if (sexform.sex[1].checked == true) 등

[프로그램 : ex8-14.html]
```
〈html〉
〈head〉
〈script language="JavaScript"〉
  function check_sex(sexform)
       {   /* 남성/여성 라디오 버튼 중 어느 버튼이 체크되었는지 조사한다. */
       if(sexform.sex[0].checked == true)
           alert("당신은 남성이시군요.");
       else
           alert("당신은 여성이시군요.");
       }
〈/script〉
〈/head〉
〈body〉
〈form name="sexform"〉
     당신의 성별은?
     〈input type="radio" name="sex" value="male" checked〉남자
```

```
        <input type="radio" name="sex" value="female">여자
           <input type="button" name="ok_btn" value=" 확 인 "
        onclick="check_sex(this.form)">
</form>
</body>
</html>
```

2) 라디오 버튼의 onClick 이벤트 핸들러와 value 속성으로 남성/여성을 구분하는 예 : this를 인수로 전달하는 예

"ex8-14.html" 프로그램은 checked 속성과 "확인" 버튼을 사용하여 남성/여성을 구분하였으나 본 예에서는 "확인" 버튼을 사용하지 않고 라디오 버튼을 체크할 때 발생하는 onClick 이벤트 핸들러와 value 속성을 사용하여 남성/여성을 구분하는 라디오 버튼 프로그램을 작성하여 보자.

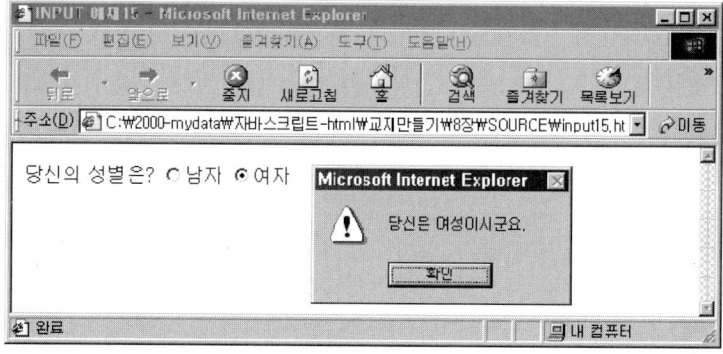

① 남성용 라디오 버튼의 value 속성 값은 "male"로, 여성용 라디오 버튼의 속성 값은 "female"로 지정하였으며, 사용자가 라디오 버튼을 체크하기 위해 마우스 버튼을 클릭하면 동작하는 onclick 이벤트 핸들러가 check_sex() 함수를 호출하도록 지정하였다.

```
<input type="radio" name="sex" value="male"    onclick="check_sex(this)">남자
<input type="radio" name="sex" value="female"  onclick="check_sex(this)">여자
```

② 만일 사용자가 여성용 라디오 버튼을 체크하면 다음의 <input> 태그가 수행

되어 value 속성 값을 "female"로 가진 채 onclick 이벤트 핸들러에 의해 check_sex(this) 함수를 호출한다. 여기서 check_sex() 함수로 전달되는 인수 this는 체크된 라디오 버튼 객체 자신을 의미한다.

```
<input type="radio" name="sex" value="female" onclick="check_sex(this)">여자
```

③ 체크된 라디오 버튼 객체를 인수 sex로 전달받은 check_sex(sex) 함수 내에서 sex 변수는 체크된 라디오 버튼 객체 자신을 가리키므로 라디오 버튼 객체의 속성과 메소드를 사용할 때는 sex.value와 같이 편리하게 기술하면 된다.

④ 그러므로 value 속성 값으로 남/녀를 구분하는 조건은 다음과 같다.

```
if (sex.value == "male") 또는   if (sex.value == "female") 등
```

🔍 주의

만일 check_sex() 함수 내에서 라디오 버튼 객체 외에 텍스트 박스나 버튼 등의 다른 객체들의 메소드나 속성을 사용할 때는 반드시 this.form으로 폼 자체를 인수를 전달받아야 한다.

[프로그램 : ex8-15.html]

```
<html>
<head>
<script language="JavaScript">
    function check_sex(sex)
      {    if(sex.value == "male")
                alert("당신은 남성이시군요.");
             else
                alert("당신은 여성이시군요.");   }
</script>
</head>
<body>
<form name="sexform">
당신의 성별은?
<input type="radio" name="sex" value="male"    onclick="check_sex(this)">남자
```

```
<input type="radio" name="sex" value="female" onclick="check_sex(this)">여자
</form>
</body>
</html>
```

3) 여러 개의 라디오 버튼 중에서 어떤 라디오 버튼이 체크되었는지를 검사하는 예

여러 개의 취미를 라디오 버튼으로 구성하여 취미를 선택한 결과를 메시지 대화상자에 출력하는 예이다.

```
<input type="radio" name="hobby" value="음악감상">음악감상
```

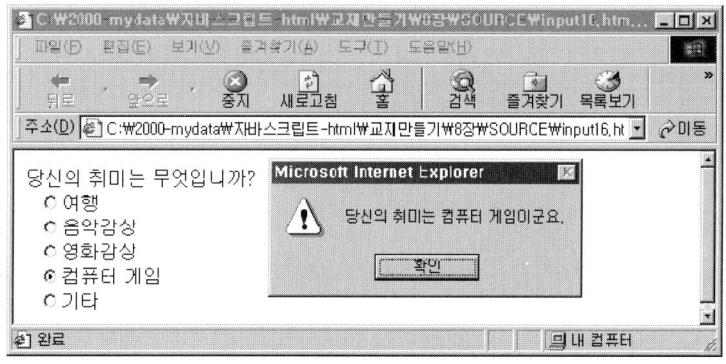

[프로그램 : ex8-16.html]
```
<html>
<head>
<script language="JavaScript">
  function check_choice(hobby)
    { alert("당신의 취미는 " +hobby.value + "이군요."); }
</script>
</head>
<body>
<form name="hobby_form">
    당신의 취미는 무엇입니까?<br>
    <input type="radio" name="hobby" value="여행"
        onclick="check_choice(this)">여행<br>
```

앞의 "ex8-15.html" 프로그램 방식과 유사하나 차이점이 있다면 체크한 취미를 메시지 대화상자에서 value 속성을 활용하여 편리하게 출력할 수 있도록 <input> 태그의 value 속성 값을 라디오 버튼 옆에 나타나는 여행, 음상 감상 등과 같은 문자열로 부여했다는 점이다.

```
        <input type="radio" name="hobby" value="음악감상"
               onclick="check_choice(this)">음악감상<br>
        <input type="radio" name="hobby" value="영화감상"
               onclick="check_choice(this)">영화감상<br>
        <input type="radio" name="hobby" value="컴퓨터 게임"
               onclick="check_choice(this)">컴퓨터 게임<br>
        <input type="radio" name="hobby" value="기타"
               onclick="check_choice(this)">기타<br>
</form>
</body>
</html>
```

4) length 속성을 사용하여 모든 라디오 버튼의 value 값 출력하기

취미 종류를 라디오 버튼으로 구성하여 사용자가 취미를 선택하면 모든 취미 종류와 선택한 취미를 메시지 대화상자에 출력하는 예이다.

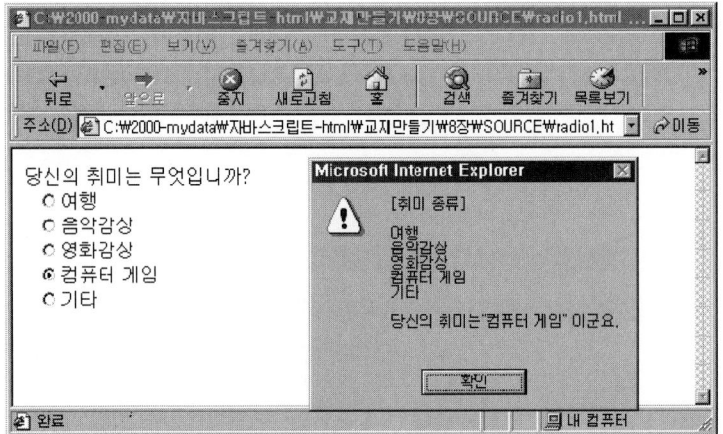

① length 속성은 같은 이름의 name 속성 값을 갖는 라디오 버튼의 수를 알려준다. 예를 들어, 폼 이름이 hobby_form이고 라디오 버튼의 공통된 name 속성 값이 hobby일 때 같은 이름의 라디오 버튼의 수를 알려면 hobby_form.hobby.length와 같이 표현하면 된다.

② 모든 취미 이름을 출력하려면 같은 이름의 name 속성 값을 갖는 라디오 버튼의 수를 알려주는 length 속성을 다음과 같이 for문의 조건으로 활용하면 된다.

```
for(var i = 0; i < hobby_form.hobby.length; i++)
```

③ 취미 이름은 value 속성을 활용하여 편리하게 출력할 수 있도록 <input> 태그의 value 속성 값을 라디오 버튼 옆에 나타나는 여행, 음상 감상 등과 같은 문자열로 부여하면 된다.

```
<input type="radio" name="hobby" value="여행">여행<br>
```

[프로그램 : ex8-17.html]
```
<html>
<head>
<script language="JavaScript">
function check_choice(hobby_form)
{      hobby_list = " [취미 종류] \n\n "

    for(var i = 0; i < hobby_form.hobby.length; i++)
    {      /* length 속성 값만큼 공통된 라디오 버튼 이름인 hobby 배열을
           반복시키면서 취미 이름인 value 속성 값들을 hobby_list 변수에
           하나의 문자열로 결합시킨다. */
           hobby_list = hobby_list + hobby_form.hobby[i].value + "\n "

           /* 반복시키는 과정 속에서 checked 속성을 사용하여 사용자가
           체크한 취미 이름을 your_hobby 변수에 저장 한다. */
        if (hobby_form.hobby[i].checked == true)
           your_hobby = hobby_form.hobby[i].value
    }
    alert( hobby_list + " \n 당신의 취미는\"" + your_hobby + "\" 이군요.");
}
</script> </head>
<body>
<form name="hobby_form">
```

```
         당신의 취미는 무엇입니까?<br>
         <input type="radio" name="hobby" value="여행"
                onclick="check_choice(this.form)">여행<br>
         <input type="radio" name="hobby" value="음악감상"
                onclick="check_choice(this.form)">음악감상<br>
         <input type="radio" name="hobby" value="영화감상"
                onclick="check_choice(this.form)">영화감상<br>
         <input type="radio" name="hobby" value="컴퓨터 게임"
                onclick="check_choice(this.form)">컴퓨터 게임<br>
         <input type="radio" name="hobby" value="기타"
                onclick="check_choice(this.form)">기타<br>
     </form>
  </body>
</html>
```

8 checkbox 객체와 관련 이벤트 다루기

체크박스 역시 라디오 버튼과 유사하게 사용자에게 선택할 수 있는 항목들을 여러 개 나열해 주고 선택하게 하는 입력 양식이다. 그러나 라디오 버튼은 여러 항목 중에 반드시 한가지만 선택해야 하나 체크박스는 여러 개를 동시에 선택할 수 있다 점에서 차이가 난다.

8.1 checkbox 객체

checkbox 객체는 <INPUT> 태그의 type 속성을 checkbox로 설정함으로써 생성되는 객체로서 checkbox 객체를 자바스크립트 명령으로 처리할 때 사용할 수 있는 속성과 메소드 그리고 이벤트 핸들러는 표와 같다.

```
<INPUT type="checkbox"
    name="name"
    value="value"
    [checked]
    [onClick="자바스크립트 명령이나 함수"]
    [onBlur="자바스크립트 명령이나 함수"]
    [onFocus="자바스크립트 명령이나 함수"]>체크박스 옆에 나타나는 문자열
```

checkbox 객체의 속성과 메소드 그리고 이벤트 핸들러

	checkbox 객체	
속성	form	체크박스 입력 양식을 포함하고 있는 폼 객체
	name	체크박스의 이름으로 관련 체크박스들은 동일한 이름으로 지정되기 때문에 배열 객체로 처리한다.
	value	체크박스에 할당하고 싶은 값
	length	같은 이름의 name 속성 값을 갖는 체크박스의 수
	checked	체크박스가 체크되었는지 여부를 검사할 수 있는 속성으로 체크되었으면 true이고, 그렇지 않으면 false이다.
	defaultChecked	<INPUT> 태그를 정의할 때 처음 체크되었던 체크박스인지 여부를 검사할 수 있는 속성으로 처음 체크된 상태와 달라졌는지를 검사할 때 유용하다.
	type	<INPUT> 태그에서 type에 입력된 값
메소드	click()	체크박스를 클릭시키는 메소드
이벤트 핸들러	onClick	체크박스를 클릭하면 동작하는 이벤트 핸들러
	onBlur	체크박스에서 벗어날 때 동작하는 이벤트 핸들러
	onFocus	체크박스로 위치시킬 때 동작하는 이벤트 핸들러

8.2 checkbox 사용 예

1) 체크박스에 선택한 취미들 출력하기

취미 종류를 체크박스로 구성하여 취미로 선택한 여러 개의 결과를 메시지 대화 상자에 출력하는 예이다.

체크박스 사용법은 라디오 버튼을 사용하는 경우와 거의 동일하다. 단지 차이점이 있다면 여러 개의 체크박스를 선택할 수 있다는 것뿐이다.

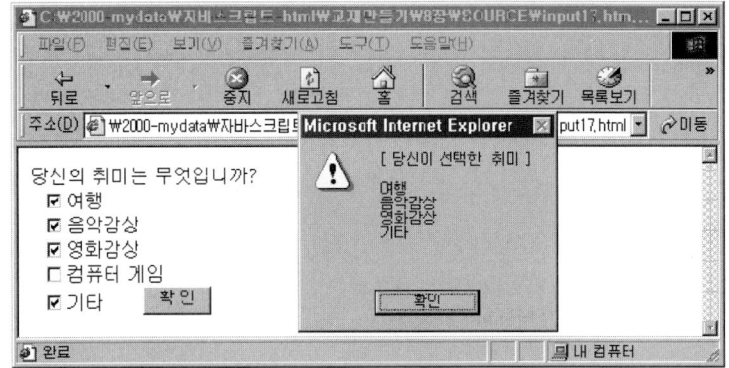

① 체크박스를 만들 때는 반드시 관련 체크박스들의 이름을 지정하는 name 속성은 hobby처럼 반드시 동일한 이름이어야 한다. 이렇게 동일한 이름으로 지정하면 hobby는 배열 객체가 되어 여행 체크박스는 hobby[0]가 되고, 음악 감상 체크박스는 hobby[1]이 된다.

```
<input type="checkbox" name="hobby" value="여행">여행
<input type="checkbox" name="hobby" value="음악감상">음악감상
```

② 체크한 취미를 메시지 대화상자에서 value 속성 값을 활용하여 편리하게 출력할 수 있도록 <input> 태그의 value 속성 값을 체크박스 옆에 나타나는 여행, 음상 감상 등과 같은 문자열로 부여하면 편리하다.
③ 체크박스에 checked 속성을 지정하여 프로그램이 처음 실행될 때 특정 체크박스들이 체크된 상태로 나타나게 할 수 있으며, 어떤 체크박스가 체크되었는지 유무를 판단할 수도 있다. 체크되었으면 true이고, 그렇지 않으면 false이다.
④ 체크된 여러 개의 취미 이름을 출력하려면 같은 이름의 name 속성을 갖는 체크박스의 수를 알려주는 length 속성 값만큼 for문으로 반복시키면서 반복문 내에 if문으로 checked 속성을 사용하여 어떤 체크박스가 체크되었는지 유무를 판단할 수 있다.
그리고 체크된 체크박스의 취미 이름을 출력할 때는 hobby_form.hobby[i].value과 같이 value 속성을 언급하여 출력시키면 된다.

```
//폼 이름이 hobby_form이다.
for(var i = 0; i < hobby_form.hobby.length; i++)
```

```
        if (hobby_form.hobby[i].checked == true)
                alert(hobby_form.hobby[i].value)
```

[프로그램 : ex8-18.html]

```
<html>
<head>
<script language="JavaScript">
function check_choice(hobby_form)
{ choice_ok = false;
  hobby_list = " [ 당신이 선택한  취미 ] \n\n "

  for(var i = 0; i < hobby_form.hobby.length; i++)
     {      /* length 속성 값만큼 공통된 체크박스 이름인 hobby 배열을
             반복시키면서 취미 이름인 value 속성 값들을 hobby_list 변수에
             하나의 문자열로 결합시킨다. */
      if (hobby_form.hobby[i].checked == true)
         { hobby_list = hobby_list + hobby_form.hobby[i].value + "\n "
            /* 취미를 선택한 경우이므로 choice_ok 변수에 true 값을 할당한다 */
            choice_ok = true;    }
     }
            /* 반드시 취미를 선택하고 나서 확인 버튼을 클릭하도록 검사하는 과정 */
   if (choice_ok == true )
      {  /* 선택한 취미를 출력하고 난 후 reset() 메소드를 사용하여
            체크박스들의 선택을 초기 설정 상태로 해제시킨다. */
         alert( hobby_list )
         hobby_form.reset()    }
      else
         alert(" 먼저 당신의 취미를 선택하고 확인을 눌러 주세요.");
      }
</script>
</head>
<body>
<form  name="hobby_form">
    당신의 취미는 무엇입니까?<br>
    <input type="checkbox" name="hobby" value="여행">여행<br>
    <input type="checkbox" name="hobby" value="음악감상">음악감상<br>
    <input type="checkbox" name="hobby" value="영화감상">영화감상<br>
```

```
        <input type="checkbox" name="hobby" value="컴퓨터 게임">
                        컴퓨터 게임<br>
        <input type="checkbox" name="hobby" value="기타">기타
          <input type="button" name="ok_btn"
            value=" 확 인 " onclick="check_choice(this.form)">
</form>
</body>
</html>
```

2) 다양한 취미 내용을 입력할 수 있게 텍스트 박스와 체크박스를 활용하는 예

체크박스에 없는 기타 취미를 텍스트 박스에 입력하게 하여 그 결과를 메시지 대화상자에 출력하는 예이다.

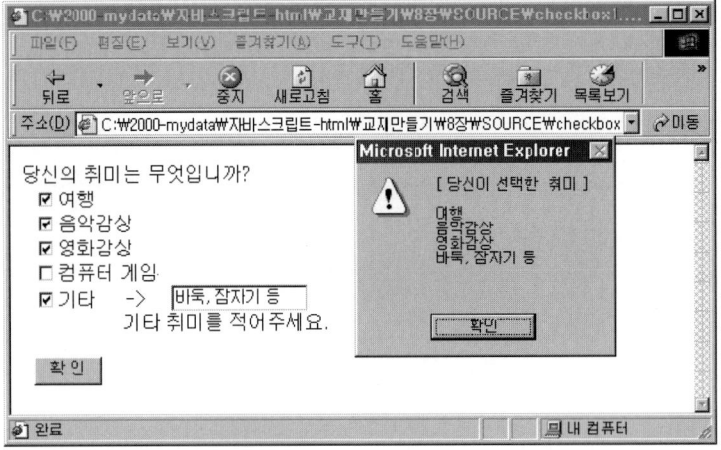

[프로그램 : ex8-19.html]
```
<html>
<head>
<script language="JavaScript">
    function check_choice(hobby_form)
        { choice_ok = false;
          hobby_list = " [ 당신이 선택한  취미 ] \n\n "
```

```
for(var i = 0; i < hobby_form.hobby.length; i++)
    { /* length 속성 값만큼 공통된 체크박스 이름인 hobby 배열을
       반복시키면서 취미 이름인 value 속성 값들을 hobby_list 변수에
       하나의 문자열로 결합시킨다. */
       if (hobby_form.hobby[i].checked == true)
           { /* 취미를 선택한 경우이므로 choice_ok 변수에 true 값을
              할당한다 */
              choice_ok = true;
           /* 기타 취미를 선택하지 않은 경우*/
           if (hobby_form.hobby[i].value != "기타")
              hobby_list = hobby_list + hobby_form.hobby[i].value + "\n"
                   /* 기타 취미를 선택한 경우*/
           if (hobby_form.hobby[i].value == "기타")
              /* 기타 취미를 선택하고 나서 기타 취미 내용을 텍스트 박스에
                 입력했는지 여부 조사*/
                 if (hobby_form.etctext.value == "")
                   { alert("기타를 선택하셨으면 기타 취미를 입력해야 합니다.");
                     /* 텍스트 박스로 마우스 커서를 위치시키고 return문으로
                        함수를 종료한다. */
                     hobby_form.etctext.focus();
                     return;  }
                 else
                     /*기타 취미 내용이 입력된 텍스트 박스의 내용을 hobby_list
                       변수에 하나의 문자열로 결합시킨다*/
                     hobby_list = hobby_list + hobby_form.etctext.value + "\n "
           }
    } // end for
/* 반드시 취미를 선택하고 나서 확인 버튼을 클릭하도록 검사하는 과정 */
if (choice_ok == true )
{
/* 선택한 취미를 출력하고 난 후 reset() 메소드를 사용하여
체크박스들의 선택을 초기 설정 상태로 해제시킨다. */
alert( hobby_list )
hobby_form.reset()
    }
  else
alert(" 먼저 당신의 취미를 선택하고 확인을 눌러 주세요.");
```

```
    }
</script>
</head>
<body>
<form name="hobby_form">
    당신의 취미는 무엇입니까?<br>
    <input type="checkbox" name="hobby" value="여행">여행<br>
    <input type="checkbox" name="hobby" value="음악감상">음악감상<br>
    <input type="checkbox" name="hobby" value="영화감상">영화감상<br>
    <input type="checkbox" name="hobby"
            value="컴퓨터 게임">컴퓨터 게임<br>
    <input type="checkbox" name="hobby" value="기타">기타
        ->   
    <input type="text" name="etctext" size="15"><br>
             
          기타 취미를 적어주세요.<br>
    <input type="button" name="ok_btn"
            value=" 확 인 " onclick="check_choice(this.form)">
</form>
</body>
</html>
```

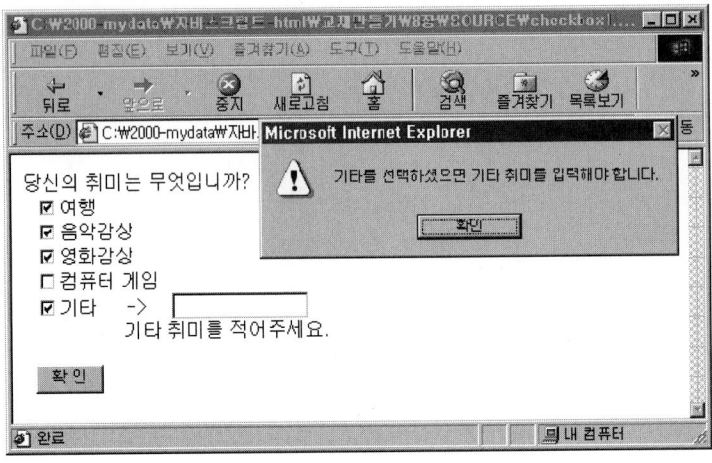

9 select 객체와 Option 객체 그리고 이벤트 다루기 : 리스트 박스

리스트 박스는 풀다운 메뉴 방식으로 여러 개의 항목을 나열해 놓고 라디오 버튼처럼 여러 항목 중에 한 가지만 선택하게 할 수도 있고, 체크박스처럼 여러 개의 항목을 동시에 선택하게 할 수 있는 입력 양식이다.
이러한 리스트 박스는 <INPUT> 태그의 type 속성을 사용하지 않고 <select> 태그와 <option> 태그를 사용하여 만든다.

9.1 select 객체

<select> 태그와 <option> 태그로 생성되는 리스트 박스 형태의 select 객체를 자바스크립트 명령으로 처리할 때 사용할 수 있는 속성과 메소드 그리고 이벤트 핸들러는 표와 같다.

```
<select name="name"
    [size="num"]
    [multiple]
    [onFocus="자바스크립트 명령이나 함수"]
    [onBlur="자바스크립트 명령이나 함수"]
    [onChange="자바스크립트 명령이나 함수"]>
    <option [selected] [value="value"]>항목 문자열
    <option [selected] [value="value"]>항목 문자열]
        ......
    <option [selected] [value="value"]>항목 문자열]
</select>
```

select 객체의 속성과
메소드 그리고
이벤트 핸들러

		select 객체
속성	name	리스트 박스의 이름을 지정하는 속성으로 배열로 처리된다.
	length	리스트 박스에 포함되어 있는 항목의 수
	selectedIndex	리스트 박스에서 현재 선택된 항목의 인덱스를 알려주는 속성
	selected	리스트 박스에 구성된 항목들 중 어떤 항목이 선택되어 있는지의 여부를 판단하게 해주는 속성
메소드	type	INPUT 태그에서 type에 입력된 값
이벤트 핸들러	onChange	리스트 박스에서 다른 항목을 선택할 때 발생하는 이벤트 핸들러

9.2 리스트 박스 사용 예

1) 리스트 박스에서 선택된 색깔로 문서의 배경 색상을 변경하는 예

리스트 박스에서 선택한 색깔로 문서의 배경 색상을 변경하는 예로서 리스트 박스에서 항목을 선택할 때 발생하는 onchange 이벤트 핸들러가 문서의 색상 변경을 수행하는 함수를 호출한다.

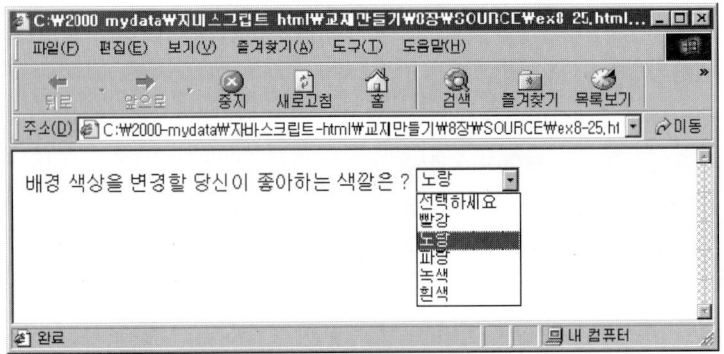

① 풀다운 메뉴 형태의 리스트 박스는 다음과 같이 리스트 박스의 기본 형식을 지정하는 <select> 태그와 리스트 박스에 나타나는 항목들을 지정하는 <option> 태그를 사용한다.

리스트 박스의 이름은 selectColor이고, 리스트 박스에서 항목을 선택할 때 발생하는 onchange 이벤트 핸들러는 check_choice() 함수를 호출한다.

```
<select name="selectColor"  onchange="check_choice()">
    <option  value="0">선택하세요
    <option  value="red">빨강
    <option  value="yellow">노랑
</select>
```

② check_choice() 함수 내의 document.bgColor 명령은 HTML 문서 (=document 객체)의 배경 색(bgColor; background Color)을 나타내는 속성으로서 HTML 문서의 배경 색을 빨강 색으로 나타낼 때는 다음과 같이 기술한다.

```
document.bgColor = "red" // 배경 색이 빨강 색으로 나타난다.
```

③ 그래서 리스트 박스에 들어가는 각 항목들을 지정하는 <option> 태그에서 value 속성 값을 "red", "yellow" 등과 같이 HTML 문서에 정의된 색깔 속성 값으로 지정하였다.

```
<option  value="red">빨강
<option  value="yellow">노랑
```

④ 리스트 박스에 구성된 항목들은 name 속성 값으로 지정한 selectColor라는 이름의 배열 요소이다. 즉, selectColor[0]는 "선택하세요" 항목이고, selectColor[1]은 "빨강" 항목이다.
만일 HTML 문서의 배경 색을 리스트 박스에 구성된 두 번째 항목인 빨강 색으로 나타낼 때는 두 번째 항목의 value 속성 값을 사용하여 다음과 같이 기술해야 한다.
document.bgColor = form.selectColor[1].value // 배경 색이 빨강 색으로 나타난다.

⑤ HTML 문서의 배경 색을 리스트 박스에서 선택한 색깔로 변경하려면 선택한 항목의 value 속성 값을 사용해야 한다.
선택한 항목의 value 속성 값을 사용하려면 먼저 선택한 항목이 리스트 박스에서 몇 번째 위치하는지 알아야 한다. 이는 현재 선택된 항목의 인덱스 값을 가지는 있는 selectedIndex 속성을 사용하면 된다.

예를 들어, 리스트 박스의 첫 번째 항목인 "선택하세요"는 selectedIndex 속성 값이 0이고, 두 번째 항목인 "빨강"은 selectedIndex 속성 값이 1이고, 세 번째 항목인 "노랑"의 selectedIndex 속성 값이 2이다.

⑥ 그러므로 리스트 박스에서 선택한 항목의 value 속성 값을 사용하여 HTML 문서의 배경 색을 출력하려면 다음과 같이 현재 선택된 selectColor 배열 객체 항목의 인덱스 값을 가지는 있는 selectedIndex 속성을 사용하면 된다.

```
index = form.selectColor.selectedIndex
document.bgColor = form.selectColor[index].value
```

🔍 주의

익스플로러 5.0 이상에서는 리스트 박스에서 현재 선택한 항목의 위치인 인덱스 값을 알고 싶을 때 form.selectColor[form.selectColor.selectedIndex].value와 같이 selectedIndex 속성을 배열의 인덱스로 기술하지 않고, form.selectColor.value와 같이 간단하게 기술해도 무방하다.

즉, 리스트 박스의 name 속성 값으로 지정한 selectColor라는 이름만 기술해도 현재 선택한 항목의 위치로 인식한다는 것이다.

반면에 넷스케프사의 네비게이터에서는 selectedIndex 속성을 사용하여 배열의 인덱스로 반드시 지정하여야만 한다. 그러므로 넷스케프 브라우저 사용자를 위하여 조금 불편하여도 index=form.selectColor.selectedIndex와 같이 현재 선택한 항목의 위치인 인덱스 값을 구한 후에 form.selectColor[index].value와 같이 배열의 인덱스를 표현하는 것이 바람직하다.

[프로그램 : ex8-20.html]

```
<html>
<head>
<script language="JavaScript">
function check_choice(form)
  { if (form.selectColor.value != 0)
      {    /* 현재 선택된 항목의 인덱스 값을 알아낸다. */
    index = form.selectColor.selectedIndex
      /* 선택한 항목의 value 속성 값을 사용하여
         HTML 문서의 배경 색을 출력한다. */
```

```
        document.bgColor = form.selectColor[index].value }
    else
        alert("색깔을 선택하여 주십시오."); }
</script>
</head>
<body>
<form name="form">
배경 색상을 변경할 당신이 좋아하는 색깔은 ?
<select name="selectColor" onchange="check_choice(this.form)">
    <option value="0">선택하세요
    <option value="red">빨강
    <option value="yellow">노랑
    <option value="blue">파랑
    <option value="green">녹색
<option value="white">흰색
</select>
</form>
</body>
</html>
```

2) 리스트 박스에서 선택된 항목의 위치와 내용을 출력하는 예

selectedIndex 속성과 value 속성을 사용하여 리스트 박스에서 선택한 항목의 위치와 그 내용을 출력하는 예이다.

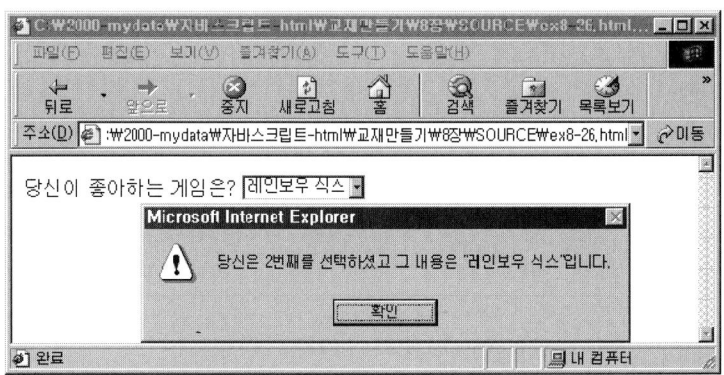

① selectedIndex 속성

리스트 박스에서 선택한 항목의 위치는 현재 선택된 항목의 인덱스 값을 가지는 있는 selectedIndex 속성을 사용하면 된다.

예를 들어, 리스트 박스의 첫 번째 항목인 "스타크래프트"는 selectedIndex 속성 값이 0이고, 두 번째 항목인 "레인보우 식스"는 selectedIndex 속성 값이 1이다. 그러므로 출력할 때는 (selectedIndex + 1)로 출력하면 된다.

② <option> 태그의 value 속성

리스트 박스에서 선택한 항목의 내용을 편리하게 출력하기 위하여 다음과 같이 <option> 태그의 value 속성 값을 리스트 박스에 나타나는 항목 문자열과 동일하게 지정하였다.

```
<option value="스타크래프트">스타크래프트
<option value="레인보우 식스">레인보우 식스
```

③ 리스트 박스의 name 속성으로 지정한 game은 배열 객체로 처리되는 속성 객체이다. 즉, game[0]는 "스타크래프트" 항목이고, game[1]은 "레인보우 식스" 항목이다.

그러므로 리스트 박스에서 선택한 항목의 value 속성 값을 출력하려면 다음과 같이 현재 선택된 game 배열 객체 항목의 인덱스 값을 가지는 있는 selectedIndex 속성을 사용하면 된다.

```
form.game[form.game.selectedIndex].value
```

[프로그램 : ex8-21.html]
```
<html>
<head>
<script language="JavaScript">
  function check_choice(form)
    {
    index = form.game.selectedIndex + 1;
    alert("당신은 " + index +"번째를 선택하셨고 " +
    "그 내용은 \"" + form.game[index-1].value + "\"입니다.");
    }
```

```
</script>
</head>
<body>
<form name="form">
당신이 좋아하는 게임은?
<select name="game"   onchange="check_choice(this.form)">
    <option   value="스타크래프트">스타크래프트
    <option   value="레인보우 식스">레인보우 식스
    <option   value="디아블로">디아블로
    <option   value="리니지">리니지
    <option   value="포트리스">포트리스
    <option   value="한게임고스톱">한게임고스톱
</select>
</form>
</body>
</html>
```

3) 리스트 박스에서 여러 개를 선택할 수 있게 하는 예

리스트 박스의 게임 항목들을 여러 개 마우스로 드래그한 후 '확인' 버튼을 클릭하면 선택한 게임 내용을 출력하는 예이다.

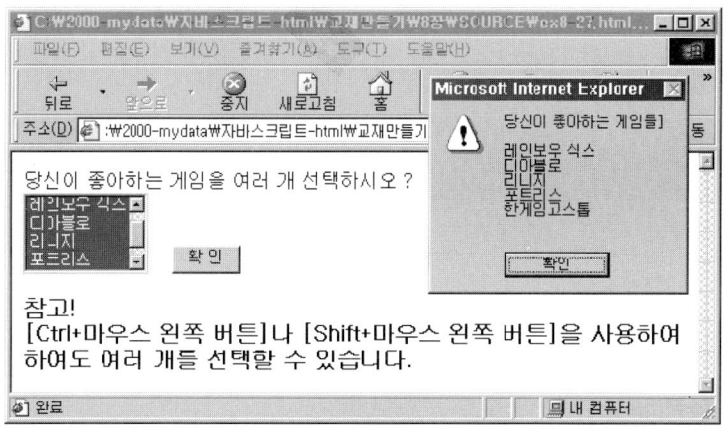

리스트 박스에서 마우스로 드래그하지 않고 [Ctrl+마우스 왼쪽 버튼]이나 [Shift+마우스 왼쪽 버튼]을 사용하여 하여도 여러 개를 선택할 수 있다.

① <select> 태그의 multiple 속성의 기능
<select> 태그에 multiple 속성을 지정해야만 리스트 박스에서 마우스로 여러 개를 선택할 수 있다.

```
<select name="game" size=4 multiple>
```

② <select> 태그의 size 속성의 기능
리스트 박스의 실제 항목의 수는 6개이나 4개만 항목이 나타나도록 한 것은 <select> 태그에 size 속성 값을 4로 지정하였기 때문이다. size 속성 값을 지정하지 않으면 기본 값은 1이다. 즉, 리스트 박스에 항목 하나만 나타난다.

```
<select name="game" size=4 multiple>
```

③ 리스트 박스의 name 속성으로 지정한 game은 배열 객체로 처리되는 속성 객체이다. 즉, game[0]는 "스타크래프트" 항목이고, game[1]은 "레인보우 식스" 항목이다.

④ 마우스로 드래그한 여러 개의 게임 이름을 출력하려면 리스트 박스에 포함되어 있는 항목의 수를 알려주는 length 속성 값만큼 for문으로 반복시키면서 반복문 내에 if문의 조건에서 selected 속성을 사용하여 어떤 항목이 선택되었는지 유무를 판단한 후 선택된 항목은 value 속성 값을 출력시키면 된다.

```
//폼 이름이 form이고, 리스트 박스의 이름은 game이다.
for(var i=0; i < form.game.length; i++)
    if (form.game[i].selected)
        gameList = gameList +form.game[i].value + " \n";
```

[프로그램 : ex8-22.html]
```
<html>
<head>
<script language="JavaScript">
  function check_choice(form)
    {    var gameList = "당신이 좋아하는 게임들] \n\n";
      for(var i=0; i < form.game.length; i++)
```

```
              if (form.game[i].selected)
              gameList = gameList +form.game[i].value + " \n";
              alert(gameList);
          }
</script>
</head>
<body>
<form name="form">
  당신이 좋아하는 게임을 여러 개 선택하시오 ?<br>
  <select name="game" size=4 multiple>
      <option value="스타크래프트">스타크래프트
      <option value="레인보우 식스">레인보우 식스
      <option value="디아블로">디아블로
      <option value="리니지">리니지
      <option value="포트리스">포트리스
      <option value="한게임고스톱">한게임고스톱
  </select>   
          <input type="button" name="ok_btn" value=" 확 인 "
             onclick="check_choice(this.form)">
<br><br> <h3>참고! <br> [Ctrl+마우스 왼쪽 버튼]나 [Shift+마우스 왼쪽 버튼]을
사용하여 하여도 여러 개를 선택할 수 있습니다. </h3>
</form> </body>
</html>
```

4) 리스트 박스에서 선택한 웹사이트로 이동하기

상단 프레임에 구성된 리스트 박스에서 이동할 웹사이트 항목을 선택하면 하단 프레임에 선택한 웹사이트로 이동 결과가 나타나는 예이다.

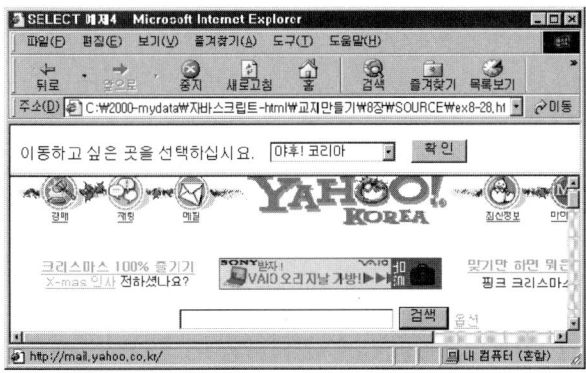

두 개의 프레임으로 나누는 HTML 문서이다.

[프로그램 : ex8-23.html]
```html
<html>
<head>
</head>
  <frameset rows="50,*" frameborder="YES" border="1" framespacing="0">
    <!-- 프레임 상단의 소스는 현재 폴더에 있는 menu.html 이다. -->
    <frame name="frame1" scrolling="no" src="./menu.html">
    <frame name="frame2">
  </frameset>
</html>
```

[프로그램 : menu.html]
상단에 구성된 프레임의 HTML 문서 소스(source)이다.
```html
    <html>
<head>
<script language="JavaScript">
  function move_site(form)
    {
    index = form.site.selectedIndex
    if (form.site[index].value == "")
       {   alert("이동하고 싶은 사이트를 선택하십시오.");
           return false; }
    /* 하단 프레임(=frame2)에 리스트 박스로 선택한
    웹사이트의 이동 결과를 보여준다. parent는 frame1과 frame2를
    포함하는 ex8-23.html의 window를 가리킨다.*/
    parent.frame2.location.href=form.site.value;
}
</script>
</head>
<body>
<form name="form">
    이동하고 싶은 곳을 선택하십시오.  
    <select name="site">
        <option value="">선택하십시오.
        <option value="http://kr.yahoo.com">야후! 코리아
```

```
                <option  value="http://www.daum.net">다음 커뮤니케이션
                <option  value="http://www.naver.com">네이버
                <option  value="http://www.lycos.co.kr">라이코스 코리아
                <option  value="http://www.hanmir.com">한미르
                <option  value="http://www.simmani.com">심마니
        </select>
          <input  type="button"  name="ok_btn"
                value=" 확 인 "  onclick="move_site(this.form)">
</form>
</body>
</html>
```

9.3 Option 객체를 사용하여 리스트 박스에 항목 추가/삭제/수정하기

지금까지는 리스트 박스의 기본 형식을 지정하는 <select> 태그와 리스트 박스에 구성하고 싶은 항목들을 지정하는 <option> 태그를 사용하여 원하는 리스트 박스를 미리 만든 후에 이를 조작하는 방법을 살펴보았다.

본절에서는 프로그램 실행 중에 리스트 박스에 새로운 항목을 추가할 수도 있고, 삭제할 수도 있고, 수정도 가능하게 하는 자바스크립트의 Option 객체 사용법을 살펴보자.

1) Option 객체를 생성하는 방법

<select> 태그로 리스트 박스의 기본 형식을 지정한 후에 다음과 같은 문법 형식으로 new 연산자와 함께 Option 객체의 생성자 함수인 Option()을 사용하여 리스트 박스에 추가할 수 있는 새로운 항목 객체를 생성한다.

> 항목 이름 = new Option([optionText, optionValue, defaultSelected, selected])

Option 객체를 사용하여 리스트 박스에 추가할 항목을 생성하는 문법 형식

① optionText는 리스트 박스에 나타나는 추가할 항목의 문자열을 기술한다.
② optionValue는 리스트 박스에서 이 항목을 선택했을 때 리턴되는 값을 기술한다.

③ defaultSelected는 추가할 항목을 최초에 선택한 항목으로 만들 것인지 여부를 true, false 기술한다. 선택한 항목으로 만들 때는 반드시 true로 기술해야 한다.

④ selected는 항목을 추가했을 때 상태를 선택한 항목으로 만들 것인지 여부를 true, false 기술한다. 선택한 항목으로 만들 때는 반드시 true로 기술해야 한다.

2) Option 객체에서 사용할 수 있는 속성들

Option 객체는 <option> 태그와 동일하게 리스트 박스에 나타나는 항목을 만드는 객체이나 차이점은 프로그램 실행 중에 동적으로 리스트 박스에 사용할 새로운 항목을 만들 수 있다는 점이다.

더불어 리스트 박스의 기존 항목을 수정할 수도 있고, 삭제도 가능하다. 이러한 Option 객체에서 사용할 수 있는 속성들은 표와 같다.

Option 객체에서 사용할 수 있는 속성들

속성	Option 객체	
	options	리스트 박스에 포함된 항목 정보를 알 수 있는 배열 객체이다. options[0]는 리스트 박스의 첫 번째 항목이고, options[1]은 리스트 박스의 두 번째 항목이다.
	options[i].index	리스트 박스에 포함된 각 항목의 인덱스
	options[i].text	리스트 박스에 포함된 각 항목의 문자열을 나타내는 속성으로 수정도 가능하다.
	options[i].value	리스트 박스에 포함된 각 항목에 할당되어 있는 값
	options[i].selected	리스트 박스에 포함된 항목이 현재 선택되어 있는지의 여부를 판단하게 해주는 속성
	options[i].defaultselected	리스트 박스에 포함된 항목이 <option> 태그에서 selected 속성으로 지정된 항목인지 여부를 판단하게 하는 속성
	options[i].prototype	Option 객체에 새로운 속성을 만들어 주는 속성

9.4 Option 객체를 사용하여 리스트 박스에 항목 추가하기

먼저 <select> 태그와 <option> 태그를 사용하여 "스타크래프트" 게임 하나만을 리스트 박스의 항목으로 미리 만들어 놓고, 사용자가 텍스트 박스에서 좋아하는 게임 이름을 입력 한 후 "추가" 버튼을 클릭하면 Option 객체를 사용하여 리스트 박스에 새로운 게임 이름이 추가되는 예를 살펴보자.

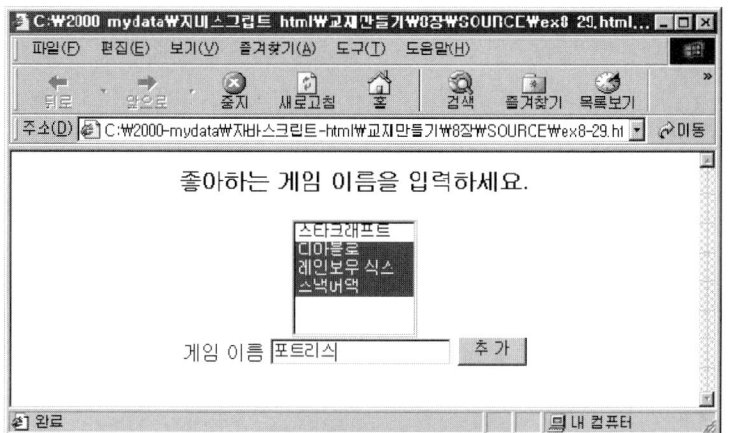

텍스트 박스에서 입력한 이름들을 리스트 박스의 항목들로 추가한 예

1) <select> 태그와 <option> 태그로 미리 만들어 놓은 리스트 박스

```
<select name="game_name" size="6" multiple>
    <option value="스타크래프트">스타크래프트
</select>
```

① <select> 태그와 <option> 태그를 사용하여 "스타크래프트" 게임 하나만을 리스트 박스의 항목으로 미리 만들어 놓았다.
② 리스트 박스에서 마우스로 여러 개를 선택할 수 있도록 multiple 속성으로 지정하였다.
③ 리스트 박스에 6개의 항목이 보이도록 size 속성을 6으로 지정하였다.

2) Option 객체를 사용하여 리스트 박스에 추가할 새로운 항목 객체를 생성하는 명령

게임 이름을 입력 한 후 "추가" 버튼을 클릭하면 호출되는 add_game_name() 함수 내의 첫 번째 명령은 Option 객체를 사용하여 리스트 박스에 추가할 새로운 항목 객체를 생성한다.

```
add_option =
    new Option(form.text_name.value, form.text_name.value, false, true)
```

① add_option은 리스트 박스의 항목으로 추가될 항목 이름으로 사용된다.
② 첫 번째 인수인 form.text_name.value는 텍스트 박스에서 입력한 게임 이름으로서 생성된 항목의 이름인 add_option을 리스트 박스에 추가할 때 나타나는 항목의 문자열이다. 즉, 리스트 박스에 추가할 때 텍스트 박스에서 입력한 게임 이름이 나타난다.
③ 두 번째 인수인 form.text_name.value는 리스트 박스에서 추가한 항목을 선택했을 때 리턴되는 값으로 리스트 박스에 나타나는 문자열과 동일하게 텍스트 박스에서 입력한 게임 이름이 된다.
④ defaultSelected 속성을 부여하는 세 번째 인수를 false로 기술함으로서 추가한 항목을 최초에 선택한 항목으로 만들지 않겠다는 것이다. 만일 최초로 선택한 항목으로 만들 때는 true로 기술해야 한다.
⑤ selected 속성을 부여하는 네 번째 인수를 true로 기술함으로서 추가한 항목이 선택된 상태로 나타난다. 만일 추가할 때 선택한 항목으로 만들지 않고 싶으면 false로 기술하면 된다.

3) Option 객체로 생성된 add_option을 실제 리스트 박스에 추가하는 명령

```
form.game_name.options[form.game_name.length] = add_option
```

① game_name은 <select> 태그의 name 속성에 정의된 리스트 박스의 이름으로서 select 객체이다.
② options 속성은 이름이 game_name인 리스트 박스에 포함된 항목 정보를 알려주는 배열 객체로서 form.game_name.options[0]는 리스트 박스의 첫 번째 항목인 "스타크래프트" 항목이 되고, form.game_name.options[1]은 두

번째 항목인 "디아블로" 항목이 된다.
③ 리스트 박스에 포함되어 있는 항목의 수를 알려주는 length 속성을 사용하여 생성된 add_option 항목을 추가한다. 즉, 실제 항목이 하나인 경우 form.game_name.options[0]에 저장되어 있고 항목의 수는 1이 되므로 추가되는 항목은 form.game_name.length를 인덱스로 하여 리스트 박스에 추가하면 된다.

리스트 박스의 이름

리스트 박스의 이름인 game_name도 리스트 박스의 항목들을 배열 요소로 사용하는 객체이기 때문에 form.game_name.options[0] 표현 대신에 짧게 form.game_name[0]라 표현해도 된다. 본 예에서는 options 속성을 이해하기 위해서 길게 기술하였다. 즉, form.game_name.options[form.game_name.length] = add_option 대신에 짧게 form.game_name[form.game_name.length] = add_option 기술해도 무방하다.

[프로그램 : ex8-24.html]

```
<html>
<head>
<script language="JavaScript">
  function add_game_name(form)
    {
    if (form.text_name.value != 0)
        { /* Option 객체를 사용하여 리스트 박스에 추가할 항목을 생성한다. */
          add_option =
          new Option(form.text_name.value, form.text_name.value, false, true)
          /* 항목의 수를 알려주는 length 속성을 사용하여 생성된 항목을
          리스트 박스의 마지막 항목으로 추가한다. */
          form.game_name.options[form.game_name.length] = add_option
          form.text_name.value = ""
        }
    else
        alert("좋아하는 게임 이름을 입력하세요.");
    }
</script>
</head>
```

```
<body>   <center>
<form name="form">
<h3>좋아하는 게임 이름을 입력하세요.</h3>
    <select name="game_name" size="6" multiple>
        <option value="스타크래프트">스타크래프트
    </select> <br>
    게임 이름 <input type="text" name="text_name" >
    <input type="button" name="add" value=" 추 가 "
            onclick="add_game_name(this.form)">
</form>   </center>
</body>
</html>
```

9.5 Option 객체를 사용하여 리스트 박스에 구성된 항목 추가/수정/삭제하기

먼저 <select> 태그와 <option> 태그를 사용하여 리스트 박스를 구성한 후에 주로 Option 객체의 속성들을 사용하여 리스트 박스 내의 게임 이름을 추가/수정/삭제하는 과정의 예를 살펴보자.

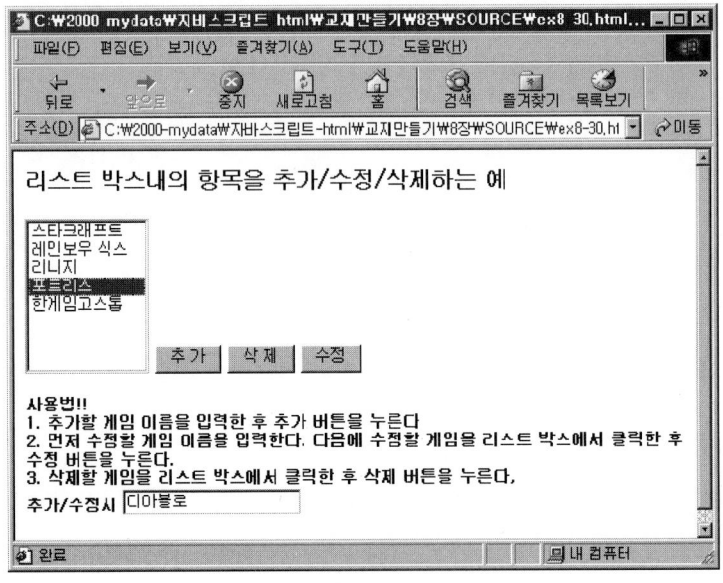

1) 추가 과정

① 리스트 박스에 게임을 추가하는 과정은 9.4절에 기술한 "ex8-24.html" 프로그램과 유사하나 차이점으로는 Option 객체를 생성할 때 추가할 항목을 최초에 선택하는 항목으로 만드는 3번째 인수인 defaultSelected와 추가한 항목이 선택된 상태로 나타나는 4번째 인수인 selected를 생략했는 점이다.

```
add_option = new Option(form.text_name.value, form.text_name.value)
```

② 3번째 인수와 4번째 인수를 생략하면 Option 객체를 생성할 때 false로 지정한 효과와 동일하다.

```
add_option = new Option(form.text_name.value, form.text_name.value, false, false)
```

2) 삭제 과정

① game_name은 <select> 태그의 name 속성에 정의된 리스트 박스의 이름으로서 select 객체이다.
② 리스트 박스에 구성된 항목을 삭제하는 방법은 매우 간단하다. 삭제하고 싶은 항목의 options 인덱스를 null 값으로 부여하면 된다. 예를 들어 첫 번째 항목을 삭제하고 싶다면 다음과 같이 하면 된다.

```
form.game_name.options[0] = null
```

③ 리스트 박스에 포함된 항목 정보를 알려주는 options 배열 객체의 인덱스로 사용된 form.game_name.selectedIndex는 리스트 박스에서 삭제하기 위해 현재 선택된 항목의 인덱스를 알려주는 속성이다.

그러므로 리스트 박스에서 현재 선택된 항목을 삭제하려면 다음과 같이 하면 된다.

```
index = form.game_name.selectedIndex
form.game_name.options[index] = null
```

3) 수정 과정

① options[i].text 속성은 리스트 박스에 포함된 각 항목의 문자열을 나타내는 속성으로 수정도 가능하게 해준다. 리스트 박스에 나타난 첫 번째 항목인 "스타크래프트"를 "포트리스"로 수정하려면 다음과 같이 하면 된다.

```
form.game_name.options[0].text = "포트리스"
```

② 현재 선택된 항목의 문자열을 텍스트 박스에 입력한 값(form.text_name.value)으로 수정하려면 다음과 같이 selectedIndex 속성을 options 배열 객체의 인덱스로 지정하여 text 속성을 수정하면 된다.

```
index = form.game_name.selectedIndex
form.game_name.options[index].text = form.text_name.value
```

[프로그램 : ex8-25.html]
```
<html>
<head>
<script language="JavaScript">
  function del_game(form)
    {
     if (form.game_name.value != "")
         { /* null 값을 부여하면 선택한 항목이 삭제된다 */
          index = form.game_name.selectedIndex
          form.game_name.options[index] = null
         }
      else
          alert("게임을 먼저 선택하여 주십시요.");
   }
   function modify_game(form)
    {
     if (form.text_name.value != "")
         {
          /* 텍스트 박스에 입력한 게임 이름을 선택한 항목 이름으로 수정한다 */
          index = form.game_name.selectedIndex
          form.game_name.options[index].text = form.text_name.value
```

```
                    form.text_name.value = ""
                }
        else
                alert(" 수정할 게임 이름을 먼저 입력하세요.");
        }
    function add_game(form)
    {
      if (form.text_name.value != 0)
    {
                /* Option 객체를 사용하여 리스트 박스에 추가할 항목을 생성한다. */
                add_option =
                new Option(form.text_name.value, form.text_name.value)
                /* length 속성을 사용하여 생성된 항목을 리스트 박스의 마지막 항목으
                로 추가한다. */
                form.game_name.options[form.game_name.length] = add_option
                form.text_name.value = "" }
        else
                alert("좋아하는 게임 이름을 먼저 입력하세요.");
    }
</script>
</head>
<body>
<form name="form">
<h3>리스트 박스내의 항목을 추가/수정/삭제하는 예</h3>
<select name="game_name" size=8 )>
    <option value="스타크래프트">스타크래프트
    <option value="레인보우 식스">레인보우 식스
    <option value="디아블로">디아블로
    <option value="리니지">리니지
    <option value="포트리스">포트리스
    <option value="한게임고스톱">한게임고스톱
</select>
<input type="button" name="add" value=" 추 가 " onclick="add_game(this.form)">
<input type="button" name="del" value=" 삭 제 " onclick="del_game(this.form)">
<input type="button" name="modify" value=" 수정 "
         onclick="modify_game(this.form)">
<h5>사용법!!<br>
```

```
1. 추가할 게임 이름을 입력한 후 추가 버튼을 누른다 <br>
2. 먼저  수정할 게임 이름을 입력한다. 다음에  수정할 게임을 리스트 박스에서 선
택한 후 수정 버튼을 누른다. <br>
3. 삭제할 게임을 리스트 박스에서 클릭한 후 삭제 버튼을 누른다. <br>
추가/수정시 <input type="text" name="text_name" > <br><br></h5>
</form>
</body>
</html>
```

9.6 Option 객체를 사용하여 리스트 박스간에 항목 이동하기

입력 양식의 속성과 이벤트 핸들러의 이름이 서로 혼합되어 있는 두 개의 리스트 박스에서 해당 리스트 박스로 항목들을 올바르게 이동시키는 예이다.

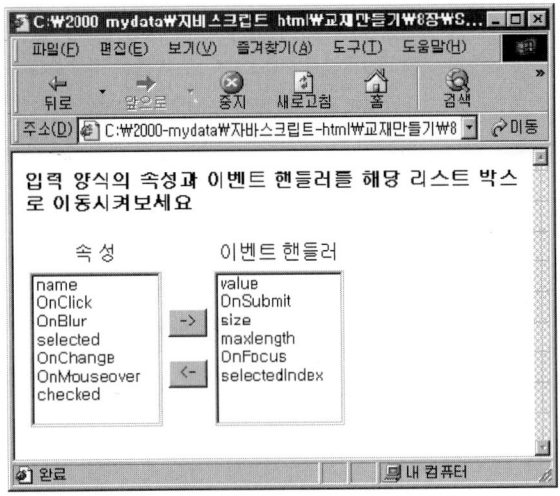

리스트 박스간에
항목을 이동시키는 방법

리스트 박스간에 항목을 이동시키는 방법은 아주 단순하다. 속성 리스트 박스에서 선택한 항목을 이벤트 핸들러 리스트 박스로 항목을 이동시키는 경우를 생각하여 보자.

① 먼저 속성 리스트 박스에 잘못 구성되어 선택된 이벤트 핸들러 항목과 동일한 Option 객체를 생성한다.

② 그 다음 Option 객체로 생성된 항목을 이벤트 핸들러 리스트 박스에 추가시킨다.
③ 마지막으로 속성 리스트 박스에서 선택한 항목을 삭제한다.

반대로, 이벤트 핸들러 리스트 박스에서 선택한 항목을 속성 리스트 박스로 항목을 이동시키는 경우도 위의 과정과 동일하다.

즉, 리스트 박스간에 항목을 이동시키는 방법은 단순하게 그 동안 예에서 살펴본 추가 과정과 삭제 과정을 활용한다는 것이다.

[프로그램 : ex8-26.html]

```
<html>
<head>
<script language="JavaScript">
/* 속성을 이벤트 핸들러 리스트 박스로 이동하는 함수 */
  function add_event(form)
  {
    if (form.property_item.value != 0)
    {
    /* 속성 리스트 박스에 잘못 구성되어 선택된 이벤트 핸들러 항목의
    인덱스를 알아둔다. */
    index = form.property_item.selectedIndex
    /* 속성 리스트 박스에 잘못 구성되어 선택된 이벤트 핸들러 항목과
    동일한 Option 객체를 생성한다. */
    add_option =
    new Option(form.property_item[index].value, form.property_item[index].value);
    /* 생성한 Option 객체를 이벤트 핸들러 리스트 박스에 추가한다. */
    form.event_item.options[form.event_item.length] = add_option;

    /* 이동시키기 위해 속성 리스트 박스에서 선택한 항목을 삭제한다. */
    form.property_item.options[index] = null;
    }
  }
  /* 이벤트 핸들러를 속성 리스트 박스로 이동하는 함수 */
  function add_property(form)
  {
    if (form.event_item.value != 0)
```

```
        {
            /* 이벤트 핸들러 리스트 박스에 잘못 구성되어 선택된 속성 항목의
            인덱스를 알아둔다. */
            index = form.event_item.selectedIndex
            /* 이벤트 핸들러 리스트 박스에 잘못 구성되어 선택된 속성 항목과
            동일한 Option 객체를 생성한다. */
            add_option =
                new Option(form.event_item[index].value, form.event_item[index].value)
            /* 생성한 Option 객체를 속성 리스트 박스에 추가한다. */
            form.property_item.options[form.property_item.length] = add_option;
            /* 이동시키기 위해 이벤트 핸들러 리스트 박스에서 선택한 항목을 삭제한다. */
            form.event_item.options[form.event_item.selectedIndex] = null;
        }
    }
</script>
</head>
<body>
<form name="form">
입력 양식의 속성과 이벤트 핸들러를 해당 리스트 박스로 이동시켜보세요
<table cellspacing="2" cellpadding="2" border="0">
<tr> <td align="center">속 성</td>
<td> </td>
<td align="center">이벤트 핸들러</td>
</tr>
<tr>
<td align="center">
<select name="property_item" size=8>
    <option value="name">name
    <option value="OnClick">OnClick
    <option value="OnBlur">OnBlur
    <option value="selected">selected
    <option value="OnChange">OnChange
    <option value="OnMouseover">OnMouseover
    <option value="checked">checked
</select>
</td>
<td>
<input type="button" name="event" value=" -> " onclick="add_event(this.form)">
```

```
<p>
<input type="button" name="property" value=" <- "
                            onclick="add_property(this.form)">
</td>
<td align="center">
<select name="event_item" size=8>
    <option value="value">value
    <option value="OnSubmit">OnSubmit
    <option value="size">size
    <option value="maxlength">maxlength
    <option value="OnFocus">OnFocus
    <option value="selectedIndex">selectedIndex
</select>
</td>
</tr>
</table>
</form>
</body>
</html>
```

10 textarea 객체와 관련 이벤트 다루기

게시판 등에 글을 올릴 때 자유롭게 입력할 수 있는 텍스트 박스를 사용해보았을 것이다. 한 줄로만 입력받는 text 입력 양식과 다르게 여러 줄의 텍스트를 마음대로 입력받을 수 있는 입력 양식을 텍스트 영역(textarea)이라 한다.

이러한 텍스트 영역은 <INPUT> 태그의 type 속성을 사용하지 않고 <textarea> 태그를 사용하여 만든다.

10.1 textarea 객체

<textarea> 태그로 생성되는 textarea 객체는 자바스크립트 명령으로 처리할 때 사용할 수 있는 속성과 메소드 그리고 이벤트 핸들러는 표와 같다.

```
< textarea name="name"
    [rows="num"]
    [cols="num"]
    [wrap="off"|"virtual"|"physical"]
    [onChange="자바스크립트 명령이나 함수"]
    [onBlur="자바스크립트 명령이나 함수"]
    [onFocus="자바스크립트 명령이나 함수"]
    [onselect="자바스크립트 명령이나 함수"] >
    텍스트 영역에 초기값으로 나타나는 문자열
</textarea>
```

textarea 객체의 속성과 메소드 그리고 이벤트 핸들러

		textarea 객체
속성	name	텍스트 영역의 이름
	value	텍스트 영역에 입력되어 있는 글
	defaultValue	처음 <textarea> ... </textarea> 태그사이에 들어간 초기 글
메소드	focus()	텍스트 영역 안에 커서 넣기
	blur()	텍스트 영역 안에 커서 제거하기
	select()	텍스트 영역 안에 있는 모든 값 선택하기
이벤트 핸들러	onFocus	마우스나 탭을 이용하여 텍스트 영역으로 들어갔을 때 발생하는 이벤트 핸들러
	onBlur	마우스나 탭을 이용하여 텍스트 영역에서 나갔을 때 발생하는 이벤트 핸들러
	onselect	텍스트 영역에서 마우스를 이용하여 드래그하여 선택할 때 발생하는 이벤트 핸들러
	onChange	텍스트 영역에 입력된 내용을 변경할 때 발생하는 이벤트 핸들러

10.2 텍스트 영역 사용 예

"처음 textarea 태그 사이에 들어간 글입니다."와 같은 초기 문자열을 지정한 텍스트 영역을 구성한 후 자유롭게 글을 입력한 후 "확인" 버튼을 클릭하면 텍스트 영역에 입력한 내용을 메시지 대화상자에 출력하는 예이다.

만일 "처음 textarea 태그 사이에 들어간 글입니다."라는 초기 문자열이나 텍스트 영역에 입력한 내용을 지우고 입력하고 싶으면 "글지우기" 버튼을 클릭하면 된다.

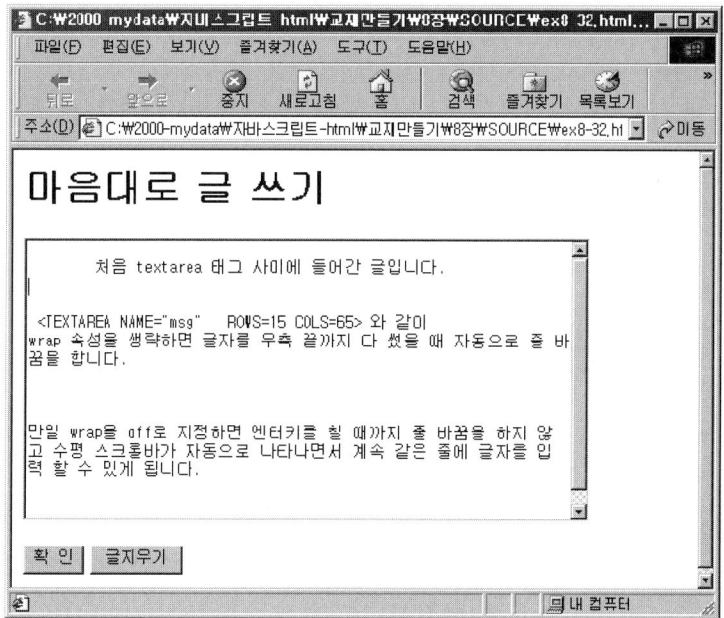

① 전체 15줄과 한 줄에 나타낼 수 있는 글자 수를 65자로 지정한 텍스트 영역을 구성하였다. 그리고 <textarea>와 </extarea> 태그 사이에 기술한 "처음 textarea 태그 사이에 들어간 글입니다."라는 내용은 텍스트 영역에 나타나는 초기 문자열이다.

```
<textarea name="msg"   rows=15 cols=65>
     처음 textarea 태그 사이에 들어간 글입니다.
</textarea> <P>
```

② <textarea name="msg" ROWS=15 COLS=65>와 같이 wrap 속성을 생략하면 wrap 속성이 on으로 자동 설정되어 글을 우측 끝까지 다 썼을 때 자동으로 줄 바꿈을 한다.
만일 wrap 속성을 off로 지정하면 엔터키를 칠 때까지 줄 바꿈을 하지 않고 수평 스크롤바가 자동으로 나타나면서 계속 같은 줄에 글자를 입력 할 수 있게 된다.

③ 텍스트 영역에 나타나는 초기 문자열인 <textarea>와 </textarea> 태그 사이에 기술한 기본 내용을 출력하려면 defaultValue 속성을 사용하면 된다.

form.msg.defaultValue

④ 사용자가 텍스트 영역에 입력한 글을 출력하려면 value 속성을 사용하면 된다.

form.msg.value

⑤ 텍스트 영역에 입력된 글을 지울 때도 역시 value 속성을 사용한다.

form.msg.value = ""

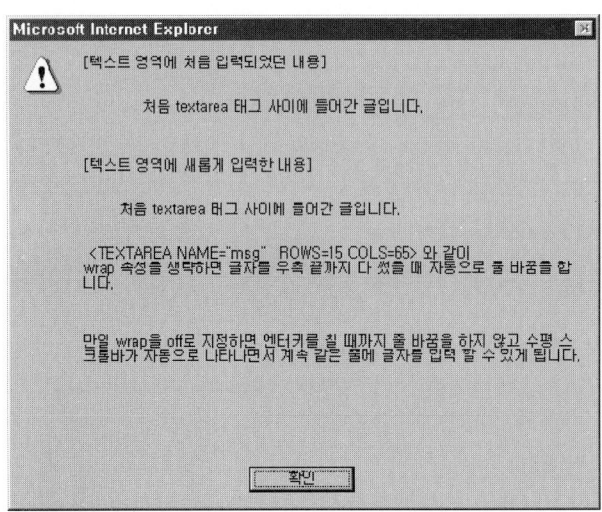

[프로그램 : ex8-27.html]

```html
<HTML>
<HEAD>
<SCRIPT LANGUAGE="JavaScript">
  function check(form) {
    default_msg = "[텍스트 영역에 처음 입력되었던 내용] \n\n"
    /* form.msg.defaultValue는 <textarea>와 </textarea> 태그
    사이에 기술한 내용을 언급한다.*/
    default_msg = default_msg + form.msg.defaultValue
        new_msg = "\n\n\n[텍스트 영역에 새롭게 입력한 내용] \n\n"
    /* form.msg.value는 텍스트 영역에 입력된 내용을 언급한다.*/
    new_msg = new_msg + form.msg.value
    alert(default_msg + new_msg)
  }
</SCRIPT>
</HEAD>
<BODY>
<H1> 마음대로 글 쓰기 </H1><P>
<FORM name="form">
<textarea name="msg"   rows=15 cols=65>
    처음 textarea 태그 사이에 들어간 글입니다.
</textarea> <P>
<INPUT TYPE="button" VALUE="확  인" onClick="check(this.form)">
<INPUT TYPE="button" VALUE="글지우기" onClick="form.msg.value='' ">
</FORM>
</BODY>
</HTML>
```

11. submit 객체와 관련 이벤트 다루기 : 웹 서버로 데이터를 전송하는 submit 버튼

사용자로부터 회원 가입, 설문 조사 등과 같이 다양한 형태의 입력 양식으로 구성된 폼에서 정보를 입력받아 웹 서버의 ASP, CGI, PHP 프로그램으로 데이터를 전송할 때 사용하는 버튼 형식의 입력 양식이다.

11.1 submit 객체

submit 객체는 <INPUT> 태그의 type 속성을 submit로 설정함으로써 생성되는 객체로서 submit 객체를 자바스크립트 명령으로 처리할 때 사용할 수 있는 속성과 메소드 그리고 이벤트 핸들러는 표와 같다.

```
<INPUT type="submit"
    name="name"
    value="value"
    [onClick="자바스크립트 명령이나 함수"]>
```

클라이언트와 웹 서버간에 폼의 자료를 주고받으면서 상호 작용하는 관련 프로그램은 본서에서는 생략한다. 즉, 웹 서버로 데이터를 전송하는 submit 버튼의 실제 예는 실행해 볼 수 없다는 것이다.
이는 독자의 컴퓨터에 웹 서버와 CGI, ASP 등의 프로그램이 설치되어야만 실행해 볼 수 있기 때문이고 서버 측 관련 프로그램을 작성하려면 새로운 지식들이 요구되기 때문이다. 관심이 있는 독자는 CGI, ASP의 관련 서적을 탐독한 후에 진행해 보기 바란다.

	button 객체	
속성	form	데이터를 전송하는 버튼 입력 양식을 포함하고 있는 폼 객체
	name	데이터를 전송하는 버튼 입력 양식의 이름
	value	데이터를 전송하는 버튼 입력 양식의 제목 용도로 사용되는 문자열 값
	type	INPUT 태그에서 type에 입력된 값
메소드	click()	데이터를 전송하는 버튼을 클릭시키는 메소드
이벤트 핸들러	onClick	데이터를 전송하는 버튼을 클릭할 때 동작하는 이벤트 핸들러

submit 객체의 속성과 메소드 그리고 이벤트 핸들러

11.2 submit 버튼 사용 예

웹 서버로 데이터를 전송하는 submit 버튼을 클릭하면 사용자가 텍스트 박스에 입력한 이름 데이터를 FORM 태그의 action 속성에서 지정한 URL로 전송해야 하나 웹 서버 관련 프로그램이 설치되지 않았기 때문에 실제 전송하지 못하고 대신 전송할 데이터를 메시지 대화상자에 출력만 하는 예이다.

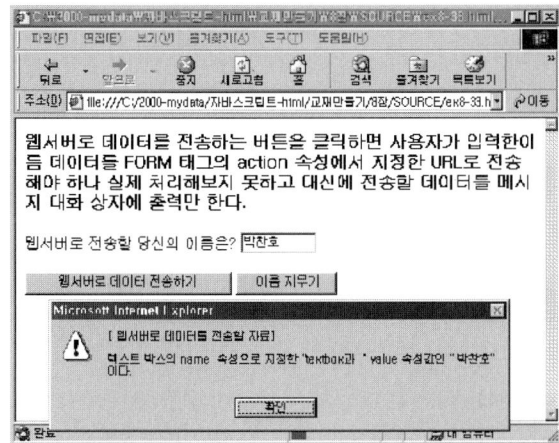

1) 〈form〉 태그 설명

〈form name="form" method="post" action="http://www.submit.com/test.asp" 〉

① method 속성
폼의 텍스트 박스에 입력된 데이터를 웹 서버에 설치된 ASP 프로그램으로 전송할 때 POST 방식을 사용한다.

② action 속성
폼의 텍스트 박스에 입력한 데이터를 전송받아 처리해 줄 웹 서버의 도메인 주소는 "www.submit.com"이고 처리할 ASP 프로그램은 "test.asp"이다.

2) submit 버튼 설명

〈input type="submit" value="웹 서버로 데이터 전송하기" onclick="msg(this.form)"〉

> 웹 서버로 데이터를 전송하는 버튼을 클릭하면 사용자가 입력한 데이터들을 <FORM> 태그의 action 속성에서 지정한 URL로 전송되어야 한다.
> 본 예의 도메인 주소인 "www.submit.com"과 "test.asp"라는 ASP 프로그램은 가상적으로 기술한 것이기 때문에 실제 처리할 수 없다.

submit 버튼을 클릭하면 가상적으로 기술한 URL인 http://www.submitn.com/test.asp로 텍스트 박스의 name 속성으로 지정한 속성 값인 "textbox"와 value 속성 값인 "박찬호"가 전송되어야 한다.

그러나 본 예에서는 submit 버튼을 클릭하면 데이터가 전송되지 않고 msg() 함수가 호출되어 메시지 대화상자에 출력하게 하였다.

[프로그램 : ex8-28.html]

```
<html>
<head>
<script language="JavaScript">
  function msg(form)
    {
    send = "[ 웹 서버로 데이터를 전송할 자료] \n\n"
    send = send + "텍스트 박스의 name  속성으로 지정한 \""
    send = send + form.textbox.name
    send = send + "과 \" value 속성값인 \" "
    send = send + form.textbox.value + "\"이다."
    alert( send );
    }
</script>
</head>
<body>
<h3> 웹 서버로 데이터를 전송하는 버튼을 클릭하면 사용자가 입력한이름 데이터를 FORM 태그의 action 속성에서 지정한 URL로 전송해야하나 실제 처리해보지 못하고 대신에 전송할 데이터를 메시지 대화상자에 출력만 한다. </h3>
<form   name="form" method="post" action="http://www.submit.com/test.asp" >
웹 서버로 전송할 당신의 이름은?
  <input type="text" name="textbox" size="10"><p>
  <input type="submit" value="웹 서버로 데이터 전송하기" onclick="msg(this.form)">
  <input type="reset"  value=" 이름 지우기">
</form>
</body>
</html>
```

12 숨겨진 입력 양식 다루기 : Hidden 객체

웹 프로그래밍을 작성하다 보면 사용자의 브라우저에는 나타낼 필요없이 내부적으로 만 처리해서 웹 서버의 ASP, CGI, PHP 등에 전송해야 할 자료를 다루어야 할 경우가 발생한다. 이 때 브라우저에 나타나지 않는 텍스트 박스 형태의 숨겨진 입력 양식을 사용한다.

12.1 hidden 객체

hidden 객체는 <INPUT> 태그의 type 속성을 hidden으로 설정함으로써 생성되는 객체로서 hidden 객체를 자바스크립트 명령으로 처리할 때 사용할 수 있는 속성들은 표와 같다.

```
<INPUT type="hidden"
    name="name"
    [value="value"]>
```

속성	설명
form	숨겨진 입력 양식을 포함하고 있는 폼 객체
type	〈input〉 태그에서 type에 입력된 값
name	숨겨진 입력 양식의 이름을 지정하는 속성
value	숨겨진 입력 양식에 입력한 값
defaultValue	처음 value 속성에 설정된 문자열

hidden 객체에서 사용할 수 있는 속성들

12.2 숨겨진 입력 양식을 사용하는 예

hidden 타입으로 설정하여 보이지 않는 숨겨진 데이터를 FORM 태그의 action 속성에서 지정한 URL로 숨겨진 데이터를 전송하는 예이다.

실제는 숨겨진 데이터를 FORM 태그의 action 속성에서 지정한 URL로 전송해야 하나 실제 처리해보지 못하고 대신에 전송할 데이터인 hidden 타입으로 설정된 name 속성 값과 value 속성값을 메시지 대화상자에 출력하는 예이다.

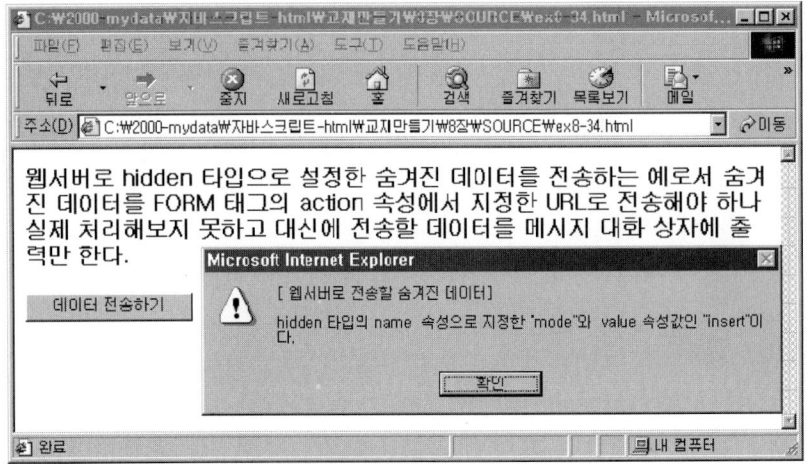

① hidden 타입으로 설정된 숨겨진 입력 양식의 name 속성 값은 "mode"이고, value 속성 값은 "insert"이다.

```
<input type="hidden" name="mode" value="insert" >
```

② submit 버튼을 클릭하면 hidden 타입으로 설정된 name 속성 값인 "mode"와 value 속성 값인 "insert"가 쌍으로 구성되어 <FORM> 태그의 action 속성에서 지정한 URL인 현재 디렉토리의 test.asp 프로그램으로 전송된다.

```
<form name="form" method="post" action="./test.asp" >
<input type="submit" value="데이터 전송하기" onclick="msg(this.form)">
```

③ 그러나 본 예에서는 독자의 컴퓨터에 웹 서버와 CGI, ASP 등의 프로그램이 설치되어야만 실행해 볼 수 있기 때문에 submit 버튼을 클릭하면 msg() 함수가 실행되어 메시지 대화상자에 출력시켰다.

[프로그램 : ex8-29.html]

```
<html>
<head>
<script language="JavaScript">
  function msg(form)
    {
    send = "[ 웹 서버로 전송할 숨겨진 데이터] \n\n"
    send = send  + "hidden 타입의 name  속성으로 지정한 \""
    send = send  + form.mode.name
    send = send  + "\"와  value 속성값인 \""
    send = send  + form.mode.value + "\"이다."
    alert(  send );
    }
</script>
</head>
<body>
<h3> 웹 서버로 hidden 타입으로 설정한 숨겨진 데이터를 전송하는 예로서 숨겨진 데이터를 FORM 태그의 action 속성에서 지정한 URL로 전송해야 하나 실제 처리해 보지 못하고 대신에 전송할 데이터를 메시지 대화상자에 출력만 한다.  </h3>
<form   name="form" method="post" action="./test.asp" >
    <!-- 숨겨진 입력 양식 정의 -->
    <input type="hidden"    name="mode"   value="insert" >
    <input type="submit"    value="데이터 전송하기" onclick="msg(this.form)">
</form>
</body>
</html>
```

13 FileUpload 객체와 관련 이벤트 다루기 : 파일 올리기

사용자가 현재 자신의 시스템에 존재하는 파일을 웹 서버 컴퓨터로 업로드 (upload)시킬 때 사용하는 입력 양식이다. 이러한 파일 업로드 입력 양식을 사용하면 브라우저에 파일 이름을 입력할 수 있는 텍스트 박스 하나와 자신의 시스템 디렉토리를 검색할 수 있는 "찾아보기" 버튼 하나가 자동으로 나타난다.

13.1 파일 업로드 입력 양식을 만드는 문법 형식

웹 서버로 파일 업로드를 시킬 수 있는 입력 양식은 <INPUT> 태그의 type 속성을 file로 설정함으로써 만들어지며 기본 문법 형식은 다음과 같으며 <INPUT> 태그에서 사용할 수 있는 속성은 표와 같다.

```
<INPUT type="file"
       name="fileUploadName">
```

파일 업로드 입력 양식의 속성

속성	설명
type	"file" file 타입으로 설정하면 브라우저에 파일 이름을 입력할 수 있는 텍스트 박스 하나와 자신의 시스템 디렉토리를 검색할 수 있는 "찾아보기" 버튼 하나가 자동으로 구성된다.
name	파일 업로드 입력 양식의 이름

보통 다른 태그를 사용할 때는 <FORM> 태그의 속성 중 웹 서버로 전송할 데이터를 부호화(encoding)하기 위해 사용하는 "enctype"을 생략하는데 파일 업로드 입력 양식을 사용할 때는 반드시 "multipart/form-data"로 설정해야 하며, method 속성 역시 반드시 post 방식으로 설정해야한다.

13.2 FileUpload 객체

FileUpload 객체는 <INPUT> 태그의 type 속성을 file로 설정함으로써 생성되는 객체로서 file 객체를 자바스크립트 명령으로 처리할 때 사용할 수 있는 속성과 메소드 그리고 이벤트 핸들러는 표와 같다.

	FileUpload 객체	
속성	file	파일 업로드 입력 양식을 포함하고 있는 폼 객체
	name	파일 업로드 입력 양식의 이름
	value	파일 업로드 입력 양식에 입력한 값
	type	INPUT 태그에서 type에 입력된 값
메소드	focus()	파일 업로드 입력 양식의 텍스트 박스 안으로 커서 옮기기
	blur()	파일 업로드 입력 양식의 텍스트 박스 안에서 커서 제거하기
이벤트 핸들러	onFocus	마우스나 탭으로 커서가 입력 양식의 텍스트 박스 안에 들어갔을 때
	onBlur	마우스나 탭으로 커서가 입력 양식의 텍스트 박스에서 나갔을 때
	onChange	파일 업로드 입력 양식의 텍스트 박스식의 값을 변경할 때

FileUpload 객체의 속성과 메소드 그리고 이벤트 핸들러

13.3 파일 업로드 입력 양식 사용 예

메일 주소와 함께 자신의 시스템에 존재하는 파일을 웹 서버 컴퓨터로 업로드 (upload)시키는 예를 살펴보자.

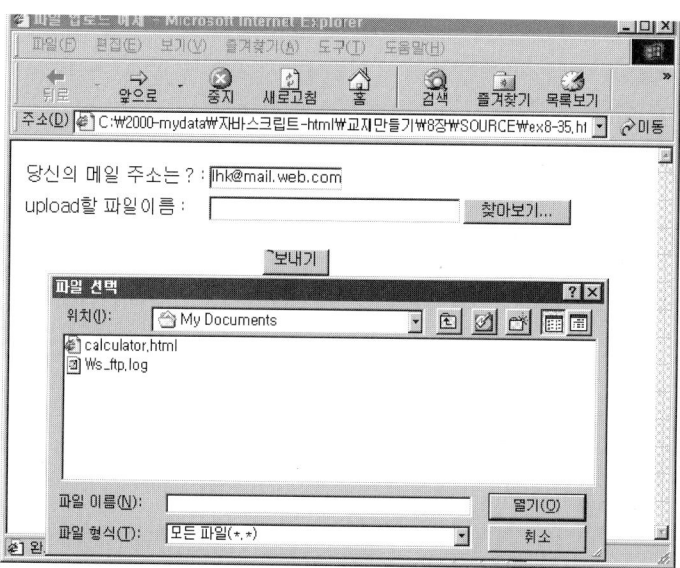

1) 파일 업로드 입력 양식 설명

```
<input type="file" name="file_name" size="30">
```

<INPUT> 태그의 type 속성을 file로 설정하면 브라우저에 파일 이름을 입력할 수 있는 텍스트 박스 하나와 자신의 시스템 디렉토리를 검색할 수 있는 "찾아보기" 버튼 하나로 구성되는 파일 업로드 입력 양식이 자동으로 나타난다.

2) 파일 업로드 입력 양식과 관련된 <FORM> 태그 설명

```
<form name="upload_form" enctype="multipart/form-data"
      action="www.web.com/upload.asp" method="post"
      onsubmit="return input_ok(this)">
```

① enctype="multipart/form-data" method="post"
　파일 업로드 입력 양식을 사용할 때는 <FORM> 태그의 속성 중 "enctype"을 반드시 "multipart/form-data"로 설정해야 하며, method 속성 역시 반드시 post 방식으로 설정해야한다.

② <input type="submit" value="보내기">
　submit 버튼을 클릭하면 웹 서버로 업로드할 파일 경로명과 파일 이름이 전송되기 전에 <FORM> 태그에 기술한 onsubmit 이벤트 핸들러가 호출된다.

원래는 <FORM> 태그에 action 속성에 기술한 도메인 주소로 기술한 웹 서버의 upload.asp 프로그램으로 업로드할 파일 경로명과 파일 이름이 전송되어 upload.asp 프로그램이 파일 업로드를 실행해야 하나 여기서는 가상적으로 처리한 것이므로 실제 실행시키지 않고 메일 주소와 업로드할 파일 경로와 이름을 메시지 대화상자에 출력시켰다.

3) onsubmit 이벤트 핸들러에 대한 설명

```
onsubmit="return input_ok(this)"
```

① FORM 객체의 onsubmit 이벤트 핸들러는 submit 버튼을 클릭하거나 submit 메소드를 실행시켜 입력 양식에 입력되어 있는 데이터를 웹 서버로 전송시킬 때 발생되는 이벤트 핸들러이다.

즉, onsubmit 이벤트 핸들러가 동작되면 데이터가 실제 전송되기 전에 onsubmit 이벤트 핸들러가 지정한 "input_ok()" 함수가 실행된다.

② onsubmit 이벤트 핸들러가 지정하는 함수를 구성할 때 주의할 점은 끝 부분에 반드시 true나 false를 반환해야 한다는 것이다. true가 반환되면 실제로 데이터를 전송하게 되고, false가 반환되면 데이터를 전송하는 명령이 취소된다.

③ 그래서 onsubmit 이벤트 핸들러가 지정한 "input_ok()" 함수의 마지막 명령을 실제적으로 데이터 전송이 불가능하기 때문에 "return false"라고 기술하였으며, input_ok() 함수를 호출할 때의 결과를 되돌려 받기 위하여 "return input_ok(this)"라고 적었다.

여기서 this는 <FORM> 태그에 기술한 폼 객체인 "upload_form"을 의미한다.

> **onsubmit 이벤트 핸들러**
> onsubmit 이벤트 핸들러가 필요한 이유는 실제로 데이터가 웹 서버로 전송되기 전에 사용자가 올바르게 데이터를 입력했는지 검사하기 위해서이다.
> 즉, 잘못된 암호 등을 입력한 경우라든가, 데이터를 누락한 경우에 웹 서버로 전송되기 전에 사용자에게 이 사실을 알려서 수정하게 함으로서 웹 서버의 부하를 경감시키는 중요한 역할을 한다.

[프로그램 : ex8-30.html]
```
<html>
<head>
<title>파일 업로드 예제</title>
<script>
```

```
function input_ok(form)
  {
  /* 메일 주소를 누락시켰는지 여부를 판단한다 */
  if ( form.mail.value == "")
        {alert("메일 주소를 입력하십시오.");
        form.mail.focus();
        return false;
        }

  /* 업로드할 파일 이름을 누락시켰는지 여부를 판단한다 */
  if (form.file_name.value == "")
        {alert("파일을 선택하여 주십시오.");
        form.file_name.focus();
        return false;
        }
  alert("당신의 메일 주소는 " + form.mail.value + "이고\n" +
  "업로드할 파일이름은 " + form.file_name.value + "입니다.");
  alert(" 원래는 form 태그에 도메인 주소로 기술한 웹 서버의" +
  " upload.asp 프로그램으로 업로드할  파일 경로명과" +
  " 파일 이름이전송되어 upload.asp 프로그램이 파일 " +
  " 업로드를 실행해야 하나 \n\n 여기서는 가상적으로" +
  " 처리한 것이므로 실제 실행이 되지 않는다." )
        /*원래는 return true로 하여 웹 서버로 전송시켜야 한다.*/
  return false;
  }
</script>
</head>
<!-- 프로그램이 실행되면 메일 주소 입력 박스로 커서를 위치시킨다. -->
<body onload="document.upload_form.mail.focus()">
    <!-- 업로드 입력 양식을 사용하기 위해 enctype을   multipart/form-data로
하고 method를 post로 설정한다. submit 버튼을 클릭하면 onsubmit 이벤트 핸들러
가 지정한 input_ok() 함수가 호출한다. -->
<form name="upload_form" enctype="multipart/form-data"
action="www.web.com/upload.asp"    method="post" onsubmit="return input_ok(this);">
<table>
<tr> <td>당신의 메일 주소는 ? : </td>
```

```
    <td><input type="text" name="mail" size="15"></td>
<tr>  <td> upload할 파일이름 : </td>
<td><input type="file" name="file_name" size="30"></td>
<tr>  <td colspan=2 align="center"><br>
<input type="submit" value="보내기"></td>
</tr>
</table>
</form>
</body>
</html>
```

Chapter

웹 브라우저 객체와 이벤트 다루기

8장에서는 클라이언트 측(client-side)의 웹 브라우저에서 사용하는 자바스크립트 객체들 중에서 폼에 관련된 객체들을 다루는 방법을 설명하였었다.
본장에서는 폼에 관련된 객체들을 제외한 클라이언트 측의 웹 브라우저에서 사용하는 window, document, history, location 등 나머지 자바스크립트 객체들에 대한 사용법을 설명한다.

1 window 객체

네비게이터나 익스플로러 등과 같은 웹 브라우저에 하나의 HTML 문서가 실행되면 자신의 HTML 문서를 기반으로 많은 자바스크립트 객체가 계층적으로 생성된다.

클라이언트 측의 웹 브라우저에서 사용하는 많은 자바스크립트 객체들은 독립적으로 동작하기도 하지만 계층적인 관계를 가지고 상호 작용하고 있음을 배워왔다.

본 장에서 학습할 내용의 객체들은 window, frame, document, location, history, document.link, document.image, document.cookie, document.anchor 이다.

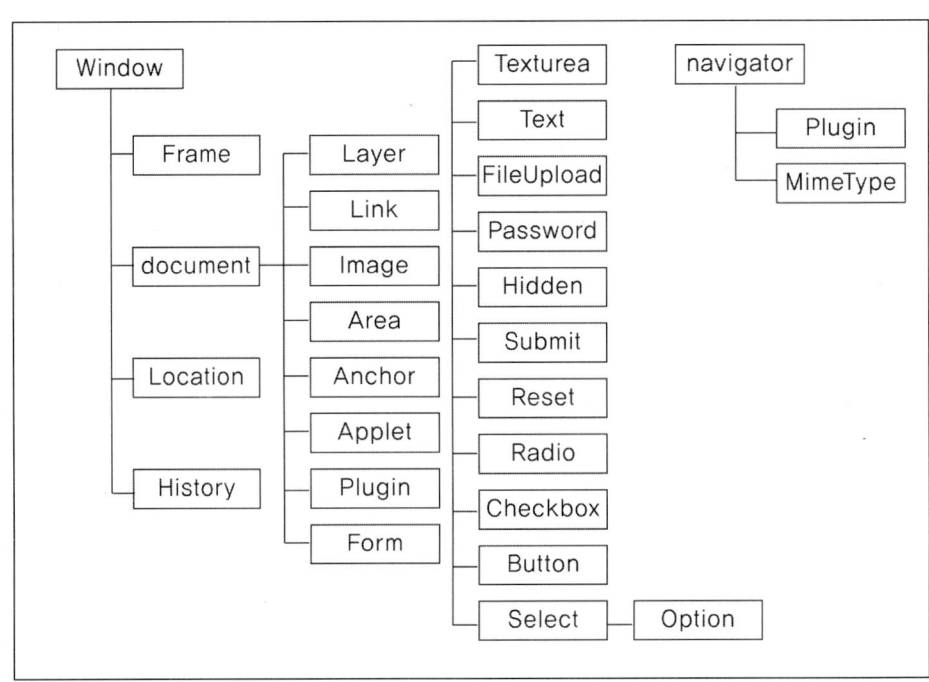

클라이언트 측(client-side)의 웹 브라우저에서 사용하는 자바스크립트 객체들의 계층 구조

1.1 window 객체에서 사용할 수 있는 속성과 메소드 그리고 이벤트 핸들러

자바스크립트 객체들의 계층 구조는 웹 브라우저 자체를 나타내는 가장 상위 객체인 window를 중심으로 frame, document, location, history 등의 HTML 페이지의 구조와 비슷한 형태의 계층 구조를 가지고 있다.

즉, window 객체는 웹 브라우저 내장 객체들의 계층 구조 중에서 가장 상위에 있는 객체로, 우리가 자바스크립트로 하는 모든 작업들이 window 객체 안에서 이뤄지게 된다. 이러한 window 객체에서 사용할 수 있는 속성과 메소드 그리고 이벤트 핸들러는 표와 같다.

표에 기술된 window 객체의 속성과 메소드들은 모든 자식 객체에 적용되며, 다수의 자식 윈도우(=프레임)를 생성할 수 있다.

		window 객체	
window 객체에서 사용할 수 있는 속성과 메소드 그리고 이벤트 핸들러	속성	status	브라우저 하단의 상태 표시줄에 문자열 메시지를 출력하는 역할의 속성
		defaultStatus	status에 지정된 문자열 메시지가 없을 때 브라우저 하단의 상태 표시줄에 기본으로 출력되는 문자열 메시지
		self	window 객체의 self 속성은 자기 자신을 가리키는 속성으로 window 객체 자신이 된다. 그러나 한 윈도우 안에서 여러 개의 프레임을 나누어 사용하는 경우에는 각 프레임 자신이 self가 되므로 self 속성은 아주 유용하게 사용될 수 있다.
		parent	parent 속성은 self 속성처럼 하나의 윈도우에 하나의 문서가 읽혀지면 window 객체 자신이 된다. 그러나 하나의 윈도우가 여러 개의 프레임으로 나누어 사용될 경우 프레임들도 객체처럼 계층 구조가 이루어지는데 계층 구조에서 바로 상위 프레임이 parent가 된다.
		top	하나의 윈도우가 여러 개의 프레임으로 나누어 사용될 경우 프레임 계층 구조에서 최상위 프레임이 top이 된다.
		frames	frames 속성은 하나의 윈도우가 여러 개의 프레임으로 나누어 사용될 경우 배열로써 구성된다.
		opener	open() 메소드의 윈도우를 연 문서가 있는 윈도우
	메소드	open()	브라우저와 동일한 새로운 브라우저를 만드는 메소드로서 인수 지정에 따라 브라우저에 구성 요소인 도구바, 메뉴바, 주소 입력창, 스크롤바, 브라우저의 크기 등을 자유롭게 나타낼 수도 있고 없앨 수도 있다.
		close()	open() 메소드를 사용하여 생성한 윈도우를 제거하는 메소드이다.
		alert() confirm() prompt() setTimeout() setInterval() clearTimeout()	*5장 함수에서 자세히 설명된 메소드들로서 본장에서는 설명을 생략한다. 단지 alert(), confirm(), prompt(), setTimeout(), setInterval(), clearTimeout() 메소드들은 정확하게는 window.alert() 등과 같이 기술해야 한다. 그러나 가장 상위 객체인 window의 메소드들이기 때문에 window를 생략하여 alert(), confirm(), prompt() 등과 같이 기술해도 무방하기 때문에 내장 함수로 취급하였다는 점을 이해하면 된다.
window객체의 parent, self, top, frames 속성들은 하나의 윈도우가 여러 개의 프레임으로 나누어졌을 때 사용하는 속성이기 때문에 본장의 9절에서 frame 객체 다루기 편에서 설명된다.	이벤트 핸들러	onLoad	특정 웹 페이지에 접속되어 HTML 문서가 실행되기 위해 메모리에 적재될 때 자동으로 동작하는 이벤트 핸들러
		onUnload	접속한 웹 페이지를 떠날 경우에 즉, HTML 문서가 종료될 때 자동으로 동작하는 이벤트 핸들러
		onError	브라우저가 문서를 읽던 중 오류가 발생했을 때 동작하는 이벤트 핸들러
		onFocus	사용자가 마우스로 클릭하거나 탭 키를 이용하여 현재 브라우저가 초점(Focus)을 얻었을 때 동작하는 이벤트 핸들러
		onBlur	focus 이벤트 핸들러와는 정반대로서 현재 브라우저에서 focus를 다른 곳으로 이동할 때 동작하는 이벤트 핸들러

1.2 window 객체의 이벤트 핸들러 사용 예

1) onLoad 이벤트 핸들러를 사용하는 예

특정 웹 페이지가 접속되어 관련 HTML 문서가 실행될 때 자동으로 동작하는 onLoad 이벤트 핸들러에 의해 "제 홈페이지를 방문한 것을 환영합니다"와 같은 메시지가 대화상자에 출력되는 예이다.

[프로그램 : ex9-1.html]
```
<html>
<head>
</head>
<body onLoad="alert('제 홈페이지를 방문한 것을 환영합니다')" >
<h4> 특정 웹 페이지가 접속되었을 때 관련 HTML 문서가 실행될 때 자동으로 동작
하는 onLoad 이벤트 핸들러를 사용하는 예
</body>
</html>
```

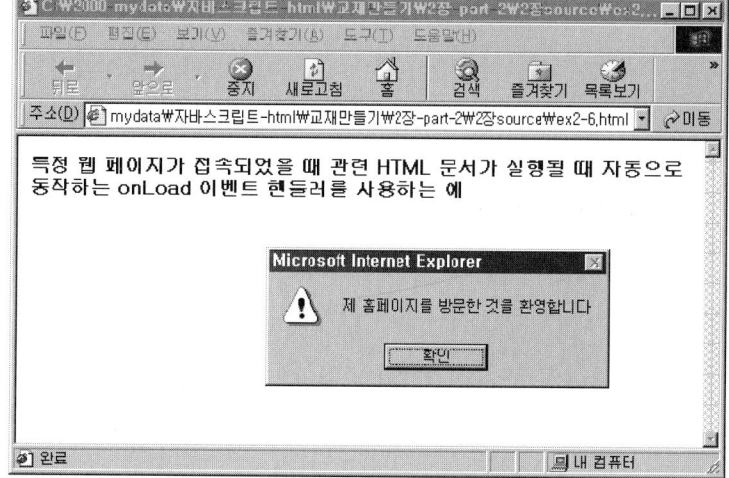

[프로그램 설명]

<body onLoad="alert('제 홈페이지를 방문한 것을 환영합니다')" >에 대한 설명

① onLoad는 이벤트 핸들러는 접속한 HTML 문서가 실행되기 위해 메모리에 모두 적재 (loading)되면 자동으로 실행되는 이벤트 핸들러로서 BODY나 Frameset 태그에서 사용한다.

② onLoad 이벤트 핸들러에 정의된 자바스크립트 명령인 "alert('제 홈페이지를 방문한 것을 환영합니다')"가 실행된다.

2) onUnload 이벤트 핸들러를 사용하는 예

onLoad 이벤트 핸들러와는 반대로 접속한 웹 페이지를 떠날 경우에 자동으로 동작하는 onUnload 이벤트 핸들러를 사용하는 예로서 현재 HTML 문서를 종료시키면 "제 홈페이지를 방문해 주셔서 감사합니다."와 같은 메시지 대화상자가 출력되는 예이다.

```
[프로그램 : ex9-2.html]
<html>
<head>
</head>
<body onUnload="alert('제 홈페이지를 방문해 주셔서 감사합니다.
                \n\n안녕히 가세요')" >
<h4> 접속한 웹 페이지를 떠날 경우에 자동으로 동작하는 onUnload
이벤트 핸들러를 사용하는 예 </h4>
<h5> 다른 사이트로 이동하거나 웹브라우저의 종료 버튼을 클릭하면
onUnload 이벤트 핸들러에 정의한 alert 대화상자가 자동으로
실행됩니다. </h5>
</body>
</html>
```

[프로그램 설명]

① onUnload 이벤트 핸들러는 다른 웹 페이지로 이동하거나 웹 브라우저의 종료 버튼을 클릭하여 실행 중인 HTML 문서를 종료할 때 자동으로 실행되는 이벤트 핸들러로서 BODY나 Frameset 태그에서 사용한다.
② onUnload 이벤트 핸들러에 정의된 자바스크립트 명령인 "alert()가 실행된다.

1.3 window 객체의 속성 사용 예

1) 상태 표시줄에 메시지를 출력하는 defaultStatus와 status 속성 사용 예

HTML 문서가 실행될 때 onLoad 이벤트 핸들러가 지정한 defaultStatus 속성 값이 상태 표시줄에 메시지로 출력된다. 사용자가 하이퍼링크 부분에 마우스를 올려놓으면 onMouseOver 이벤트 핸들러가 지정한 status 속성 값이 상태 표시줄에 메시지로 바뀌어 출력되는 예이다.

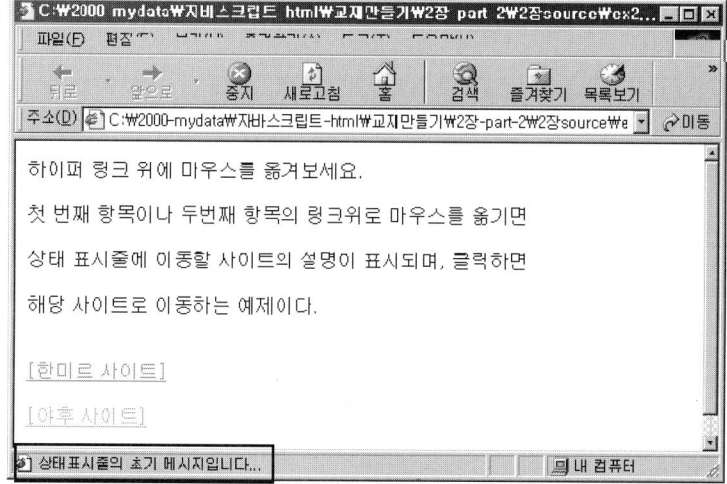

onLoad 이벤트에 의해 defaultStatus 속성값이 상태 표시줄에 출력된 예

[프로그램 : ex9-3.html]

```
<html>
<head>
</head>
<body  onLoad="window.defaultStatus='상태표시줄의 초기 메시지입니다.' ">

<p> 하이퍼링크 위에 마우스를 옮겨보세요. <br><br>
첫 번째 항목이나 두번째 항목의 링크위로 마우스를 옮기면 <P>
상태 표시줄에 이동할 사이트의 설명이 표시되며, 클릭하면 <p>
해당 사이트로 이동하는 예제이다. <br><br><br>


<a   href="http://www.hanmir.com"
onMouseOver="window.status='한국 통신에서 운영하는 정보 검색
사이트로 이동할려면 클릭하세요.';
```

```
return true;">
[한미르 사이트]</a> <p>


<ahref="http://www.yahoo.co.kr"
onMouseOver="window.status='야후 코리아에서 운영하는 정보
검색 사이트로 이동할려면 클릭하세요.';
return true;" >
[야후 사이트]</a> <p>
</body>
</html>
```

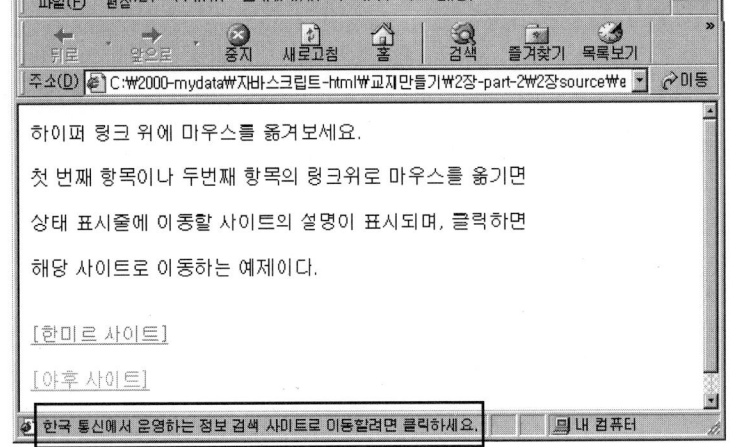

하이퍼링크 부분으로
마우스가 이동했을 때
Status 속성값이
출력된 예
onMouseOver 상태

[프로그램 설명]

① onLoad 이벤트 핸들러에 의해 HTML 문서가 처음 실행될 때 "window.defaultStatus='상태표시줄의 초기 메시지입니다.'" 명령이 실행되어 브라우저 하단의 상태 표시줄에 '상태 표시줄의 초기 메시지입니다.'라는 메시지를 출력해 준다.

② <a> 태그에 의해 하이퍼링크 부분으로 나타나는 [한미르 사이트] 위로 마우스를 옮기면 onMouseOver 이벤트 핸들러에 정의된 자바스크립트 명령인 window.status가 실행되어 브라우저의 하단 상태 표시줄에 '한국 통신에서 운영하는 정보 검색 사이트로 이동할려면 클릭하세요.'라는 메시지를 출력한다.

③ "window.defaultStatus"와 "window.status"의 차이점

defaultStatus와 status는 둘 다 window 객체의 속성으로서 속성값을 브라우저 하단의 상태 표시줄에 메시지를 출력하나 차이점으로 defaultStatus는 status 속성이 실행되지 않을 때 기본적으로 항상 상태 표시줄에 defaultStatus에 지정된 문자열을 메시지로 출

력한다. 예를 들어, 하이퍼링크 부분에서 마우스가 벗어나 있으면 항상 window.defaultStatus 명령에 지정된 문자열이 상태 표시줄에 출력된다.
④ onMouseOver 이벤트 핸들러를 사용하는 경우에 return true 부분을 생략하면 브라우저에 따라 링크의 URL만을 출력하므로 주의해야 한다.

2) 네비게이터 브라우저에서만 적용되는 속성 사용 예

익스플로러에서는 사용할 수 없고 네비게이터에서만 브라우저 화면에 대한 정보를 알려주는 속성들이 있다.

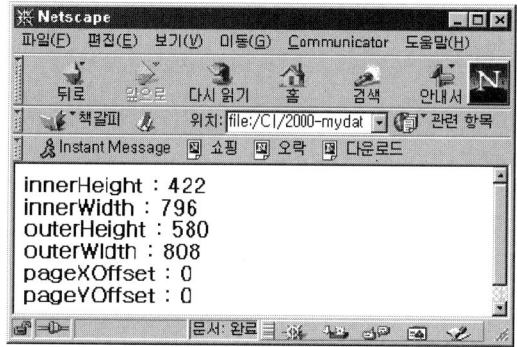

① innerHeight / innerWidth 속성
윈도우의 내용이 실제로 나타나는 영역의 높이와 너비 정보가 픽셀 단위로 나타난다.
② outerHeight / outerWidth 속성
윈도우 바깥 테두리의 높이와 너비 정보가 픽셀 단위로 나타난다.
③ paneXOffset / pageYOffset 속성
윈도우의 좌측 상단을 기준 좌표로 하여 현재 윈도우에 출력되는 문서의 x와 y 좌표 값을 나타낸다.

> 익스플로러에서 실행할 경우 모든 속성들을 사용할 수 없기 때문에 모든 속성 값이 undefined로 출력된다.

[프로그램 : ex9-4.html]
```
<html>
<head>
</head>
<body>
<script>
```

```
        document.write("<H3>")
        document.write("innerHeight : " + window.innerHeight + "<BR>");
        document.write("innerWidth : " + window.innerWidth + "<BR>");
        document.write("outerHeight : " + window.outerHeight + "<BR>");
        document.write("outerWidth : " + window.outerWidth + "<BR>");
        document.write("pageXOffset : " + window.pageXOffset + "<BR>");
        document.write("pageYOffset : " + window.pageYOffset + "<BR>");
        document.write("</H3>")
    </script>
</body>
</html>
```

1.4 window 객체의 메소드 사용 예

1) open() 메소드 사용 방법

window 객체의 open() 메소드는 브라우저와 동일한 새로운 윈도우를 만드는 메소드로서 인수 지정에 따라 브라우저에 구성 요소인 도구바, 메뉴바, 주소 입력창, 스크롤바, 브라우저의 크기 등을 자유롭게 나타낼 수도 있고 없앨 수도 있다. 이러한 open() 메소드의 문법 형식은 다음과 같다.

```
open("URL", "윈도우 이름", ["브라우저 구성 요소"])
```

① URL
    새로운 윈도우에 출력될 URL을 기술한다.

> 한미르 검색 사이트가 새로운 윈도우에 생성되어 나타난다.
> window.open("http://www.hanmir.com")

② 윈도우 이름
    새롭게 만들어지는 윈도우 이름을 기술한다.

③ 브라우저 구성 요소

브라우저에 구성되는 요소인 도구바, 메뉴바, 주소 입력창, 스크롤바, 브라우저의 크기 등을 표와 같이 지정하여 자유롭게 나타낼 수도 있고, 없앨 수도 있다. 만일 생략하면 모든 구성 요소가 나타난다.

브라우저의 구성요소 속성	설 명
toolbar	도구바의 표시 유무를 결정한다.(yes면 표시되고, no면 표시되지 않는다)
menubar	메뉴바의 표시 유무를 결정한다.(yes/no)
location	URL 주소 입력창의 표시 유무를 결정한다.(yes/no)
directories	디렉토리의 표시 유무를 결정한다.(yes/no)
status	상태바의 표시 유무를 결정한다.(yes/no)
scrollbars	스크롤바의 표시 유무를 결정한다.(yes/no)
resizable	크기 조절 유무를 결정한다.(yes/no)
width	브라우저의 너비를 픽셀 수로 지정한다.
height	브라우저의 높이를 픽셀 수로 지정한다.

2) open() 메소드에서 브라우저의 구성 요소 인수를 생략한 경우

window.open("subwin-1.html", "subwin")와 같이 새롭게 만들어지는 윈도우에 출력될 URL과 윈도우 이름만을 지정하고, 브라우저의 구성 요소를 생략하였다. 브라우저의 구성 요소를 생략하면 원래 윈도우와 동일하게 도구바, 메뉴바, 주소 입력창, 스크롤바 등의 구성 요소가 전부 나타나는 새로운 브라우저가 만들어진다.

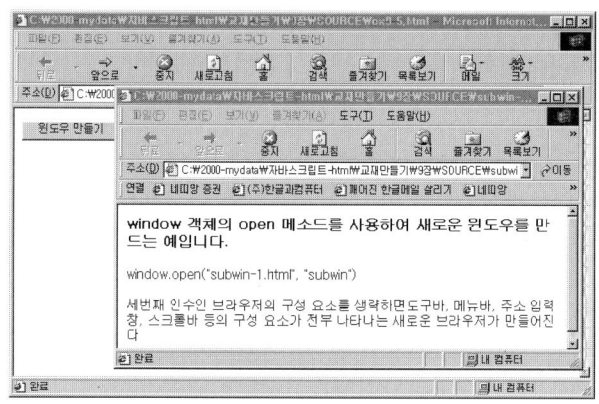

브라우저의 구성 요소 인수를 생략하여 생성한 새로운 윈도우

[프로그램 : ex9-5.html]
```
<html>
<head>
<script>
function makeWindow() {
    window.open("subwin-1.html", "subwin")
}
</script>
</head>
<body>
<FORM>
    <INPUT TYPE="button" VALUE="윈도우 만들기" onClick="makeWindow()">
</FORM>
</script>
</body>
</html>
```

3) 브라우저 구성 요소를 모두 나타나지 않게 한 예

새롭게 만들어지는 윈도우에 출력될 URL과 윈도우 이름만을 지정하고, 브라우저의 구성 요소를 모두 no라고 지정하면 도구바, 메뉴바, 주소 입력창, 스크롤바 등의 구성 요소가 전부를 나타나지 않는다.

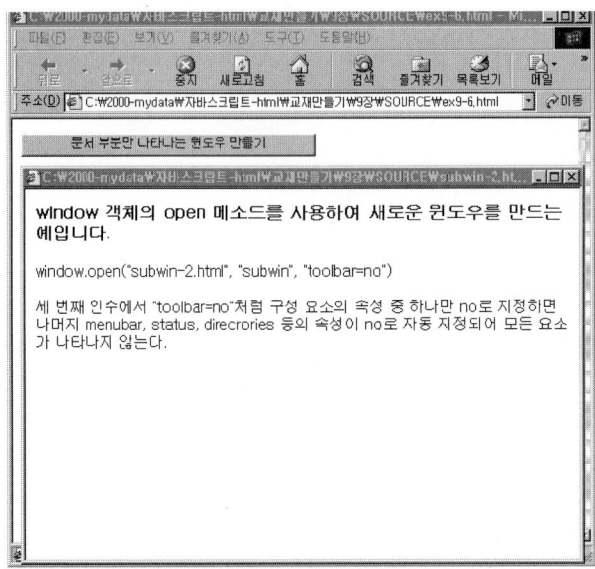

브라우저의 구성 요소 인수를 모두 no로 지정하여 생성한 새로운 윈도우

[프로그램 : ex9-6.html]
```
<html>
<head>
<script>
function documentWindow() {
    window.open("subwin-2.html", "subwin", "toolbar=no")
}
</script>
</head>
<body>
<FORM>
    <INPUT TYPE="button" VALUE="문서 부분만 나타나는 윈도우 만들기"
            onClick="documentWindow()">
</FORM>
</script>
</body>
</html>
```

🔍 주의

window.open("subwin-2.html", "subwin", "toolbar=no")과 같이 브라우저의 구성 요소를 설정하는 세 번째 인수에서 "toolbar=no"처럼 구성 요소의 속성 중 하나만 no로 지정하면 나머지 menubar, status, direcrories 등의 속성을 전부 no라고 지정하지 않아도 모든 브라우저의 구성 요소는 no로 자동 지정된다.
그러나 window.open("subwin.html", "subwin")처럼 세 번째 인수 자체를 생략하면 브라우저의 구성 요소의 속성이 모두 yes로 지정되어 모든 브라우저의 구성 요소가 나타난다.

4) 도구바와 메뉴바만 나타나게 한 예

한미르 검색 사이트를 도구바와 메뉴바 만으로 구성되는 윈도우로 생성한 예이다.

HTML과 JAVAScript

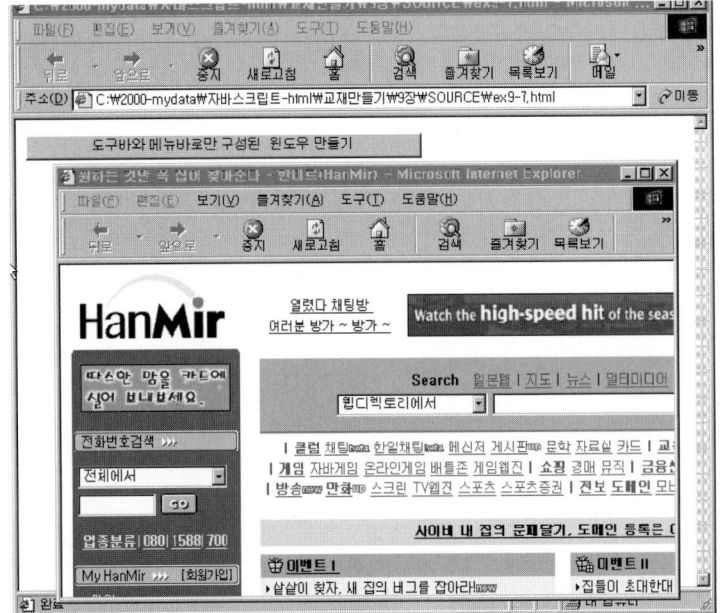

한미르 검색 사이트를
도구바와 메뉴바만으로
나타나게 한 예

window.open("subwin-3.html", "subwin", "menubar=yes, toolbar=yes")와 같이 브라우저의 구성 요소를 설정하는 세 번째 인수에서 나타나게 할 구성 요소의 속성만을 yes로 지정하면 나머지 status, direcrories 등의 속성들은 no로 자동 지정되어 출력되지 않는다.

[프로그램 : ex9-7.html]

```
<html>
<head>
<script>
function toolmenuWindow() {
    window.open(""http://www.hanmir.com", "subwin", "menubar=yes,toolbar=yes")
}
</script>
</head>
<body>
<FORM>
 <INPUT TYPE="button"  VALUE="도구바와 메뉴바로만 구성된  윈도우 만들기"
    onClick="toolmenuWindow()">
</FORM>
</script>
</body>
</html>
```

주의

window.open("subwin-3.html", "subwin", "menubar=yes,toolbar=yes")에서 브라우저의 구성 요소를 설정하는 세 번째 인수인 "menubar=yes,toolbar=yes"를 기술할 때는 속성들을 ,(comma)로 구분하면서 공백을 주지 않고 기술하여야 한다. 특히, 넷스케이프 브라우저에서 공백이 있으면 의도대로 윈도우가 생성되지 않는다.

5) 브라우저의 너비와 높이를 지정한 후 크기를 조절할 수 있게 만든 예

브라우저의 너비가 300, 높이가 200 픽셀 크기의 윈도우로 만든 후 크기를 조절할 수 있도록 resizable 속성을 yes로 지정한 예이다.

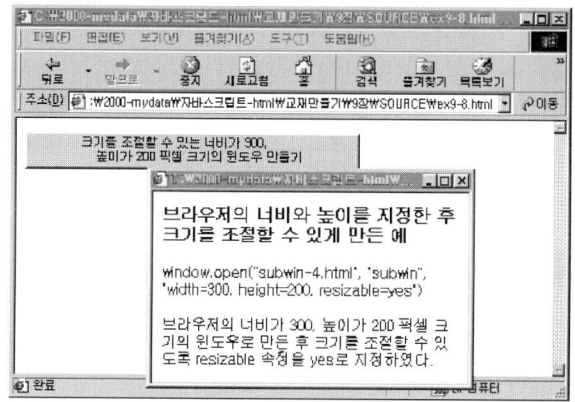

브라우저의 너비와 높이를 지정한 후 크기를 조절할 수 있게 만든 예

[프로그램 : ex9-8.html]

```
<html>
<head>
<script>
function sizeWindow() {
    window.open("subwin-4.html", "subwin", "width=300,height=200,resizable=yes")
}
</script> </head>
<body>
<FORM>
    <INPUT TYPE="button"  VALUE="크기를 조절할 수 있는 너비가 300,
    높이가 200 픽셀 크기의 윈도우 만들기" onClick="sizeWindow()">
</FORM>
</script></body></html>
```

6) close() 메소드 사용 방법

close() 메소드는 open() 메소드를 사용하여 생성한 윈도우를 제거하는 메소드이다. 주의할 점은 open() 메소드에서 결과로 되돌려주는 반환 이름을 사용하여 윈도우를 제거해야 한다.

```
반환이름 = open("URL", "윈도우 이름", ["브라우저 구성 요소"])
반환이름.close()
```

7) close() 메소드 사용 예

"작은 윈도우 만들기" 버튼들을 선택하면 open() 메소드로 작은 윈도우를 생성하고, close() 메소드를 사용하여 작은 윈도우와 부모 역할의 원래 윈도우를 제거하는 예이다.

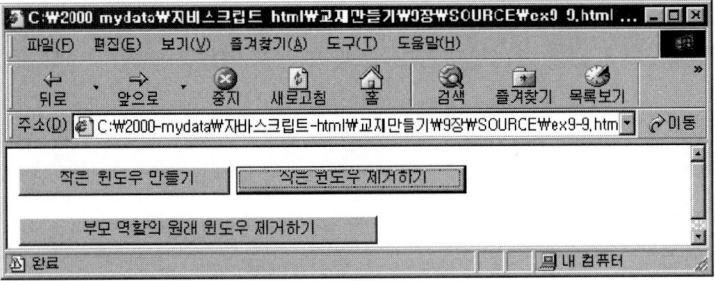

윈도우 생성과 제거 예

```
[프로그램 : ex9-9.html]
<html>
<head>
<script>
   function smallSizeWindow() {
       small_window = window.open("subwin-4.html", "subwin",
           "width=300,height=200,resizable=yes")   }
   function closeWindow() {
       small_window.close()       }
</script> </head>
<body >
<FORM>
```

```
            <INPUT TYPE="button"   VALUE=" 작은  윈도우 만들기"
                    onClick="smallSizeWindow()">
            <INPUT TYPE="button"   VALUE=" 작은 윈도우 제거하기"
                    onClick="closeWindow()">   <br><br>
            <INPUT TYPE="button"   VALUE=" 부모 역할의 원래 윈도우 제거하기"
                    onClick="window.close()">
</FORM>
</script>
</body>
</html>
```

[프로그램 설명]

① 작은 윈도우를 생성할 때 open() 메소드에서 반환 이름을 "small_window"로 지정하였기 때문에 반환 이름을 사용하여 small_window.close() 명령으로 작은 윈도우를 제거한다.

② 부모 역할의 원래 윈도우를 제거할 때는 원래 윈도우가 최상위 객체인 window는 하나이기 때문에 반환 이름을 사용할 필요없이 window.close()로 기술하면 된다. window.close() 대신에 self.close(), close()로 기술해도 된다.

③ "부모 역할의 원래 윈도우 제거하기" 버튼을 클릭하여 window.close() 명령이 수행되면 자동으로 창을 닫겠는지 여부를 물어보는 대화상자가 나타난다.

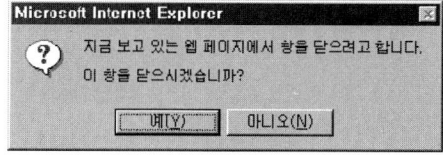

부모 역할의 원래
윈도우를 제거할 때
나타나는
확인 대화상자

2 Document 객체

그 동안 많이 사용해왔던 document 객체는 window 객체의 자식으로서 문서의 타이틀, 배경색, 폼, 링크, 자바 애플릿 등과 같은 문서의 내용물들을 직접적으로 처리하는 객체이다.

즉, document 객체는 <BODY>와 </BODY> 태그 사이에 있는 문서의 내용물과 <HEAD>와 </HEAD> 사이의 <TITLE> 태그의 정보 그리고 문서의 변경 날짜 정보 등을 직접 처리하는 객체이다. 그러나 document 객체는 툴바, 상태바, 문서 위치 정보 등은 처리할 수 없다.

2.1 document 객체의 기본적인 속성들

document 객체의 기본적인 속성들을 사용하여 문서의 배경색, 글자색, 제목, 링크 부분의 색, 문서의 변경 날짜 정보 등을 알아낼 수 있다.

document 객체의 속성들

객체	속성
title	<TITLE>과 </TITLE> 태그 사이에 기술된 문서의 제목을 문자열 형태로 나타내는 속성
location	현재 브라우저에 나타난 문서의 URL 주소를 문자열 형태로 나타내는 속성
lastModified	문서를 마지막으로 수정한 날짜를 문자열 형태로 나타내는 속성
referrer	링크로 현재 문서에 접속했을 때 이전 문서의 URL 위치를 문자열 형태로 나타내는 속성
bgColor	문서의 배경색을 나타내는 속성
fgColor	문서의 전경색을 나타내는 속성
linkColor	문서에서 링크를 표시하는 색
alinkColor	링크를 클릭했을 때 표시하는 색
vlinkColor	이전에 방문했던 링크를 표시하는 색

2.2 기본적인 속성들 사용 예

1) HTML 문서의 title, location, bgColor 등의 속성을 출력하는 예

현재 HTML 문서에대한 document 객체의 title, location, lastModified, referrer, bgColor, fgColor, linkColor, alinkColor, vlinkColor 등의 속성을 사용하여 해당 속성 값을 출력하는 예이다.

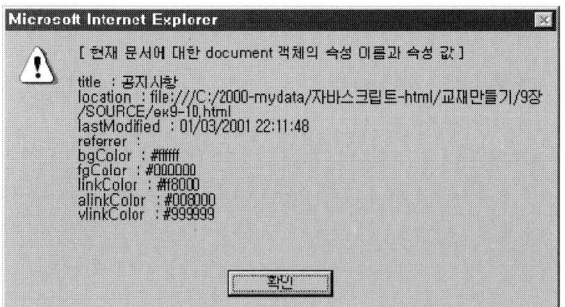

현재 HTML 문서의 document 속성을 출력한 예

🔍주의

링크를 통해 문서를 접속했을 때 이전 문서의 URL 주소를 문자열 형태로 나타내는 referrer 속성은 익스플러로에서는 사용할 수 없고 넷스케이프 브라우저에서만 실행되는 속성이다.

[프로그램 : ex9-10.html]

```
<html>
<head>
<title>공지사항</title>
<script>
function document_perporty() {
  var msg = "[현재 문서에 대한 document 객체의 속성 이름과 속성 값 ] \n\n"
  /* title 속성은 <TITLE>과 </TITLE> 태그 사이에 기술된
문서의 제목을 문자열 형태로 나타내는 속성 */
msg += "title : " + document.title + "\n"

  /* location 속성은 현재 브라우저에 나타난 문서의
URL 주소를 문자열 형태로 나타내는 속성 */
```

```
msg += "location  : " +  document.location + "\n"

/* lastModified 속성은 문서를 마지막으로 수정한
날짜를 문자열 형태로 나타내는 속성 */
msg += "lastModified : " +  document.lastModified + "\n"

/* referrer 속성은 링크로 현재 문서에 접속했을 때
이전 문서의 URL 위치를 문자열 형태로 나타내는 속성 */
msg +=  "referrer : " +  document.referrer + "\n"

/* bgColor 속성은 문서의 배경색을 나타내는 속성 */
msg +=  "bgColor : " +  document.bgColor + "\n"

/* fgColor는 문서의 글자 등의 전경색을 나타내는 속성*/
msg +=  "fgColor : " +  document.fgColor + "\n"

/* linkColor 속성은 문서에서 링크를 표시하는 색 */
msg +=  "linkColor  : " +  document.linkColor + "\n"

/* alinkColor 속성은 링크를 클릭했을 때 표시하는 색 */
msg +=  "alinkColor : " +  document.alinkColor + "\n"
/* vlinkColor 속성은 이전에 방문했던 링크를 표시하는 색 */
msg +=  "vlinkColor : " +  document.vlinkColor + "\n"
alert(msg)
    }
</script>
</head>
<body bgcolor="#FFFFFF"  alink="green"   vlink="#999999">
<li> <a href="ent-frm.htm" ><b><u><font color="blue">
2001학년도  입시요강</font></u></b></a>
<li> <a href="hakja.htm"> <font color="blue"> 대학생 학자금 신용대출 안내</a>
<li> <a href="인턴.htm" > 2001년도 정부지원 인턴제 시행안내</font></a>
<li> <a href="gongsa.htm" > 인터넷 전용선 증속 작업완료</a> <br><br>
<FORM>
    <INPUT TYPE="button"  VALUE=" document 객체의
속성을 사용하여 현재 문서에 대한  정보 알아내기" onClick="document_perporty()">
</FORM></body></html>
```

2) 리스트박스에서 선택된 색깔로 문서의 배경색상과 글자 색상을 변경하는 예

리스트 박스에서 색깔을 선택하면 document 객체의 bgColor, fgColor의 속성을 사용하여 문서의 배경 색상과 글자 색상이 변경되는 예이다.

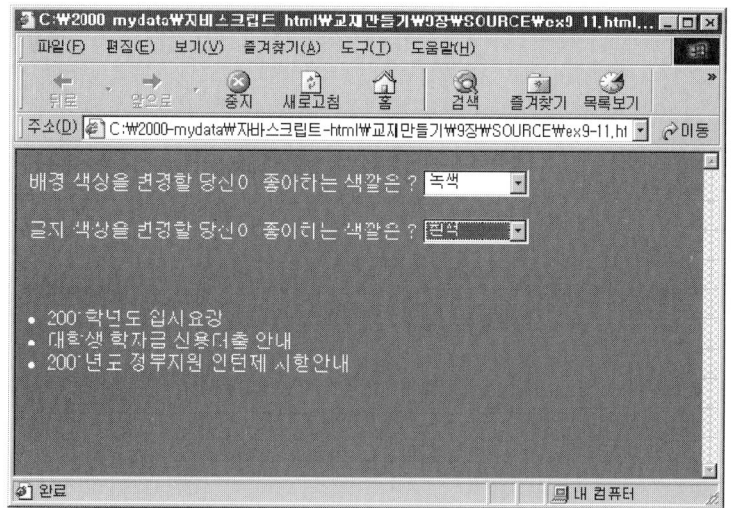

문서의 배경 색상이 녹색이고 글자 색상이 흰색인 예

① bgColor_choice() 함수 내의 document.bgColor 명령은 HTML 문서(=document 객체)의 배경 색(bgColor; background Color)을 나타내는 속성으로서 HTML 문서의 배경 색을 파란 색으로 나타낼 때는 다음과 같이 기술한다.

```
document.bgColor = "blue"   // 배경색이 파란 색으로 나타난다.
document.bgColor = "0088ff" // RGB 색상 값인 16진수로 파란 색을 나타낸다.
```

② fgColor_choice() 함수 내의 document.fgColor 명령은 HTML 문서(=document 객체)의 글자의 색깔인 전경 색(fgColor; foreground Color)을 나타내는 속성으로서 HTML 문서의 배경 색을 흰색으로 나타낼 때는 다음과 같이 기술한다.

```
document.fgColor = "white"  // 글자색이 흰 색으로 나타난다.
document.fgColor = "ffffff" // RGB 색상 값인 16진수로 흰색을 나타낸다.
```

[프로그램 : ex9-11.html]

```html
<html>
<head>
<script language="JavaScript">
    function bgColor_choice(form)
    {
       if (form.selectBgColor.value != 0) {
    /* 리스트 박스에서 선택된 항목의 인덱스 값을 알아낸다. */
    index = form.selectBgColor.selectedIndex
    /* 선택한 항목의 value 속성 값을 사용하여
    HTML 문서의 배경 색을 출력한다. */
    document.bgColor = form.selectBgColor[index].value }
       else
    alert("배경 색상을 선택하여 주십시요.");
       }

    function fgColor_choice(form)
    { if ( form.selectFgColor.value != 0)
    { index = form.selectFgColor.selectedIndex
    /* 선택한 항목의 value 속성 값을 사용하여
    HTML 문서의 글자 색을 출력한다. */
    document.fgColor = form.selectFgColor[index].value }
       else
    alert("글자 색상을 선택하여 주십시요.");
       }
</script>
</head>
<body>
<form name="form">
배경 색상을 변경할 당신이 좋아하는 색깔은 ?
<select name="selectBgColor"  onchange="bgColor_choice(this.form)">
     <option value="0">선택하세요
     <option value="red">빨강
     <option value="yellow">노랑
     <option value="blue">파랑
     <option value="green">녹색
     <option value="white">흰색
</select>
<br><br> 글자 색상을 변경할 당신이 좋아하는 색깔은 ?
```

```
<select name="selectFgColor"    onchange="fgColor_choice(this.form)">
    <option  value="0">선택하세요
    <option  value="red">빨강
    <option  value="yellow">노랑
    <option  value="blue">파랑
    <option  value="green">녹색
    <option  value="white">흰색
</select>    <br><br><br><br>
<li>2001학년도 입시요강
<li>대학생 학자금 신용대출 안내
<li> 2001년도 정부지원 인턴제 시행안내
</form>
</body>
</html>
```

2.3 document의 자식 객체들

document 객체는 앞에서 학습한 기본적인 속성 외에도 HTML 문서의 표식(=책갈피) 정보, 링크 정보, 이미지 정보, 애플릿 정보 등을 배열 형태로 다룰 수 있는 속성 객체들이 제공된다. 속성 객체들은 배열 형태로 제공되는 document 객체의 자식 객체들이다.

HTML과 JAVAScript

document 객체의
속성(자식) 객체들

속성 객체	document 객체의 속성(자식) 객체들	
	anchors	HTML 문서에 표식(=책갈피)으로 지정된 수와 특정 단어 정보를 배열로 제공한다.
	forms	HTML 문서의 〈FORM〉 태그에 기술된 모든 입력 양식들을 배열 표현으로 나타내는 forms 속성은 8장에서 자세히 언급했기 때문에 본 절에서는 생략한다. forms 속성을 통해 문서에 들어가 있는 모든 입력 양식에 접근하여 값을 알아낼 수 있다.
	links	현재 HTML 문서에 설정된 하이퍼링크 부분의 수와 URL 정보를 배열로 제공한다.
	images	〈IMG〉 태그로 생성되는 이미지의 수와 이름, 높이, 너비, 테두리 두께 등의 정보를 배열로 제공하며. src 속성을 이용하여 기존 이미지를 다른 이미지로 변경할 수 있다.
	applets	문서에 있는 자바 애플릿들 정보를 배열로 제공한다.
	embeds	문서에 있는 플러그인들의 정보를 배열로 제공한다.
	cookie 파일	서버 측에서 클라이언트 측의 하드디스크에 사용자에 관한 정보를 저장하는 특별한 텍스트 파일

3 document 객체의 자식인 anchors 객체 다루기

3.1 anchors 객체와 관련 태그

HTML 문서에 내용이 많을 경우에 〈A〉 태그의 NAME 속성이나 String 객체의 anchor() 메소드를 사용하여 "#특정단어"를 표식(=책갈피)으로 지정하면 링크 부분을 클릭했을 때 표식(=책갈피)으로 직접 이동할 수 있다.

document 객체의 속성인 anchors 객체는 현재 HTML 문서에 책갈피로 지정된 수와 특정 단어 정보를 배열로 제공한다.

동일한 기능의 HTML 태그	String 객체의 메소드	설 명
<A NAME="#특정단어"> 글자 </A>	글자.anchor ("#특정단어")	HTML 문서에 내용이 많을 경우 링크 부분을 클릭했을 때 직접 이동할 수 있도록 "#특정단어"로 표식(=책갈피)을 지정한다.

anchors 객체와
관련 태그와 메소드

3.2 anchors 객체의 속성

① anchors 객체의 length 속성
현재 HTML 문서에 책갈피로 지정된 표식의 수를 알려주는 속성이다.

document.anchors.length

② anchors 객체의 name 속성
현재 HTML 문서에 책갈피로 지정된 표식의 특정 단어를 배열 표현과 name 속성으로 알 수 있다.

// 첫번째 지정된 책갈피의 특정 단어를 알 수 있다.
document.anchors[0].name

3.3 anchors 객체의 사용 예

anchors 객체의 속성을 사용하여 현재 HTML 문서에 책갈피로 지정된 표식의 수와 이름을 알려주는 예이다.

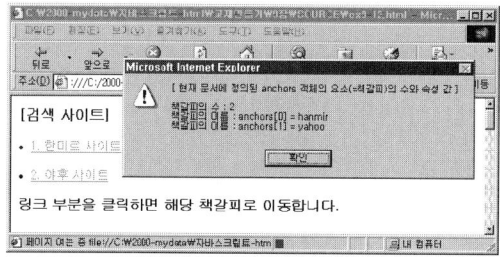

책갈피로 지정된 표식의
수와 이름을
알려주는 예

[프로그램 : ex9-12.html]

```
<html>
<body >
<H3>[검색 사이트]</H3>
<LI> <a  href="#hanmir" > 1. 한미르 사이트</a> <p>
<LI>  <a  href="#yahoo"> 2. 야후 사이트</a> <BR><BR>
<H3>링크 부분을 클릭하면 해당 책갈피로 이동합니다.</H3>
<BR><BR><BR><BR><BR><BR><BR><BR><BR><BR><BR><BR>
<BR><BR><BR><BR><BR><BR><BR>

[첫번째 책갈피 ]
<a   name="hanmir" >
한미르 사이트는 한국 통신에서 운영하는 정보 검색 사이트입니다.
<BR><BR><BR><BR><BR><BR><BR><BR><BR>
<BR><BR><BR><BR><BR><BR><BR><BR>

[두번째 책갈피 ]
<a   name="yahoo" >
야후 사이트는 야후 코리아에서 운영하는 정보 검색 사이트 입니다.
    <SCRIPT LANGUAGE="JavaScript">
    var msg = "[ 현재 문서에 정의된 anchors 객체의
    요소(=책갈피)의 수와 속성 값 ] \n\n"
    msg += "책갈피의 수 : " + document.anchors.length + "\n";
    for ( i = 0; i < document.anchors.length;  i++ )
        msg += "책갈피의 이름 : anchors[" + i + "] = "
                + document.anchors[i].name + "\n";
    alert(msg)
</SCRIPT>
</body>
</html>
```

4 document 객체의 자식인 links 객체 다루기

4.1 links 객체와 관련 태그

HTML 문서에 나타낸 <A> 태그의 HREF 속성이나 String 객체의 link() 메소드를 사용하여 링크 부분을 URL로 지정하면 특정 HTML 문서나 문서 내의 표식(=책갈피)으로 직접 이동할 수 있다.

document 객체의 속성인 links 객체는 현재 HTML 문서에 설정된 하이퍼링크 부분의 수와 URL 정보를 배열로 제공한다.

동일한 기능의 HTML 태그	String 객체의 메소드	설 명
<A HREF="URL"> 글자 </A>	link("URL")	URL로 기술된 특정 HTML 문서나 문서 내의 문서 내의 표식 직접 이동할 수 있다

links 객체와 관련 태그와 메소드

4.2 links 객체의 속성

① links 객체의 length 속성
   현재 HTML 문서에 지정된 하이퍼링크의 수를 알려주는 속성이다.

   document.links.length

② links 객체에 포함된 하이퍼링크의 URL을 아는 방법
   현재 HTML 문서에 지정된 하이퍼링크의 URL을 배열 표현으로 알 수 있다.

   // 첫번째 지정된 하이퍼링크의 URL을 알수 있다.
   document.links[0]

4.3 links 객체의 사용 예

links 객체의 속성을 사용하여 현재 HTML 문서에 지정된 하이퍼링크의 수와 URL을 알려주는 예이다.

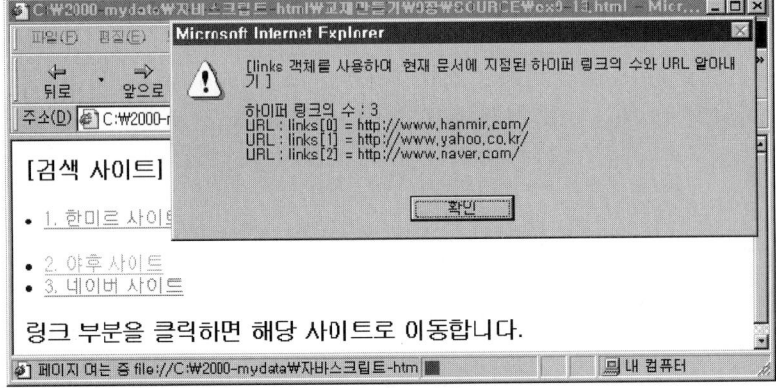

하이퍼링크의
수와 URL을
알려주는 예

[프로그램 : ex9-13..html]

```
<html>
<body >
<H3>[검색 사이트]</H3>
<LI> <a  href="http://www.hanmir.com" > 1. 한미르 사이트</a> <p>
<LI> <a  href="http://www.yahoo.co.kr"> 2. 야후 사이트</a>
<LI> <a  href="http://www.naver.com"> 3. 네이버 사이트</a>    <BR><BR>
<H3>링크 부분을 클릭하면 해당 사이트로 이동합니다.</H3>

<SCRIPT LANGUAGE="JavaScript">
    var msg = "[links 객체를 사용하여 현재 문서에 지정된
    하이퍼링크의 수와 URL 알아내기 ] \n\n"
    msg += "하이퍼링크의 수 : " + document.links.length + "\n";
    for ( i = 0; i < document.links.length;  i++ )
        msg += "URL : links[" + i + "] = "  + document.links[i] + "\n";
    alert(msg)
</script>
</body>
</html>
```

document 객체의 자식인 images 객체 다루기

5.1 images 객체와 관련 태그

HTML 문서에 <IMG> 태그를 사용하여 방문자에게 좀더 효과적인 의사를 전달할 수 있는 이미지가 포함된 홈페이지를 구성할 수 있다.
document 객체의 속성인 images 객체는 <IMG> 태그로 생성되며, 현재 HTML 문서에 구성된 이미지의 수와 이름, 높이, 너비, 테두리 두께 등의 정보를 배열로 제공한다.

동일한 기능의 HTML 태그	설 명
<IMG name="이미지 파일의 이름" src="URL" width="" height="" alt="" border=""> · name : 이미지 파일의 이름 · src : 이미지 파일의 위치인 URL 주소(높은 해상도) · lowsrc : 이미지 파일의 위치인 URL 주소(낮은 해상도) · width : 이미지의 너비 · height : 이미지의 높이 · alt : 이미지의 설명 · border : 이미지의 테두리 두께	HTML 문서에 이미지를 출력하는 태그이다. 이미지 파일은 확장자가 .jpg, .gif로 된 파일들 주로 사용한다.

images 객체를 생성하는 <IMG> 태그

5.2 images 객체에서 사용하는 속성들

① length 속성
현재 HTML 문서에 포함된 이미지의 수를 알려주는 속성이다.

```
<!-- <IMG> 태그로 두 개의 이미지를 구성한다. bird.gif는 document.images[0]가 된
다. -->
<img  name=bird  src=bird.gif>
<!-- tiger.gif는 document.images[1]이 된다. -->
<img  name=tiger  src=tiger.gif>

// 이미지의 수가 2개임을 알려준다.
document.images.length
```

② name 속성
현재 HTML 문서에 구성된 이미지의 이름을 배열 표현으로 알 수 있다.

```
// 첫 번째 구성된 이미지의 이름을 알 수 있다.
document.images[0].name
```

③ src 속성
현재 HTML 문서에 구성된 이미지 파일의 위치인 URL을 배열 표현으로 알 수 있다.

```
// i 번째 구성된 이미지의 URL 주소를 알 수 있다.
document.images[i].src
```

---

src 속성

src 속성은 images 객체의 다른 속성과 다르게 src 속성을 이용하여 기존 이미지를 다른 이미지로 변경할 수 있다. 그러므로 src 속성을 활용하여 자바스크립트로 애니메이션을 구성할 수 있다.

① <IMG> 태그로 bird.gif 이미지를 HTML 문서에 첫 이미지로 구성한다. bird.gif document.images[0]가 된다.
  <img name=bird src=bird.gif>
② src 속성을 사용하여 document.images[0]인 bird.gif를 tiger.gif 이미지로 변경한다.
  document.images[0].src=tiger.gif

④ lowsrc 속성
현재 HTML 문서에 구성된 이미지 파일의 위치인 URL 정보와 기존 이미지를 다른 이미지로 변경시킬 수 있다.

```
// i 번째 구성된 이미지의 URL 주소를 알 수 있다.
document.images[i].lowsrc
// i 번째 이미지를 tiger.gif로 변경한다.
document.images[i].lowsrc=tiger.gif
```

src와 lowsrc 속성의 차이점
두 속성은 이미지 파일의 위치인 URL 주소 정보를 알아내는 역할과 기존 이미지를 다른 이미지로 변경하는 기능은 동일하다.
그러나 src 속성은 해상도가 높게 이미지가 나타나고, lowsrc 속성은 해상도가 낮은 이미지로 브라우저에 나타난다.
이들을 활용하는 방법은 다음과 같다.
보통 웹 서버에서 이미지를 다운로드 할 때 전송 속도가 느리기 때문에 사용자가 지루해 한다. 이 때 해상도가 낮은 lowsrc 속성으로 희미하게 이미지를 보여주다가 완전히 전송되면 src 속성으로 해상도가 높은 이미지를 보여준다.

⑤ width 속성
현재 HTML 문서에 구성된 이미지의 너비를 배열 표현으로 알 수 있다.

```
// i 번째 구성된 이미지의 너비를 픽셀의 크기로 알 수 있다.
document.images[i].width
```

⑥ height 속성
현재 HTML 문서에 구성된 이미지의 높이를 배열 표현으로 알 수 있다.

```
// i 번째 구성된 이미지의 높이를 픽셀의 크기로 알 수 있다.
document.images[i].height
```

⑦ border 속성
현재 HTML 문서에 구성된 이미지의 테두리 두께를 배열 표현으로 알 수 있다.

// i 번째 구성된 이미지의 테두리 두께를 알 수 있다.
document.images[i].border

5.3 images 객체의 속성을 사용하여 이미지 정보를 출력하는 예

<IMG> 태그로 날아가는 새 이미지와 움직이는 호랑이 이미지 두 개를 구성한 후 버튼을 클릭하면 images 객체의 속성을 사용하여 관련 이미지들의 정보를 출력하는 예이다.

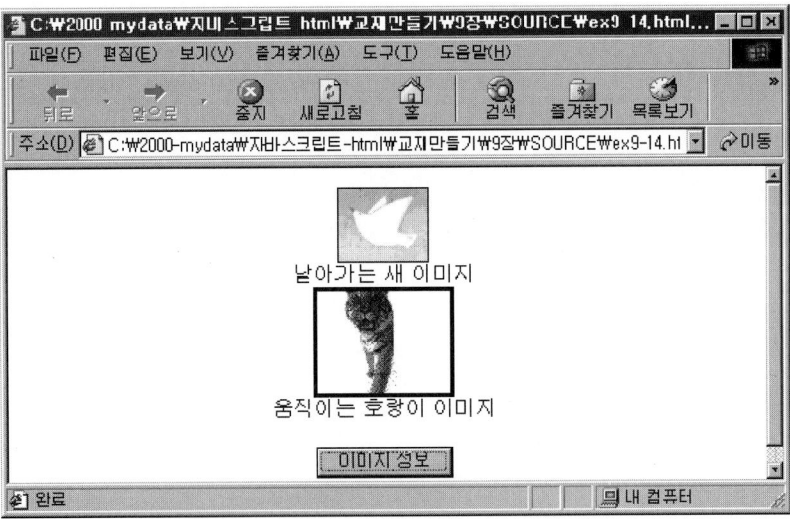

날아가는 새 이미지와 움직이는 호랑이 이미지 두 개를 구성한 예

[프로그램 : ex9-14.html]
```
<html>
<head>
<SCRIPT LANGUAGE="JavaScript">
  function imageInfo() {
    msg = ""
    for ( i=0; i < document.images.length; i++)
    {
```

```
                msg +=  i + 1 + "번째 이미지 정보\n\n"
                msg += "이름 : " +  document.images[i].name+"\n "
                msg += "URL : " +  document.images[i].src+"\n "
                msg += "너비 : " +  document.images[i].width+"\n "
                msg += "높이 : " +  document.images[i].height+"\n "
                msg += "테두리 : " +  document.images[i].border+"\n\n"
        }
        alert( msg)
}
</SCRIPT>
</head>
<center>
<body>
<!-- <IMG> 태그로 두 개의 이미지를 구성한다. -->
<img name=bird src=bird.gif border=1 ><br>
날아가는 새 이미지<br>
<img name=tiger src=tiger.gif border=3 ><br>
움직이는 호랑이 이미지<br>
<FORM>
   <INPUT TYPE="button" VALUE="이미지 정보 구하기" onClick="imageInfo()">
</FORM>
</center>
</body>
</html>
<html>
<head>
```

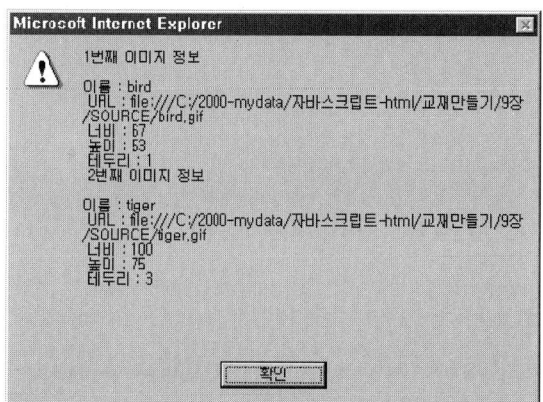

두 개의 이미지 정보를
출력한 예

5.4 이미지 링크와 이벤트에 의해 이미지가 변경되는 예

<A> 태그의 href 속성을 사용하여 프로그램이 처음 실행될 때 구성되는 날아가는 새 이미지를 하이퍼링크 부분으로 만들고, 날아가는 새 이미지에 마우스를 올려놓았다가 잠시 후에 날아가는 새 이미지에서 마우스를 벗어나게 하면(= onMouseOut 상태) 호랑이 이미지로 변경된다. 다시 호랑이 이미지에 마우스를 올려놓으면(=onMouseOver 상태) 날아가는 새 이미지로 변경되면서 새 이미지는 하이퍼링크 부분으로 동작하는 예이다.

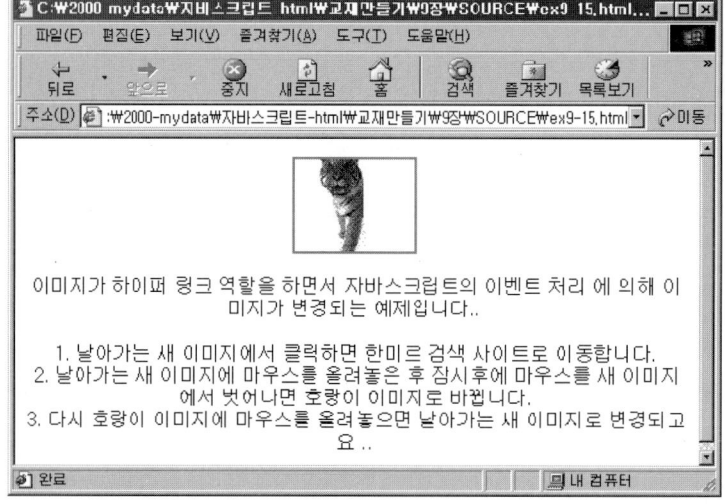

호랑이 이미지
onMouseOut 상태

① <a href="http://www.hanmir.com">

　<img src=bird.gif ></a>

<A> 태그의 href 속성을 사용하여 프로그램이 처음 실행될 때 구성되는 날아가는 새 이미지인 bird.gif를 하이퍼링크 부분으로 만든다. 이 때 bird.gif는 document.images[0]가 된다.

② onMouseOver="document.images[0].src='bird.gif';"
　onMouseOver는 사용자가 날아가는 새 이미지 위에 마우스를 올렸을 경우에 발생하는 이벤트 핸들러로서 마우스를 이미지 위에 올리면 document.

images[0].src='bird.gif'라는 자바스크립트 명령에 의해 bird.gif가 출력된다. 처음 프로그램이 실행될 때는 images[0]에 bird.gif가 있기 때문에 변화가 없다.

③ onMouseOut="document.images[0].src='tiger.gif';"
onMouseOut는 사용자가 날아가는 새 이미지에서 마우스를 이탈하였을 때 발생하는 이벤트 핸들러로서 마우스를 이미지에서 벗어나면 document.images[0].src='tiger.gif'; 명령에 의해 images[0]에 있는 bird.gif가 tiger.gif로 변경되어 움직이는 호랑이 이미지가 출력된다.

④ 정리하면, onMouseOver와 onMouseOut 이벤트가 발생할 때마다 document 객체(= 현재 브라우저의 문서)에서 이미지가 출력되는 첫 번째 배열인 images[0]에 bird.gif와 tiger.gif가 번갈아 변경 저장되면서 출력된다.

⑤ 서로 다른 이미지를 문서 내의 동일한 위치에 출력할 때는 사용할 이미지의 크기를 같게 해야 한다.

[프로그램 : ex9-15.html]

```
<html>
<head>
</head>
<body>
<center>
<a  href="http://www.hanmir.com"
onMouseOver="document.images[0].src='bird.gif';"
onMouseOut="document.images[0].src='tiger.gif';">
<img src=bird.gif  ></a><br><br>
이미지가 하이퍼링크 역할을 하면서 자바스크립트의
이벤트 처리에 의해 이미지가 변경되는 예제입니다.<P>
1. 날아가는 새 이미지에서 클릭하면 한미르 검색 사이트로 이동합니다. <br>
2. 날아가는 새 이미지에  마우스를 올려놓은 후 잠시후에
    마우스를 새 이미지에서 벗어나면 호랑이 이미지로 바뀝니다.<br>
3. 다시 호랑이 이미지에 마우스를 올려놓으면 날아가는 새 이미지로 변경되고요 .
</center>
</body>
</html>
```

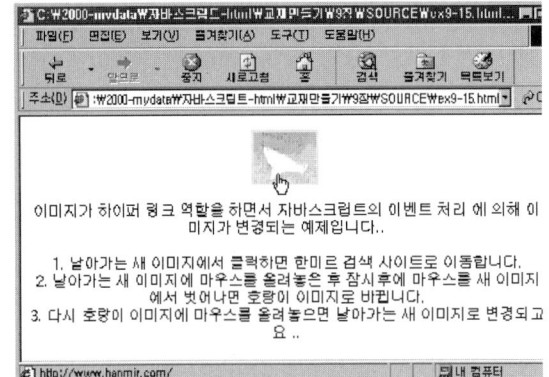

하이퍼링크된 날아가는
새 이미지
onMouseOver 상태

5.5 버튼을 클릭할 때마다 이미지가 반복적으로 변경되는 예

이미지 변경하기 버튼을 클릭할 때마다 날아가는 새와 움직이는 호랑이 그리고 인사하는 사람의 이미지가 반복적으로 변경되는 예입니다.

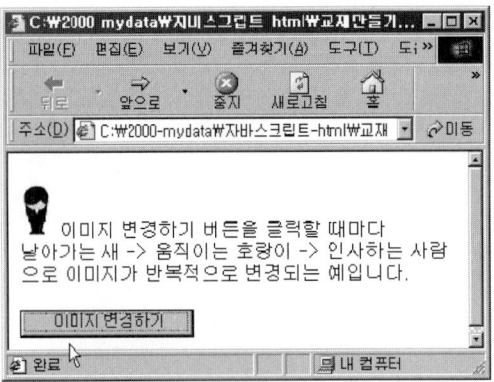

① 버튼을 클릭할 때마다 호출되는 image_animation() 함수에서 gubun 변수를 1씩 증가시키면서 나머지를 이용하여 동일한 images 객체에 src 속성으로 다른 이미지를 변경시킨다.

```
function image_animation() {
gubun = gubun % 3
if ( gubun == 0 ) document.images[0].src='tiger.gif'
if ( gubun == 1 ) document.images[0].src='bird.gif'
```

```
    if ( gubun == 2 )  document.images[0].src='man.gif'
    gubun = gubun + 1
}
```

② onLoad 이벤트 핸들러를 사용하여 프로그램이 실행될 때 이미지 변경을 할 때 구분하는 gubun 변수의 초기값을 할당한다.

〈body onLoad="gubun=0"〉

[프로그램 : ex9-16.html]
```
〈html〉
〈head〉
〈SCRIPT LANGUAGE="JavaScript"〉
  function image_animation() {
    gubun = gubun % 3
    if ( gubun == 0 )  document.images[0].src='tiger.gif'
    if ( gubun == 1 )  document.images[0].src='bird.gif'
    if ( gubun == 2 )  document.images[0].src='man.gif'
    gubun = gubun + 1
  }
〈/SCRIPT〉
〈/head〉
〈!-- 프로그램이 실행될 때 이미지 변경을 할 때 구분하는
gubun 변수의 초기값을 할당한다. --〉
〈body onLoad="gubun=0"〉
〈img src=bird.gif  〉
이미지 변경하기 버튼을 클릭할 때마다 〈p〉
날아가는 새 -〉 움직이는 호랑이 -〉 인사하는 사람〈p〉
으로 이미지가 반복적으로 변경되는 예입니다.
    〈FORM〉
    〈INPUT TYPE="button"  VALUE=" 이미지 변경하기"
         onClick="image_animation()"〉
〈/FORM〉
〈/body〉
〈/html〉
```

6 document 객체의 자식인 쿠키(cookie) 다루기

6.1 쿠키(cookie) 개념

1) 쿠 키(cookie) 란?

document 객체의 속성인 쿠키(cookie)란 서버 측에서 클라이언트 측의 하드 디스크에 사용자에 관한 정보를 저장하는 특별한 텍스트 파일로서 보통 자바스 크립트나 ASP, CGI, PHP 등을 통해서 생성된다.

쿠키는 웹 서버와 클라이언트간에 정보를 주고받을 수 있도록 웹 서버에게 사용 자에 관한 정보를 사용자 컴퓨터에 저장하도록 허용하는 파일이다.

2) 쿠키에 저장되는 정보들

보통 쿠키 파일에는 사용자의 방문 여부, 방문 횟수, 사용자 이름, 사용자의 브라 우저 형식, 웹 서버에서 이미 제공했던 정보 등을 저장한다.

그 외에도 게시판 등을 운영할 때 사용자에 대한 정보를 쿠키에 저장해 두어 다 음 번에 사용자가 접속할 때, 번거롭게 다시 사용자를 확인하는 과정을 생략하 고 바로 게시판을 사용할 수 있게 하기도 한다.

6.2 cookie 객체를 사용하여 쿠키를 생성하는 방법

1) 쿠키를 생성하는 방법

자바스크립트에서는 document.cookie를 이용하여 쿠키를 생성할 수도 있고, 쿠키 정보를 확인할 수도 있다.

```
document.cookie = <이름>=<값>;
[expires=<날짜>; path=<경로>; domain=<도메인>;]
```

쿠키를 생성하는 document.cookie에서 <이름>=<값> 외에는 모두 옵션으로서 <이름>=<값>과 expires=<날짜>만을 보통 기술하고, domain과 path를 생략하면 현재의 쿠키를 설정하고 있는 domain과 path가 자동으로 지정된다.

① <이름>=<값>

필요한 사용자 정보를 저장하는 쿠키의 필드 이름(name)과 값(value)으로서 필요한 사용자 정보를 여러 이름과 값을 쌍으로 기술해도 상관없으나 생략하면 안 된다.

또한, 공백이 있어도 안되고 ,(comma)와 ;(semicolon)을 사용해도 안 된다.

② expires=<날짜>

쿠키 정보의 유효 기간으로 쿠키 파일이 종료될 만기일을 설정한다. 생략하면 쿠키 파일이 생성되지 않고 브라우저가 실행하는 동안만 쿠키가 유효하다.

③ path=<경로>

쿠키가 유효하게 사용될 수 있는 URL을 설정한다. 생략하면 쿠키를 설정한 문서가 된다.

④ domain=<도메인>

쿠키가 유효한 호스트나 도메인 이름을 기술한다. 생략하면 쿠키를 설정한 문서의 도메인이 설정된다.

⑤ secure

쿠키에 "secure"를 포함시키면 SSL 접속에서만 쿠키가 전송된다.

> **SSL(Secure Sockets Layer) 란?**
> SSL은 네트워크 내에서 메시지 전송의 보안을 위하해 넷스케이프 사에서 만든 프로그램 계층이다. 넷스케이프의 SSL은 메시지 전송의 보안을 위하여 디지털 서명에 RSA의 공개/개인키 암호화 시스템을 사용한다.

2) 단순한 쿠키 생성과 확인하는 예

① document.cookie를 이용하여 사용자 이름 필드와 값을 username과 anonymous로, 암호 필드와 값을 password와 passwd로 설정하여 쿠키 파일을 생성하는 예이다.

```
document.cookie = "username=anonymous" + ";password=passwd"
```

② 쿠키 파일에 저장된 사용자 이름과 암호를 document.cookie를 이용하여 출력한다.

```
document.write(document.cookie);
```

[실행 결과]
username=anonymous;password=passwd

3) 쿠키파일이 저장되는 폴더

document.cookie를 사용하여 쿠키를 생성하면 보통 쿠키 파일은 자신이 사용하는 브라우저가 있는 폴더에 저장된다.

예를 들어, 넷스케이프 브라우저는 C:\Program Files\Netscape\Users\default 폴더 등에 cookie.txt로 저장되어 있다. 그러나 익스플로러 브라우저를 사용할 때 생성된 쿠키 파일은 .txt 확장자를 가지고 C:\WINDOWS\Cookies 폴더에 쿠키 파일들이 저장된다. 보통 쿠키 파일은 4K 정도 크기까지 사용 가능하고, 300개정도 까지 생성될 수 있다.

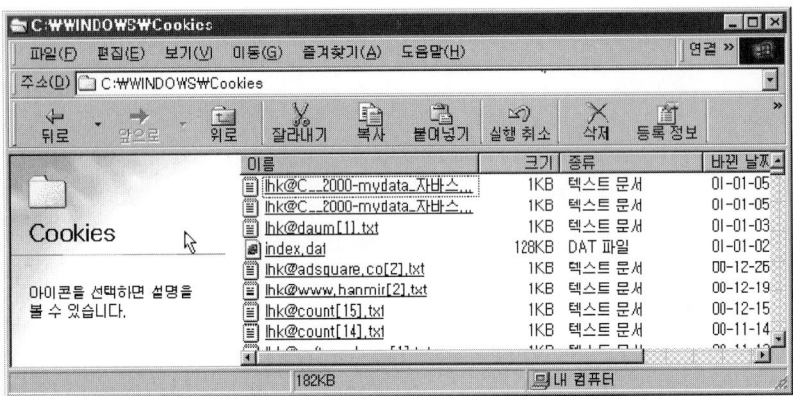

C:\WINDOWS\Cookies 폴더에 있는 다양한 쿠키 파일들

6.3 단순한 쿠키 사용 예

사용자 이름과 암호를 입력받아 쿠키 파일로 생성한 후에 메시지 대화상자에 쿠키 파일에 저장된 사용자 이름과 암호 정보를 출력하는 예이다.

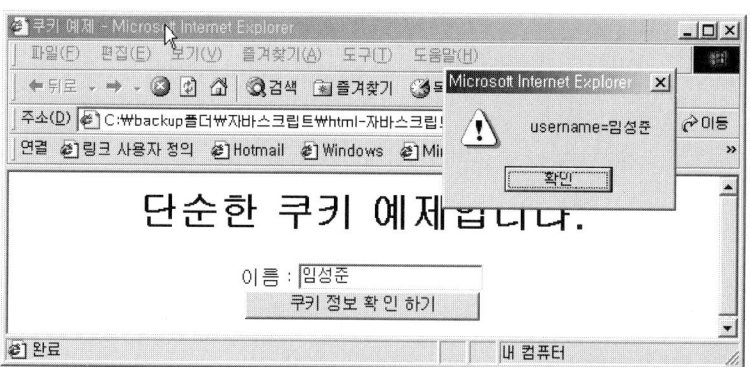

쿠키의 유효 기간을 설정하는 〈expires〉 필드를 설정하지 않으면 현재 프로그램이 실행하는 동안만 쿠키가 유효하므로 본 프로그램에 의해 쿠키 파일은 생성되지 않는다. 쿠키의 유효기간을 설정하는 방법은 다음 예에서 설명한다.

① document.cookie를 이용하여 텍스트 박스에서 입력받은 사용자 이름에 대한 필드명을 username으로 지정하여 쿠키 파일에 저장한다.

```
document.cookie = "username=" + form.name.value;
```

② 쿠키 파일에 저장된 사용자 이름과 암호를 출력한다.

```
alert(document.cookie);
```

[프로그램 : ex9-17.html]
```
<html>
<head>
<title>쿠키 예제</title>
<script>
   function cookie_ok(form)
   { /* 쿠키의 유효 기간을 설정하는 〈expires〉 필드를 설정하지 않아서 현재 프로그램이 실행하는 동안만 쿠키가 유효하므로 본 프로그램에 의해 쿠키 파일은 생성되지 않는다. */
      document.cookie = "username=" + form.name.value;
      //쿠키 정보를 출력한다.
```

HTML과 JAVAScript

```
        alert(document.cookie);
     }
</script></head>
<body ><center>
<h1>단순한 쿠키 예제입니다.</h1>
<form >
이름 : <input type="text" name="name"><br>
       <input type="button" value=" 쿠키 정보 확 인 하기 " onclick="cookie_ok(this.form)";>
</form></center>
</body>
</html>
```

6.4 방문 여부를 확인하는 쿠키 사용 예

사용자 이름과 expires 필드에 쿠키의 유효 기간을 30일로 설정하는 쿠키 파일을 이용하여 자신의 홈페이지를 처음 방문했는지 또는 이전에 방문했었던 사용자인지를 확인하는 예이다.

본 예제 프로그램을 처음 실행한 후 텍스트박스에 이름을 입력한 후 "확인" 버튼을 클릭해야만 쿠키 파일이 생성된다. 그 후에 익스플로러에서는 "새로 고침" 버튼을 클릭하거나 프로그램을 종료한 후 다시 실행을 해야만 생성된 쿠키 파일을 읽어서 이전에 방문했던 사용자임을 알려준다.

처음 방문했음을 알려주는 예

1) 쿠키의 존재유무 확인방법

① 페이지가 처음 실행될 때 cookie_ok() 함수를 호출하여 쿠키가 존재하는지 확인한 후 쿠키가 없으면 처음 방문했다는 메시지를 보여준다.

```
<body  onload="cookie_ok();">
```

② 쿠키의 존재 여부를 확인하는 cookie_ok() 함수에서 만일 이전에 방문했었던 사용자 이름이 "이 소라"라고 가정하면, 쿠키 파일의 내용을 확인하는 document.cookie에는 "userName=이 소라"와 같은 형식의 문자열로 기억되어 있다.

③ document.cookie에 문자열을 분리 문자 "="을 사용하여 split 메소드를 적용하면 "userName"과 "이 소라"라는 문자열로 분리된 배열이 생성된다.

```
username_array  =  document.cookie.split("=")
```

④ split 메소드가 적용되면 username_array[0]는 "userName"이 저장되어 있고, username_array[1]에는 "이 소라"가 저장되어 있게 된다. 그러므로 username_array[1]이 null이 아니면 이전에 방문했던 쿠키가 존재하는 사용자가 된다. 따라서 쿠키가 존재하기 때문에 다시 방문했음을 메시지 대화상자에 보여준다.

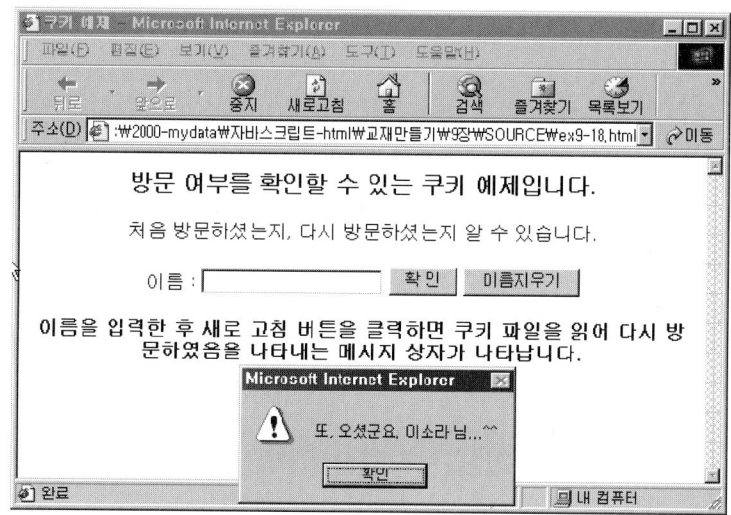

다시 방문했음을
알려주는 예

2) 쿠키생성방법

① 이름을 입력 후 확인 버튼을 클릭하면 setCookie() 함수에서 다음과 같이 userName 필드에 사용자 이름과 <expires> 필드에 쿠키의 유효 기간을 30일로 설정하여 쿠키 파일을 생성한다.

```
document.cookie = "userName=" + escape(value) +
          ";expires=" + expire.toGMTString()
```

② escape() 함수는 문자열을 ASCII 형식 문자로 변환하는 함수이고, 반대로 unescape() 함수는 ASCII 형식을 문자열로 변환하는 함수이다. 쿠키를 생성할 때 escape() 함수와 unescape() 함수를 사용하는 이유는 본 절의 마지막 부분에 참고로 설명된다.

③ 쿠키의 유효 기간을 현재부터 30일간으로 설정하기 위하여 new Date(today.getTime() + 60*60*24*30*1000)로 기술하였다.
여기서 "60*60*24*30*1000"는 30일간의 시간 계산을 milisecond 단위로 환산한 것이다. 자바스크립트의 기본 시간 단위가 milisecond(1/1000초)이므로 60(초)*60(분)*24(시간)*30(날짜)*1000은 곧 30일간의 milisecond가 된다.

④ 쿠키의 유효 기간을 설정할 때는 "요일, 일-월-연 시간:분:초 GMT"와 같은 형식으로 지정한다. 즉, expires=Monday, 1-Feb-99 11:01:15 GMT와 같다.
그래서, 날짜를 이런 형태의 문자열로 바꾸기 위해 expire.toGMTString()을 사용하여 쿠키유효 기간을 설정하였다.

> **쿠키를 삭제하는 방법**
>
> 쿠키의 유효 기간을 현재의 날짜와 시간으로 document.cookie의 <expires> 필드에 설정하면 된다.
>
> ```
> var today = new Date();
> document.cookie = "userName=" + escape(value) +
>           ";expires=" + today.toGMTString()
> ```

[프로그램 : ex9-18.html]

```html
<html>
<head>
<title>쿠키 예제</title>
<script>
  function setCookie(value, expire)
    { //쿠키에 사용자 이름과 유효 기간을 30일로 설정
      document.cookie = "userName=" + escape(value) +
          "; expires=" + expire.toGMTString()
      return    }

  function cookie_ok()
    { // 쿠키 유무 검사
        username_array = document.cookie.split("=")
        username = username_array[1]
           /* username에 값이 있으면 쿠키가 존재하는 것이다.  ASCII 형식의
              username 값을 문자열로 변환하는 unescape() 함수를 사용하여 출력시
              킨다. */
        if (username)
      alert("\n또, 오셨군요." + unescape(username) + " 님.");
        else
           alert("\n처음 저의  홈페이지를 방문해 주셔서   감사합니다. \n\n !!!.
                  처음 방문하셨기 때문에 이름을 입력하시면 유효기간을 30일로
                  설정하여 쿠키에 저장하겠습니다. ");
    }
  function input_check(form)
    {
       if (form.name.value != "")
          { var value = form.name.value;
         //현재의 날짜와 시간 설정
         var today = new Date();
         //쿠키의 유효기간을 30일 동안으로 설정한다.
         var expire = new Date(today.getTime() + 60*60*24*30*1000);
         // 쿠키를 설정하는 함수 호출
         setCookie(value, expire);
         return
             }
```

```
        alert("이름을 입력하여 주십시요.");
        return
     }
</script>
</head>
<!-- 프로그램을 실행하면서 이전에 방문했던 사용자인지 확인하기
위하여 쿠키 존재여부를 판단 -->
<body onload="cookie_ok();"> <center>
<h3>방문 여부를 확인할 수 있는 쿠키 예제입니다.</h1>
<p>처음 방문하셨는지, 다시 방문하셨는지 알 수 있습니다.</p>
<form>
   이름 : <input type="text" name="name">
   <input type="button" value=" 확 인 " onclick="input_check(this.form)">
   <input type="reset" value="이름지우기" >
   <h4> 이름을 입력한 후 새로 고침 버튼을 클릭하면 쿠키 파일을
   읽어 다시 방문하였음을 나타내는 메시지 상자가 나타납니다.</h4>
/form>        </center>
</body>
</html>
```

생성된 쿠키 파일 살펴보기

익스플로러 브라우저를 사용하여 프로그램 ex9-18.html을 실행시키면 C:\WIN-DOWS\Cookies 폴더에 "lhk@???.txt"와 같이 txt 확장자를 가진 쿠키 파일이 생성된다.

쿠키 파일의 내용을 살펴보면 알아 볼 수 없는 기호들이 존재한다. 그래서 쿠키 파일을 읽을 때 ASCII 형식을 문자열로 변환하는 unescape() 함수를 사용한다. 만일 unescape() 함수를 사용하지 않으면 한글 등이 다르게 출력될 수 있다.

생성된 쿠키 파일의 내용

```
userName□dddddddd□~~local~~/C:\2000-mydata\자바스크립트-html\교재만들기\9장\SOURCE\□0□2496606336□29396759□2631037696□29390724□
*□
```

location 객체 다루기

현재 연결된 브라우저의 URL 주소에 관한 정보와 다른 웹 페이지로 이동하거나 새로운 문서로 대체할 수 있는 기능을 제공하는 객체로서 브라우저 상단에 구성된 주소 입력 필드에 입력된 URL의 값을 갖게 된다.

7.1 location 객체의 속성과 메소드

만일 윈도우 내에 여러 개의 프레임이 구성되어 있다면 계층 구조의 최 상단에 있는 문서의 URL 주소에 관한 정보만을 표에 기술된 속성들을 사용하여 확인할 수 있다. 윈도우 내에 구성된 하위 프레임들은 frames객체를 이용하여 정보를 확인할 수 있다.

location 객체의 속성과 메소드

	location 객체	
속성	href	문서의 현재 URL 주소
	host	URL 주소의 호스트 이름과 포트 번호
	hostname	URL 주소의 호스트 이름
	protocol	프로토콜 종류
	pathname	디렉토리 위치
	port	포트 번호
	hash	표식(=책갈피) 이름
	search	검색 엔진을 호출할 때 사용하는 형식
메소드	reload()	브라우저의 현재 문서를 다시 읽게하는 메소드
	replace("url")	현재 문서를 특정 URL에 있는 문서로 대체시켜 주는 메소드

7.2 현재 브라우저의 URL 정보를 확인하는 예

location 객체의 속성들을 사용하여 현재 URL주소, 통신 프로토콜, 포트 번호, 호스트 이름 등의 URL에 관련된 정보를 출력하는 예이다.

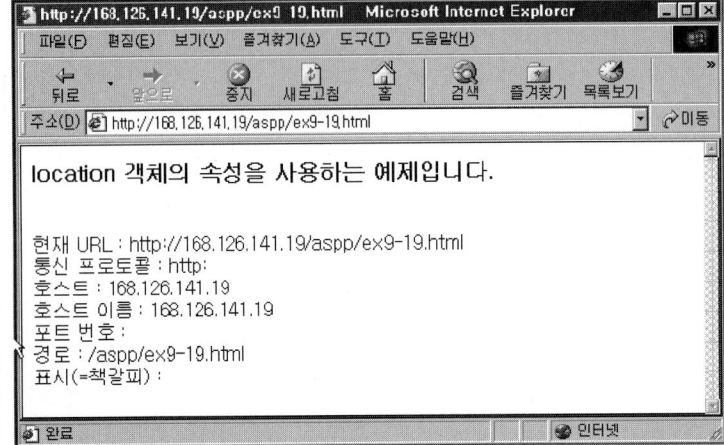

현재 브라우저의 URL 관련 정보를 출력한 예

[프로그램 : ex9-19.html]

```
<html>
<head>
</head>
<body>
<h3> location 객체의 속성을 사용하는 예제입니다.</h3>
<script>
    document.write ("<br> 현재 URL : ")
    document.write (location.href)

    document.write ("<br> 통신 프로토콜 : ")
    document.write (location.protocol)

    document.write ("<br> 호스트 : ")
    document.write (location.host)

    document.write ("<br> 호스트 이름 : ")
    document.write (location.hostname)
```

```
        document.write ("<br> 포트 번호 : ")
        document.write (location.port)

        document.write ("<br> 경로 : " )
        document.write (location.pathname)

        document.write ("<br> 표시(=책갈피) : " )
        document.write (location.hash)
</script>
</body>
</html>
```

TCP/IP를 이용하는 응용 프로토콜 종류

인터넷에서 TCP/IP를 이용하는 응용 프로토콜들은 대표적으로 웹 서비스에 사용되는 HTTP(HyperText Transfer Protocol), 원격지 컴퓨터에 접속할 수 있는 Telnet, 파일 전송에 사용되는 FTP(File Transfer Protocol), 전자 우편에 사용되는 SMTP(Simple Mail Transfer Protocol) 등이 있다.

기본 포트 번호

http://www.linux.com:80/와 같이 도메인 이름 또는 인터넷 주소 다음에 콜론(:)과 함께 특정 포트 번호를 지정하여 접속할 수도 있다.
만일 포트 번호를 생략할 경우는 각 프로토콜의 기본 포트로 접속하는데 http 프로토콜의 기본 포트는 80번이며, ftp의 기본 포트는 21번이며, telnet의 기본 포트는 23번이며, 메일에 사용되는 SMTP의 기본 포트는 25번이다.

7.3 location 객체의 href 속성으로 다른 사이트로 이동하기

location 객체의 href 속성을 사용하여 이동하고자 하는 관련 검색 사이트로 이동하는 예이다.

HTML과 JAVAScript

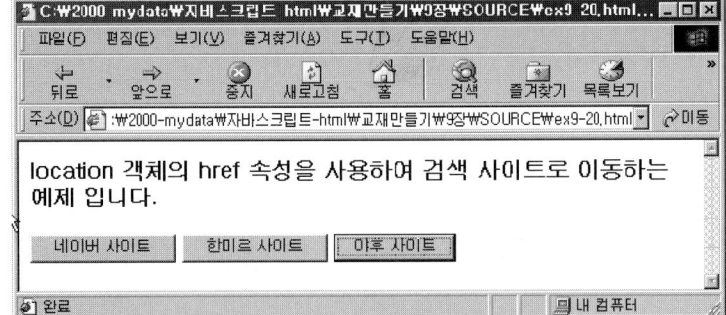

href 속성을 사용하여 검색 사이트로 이동할 수 있는 예

location 객체를 사용하여 다음에 기술한 모든 명령은 동일하게 한미르 검색 사이트로 이동한다.

location.href = "http://www.hanmir.com"
location = "http://www.hanmir.com"
window.location.href = "http://www.hanmir.com"

[프로그램 : ex9-20.html]

```
<html>
<head>
<script>
function naver(){
    location.href = "http://www.naver.com"; }
function hanmir(){
    location = "http://www.hanmir.com";      }
function yahoo(){
    window.location.href = "http://www.yahoo.com"; }
</script>
</head>
<body>
<h3> location 객체의 href 속성을 사용하여 검색 사이트로 이동하는 예제 입니다.</h3>
<form>
    <input type="button" value="네이버 사이트"  onclick="naver()">
    <input type="button" value="한미르 사이트"  onclick="hanmir()">
    <input type="button" value="야후 사이트"  onclick="yahoo()">
</form></body></html>
```

7.4 replace()와 reload() 메소드를 사용하는 예

location 객체의 replace() 메소드를 사용하여 현재 문서를 네이버 검색 사이트 문서로 대체시키거나 reload 메소드를 사용하여 현재 문서를 다시 읽는 예이다.

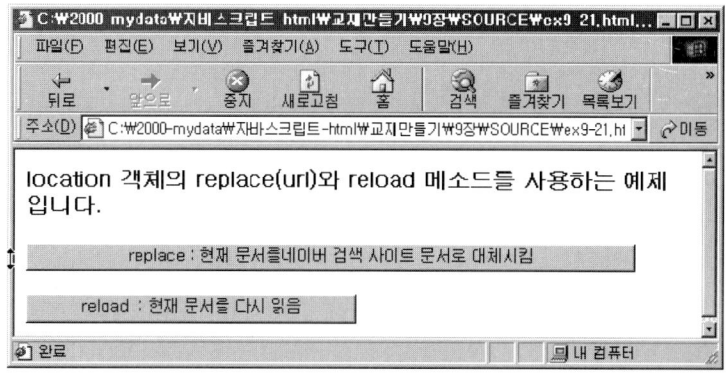

① replace() 메소드의 인수로 기술한 URL인 "http://www.naver.com"으로 현재 문서가 대체된다.

```
location.replace("http://www.naver.com")
```

② reload() 메소드를 사용하여 현재 문서를 다시 읽는다. 브라우저에서 "새로 고침"이나 "다시 읽기" 버튼과 같은 기능이다.

```
location.reload()
```

[프로그램 : ex9-21.html]
```
<html>
<head>
<script>
function replace_naver(){
    location.replace( "http://www.naver.com") }

function reload_m(){
    location.reload() }
</script>
```

```
</head>
<body>
<h3> location 객체의 replace(url)와 reload 메소드를 사용하는 예제입니다.</h3>
<form>
    <input type="button"  value="replace : 현재 문서를 네이버
             검색 사이트 문서로 대체시킴"  onclick="replace_naver()"> <p>
    <input type="button"  value="reload   : 현재 문서를 다시 읽음"
              onclick="reload_m()">
</form>
</body>
</html>
```

8 history 객체 다루기

사용자가 최근에 방문했던 브라우저의 URL 주소들을 히스토리(history) 리스트에 보관하는 객체로서 방문했던 URL 정보를 확인하거나 이동할 때 사용하는 객체이다.

8.1 history 객체의 속성과 메소드

히스토리 리스트에 보관된 URL 정보를 확인하거나 이동할 때 사용하는 history 객체의 속성과 메소드는 다음과 같다.

	history 객체	
속성	lengh()	히스토리 리스트에 포함되어 있는 URL 주소의 개수
	current	히스토리 리스트에서 현재 URL의 주소를 나타냄 (넷스케이프 브라우저에서만 사용된다.)
	next	히스토리 리스트에서 다음 URL 주소를 나타냄 (넷스케이프 브라우저에서만 사용된다.)
	previous	히스토리 리스트에서 이전 URL 주소를 나타냄 (넷스케이프 브라우저에서만 사용된다.)
메소드	back()	히스토리 리스트에서 이전 URL 주소로 이동함
	forward()	히스토리 리스트에서 다음 URL 주소로 이동함
	go(n)	히스토리 리스트에서 인수로 기술한 +n과 -n값에 따라 임의의 URL 주소로 이동함

history 객체의 속성과 메소드

> **주의**
>
> current, next, previous 메소드는 넷스케이프 브라우저에서만 사용되는 메소드이나 보안을 위하여 taint() 함수를 적용한 후에 사용해야 하나 일반 브라우저에서는 보안 문제 때문에 사용이 금지되어 있다.

8.2 히스토리 리스트의 길이와 이전/다음 URL 주소로 이동하기

history 객체의 속성과 메소드를 사용하여 프로그램이 실행되면 자동으로 방문했던 URL의 주소가 히스토리 리스트에 몇 개 보관되었는지를 나타낸 후 이전 또는 다음 URL 주소로 이동하는 예이다.

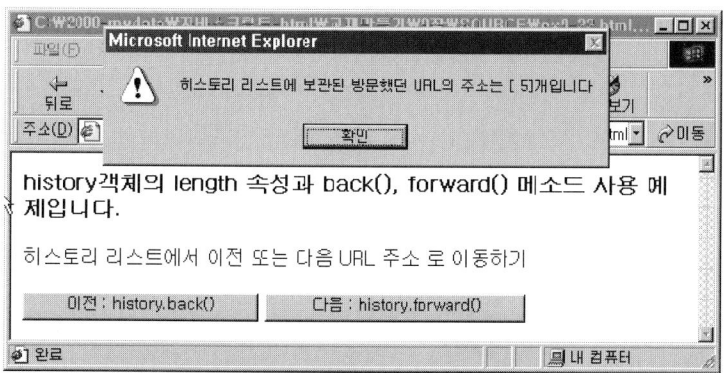

① 방문했던 URL의 주소가 히스토리 리스트에 몇 개 보관되었는지를 length 속성으로 알 수 있다.

history.length

② 현재의 URL 주소에서 히스토리 리스트에 있는 바로 이전 URL 주소로 back() 메소드를 사용하여 이동할 수 있다.

history.back()

③ 현재의 URL 주소에서 히스토리 리스트에 있는 다음 URL 주소로 forward() 메소드를 사용하여 이동할 수 있다.

history.forward()

[프로그램 : ex9-22.html]
```
<html>
<head>
<script>
function history_length(){
     alert("히스토리 리스트에 보관된 방문했던 URL의 주소는 [ "
          + history.length + "]개 " +"입니다")      }
</script>
</head>
<body onload="history_length()">
<h3> history객체의 length 속성과 back(), forward() 메소드를 사용하는 예제입니다.
</h3>
<form>
    히스토리 리스트에서 이전 또는 다음   URL 주소로 이동하기<P>
    <input type="button" value=" 이전 : history.back() "  onclick="history.back()">
    <input type="button" value=" 다음 : history.forward()" onclick="history.forward()">
</form>
</body>
</html>
```

8.3 임의의 URL 주소로 이동하기

history 객체의 go() 메소드를 사용하여 텍스트 박스에 n 또는 -n 형식으로 정수를 입력하면 히스토리 리스트에 보관되어 있는 방문했던 임의의 URL 주소로 이동하는 예이다.

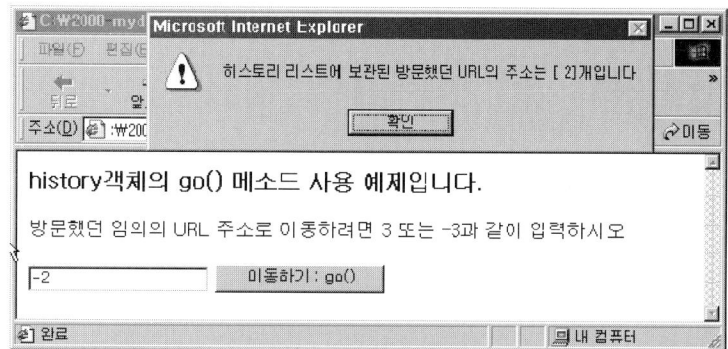

① 현재의 URL 주소에서 히스토리 리스트에 있는 임의의 URL 주소로 go(n) 메소드를 사용하여 이동할 수 있다.

```
// 바로 이전의 URL로 이전한다.
history.go(-1)
// 3 단계 이전의 URL로 이전한다.
history.go(-3)
// 바로 다음 URL로 이전한다.
history.go(1)
// 2 단계 다음의 URL로 이전한다.
history.go(2)
```

② name 속성 값이 goBack 텍스트 박스에서 입력받은 URL 위치로 이동하려면 parseInt()나 eval() 함수를 사용하여 문자열을 수치로 변환해야 한다.

```
n = parseInt(form.goBack.value) 또는 n = eval(form.goBack.value)
history.go(n)
```

[프로그램 : ex9-23.html]
```
<html>
<head>
<script>
function go_back(form){
    /* 텍스트 박스에서 입력 받은 값을 정수로 변환한다. */
    n = parseInt(form.goBack.value)
    nistory.go(n) }
function history_length(){
    alert("히스토리 리스트에 보관된 방문했던 URL의 주소는 [ "
        +  history.length + "]개 "+"입니다") }
</script>
</head>
<body onload="history_length()">
<h3> history객체의 go() 메소드 사용  예제입니다.</h3>
<form>
 방문했던 임의의 URL 주소로 이동하려면 3 또는 -3과 같이 입력하시오<p>
<input type="text"  name="goBack" >
<input type="button"  value=" 이동하기 : go()" onclick="go_back(this.form)">
</form>
</body>
</html>
```

9

frame 객체 다루기

frame 객체는 window 내에 포함된 프레임(=자식 윈도우)에 대한 정보를 제공하는 객체로서 window 객체와 동일한 속성과 메소드를 가지고 있다. window 객체와의 차이점은 단지 출력이 해당 프레임으로만 출력된다는 것이다. frame 객체는 <FRAMESET>과 <FRAME> 태그로 생성된다.

> **프레임을 사용하는 이유**
>
> HTML 문서에서 프레임을 사용하는 이유는 하나의 웹 브라우저에서 여러 개의 HTML 문서를 동시에 열어 놓고 볼 수 있는 효과를 얻을 수 있기 때문이다. 즉, 브라우저를 두 개의 프레임으로 나눈 후 하나의 프레임에는 한미르 검색 사이트를, 다른 프레임에는 심마니 검색 사이트를 나타나게 할 수 있다.

9.1 프레임 조작에 사용되는 속성들

window 객체의 parent, self, top, frames 속성들은 하나의 윈도우가 여러 개의 프레임으로 나누어졌을 때 특정 프레임에서 원하는 작업을 수행하게 하는 속성들이다.

① frame 객체 역시 하나의 윈도우이기 때문에 window 객체와 동일한 속성과 메소드를 가지고 있으며, window 객체와의 차이점은 단지 출력이 해당 프레임으로만 출력된다는 것이다.

속성	설명
self	window 객체의 self 속성은 자기 자신을 가리키는 속성으로 window 객체 자신이 된다. 그러나 한 윈도우 안에서 여러 개의 프레임을 나누어 사용하는 경우에는 각 프레임 자신이 self가 되므로 self 속성은 유용하게 아주 사용될 수 있다.
parent	parent 속성은 self 속성처럼 하나의 윈도우에 하나의 문서가 읽혀지면 window 객체 자신이 된다. 그러나 하나의 윈도우가 여러 개의 프레임으로 나누어 사용될 경우 프레임들도 객체처럼 계층 구조가 이루어지는데 계층 구조에서 바로 상위 프레임이 parent가 된다.
top	하나의 윈도우가 여러 개의 프레임으로 나누어 사용될 경우 프레임 계층 구조에서 최상위 프레임이 top이 된다.
frames	frames 속성은 하나의 윈도우가 여러 개의 프레임으로 나누어 사용될 경우 배열로써 구성된다.

② 하나의 윈도우가 여러 개의 프레임으로 나누어지면 프레임들 간에 계층 관계가 성립된다. 이러한 프레임들 간의 계층 관계에 사용되는 속성에는 self, parent, top이 존재한다. 이들 속성을 잘 이해해야만 부모 프레임에서 자식 프레임으로, 자식 프레임에서 부모 프레임으로 또는 동등한 프레임들 간의 접근

이 가능해 진다.

9.2 예를 통한 프레임 속성들 이해하기

<FRAMESET>과 <FRAME> 태그를 사용하여 다음과 같은 여러 개의 frame 객체로 생성한 후 parent, self, top, frames 속성들의 사용법을 살펴보자.

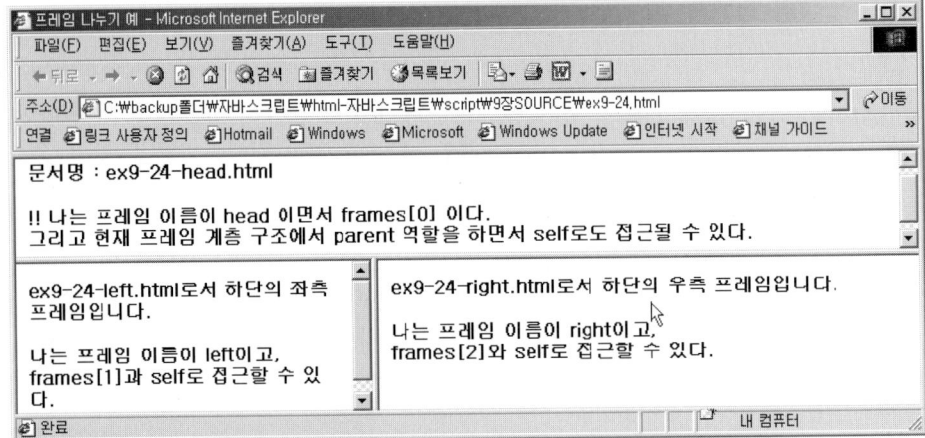

3개의 프레임 객체를 생성한 예

상단과 하단 프레임을 3:7의 비율로 나눈 후 하단 프레임을 4:6의 비율로 좌, 우측 프레임으로 나누는 HTML 문서이다.

[프로그램 : ex9-24.html]
```
<HTML>
<head>
<TITLE> 프레임 나누기 예</TITLE>
</head>
<FRAMESET rows="40%, *">
    <FRAME name="head" src="ex9-24-head.html" >
    <FRAMESET cols="40%, 60%">
            <FRAME name="left" src="ex9-24-left.html">
            <FRAME name="right" src="ex9-24-right.html">
    </FRAMESET>
</FRAMESET>
</HTML>
```

[프로그램 : ex9-24-head.html]

```
<html>
<body>
<b>문서명 : ex9-24-head.html
<h4>!! 나는 상단 프레임으로서 이름이 head 이면서  frames[0] 이다.<br>
그리고 현재 프레임 계층 구조에서 parent 역할을 하면서 self로도 접근될 수 있다.
</h4>
</body>
</html>
```

[프로그램 : ex9-24-left.html]

```
<HTML>
<BODY>
<B>ex9-24-left.html로서 하단의 좌측 프레임입니다.</B>
<h4> 나는 프레임 이름이 left이고,<br>  frames[1]과 self로 접근할 수 있다.</h4>
</BODY>
</HTML>
```

[프로그램 : ex9-24-right.html]

```
<HTML>
<BODY>
<B>ex9-24-right.html로서 하단의 우측 프레임입니다.</B>
<h4> 나는 프레임 이름이 right이고,<br>  frames[2]와 self로 접근할 수 있다.</h4>
</BODY>
</HTML>
```

1) frames 객체

frames 객체는 하나의 윈도우가 여러 개의 프레임으로 나누어 사용될 경우 배열로써 구성되어 특정 프레임을 접근할 때 이름을 몰라도 편리하게 접근할 수 있다.

① 첫 번째 프레임이 frames[0]가 되고, 두 번째 프레임이 frames[1], 세 번째 프레임이 frames[2]가 된다.

② 만일 프레임에 name 속성으로 지정한 이름이 있으면 프레임의 이름을 사용할 수 있다. 프로그램 "ex9-24.html"을 살펴보면 첫 번째 프레임 이름은

head이고, 두 번째 프레임 이름은 left, 세 번째 프레임 이름은 right가 된다.

2) parent 속성

parent 속성은 하나의 윈도우에 하나의 문서가 읽혀지면 window 객체 자신이 된다. 그러나 하나의 윈도우가 여러 개의 프레임으로 나누어 사용될 경우 프레임들도 객체처럼 계층 구조가 이루어지는데 계층 구조에서 바로 상위 프레임이 parent가 된다.

① 첫 번째 프레임이 나머지 하단의 좌우 프레임의 parent가 되고, 첫 번째 프레임의 parent는 프레임을 나눈 프로그램 ex9-24.html 문서가 실행되는 window가 된다.
② 하단의 좌우측 자식 프레임에서 부모인 상단 프레임으로 메시지를 출력하려면 다음처럼 parent 속성을 사용한다. 즉, parent 속성을 사용하면 부모 프레임의 이름을 몰라도 상관없다.

```
parent.document.write("자식이 보내는 메시지")
```

③ 좌측 프레임(frames[1] 또는 left)에서 우측 프레임(frames[1] 또는 right)으로 메시지를 출력하려면 다음처럼 반드시 부모인 상단 프레임을 통해야 만 하므로 이 때도 부모인 상단 프레임을 parent 속성으로 편리하게 언급할 수 있다.

```
// frames 객체를 사용한 경우
parent.frames[2].document.write("자식이 보내는 메시지")
// <frame> 태그로 정의한 frames 객체의 이름을 사용한 경우
parent.right.document.write("자식이 보내는 메시지")
```

④ 하단 좌측 프레임(frames[1], left)의 HTML 문서인 "ex9-24-left.html"을 다음처럼 수정하여 우측 프레임으로 메시지를 전송하여 출력한 예이다.

> **참고**
>
> 실행해볼 독자는 ex9-24.html 파일에서 <FRAME name="left" src="ex9-24-left.html">를 <FRAME name="left" src="ex9-24-left-수정.html">로 수정한 후 실행하길 바란다.

[프로그램 : ex9-24-left-수정.html]

〈HTML〉
〈BODY onload="parent.right.document.write('좌측 프레임에서 parent 속성을 사용하여 우측 프레임으로 보내는 메시지')"〉
〈B〉ex9-24-left.html로서 하단의 좌측 프레임입니다.〈/B〉
〈h4〉 나는 프레임 이름이 left이고,〈br〉 frames[1]과 self로 접근할 수 있다.〈/h4〉
〈/BODY〉
〈/HTML〉

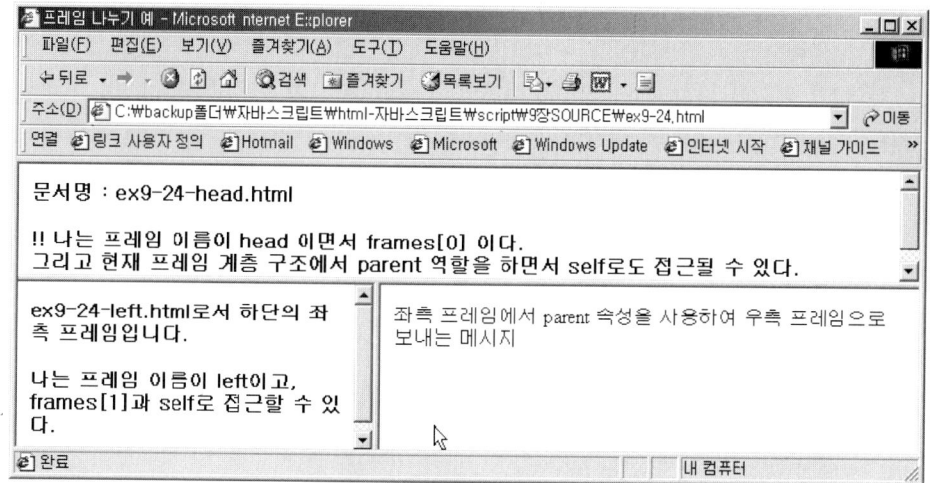

좌측 프레임에서 우측 프레임으로 메시지를 전송하여 출력한 예

3) self 속성

window 객체의 self 속성은 자기 자신을 가리키는 속성으로 window 객체 자신이 된다.

① 여러 개의 프레임 객체를 생성하는 경우에는 각 프레임 자신이 self가 되므로 self 속성은 유용하게 사용될 수 있다.
② 자기 자신의 프레임에서 야후 코리아 검색 사이트를 출력하려면 다음처럼

self 속성을 사용하면 된다.

self.location.href = "http://www.yahoo.co.kr"

4) top 속성

하나의 윈도우가 여러 개의 프레임으로 나누어 져서 사용될 경우는 프레임 계층 구조에서 최상위 프레임이 top이 된다.

① 본 예에서는 프레임을 나눈 프로그램인 "ex9-25.html" 문서가 실행되는 window가 top이 된다. 만일 좌측 프레임(frames[1] 또는 left)에서 top인 window로 메시지를 출력하려면 다음처럼 top 속성을 사용해야 한다.

top.document.write('좌측 프레임에서 top으로 보내는 메시지')

② 좌측 프레임(frames[1] 또는 left)에서 top 속성을 사용하여 상단 프레임(frames[0], head)로 메시지를 출력하려면 다음처럼 top 속성을 사용해야 한다.

top.head.document.write('좌측 프레임에서 head로 보내는 메시지')

9.3 프레임 속성 사용 예

● 해당 프레임에 관련 검색사이트 출력하기
① 상단 프레임에 구성된 버튼을 클릭하면 해당 프레임에 관련 검색 사이트가 출력되는 예이다.

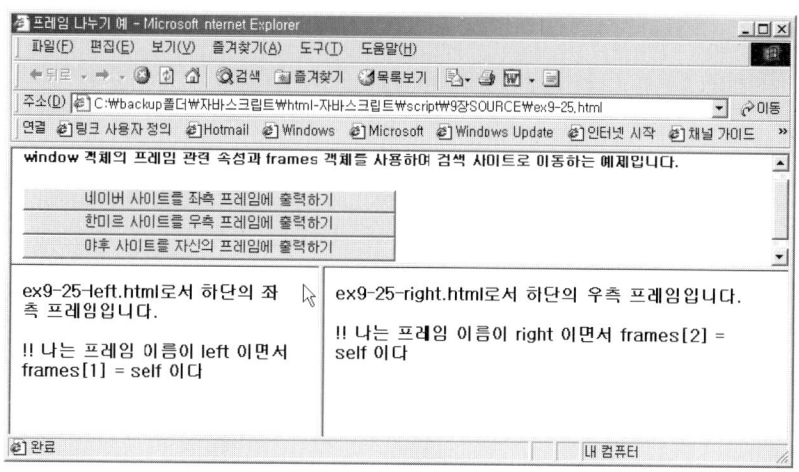

프레임을 나눈
초기 상태

[프로그램 : ex9-25.html]

⟨HTML⟩
⟨TITLE⟩ 프레임 나누기 예⟨/TITLE⟩
⟨FRAMESET rows="40%, *"⟩
    ⟨FRAME name="head" src="ex9-25-head.html" ⟩
    ⟨FRAMESET cols="40%, 60%"⟩
        ⟨FRAME name="left" src="ex9-25-left.html"⟩
        ⟨FRAME name="right" src="ex9-25-right.html"⟩
    ⟨/FRAMESET⟩
⟨/FRAMESET⟩
⟨/HTML⟩

[프로그램 : ex9-25-head.html]

⟨html⟩
⟨head⟩
⟨script⟩
function naver(){
    /* 세 명령은 동일하게 좌측 프레임에 네이버 검색 사이트를 출력시킨다. */
    //   parent.frames[1].location.href="http://www.naver.com"
    //   top.left.location.href="http://www.naver.com"
      parent.left.location.href="http://www.naver.com"
}

function hanmir(){
/* 세 명령은 동일하게 우측 프레임에 한미르 검색 사이트를 출력시킨다. */

```
        // parent.frames[2].location = "http://www.hanmir.com"
        // parent.right.location = "http://www.hanmir.com"
        top.right.location.href = "http://www.hanmir.com" }
    function yahoo(){
/* 네 명령은 동일하게 자기 자신인 상단 프레임에 야후 검색 사이트를 출력시킨다.
*/
        // parent.frames[0].location.href = "http://www.yahoo.co.kr"
        // window.location.href = "http://www.yahoo.co.kr"
        // parent.head.location.href = "http://www.yahoo.co.kr";
        self.location.href = "http://www.yahoo.co.kr"
    }
</script>
</head>
<body>
<h5> window 객체의 프레임 관련 속성과 frames 객체를 사용하여 검색 사이트로 이
동하는 예제입니다.</h5>
<form>
  <input type="button"
      value="네이버 사이트를 좌측 프레임에 출력하기" onclick="naver()"><br>
  <input type="button" value="한미르 사이트를 우측 프레임에 출력하기"
          onclick="hanmir()"><br>
  <input type="button" value="야후 사이트를 자신의 프레임에 출력하기"
          onclick="yahoo()"><br>
</body>
</html>
```

[프로그램 : ex9-25-left.html]

```
<HTML>
<BODY>
<B>ex9-25-left.html로서 하단의 좌측 프레임입니다.</B>
<h4>!! 나는 프레임 이름이 left 이면서  frames[1] = self 이다 </h4>
</BODY>
</HTML>
```

[프로그램 : ex9-25-right.html]

```
<HTML>
<BODY>
```

```
<B>ex9-25-right.html로서 하단의 우측 프레임입니다.</B>
<h4>!! 나는 프레임 이름이 right 이면서  frames[2] = self 이다</h4>
</BODY>
</HTML>
```

[프로그램 설명]

① "네이버 사이트를 좌측 프레임에 출력하기" 버튼을 클릭하면 좌측 프레임에 네이버 검색 사이트가 출력된다. 다음의 세 명령은 동일하게 좌측 프레임에 네이버 검색 사이트가 출력된다

```
// parent 속성에 frames 객체의 배열 표현을 사용한 경우
parent.frames[1].location.href = "http://www.naver.com"
// parent 속성에 <frame> 태그에 기술된 이름을 사용한 경우
parent.left.location.href = "http://www.naver.com"
// top 속성에 <frame> 태그에 기술된 이름을 사용한 경우
top.left.location.href = "http://www.naver.com"
```

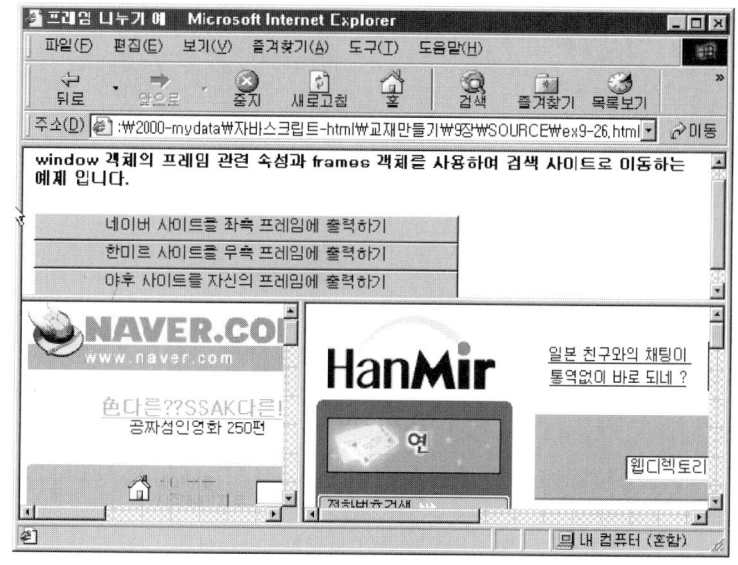

좌우측 프레임에 관련
사이트가 출력된 예

② "야후 사이트를 자신의 프레임에 출력하기" 버튼을 클릭하면 자기 자신인 상단 프레임에 야후 코리아 검색 사이트가 출력된다. 다음의 네 명령은 동일하게 자신의 프레임에 야후 검색 사이트를 출력시킨다.

```
// 자기 자신을 가리키는 self 속성을 사용한 경우로 가장 편리하다.
self.location.href = "http://www.yahoo.co.kr"
```

```
// parent 속성에 frames 객체의 배열 표현을 사용한 경우
parent.frames[0].location.href = "http://www.yahoo.co.kr"
// parent 속성에 <frame> 태그에 기술된 이름을 사용한 경우
parent.head.location.href = "http://www.yahoo.co.kr"
// top 속성에 <frame> 태그에 기술된 이름을 사용한 경우
top.head.location.href = "http://www.yahoo.co.kr"
// 상단 프레임은 window 역할을 한다.
window.location.href = "http://www.yahoo.co.kr"
```

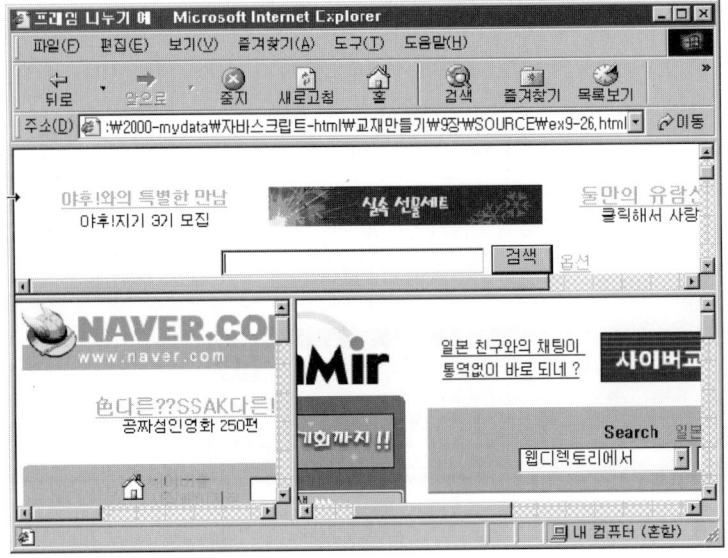

모든 프레임에 관련 사이트가 출력된 예

● 웹 사이트 이동하기

① 상단 프레임에 구성된 리스트 박스에서 이동할 웹사이트 항목을 선택하면 하단 프레임에 선택한 웹사이트로 이동 결과가 나타나는 예이다.

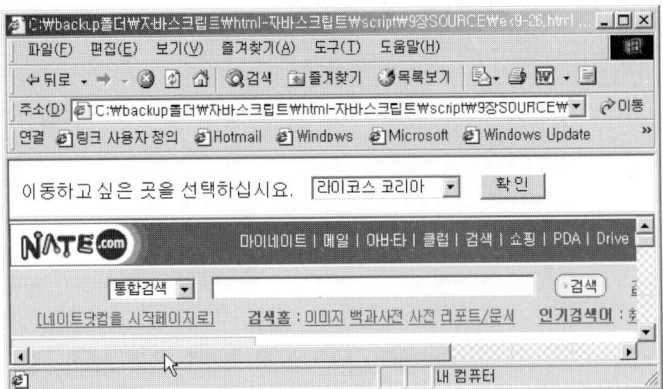

② 두 개의 프레임으로 나누는 HTML 문서이다.

[프로그램 : ex9-26.html]
```
<html>
<head>
</head>
  <frameset rows="50,*" frameborder="YES" border="1" framespacing="0">
    <!-- 프레임 상단의 소스는 현재 폴더에 있는 9-26-menu.html 이다. -->
    <frame name="frame1" scrolling="no" src="./ex9-26-menu.html">
    <frame name="frame2">
</frameset>
</html>
```

③ 상단에 구성된 프레임의 HTML 문서 소스(source)이다.

[프로그램 : ex9-26-menu.html]
```
<html>
<head>
<script language="JavaScript">
 function move_site(form)
    {
    index = form.site.selectedIndex
    if (form.site[index].value == "")
       {   alert("이동하고 싶은 사이트를 선택하십시요.");
           return false;   }
       /* 하단 프레임(=frame2)에 리스트 박스로 선택한
       웹사이트의 이동 결과를 보여준다. parent는 frame1과 frame2를
       포함하는 ex9-26.html의 window를 가리킨다.*/
       parent.frame2.location.href=form.site.value;
}
</script>
</head>
<body>
<form name="form">
    이동하고 싶은 곳을 선택하십시요.  
<select name="site"">
```

```
            <option  value="">선택하십시요.
            <option  value="http://kr.yahoo.com">야후! 코리아
            <option  value="http://www.daum.net">다음 커뮤니케이션
            <option  value="http://www.naver.com">네이버
            <option  value="http://www.lycos.co.kr">라이코스 코리아
            <option  value="http://www.hanmir.com">한미르
            <option  value="http://www.simmani.com">심마니
        </select>
          <input type="button"  name="ok_btn"
            value=" 확 인 " onclick="move_site(this.form)">
</form>
</body>
</html>
```

찾아보기

기호

!(NOT) / 238
&&(AND) / 238
&amp / 50
  / 50
||(OR) / 238
<A> / 69
<ADDRESS> / 80
<B> / 47
<BLINK> / 47
<BODY> / 30

 / 44
<CAPTION> / 99
<CENTER> / 43
<DIV> / 158
<EM> / 47
<expires> / 580
<FONT> / 41
<FORM> / 110, 112, 456
<FRAME> / 138, 140
<FRAMESET> / 138, 139, 145, 147
<HEAD> / 30
<Hn> / 40
<HR> / 45
<I> / 47
<IMG> / 58, 59, 106, 572
<INPUT> / 113
<LI> / 52
<OL> / 53
<option> / 129, 501, 506
<P> / 44
<PRE> / 48
<SCRIPT> / 188
<select> / 128, 131, 501
<SPAN> / 158
<STRONG> / 47
<TABLE> / 86, 90
<TD> / 86, 90
<textarea> / 132, 523
<TH> / 101
<TITLE> / 31
<TR> / 86, 90
<U> / 47
<UL> / 52
2차원 배열 / 404, 405

A

alert() / 231, 281
align 속성 / 61, 93
alt 속성 / 63
anchor() / 422
anchors / 564

B

arguments / 442
arguments.length / 443, 444
Array / 380, 382, 387
ASCII / 237
ASP / 185

B

back() / 594
background 속성 / 64, 105
background-attachment / 170
background-color / 166
background-image / 167
background-position / 170
background-repeat / 168
backslash / 223
bgColo / 561
bgColor / 559
bgcolor 속성 / 104
big() / 411
blink() / 411
bold() / 411
border 속성 / 61, 88
break문 / 257, 269
button / 470

C

Cascading Style Sheet / 150
ceil() / 439
charAt() / 412
checkbox / 126, 494
checked / 488
CLASS Selector / 172, 174
clearTimeout() / 297
client-side / 183, 184
close() / 556
cols 속성 / 139, 143
colspan 속성 / 96
concat("문자열") / 419
concat() / 398
confirm() / 283
constructor function / 344
continue문 / 272
cookie / 578
CSS / 150

D

Date / 424
Date 객체 / 341, 342
default / 256
defaultStatus / 547
delete / 373
DHTML / 150
DHTML(Dynamic Hyper Text Markup Language) / 24, 150
do~while문 / 262

document / 189, 332, 558
document.write() / 228
Domain Name / 74

E

elements 배열 / 459
else if구 / 252
Embedded Style / 152
eval() / 286
event handler / 198
expires / 579

F

f-else 문 / 250
fgColor / 559, 561
FileUpload / 534
fixed() / 411
floor() / 439
focus() / 466
fontcolor("색") / 411
fontsise("크기") / 411
font-size / 160
font-weight / 158
for … in 반복문 / 352, 354
for 문 / 265
FORM / 455, 458
forms 배열 / 459
forward() / 594
frame / 596
Frame / 332
frames / 597, 599
Function / 440
function 문 / 300

G

getDate() / 427
getDay() / 428
getHours() / 427
getMinutes() / 428
getMonth() / 427
getSeconds() / 428
getYear() / 427
go() / 595

H

height / 91
hidden / 531
history / 332, 592
href 속성 / 69, 203, 206, 589
HTML(Hyper Text Markup Language) / 24, 25
Hyperlink / 69

I

if 문 / 248
if-else / 250

images / 569
indexOf("문자열") / 413
Inline Style / 151
instance / 334
IP Address / 73
isNaN() / 291
italics() / 411

J

JavaScrip / 180
join() / 390
Jscript / 181

L

LANGUAGE 옵션 / 190
lastModified / 559
length / 388
line-height / 164
LINK / 155
link() / 423
Linked Style / 154
links / 567
location / 332, 559, 587

M

Math / 434
max(x, y) / 435
maxlength 속성 / 116
min(x, y) / 435
multiple / 508

N

name 속성 / 456, 467
Name 속성 / 459
null / 225

O

Object initializer / 376
onblur / 463
onBlur / 467
onChange / 467
onclick / 465
onClick / 200
onfocus / 463
onLoad / 201, 545
onMouseOut / 206, 574
onMouseOver / 206, 574
onsubmit / 461, 537
onUnload / 202, 546
open() / 550
Option / 511, 516

P

parent / 597, 600
parseFloat() / 290

parseInt() / 288
password / 483
password 입력 양식 / 121
PHP / 185
pow(x, y) / 435
prompt() / 282
prototype / 361, 364, 389

R

radio / 486
radio 버튼 / 123
random() / 435, 439
readonly 속성 / 115
reload() / 591
replace() / 591
reset / 474
reset 버튼 / 119
reset() / 484
return / 309, 311
reverse() / 396
RGB / 36
round(x) / 435
rows 속성 / 141
rowspan 속성 / 95

S

select / 501
selectedIndex / 503, 506
selector / 151
Selector / 153
self / 597, 601
server-side / 183, 185
setInterval() / 294, 297, 298
setTimeout() / 292, 297
size / 508
slice(시작, 마지막) / 399
small() / 411
sort() / 392
sort(비교함수명) / 394
split(분리문자) / 420
SRC / 194
src 속성 / 59
static / 334
status / 547
strike() / 411
String / 408
style / 151
sub() / 411
submit / 528
substr(시작, 길이) / 417
substring(시작, 마지막) / 416
sup() / 411
switch case 문 / 255

T

text / 462
text 입력 양식 / 113
text-align / 163
textarea / 522
text-decoration / 163
text-indent / 164
text-transform / 162
this / 345, 346, 489
this.form / 472, 473
toLowerCase() / 418
top / 597, 602
toString() / 391
toUpperCase() / 418

U

URL / 71
URL(Uniform Resource Locator) / 71, 75

V

var / 226, 307
VBscript / 180

W

while 문 / 261
width / 91
window / 332, 543
wrap 속성 / 134
WWW / 26

가

가인수(formal argument) / 301, 313
간접 순환 함수 / 324
값 호출 방식 / 316
값 호출(Call by value) 방식 / 314
객체지향 언어 / 333
객체지향 언어 표현 / 189
계산기 / 209
관계식 / 236
구구단 프로그램 / 268
글꼴(font) / 157
글자 장식 / 162

나

내부 반복문 / 274
논리식 / 237

다

다중 프레임 / 144
다중 if 문 / 251
도메인 이름 / 73

라

라디오 버튼 / 486
리셋 버튼 / 475
리스트 박스 / 128, 501, 502

링크 / 68

마

만년 달력 / 430
매개 변수(parameter) / 301
멀티미디어(Multimedia) / 26
메소드 / 328, 329, 355, 356
문자열 식(string expression) / 235
문자열(string) / 223

바

배경 이미지 / 167
배경색 / 166
배열 / 380
버튼 / 470
버튼 입력 양식 / 118
변수(variable) / 217
불리언(Boolean) / 224
브라우저 구성 요소 / 551
비트 &(AND) / 241
비트 ^(X-OR: Exclusive-OR) / 242
비트 |(OR) / 241
비트 논리식 / 240

사

사용자 정의 객체 / 348
사용자 함수 / 300
산술 연산자 / 233
상수(constant) / 217
생성자 함수 / 338, 342, 344, 345
선택 정렬(selection sort) 방법 / 400
세미콜론 / 216
속성 / 329, 367
속성(attribute) / 328
수치 식(numeric expression) / 232
순환적 호출(recursive call) / 318
스크립트 / 181
시프트(shift) 연산자 / 243
실수형 / 221
실인수(actual argument) / 301, 313

아

예약어(reserved word) / 218
웹 문서 / 25
웹 브라우저 / 26
웹 페이지 / 25
윤년 / 431
이미지 링크 / 574
이벤트 종류 / 453
이벤트 핸들러 / 198, 199
이벤트(event) / 198
인수(argument) / 313
인스턴스 / 334
인스턴스 객체 / 338
인스턴스(instance) / 339
인스턴스(instance) 객체 / 335
인터넷 주소 / 73
입력 양식 / 453

자

자료형(data type) / 225
자바(JAVA) / 182
자바스크립트 / 180
자바스크립트 객체 / 331
전역 변수 / 307
정수형 / 220
정적 / 334
정적(static) 객체 / 335, 336, 434
조건 연산자 (? :) / 239
주석(comment) / 193, 217
주석(Comment) / 51
중첩 if 문 / 253
중첩된 반복문 / 273, 275
증감 연산자 / 233
지수형식(exponential form) / 221
지역 변수 / 306
직접 순환 호출 / 320
직접 순환(direct recutsion) / 318

차

참조 배열(associative array) / 350
참조 호출(Call by reference) 방식 / 314
체크박스 / 125, 494
초기 생성자 / 376

카

쿠키 / 584
쿠키 파일 / 580
쿠키(cookie) / 578

타

태그(Tag) / 27
텍스트 / 462
텍스트 영역 / 523, 525

파

파일 업로드 / 534

하

하이퍼링크 / 68, 76, 80, 203
하이퍼미디어 / 25
하이퍼텍스트 / 25
함수 / 280
핵심(core) 객체 / 331

HTML과 자바스크립트

발 행 일	1판1쇄 2003년 6월 20일　　1판3쇄 2007년 4월 10일
저　　자	임 형 근
펴 낸 이	이 병 덕
펴 낸 곳	도서출판 정일
등록날짜	1989년 8월 25일
등록번호	제3-261호
주　　소	서울시 은평구 대조동 204-12호
전　　화	(02)352-9152(대)
팩　　스	(02)352-2101
정　　가	**19,000원**
ISBN	89-5666-014-X

copyright ⓒ Jungil Publishing Co.
파본은 구입하신 서점이나 본사에서 교환하여 드립니다.

이 책의 어느 부분도 발행인의 승인없이 일부 또는 전부를 무단복제시 저작권법 98조에 의거 3년 이하의 징역이나 3000만원 이하의 벌금에 처합니다.

jungilbooks

도서출판 정일

jungilbooks

jungilbooks

도서출판 정일